BUCHNERS KOLLEG
THEMEN GESCHICHTE

Die russischen Revolutionen

Krisen, Umbrüche und Revolutionen

C.C.Buchner Verlag

Buchners Kolleg. Themen Geschichte

Die russischen Revolutionen

Krisen, Umbrüche und Revolutionen

Unterrichtswerk für die Oberstufe

Bearbeitet von Boris Barth, Klaus Dieter Hein-Mooren, Stephan Kohser, Heike Krause-Leipoldt und Thomas Ott

Zu diesem Lehrwerk ist erhältlich:
- Digitales Lehrermaterial **click & teach** Einzellizenz, WEB-Bestell-Nr. 322581

Weitere Lizenzformen (Einzellizenz flex, Kollegiumslizenz) und Materialien unter www.ccbuchner.de.

Dieser Titel ist auch als digitale Ausgabe **click & study** unter www.ccbuchner.de erhältlich.

1. Auflage, 2. Druck 2024
Alle Drucke dieser Auflage sind, weil untereinander unverändert, nebeneinander benutzbar.

Dieses Werk folgt der reformierten Rechtschreibung und Zeichensetzung. Ausnahmen bilden Texte, bei denen künstlerische, philologische oder lizenzrechtliche Gründe einer Änderung entgegenstehen.

Auf verschiedenen Seiten dieses Buches finden sich Verweise (Links) auf Internetadressen. Haftungshinweis: Trotz sorgfältiger inhaltlicher Kontrolle wird die Haftung für die Inhalte externer Seiten ausgeschlossen.

Layout, Satz und Grafiken: mgo360 GmbH & Co. KG, Bamberg
Druck und Bindung: Firmengruppe Appl, aprinta Druck, Wemding

www.ccbuchner.de

ISBN 978-3-661-**32208**-7

Inhalt

Hinweis: Die Inhalte des vorliegenden Lehrwerkes sind auf Kurse mit erhöhtem Anforderungsniveau abgestimmt. Bei den Arbeitsfragen zu den (Text-)Materialien finden Sie Vorschläge, wie Kurse auf grundlegendem Anforderungsniveau mit dem Band unterrichtet werden können. Die Aufgaben für die gA-Kurse sind speziell durch einen Unterstrich gekennzeichnet (z. B. 1., 2., 3., 4.).

Zur Arbeit mit dem Buch

Das vorliegende **Lern- und Arbeitsbuch** wurde eigens nach den Vorgaben des Kerncurriculums für Niedersachsen und den fachbezogenen Hinweisen zur schriftlichen Abiturprüfung konzipiert.

Einführungsseiten

leiten mit problemorientierten Bildern und Texten, einer **Lernstandserhebung** sowie den **Kompetenzerwartungen** in die vier Rahmenthemen ein.

Orientierungsseiten

informieren überblicksartig über die Themen der **Pflichtmodule** (blau) bzw. der **Wahlmodule** (grün). Die Doppelseite umfasst ein Auftaktbild, einen kurzen Text zum Einstieg ins Thema, die **Lerninhalte** des jeweiligen Moduls sowie eine **Chronologie** mit zentralen Daten und Fakten.

Darstellungen

vermitteln ein Verständnis für historische Zusammenhänge und Strukturen. Sie sind mit den Materialien durch Querverweise vernetzt. (→M1, →M2 etc.)
Die Randspalte enthält **Namens- und Begriffserklärungen**, weiterführende **Internettipps** sowie Hinweise auf „**Animierte Karten**" und „**Geschichte In Clips**".

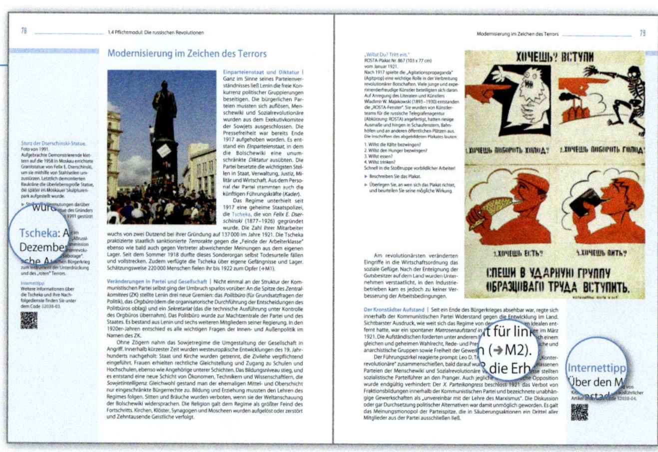

Materialien vertiefen zentrale Themenaspekte und stellen kontroverse Sichtweisen dar. Die Aufgaben sind farblich je nach **Anforderungsbereich** gekennzeichnet. Erläuterungen dazu stehen ganz vorne im Buch. Tipps zum richtigen **Umgang mit den Operatoren** finden Sie ab Seite 150. Über Angebote zum Helfen (**H**) und Fordern (**F**) informiert Seite 171 bis 174.

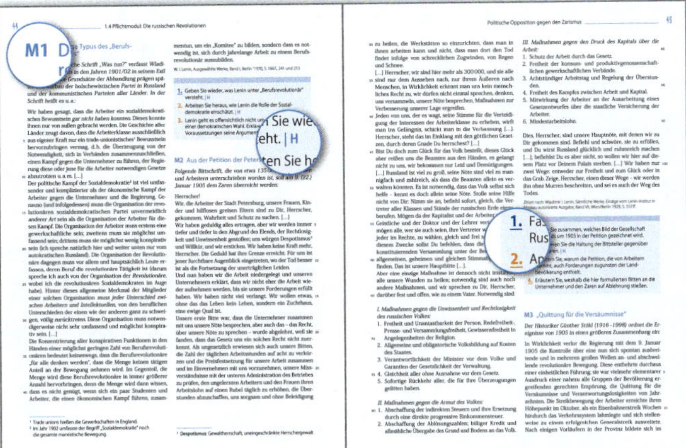

Weitere Hinweise
- Aufgaben, die eine **Partner-/Gruppenarbeit** sowie **Präsentationsformen** erfordern, sind zusätzlich ausgewiesen.
- Aufgaben für **gA-Kurse** sind durch einen Unterstrich (1., 2. etc.) gekennzeichnet.

Kernmodule sind **rot** gekennzeichnet. Sie behandeln **historische Theorien und Erklärungsmodelle** und vernetzen zum Teil die Kapitel durch Querverweise und Aufgaben miteinander.

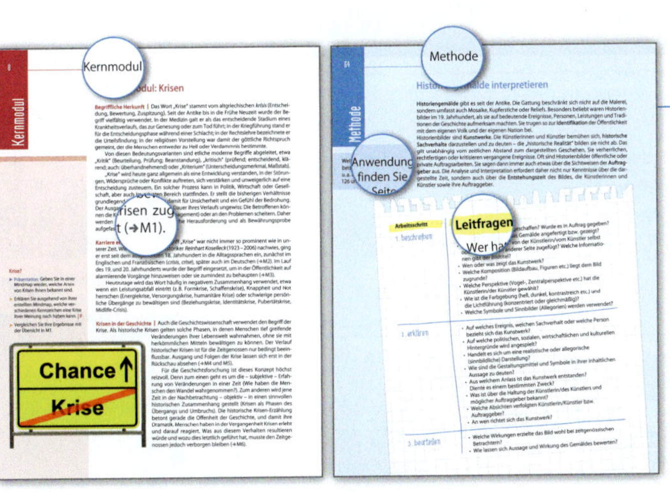

Methoden erläutern **historische Arbeitstechniken** für die eigenständige Erarbeitung und Wiederholung an einem konkreten Beispiel. Die **Musterlösungen** können Sie auf Seite 167 bis 170 nachlesen.

Geschichte kontrovers präsentiert Standpunkte vornehmlich von Fachwissenschaftlern, die zur Diskussion anregen und die eigene **Urteilskompetenz** fördern sollen.

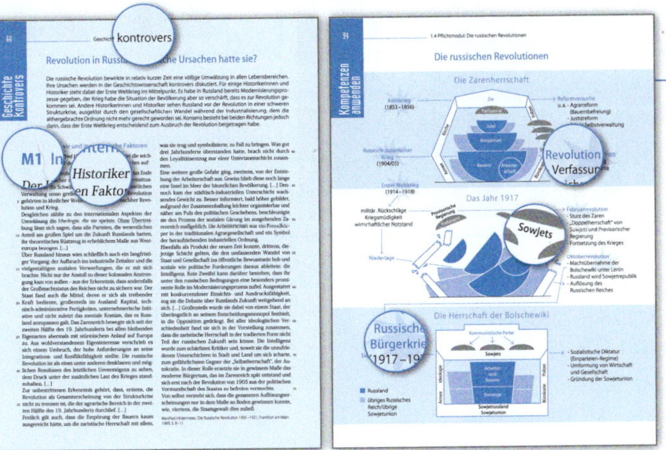

Kompetenzen anwenden
Auf dieser Doppelseite fassen **Schaubilder** die wesentlichen Lerninhalte des Kapitels zusammen. Mithilfe von **Materialien** können das erworbene Wissen und die angeeigneten methodischen Kenntnisse getestet werden.

Lichtshow in St. Petersburg.
Foto vom 4. November 2017.
Die Nachtaufnahme zeigt eine Lichtshow an den Außenwänden des weltberühmten Kunstmuseums Eremitage.

Auf Luthers Spuren: Sightseeing in Wittenberg.
Foto vom 30. Oktober 2017.
Eine Gruppe von Touristen betrachtet die bronzene Thesentür aus dem 19. Jahrhundert an der Wittenberger Schlosskirche.

Französischer Nationalfeiertag.
Foto vom 14. Juli 2012.
Eine Militärparade findet auf den Champs-Elysées vor dem Pariser Triumphbogen statt.

1. Krisen, Umbrüche und Revolutionen

Was steckt hinter den Begriffen Krise, Umbruch und Revolution? Was unterscheidet sie und was ist ihnen gemeinsam? Sicher kennen Sie Beispiele wie Wirtschaftskrisen, politische und gesellschaftliche Umbrüche oder Revolutionen wie die Französische. In diesem Rahmenthema lernen Sie, warum eine Krise noch keinen Umbruch bedeutet und erst recht keine Revolution. Vielmehr bezeichnet sie einen unsicheren Schwebezustand, der sich bis zur Revolution hin verstärken, aber auch wieder auflösen kann. Nicht immer ist Gewalt im Spiel. Und manche alten Strukturen geraten nicht deshalb ins Wanken, weil sich jemand dagegen auflehnt, sondern aus ganz anderen Gründen. Um das vielschichtige Wechselspiel von Ursache und Wirkung, um konkrete Beispiele und die Frage, wie Zeitgenossen und heutige Betrachter die geschichtlichen Ereignisse wahrnahmen bzw. deuten, geht es auf den folgenden Seiten.

Kompetenzen

Am Ende des Rahmenthemas sollten Sie Folgendes können:

... Wendepunkte und beschleunigte Veränderungsprozesse in Form von Krisen, Umbruchsituationen oder Revolutionen benennen und erklären.

... Bedingungen, Verlauf und Folgen von beschleunigten Veränderungsprozessen analysieren und beurteilen.

... sich mit der Gleichzeitigkeit von Kontinuität und Wandel sowie deren Bedeutung in der Geschichte auseinandersetzen.

... unterschiedliche zeitgenössische und moderne Deutungen dieser Prozesse analysieren und überprüfen.

Was wissen und können Sie schon?

Bilden Sie Kleingruppen und bearbeiten Sie die Bildmaterialien auf der linken Seite:

1. Beschreiben Sie in wenigen Worten die drei Fotos: Wer oder was ist dargestellt? Was wird thematisiert?
2. Arbeiten Sie heraus, auf welche historischen Ereignisse sich die Bildinhalte beziehen.
3. Ordnen Sie die in Aufgabe 2 ermittelten historischen Ereignisse folgenden Begriffen zu: Krisen, Umbruchsituationen und Revolutionen. Begründen Sie jeweils Ihre Meinung.
4. Präsentieren Sie im Anschluss Ihre Ergebnisse im Kurs und vergleichen Sie zusammenfassend Ihre Einschätzungen.

1.1 Kernmodul: Krisen

Begriffliche Herkunft | Das Wort „Krise" stammt vom altgriechischen *krísis* (Entscheidung, Bewertung, Zuspitzung). Seit der Antike bis in die Frühe Neuzeit wurde der Begriff vielfältig verwendet. In der Medizin galt er als das entscheidende Stadium eines Krankheitsverlaufs, das zur Genesung oder zum Tod führt; in der Kriegführung stand er für die Entscheidungsphase während einer Schlacht; in der Rechtslehre bezeichnete er die Urteilsfindung; in der religiösen Vorstellung war damit der göttliche Richtspruch gemeint, der die Menschen entweder zu Heil oder Verdammnis bestimmte.

Von diesen Bedeutungsvarianten sind etliche moderne Begriffe abgeleitet, etwa „Kritik" (Beurteilung, Prüfung; Beanstandung), „kritisch" (prüfend; entscheidend, klärend; auch: überhandnehmend) oder „Kriterium" (Unterscheidungsmerkmal, Maßstab).

„Krise" wird heute ganz allgemein als eine Entwicklung verstanden, in der Störungen, Widersprüche oder Konflikte auftreten, sich verstärken und unweigerlich auf eine Entscheidung zusteuern. Ein solcher Prozess kann in Politik, Wirtschaft oder Gesellschaft, aber auch im privaten Bereich stattfinden. Er stellt die bisherigen Verhältnisse grundlegend infrage und sorgt damit für Unsicherheit und ein Gefühl der Bedrohung. Der Ausgang einer Krise ist für die Dauer ihres Verlaufs ungewiss: Die Betroffenen können die Krise bewältigen (Krisenmanagement) oder an den Problemen scheitern. Daher werden Krisen zugleich als dringliche Herausforderung und als Bewährungsprobe aufgefasst (➔M1).

Karriere eines Begriffs | Der Begriff „Krise" war nicht immer so prominent wie in unserer Zeit. Wie der Bielefelder Historiker *Reinhart Koselleck* (1923–2006) nachwies, ging er erst seit dem ausgehenden 18. Jahrhundert in die Alltagssprachen ein, zunächst im Englischen und Französischen (*crisis*, *crise*), später auch im Deutschen (➔M2). Im Lauf des 19. und 20. Jahrhunderts wurde der Begriff eingesetzt, um in der Öffentlichkeit auf alarmierende Vorgänge hinzuweisen oder sie zumindest zu behaupten (➔M3).

Heutzutage wird das Wort häufig in negativem Zusammenhang verwendet, etwa wenn ein Leistungsabfall eintritt (z. B. Formkrise, Schaffenskrise), Knappheit und Not herrschen (Energiekrise, Versorgungskrise, humanitäre Krise) oder schwierige persönliche Übergänge zu bewältigen sind (Beziehungskrise, Identitätskrise, Pubertätskrise, Midlife-Crisis).

Krise?

- Präsentation: Geben Sie in einer Mindmap wieder, welche Arten von Krisen Ihnen bekannt sind.
- Erklären Sie ausgehend von Ihrer erstellten Mindmap, welche verschiedenen Kennzeichen eine Krise Ihrer Meinung nach haben kann. | F
- Vergleichen Sie Ihre Ergebnisse mit der Übersicht in M1.

Krisen in der Geschichte | Auch die Geschichtswissenschaft verwendet den Begriff der Krise. Als historische Krisen gelten solche Phasen, in denen Menschen tief greifende Veränderungen ihrer Lebenswelt wahrnahmen, ohne sie mit herkömmlichen Mitteln bewältigen zu können. Der Verlauf historischer Krisen ist für die Zeitgenossen nur bedingt beeinflussbar. Ausgang und Folgen der Krise lassen sich erst in der Rückschau absehen (➔M4 und M5).

Für die Geschichtsforschung ist dieses Konzept höchst reizvoll. Denn zum einen geht es um die – subjektive – Erfahrung von Veränderungen in einer Zeit (Wie haben die Menschen den Wandel wahrgenommen?). Zum anderen wird jene Zeit in der Nachbetrachtung – objektiv – in einen sinnvollen historischen Zusammenhang gestellt (Krisen als Phasen des Übergangs und Umbruchs). Die historische Krisen-Erzählung betont gerade die Offenheit der Geschichte, und damit ihre Dramatik. Menschen haben in der Vergangenheit Krisen erlebt und darauf reagiert. Was aus diesem Verhalten resultieren würde und wozu dies letztlich geführt hat, musste den Zeitgenossen jedoch verborgen bleiben (➔M6).

M1 Krisen in der Moderne

*Die Historiker Rüdiger Graf (*1975) und Konrad H. Jarausch (*1941) geben einen schematischen Überblick zu Krisen der neueren und neuesten Zeit:*

Krisentypus	Beschreibung	Beispiele
internationale Krisen	• internationale Konfrontationen, die bereits von Zeitgenossen als Krisen beschrieben werden • Spannungen, die bis an den Rand eines Krieges führen können oder diesen einleiten	• Faschodakrise (1898) • Erste Marokkokrise (1904–1906) • Julikrise (1914) • Erste Berlinkrise (1947/48) • Kubakrise (1962)
politische Systemkrisen	• Konflikt innerhalb einer Regierung, der deren Existenz bedroht • Phase nach dem erzwungenen Abtreten einer Regierung bis zur neuen Regierungsbildung • politische Entwicklung, die das ganze Staatswesen gefährdet oder den allgemeinen Wunsch nach einem Systemwechsel entstehen lässt	• Krise der Weimarer Republik (1929–1933) • Entstehung der Fünften Republik in Frankreich (1958) • Krise der Ostblockstaaten (um 1980–1989/91)
Wirtschaftskrisen	• vor der Industrialisierung: Agrarkrisen, verursacht durch Missernten oder Spekulationen • im Industriezeitalter: drastische Einbrüche des Wirtschaftswachstums, entweder kurzzeitig (Rezession) oder von längerer Dauer (Depression)	• Tamborakrise (1815–1817) • Gründerkrach (1873) • Weltwirtschaftskrise (nach 1929) • Ölkrise (1973) • globale Finanzkrise (2007/08)
gesellschaftliche Krisen	• Zuspitzung von Problemen innerhalb der Gesellschaft • sie betreffen entweder bestimmte gesellschaftliche Schichten, gesellschaftliches Verhalten und Lebensstile oder den Zusammenhalt der Gesellschaft insgesamt	• Soziale Frage (19. Jh.) • Hyperinflation in Deutschland (1923) • Wohnungsnot nach dem Zweiten Weltkrieg • demografischer Wandel seit dem späten 20. Jh.
„kulturelle Krisen"	• Schlagwort in der Auseinandersetzung mit geistig-kulturellen Entwicklungen, die entweder als „Verfall" abgelehnt oder als „Fortschritt" begrüßt werden	• Streit um die Rolle der Frau in der Gesellschaft im 20. Jh. • moderne vs. klassische Kunst • Streit um Bildungsgüter (z. B. alte Sprachen im Unterricht, bestimmte Erziehungsmethoden) • analoges Zeitalter vs. Digitalisierung

Tabelle zusammengestellt nach: Rüdiger Graf und Konrad H. Jarausch, „Crisis" in Contemporary History and Historiography, in: Docupedia-Zeitgeschichte, 27. März 2017; http://docupedia.de/zg/Graf_jarausch_crisis_en_2017 (Zugriff: 1. November 2018; übersetzt und ergänzt von Thomas Ott)

1. Wählen Sie jeweils eines der genannten Beispiele einer internationalen Krise, politischen Systemkrise, Wirtschafts- und gesellschaftlichen Krise aus und informieren Sie sich über die Hintergründe. Beurteilen Sie daraufhin, ob und inwieweit die Definition einer Krise wie auf Seite 8 im Verfassertext „Begriffliche Herkunft" (dritter Absatz) erfüllt ist.
2. Erörtern Sie, inwieweit die „kulturelle Krise" von den übrigen Krisentypen abweicht.
3. Geben Sie weitere Beispiele aus Geschichte und Gegenwart für die in der Übersicht genannten Krisentypen wieder.
4. Gruppenarbeit: Diskutieren Sie, ob es neben den hier aufgeführten Typen von Krisen noch wesentlich andere Arten einer Krise gibt. Tragen Sie die Ergebnisse zusammen, und ergänzen Sie ggf. die vorliegende Übersicht.

M2 Krise als neues Zeitverständnis

Reinhart Koselleck (siehe Seite 8) schreibt über die Entwicklung des Krisenbegriffs:

Seit der zweiten Hälfte des 18. Jahrhunderts kam eine religiöse Tönung in den Wortgebrauch, die aber schon als posttheologisch, nämlich als geschichtsphilosophisch[1] bezeichnet werden muss. Dabei spielt [...] die Assoziationskraft des Jüngsten Gerichtes[2] und der Apokalyptik[3] dauernd in die Wortverwendung hinein [...]. Auch deshalb führt die geschichtsphilosophische Begriffsbildung von ,Krise' zu harten dualistischen Alternativen. [...]
Entweder gibt die Krise zu erkennen, dass es sich zwar um eine einmalige Situation handelt, dass sie sich aber – wie bei Krankheitsverläufen – grundsätzlich wiederholen könne. Oder die Krise wird in Analogie zum Jüngsten Gericht zwar auch als einmalige, vor allem aber als letzte Entscheidung gedeutet, nach der alles ganz anders sein werde. [...]
So kann der Krisenbegriff die neuzeitliche Erfahrung so weit verallgemeinern, dass ,Krise' zum Dauerbegriff für ,Geschichte' schlechthin wird. Dies ist erstmals der Fall bei Schillers[4] Diktum: *Die Weltgeschichte ist das Weltgericht*[5] [...]. [...] Schiller [hat] die ganze Weltgeschichte als einzige Krise gedeutet, die sich stets und ständig vollzieht. Der Richtspruch wird nicht von außen, etwa von Gott oder von den Historikern ex post[6] über die Geschichte gesprochen, sondern er vollzieht sich durch die Handlungen und Unterlassungen der Menschen hindurch. [...]
Eine andere Variante liegt in der wiederholten Anwendbarkeit eines Krisenbegriffs, der zugleich – etwa auf der aufsteigenden Linie des Fortschritts – eine historisch einmalige Durchgangsphase darstellt. Er gerinnt dann zu einem Epochenbegriff, der eine kritische Übergangszeit indiziert, nach der, wenn nicht alles, so doch grundsätzlich sehr vieles sehr anders sein werde. [...]
In allen Fällen handelt es sich um die tastenden Versuche, eine zeitspezifische Ausdrucksmöglichkeit zu gewinnen, die die Erfahrung einer neuen Zeit auf den Begriff bringen sollte, deren Herkunft verschieden tief gestaffelt wird und deren unbekannte Zukunft allen Wünschen und Ängsten, Befürchtungen oder Hoffnungen freien Spielraum zu lassen schien. ,Krise' wird zur strukturellen Signatur der Neuzeit.

Reinhart Koselleck, Krise, in: Ders., Otto Brunner und Werner Conze (Hrsg.), Geschichtliche Grundbegriffe. Historisches Lexikon zur politisch-sozialen Sprache in Deutschland, Bd. 3, Stuttgart 1982, S. 617–650, hier S. 626f.

1. Erläutern Sie den Zusammenhang zwischen der religiösen Vorstellung eines Jüngsten Gerichts und dem von Koselleck skizzierten Verständnis von Krise.
2. Erklären Sie, welche Vorgänge in Politik, Wirtschaft, Gesellschaft und im Denken seit Ende des 18. Jahrhunderts für die „Erfahrung einer neuen Zeit" (Zeile 35) sorgten. Dazu können Sie auch vorab Informationen aus Fachbüchern und/oder dem Internet zusammentragen.

[1] **Geschichtsphilosophie**: Nachdenken über Sinn, Eigenart und mögliche Gesetzmäßigkeiten der Geschichte. Zu den Leitfragen zählen: Was treibt die Entwicklung einer Gesellschaft oder der ganzen Menschheit an? Wie ist der Verlauf der Geschichte zu deuten? Wozu befassen wir uns mit der Vergangenheit?

[2] **Jüngstes Gericht**: im jüdischen, christlichen und muslimischen Glauben Vorstellung eines göttlichen Gerichts über alle Menschen am Ende der Zeiten

[3] **Apokalyptik** (von altgriech. *apokálypsis*: Enthüllung, Offenbarung): Darstellung oder Vorhersage eines Weltendes in Wort und Bild

[4] **Friedrich Schiller** (1759–1805): deutscher Dichter, Publizist, Arzt, Philosoph und Historiker

[5] Zitat aus Schillers Gedicht „Resignation. Eine Phantasie", 1786 veröffentlicht

[6] **ex post** (lat.): hinterher, im Nachhinein

M3 Wirtschaftskrisen in der Sicht von Marx und Engels

Der Ökonom und Philosoph Karl Marx (1818–1883) und der Philosoph, Soziologe und Unternehmer Friedrich Engels (1820–1895) verfassen 1847/48 das „Manifest der Kommunistischen Partei" (siehe auch M1 auf Seite 16). In der Programmschrift heißt es zur Zukunft von Marktwirtschaft und bürgerlicher Gesellschaft:

Die Bourgeoisie[7] hat in ihrer kaum hundertjährigen Klassenherrschaft massenhaftere und kolossalere Produktionskräfte geschaffen als alle vergangenen Generationen zusammen. Unterjochung der Naturkräfte, Maschinerie, Anwendung der Chemie auf Industrie und Ackerbau, Dampfschifffahrt, Eisenbahnen, elektrische Telegrafen, Urbarmachung ganzer Weltteile, Schiffbarmachung der Flüsse, ganze aus dem Boden hervorgestampfte Bevölkerungen – welches frühere Jahrhundert ahnte, dass solche Produktionskräfte im Schoß der gesellschaftlichen Arbeit schlummerten.
[...] Die [...] moderne bürgerliche Gesellschaft, die so gewaltige Produktions- und Verkehrsmittel hervorgezaubert hat, gleicht dem Hexenmeister, der die unterirdischen Gewalten nicht mehr zu beherrschen vermag, die er heraufbeschwor. Seit Dezennien[8] ist die Geschichte der Industrie und des Handels nur die Geschichte der Empörung der modernen Produktivkräfte gegen die modernen Produktionsverhältnisse, gegen die Eigentumsverhältnisse, welche die Lebensbedingungen der Bourgeoisie und ihrer Herrschaft sind. Es genügt, die Handelskrisen zu nennen, welche in ihrer periodischen Wiederkehr immer drohender die Existenz der ganzen bürgerlichen Gesellschaft infrage stel-

[7] **Bourgeoisie** (frz.): Besitzbürgertum

[8] **Dezennium** (lat.): Jahrzehnt

len. In den Handelskrisen wird ein großer Teil nicht nur der erzeugten Produkte, sondern der bereits geschaffenen Produktivkräfte regelmäßig vernichtet. In den Krisen bricht eine gesellschaftliche Epidemie aus, welche allen früheren Epochen als ein Widersinn erschienen wäre – die Epidemie der Überproduktion. Die Gesellschaft findet sich plötzlich in einen Zustand momentaner Barbarei zurückversetzt; eine Hungersnot, ein allgemeiner Vernichtungskrieg scheinen ihr alle Lebensmittel abgeschnitten zu haben; die Industrie, der Handel scheinen vernichtet, und warum? Weil sie zu viel Zivilisation, zu viel Lebensmittel, zu viel Industrie, zu viel Handel besitzt. Die Produktivkräfte, die ihr zur Verfügung stehen, dienen nicht mehr zur Beförderung der bürgerlichen Eigentumsverhältnisse; im Gegenteil, sie sind zu gewaltig für diese Verhältnisse geworden, sie werden von ihnen gehemmt; und sobald sie dies Hemmnis überwinden, bringen sie die ganze bürgerliche Gesellschaft in Unordnung, gefährden sie die Existenz des bürgerlichen Eigentums. […] – Wodurch überwindet die Bourgeoisie die Krisen? Einerseits durch die erzwungene Vernichtung einer Masse von Produktivkräften; anderseits durch die Eroberung neuer Märkte und die gründlichere Ausbeutung alter Märkte. Wodurch also? Dadurch, dass sie allseitigere und gewaltigere Krisen vorbereitet und die Mittel, den Krisen vorzubeugen, vermindert.

Karl Marx und Friedrich Engels, Manifest der Kommunistischen Partei, in: Dies., Werke, Bd. 4, Berlin [6]1972, S. 459–493, hier S. 467 f.

1. Geben Sie den Gedankengang von Marx und Engels in eigenen Worten wieder. | H
2. Arbeiten Sie den Krisenbegriff heraus, den Marx und Engels hier vertreten. Berücksichtigen Sie dabei Ursachen, Häufigkeit, Ausmaß, Folgen und Vorhersagbarkeit der geschilderten Krisenfälle.
3. Recherchieren und erklären Sie, inwieweit Marx' Krisentheorie von anderen Wirtschaftswissenschaftlern geteilt oder abgelehnt wurde.

M4 „Lob der Krisen"

Der Schweizer Kulturhistoriker Jacob Burckhardt (1818–1897) stellt in seinen „Weltgeschichtlichen Betrachtungen" um 1870 Überlegungen zu „geschichtlichen Krisen" an:

Zum *Lobe der Krisen* lässt sich nun vor allem sagen: Die Leidenschaft ist die Mutter großer Dinge, d. h. die wirkliche Leidenschaft, die etwas Neues und nicht nur das Umstürzen des Alten will. Ungeahnte Kräfte werden in den Einzelnen und in den Massen wach, und auch der Himmel hat einen andern Ton. Was etwas *ist*, kann sich geltend machen, weil die Schranken zu Boden gerannt sind oder eben werden.
Die Krisen und selbst ihre Fanatismen sind […] als echte Zeichen des Lebens zu betrachten, die Krisis selbst als eine Aushilfe der Natur, gleich einem Fieber, die Fanatismen als Zeichen, dass man noch Dinge kennt, die man höher als Habe und Leben schätzt. […]
Die Krisen räumen auf: zunächst mit einer Menge von Lebensformen, aus welchen das Leben längst entwichen war, und welche sonst mit ihrem historischen Recht nicht aus der Welt wären wegzubringen gewesen. Sodann aber auch mit wahren Pseudoorganismen, welche überhaupt nie ein Recht des Daseins gehabt und sich dennoch im Laufe der Zeit auf das Stärkste bei dem ganzen übrigen Leben assekuriert[1], ja hauptsächlich die Vorliebe für alles Mittelmäßige und den Hass gegen das Unversöhnliche verschuldet haben. Die Krisen beseitigen auch die ganz unverhältnismäßig angewachsene Scheu vor „Störung" und bringen frische und mächtige Individuen empor.

Jacob Burckhardt, Werke. Kritische Gesamtausgabe, Bd. 10, München bzw. Basel 2000, S. 484

1. Fassen Sie zusammen, was nach Burckhardts Auffassung für Krisen charakteristisch ist. | F
2. Arbeiten Sie heraus, inwieweit sich der Verfasser an den überlieferten medizinischen Begriff der Krise anlehnt. Ziehen Sie dazu auch den Verfassertext „Begriffliche Herkunft" auf Seite 8 heran.
3. Vergleichen Sie das Krisenverständnis Burckhardts mit dem des Kommunistischen Manifestes in M3. Stellen Sie Unterschiede und Ähnlichkeiten heraus.

[1] **assekurieren**: versichern

M5 Merkmale historischer Krisen

Der einst in Bochum und Göttingen lehrende Historiker Rudolf Vierhaus (1922–2011) benennt eine Reihe von Kennzeichen für Krisen in der Geschichte:

Versucht man, einige offensichtliche Merkmale von Prozessen aufzuzählen, die gehaltvoll als historische Krisen bezeichnet werden können, so stellen sich die folgenden ein:
1. Krisen verlaufen meist ungleichmäßig. Es können Beschleunigungen, aber auch Verzögerungen und Aufstauungen eintreten, und gerade sie können die besonderen Krisenerfahrungen auslösen.
2. Krisen haben komplexen Charakter. Krisenhafte Entwicklungen in einem Bereich des gesellschaftlichen Lebens [...] machen allein noch keine Krise aus, sondern erst das Zusammentreffen von ähnlichen Erscheinungen in mehreren Lebensbereichen und ihr wechselseitiges Aufeinanderwirken bzw. die von der Krise in einem Lebensbereich ausgreifende Verzerrung im sozialen Funktionszusammenhang. Dadurch entsteht
3. Krisengefühl oder, in gesteigerter Form, Krisenbewusstsein. Die Betroffenen bemerken Veränderungen, ohne Ursachen, Ausmaß und Folgen schon übersehen oder gar erklären zu können; sie fühlen sich verunsichert, weil der gewohnte Zuschnitt der Lebensverhältnisse nicht mehr stimmt; weil bisherige Erfahrungen nicht mehr ausreichen, das, was geschieht, beurteilen und sich darauf einstellen zu können; weil die einen sich von Verlusten bedroht, die anderen Chancen vor sich sehen. Subjektives Krisenbewusstsein, das das Handeln der Menschen mitbestimmt und dadurch auch Verlauf und Ausgang der Krisen beeinflusst, genügt jedoch nicht, um von einer tatsächlichen Krise zu sprechen. Dass Menschen ihre eigene Zeit als krisenhaft erfahren und als Krise benannt haben, berechtigt deshalb den Historiker nicht, dieses Urteil zu übernehmen. Denn Krisen müssen
4. einen objektiven Charakter haben. Das heißt: es müssen tatsächliche strukturelle Veränderungen feststellbar sein, die nicht intendiert zu sein brauchten und die meistens auch dann, wenn Veränderungsabsichten an ihrem Anfang standen oder in sie eingegangen sind, in ihren Auswirkungen nicht intendiert waren. Krisen in ihrem vollen Ausmaß sind nicht gemacht; sie entwickeln eine eigene Dynamik und werden von den betroffenen Menschen deshalb als ein nicht (mehr) lenkbarer Vorgang ungewissen Ausgangs erlebt. Damit ist
5. die Offenheit von Krisen angesprochen. Krisen sind nicht streng kausale, zielgerichtete Abläufe, sondern Entwicklungen mit alternativen Möglichkeiten, auch wenn diese nicht realisiert werden. In jedem Falle aber geht eine in Krise geratene Gesellschaft verändert aus ihr hervor. [...]

Grundsätzlich lassen sich politisch-soziale Krisen nicht auf *naturale Ursachen* zurückführen: also z. B. auf geologische Katastrophen, Dürren oder Epidemien. Diese können allerdings eine Rolle spielen, insofern sich ökonomische Krisenfolgen aus ihnen ergeben oder Administrationen sich als unfähig erweisen, mit ihnen fertig zu werden und deshalb an Ansehen und Geltung verlieren. *Ökonomische Ursachen*, also z. B. Währungszerfall, Verzerrungen in Produktion und Konsumtion, Preisinflationen etc. können durch ihre Auswirkungen auf die Gesellschaft und die politischen Institutionen zur großen Krise werden – nämlich durch Vertrauensverlust der Menschen, Verarmung von erheblichen Gruppen, dadurch erzwungene Abwanderung, defizitäre Politik und Ansehensverlust von Regierungen, die der Entwicklung ohnmächtig gegenüberstehen oder falsch reagieren. *Soziale Ursachen*, also z. B. demografische Katastrophen oder Überbevölkerung, sich verschärfende Rassen-, Klassen-, Generationskonflikte, Emanzipationsbestrebungen aufstiegswilliger und Abwehrmaßnahmen abstiegsbedrohter Gruppen, haben in der Regel auch politische Auswirkungen. Und direkte *politische Ursachen*, also Verschlechterungen der internationalen Beziehungen, Misserfolge der Regierungen in der inneren und äußeren Politik, Unfähigkeit, mit politischen Gegnern fertigzuwerden oder den geltenden Gesetzen Beachtung zu verschaffen oder gesetzgeberische Maßnahmen zu ergreifen, offenbar werdende Korruption der Regierenden und Abkehr der Regierten vom bestehenden System, Sturz von Regierungen und revolutionäre Veränderungen von Regierungssystemen, wirken zurück auf das Verhalten der sozialen Gruppen untereinander und auf die wirtschaftliche Stabilität.

Rudolf Vierhaus, Zum Problem historischer Krisen [zuerst 1978], in: Ders., Vergangenheit als Geschichte. Studien zum 19. und 20. Jahrhundert, hrsg. von Hans Erich Bödeker, Benigna von Krusenstjern und Michael Matthiesen (Veröffentlichungen des Max-Planck-Instituts für Geschichte, Bd. 183), Göttingen 2003, S. 49–63, hier S. 56–58

1. Präsentation: Stellen Sie die genannten Merkmale von Krisen (Zeile 4 bis 46) in einem Schaubild dar. Unterscheiden Sie dabei zwischen Bedingungen, die nach Vierhaus notwendig sind, und denen, die ihm zufolge nicht unbedingt gegeben sein müssen.
2. Präsentation: Arbeiten Sie die Aussagen über mögliche Ursachen von Krisen (Zeile 47 bis 77) in Form einer Checkliste heraus.
3. Gruppenarbeit: Wählen Sie aus M1 auf Seite 9 ein Beispiel aus dem Bereich „politische Systemkrisen", „Wirtschaftskrisen" oder „gesellschaftliche Krisen". Überprüfen Sie anhand Ihres Schaubildes und Ihrer Checkliste aus der ersten und zweiten Aufgabe, inwieweit die Bedingungen für eine historische Krise erfüllt sind. | F

M6 Eurokrise

*Am 19. Mai 2010 hält Bundeskanzlerin Angela Merkel (*1954) eine Rede im Deutschen Bundestag. Darin wirbt sie für die Verabschiedung weiterer Gesetze zur Rettung der gemeinsamen europäischen Währung:*

Heute sind wir zusammengekommen, um eine Entscheidung zu fällen, die für die Zukunft Deutschlands und Europas noch bedeutender ist; denn jeder von uns spürt: Die gegenwärtige Krise des Euro ist die größte Bewährungsprobe, die Europa seit Jahrzehnten, ja wohl seit Unterzeichnung der Römischen Verträge im Jahre 1957[1] zu bestehen hat. Diese Bewährungsprobe ist existenziell, und ich füge hinzu: Sie muss bestanden werden.
Bringen wir es auf den Punkt. Der Euro, der zusammen mit dem Binnenmarkt das Fundament für Wachstum und Wohlstand auch in Deutschland darstellt, ist in Gefahr. Wenden wir diese Gefahr nicht ab, dann sind die Folgen für Europa unabsehbar, und dann sind auch die Folgen über Europa hinaus unabsehbar. Eine Ahnung von dem, was dann geschehen könnte, haben wir [...] mit den schon fast hysterisch anmutenden Turbulenzen auf den internationalen Märkten bekommen.
Was dort sichtbar wurde – Sie alle haben es mitverfolgt –, war dramatisch. Deshalb gab es zur Sicherung der Stabilität des gesamten Euro-Finanzsystems wenige Tage später keine vernünftige Alternative. Die Ultima Ratio[2] war erreicht; das heißt nichts anderes, als dass der Euro insgesamt in Gefahr war. Aber das, was sich in jenen Tagen abspielte, war nur die ökonomische Ahnung dessen, was auf Deutschland, Europa und die Welt zukäme, wenn nicht oder falsch gehandelt würde. Die politischen Folgen dagegen sind noch nicht einmal in Gedanken vorstellbar.
Legen wir deshalb einen Moment die technischen Eckdaten des vorliegenden Gesetzentwurfs beiseite: [...] Das sind die Zahlen und Eckdaten. Aber legen wir sie kurz beiseite; denn wir wissen: Es geht um viel mehr als um diese Zahlen; es geht um viel mehr als um eine Währung. Die Währungsunion ist eine Schicksalsgemeinschaft. Es geht deshalb um nicht mehr und nicht weniger als um die Bewahrung und Bewährung der europäischen Idee.
Das ist unsere historische Aufgabe; denn scheitert der Euro, dann scheitert Europa. Wenden wir diese Gefahr aber ab, dann werden der Euro und Europa stärker als zuvor sein. [...]
Meine Damen und Herren, ich habe an dieser Stelle vor nicht ganz zwei Wochen gesagt: Europa steht am Scheideweg. – Das gilt unverändert. Europa steht am Scheideweg, und es liegt jetzt an uns, den richtigen Weg einzuschlagen, um die existenzielle Bewährungsprobe zu bestehen, in der Europa sich befindet. Wir wissen, dass wir Europa brauchen, um die großen Zukunftsaufgaben, die wir als Mitgliedstaaten nicht alleine bewältigen können, mit Erfolg anzugehen. Ein Weg zurück aus Europa ist in Zeiten der Globalisierung kein Weg.

Stenografische Berichte des Deutschen Bundestages, 17. Wahlperiode, 42. Sitzung, 19. Mai 2010, S. 4125 f. und 4131; http://dipbt.bundestag.de/doc/btp/17/17042.pdf (Zugriff: 1. November 2018)

1. Analysieren Sie die Rede auf Aussagen und Formulierungen, die Alternativen andeuten, und solche, die keine Wahlmöglichkeit erkennen lassen.
2. Arbeiten Sie heraus, inwieweit der Text den Deutungsmustern einer Krise entspricht. Ziehen Sie dazu auch die Darstellung auf Seite 8 und M2 auf Seite 10 heran.
3. Präsentation: Verfassen Sie eine Erwiderung auf die Rede Merkels, in der Sie den Befund einer Krise zu relativieren versuchen. Argumentieren Sie, indem Sie die Überlegungen in M5 auf Seite 12 mit einbeziehen.

[1] **Römische Verträge** (1957): in Rom geschlossene Abkommen zur Gründung der Europäischen Wirtschaftsgemeinschaft (EWG), der Europäischen Atomgemeinschaft (EURATOM) und zur Schaffung gemeinsamer Institutionen für die spätere sogenannte Europäische Gemeinschaft (EG), die Vorläuferorganisation der Europäischen Union

[2] **Ultima Ratio** (lat.): letztes Mittel, einziger Ausweg

1.2 Kernmodul: Revolutionen

Was sind Revolutionen? | Der Begriff „Revolution" erhielt erst seit der Französischen Revolution[1] nach 1789 seine heutige Bedeutung, vorher bestanden zahlreiche andere Interpretationen. Eine eindeutige und allgemein akzeptierte Definition von „Revolution" existiert nicht und ist auch nicht möglich. Im Historischen Materialismus, der aus dem Marxismus entstanden war, ist eine derartige Definition, die für alle Revolutionen gelten sollte, zwar versucht worden, doch hält diese aus heutiger Sicht einer näheren Betrachtung nicht mehr stand (➔M1). Die marxistische Variante der Interpretation von Revolutionen wird deshalb heute fast überhaupt nicht mehr vertreten. Die Gründe und die Abläufe von Revolutionen konnten und können sehr unterschiedlich sein, und oft ist es kaum möglich, übergreifend und sinnvoll zu vergleichen. Stattdessen gibt es viele unterschiedliche Theorien, die alle ihre Stärken und Schwächen haben (➔M2–M4).

Revolutionen lassen sich aber grob von Revolten, Rebellionen, Putschen oder von Reformen abgrenzen. Reformen versuchen langsame (evolutionäre) Veränderungen innerhalb des bestehenden Systems durchzuführen, ohne dass der Staat oder die Gesellschaft grundsätzlich infrage gestellt wird. Diese Veränderungen können die Wirtschaft, die Politik, das Recht, die Kultur oder auch das soziale System betreffen. Revolten, Rebellionen oder auch Putsche hingegen zielen ebenfalls nicht unbedingt auf grundsätzliche Veränderungen ab: Hier versucht etwa eine bestimmte Gruppe oder ein einzelner Akteur mit Gewalt an die Macht zu kommen oder den herrschenden Eliten bestimmte Zugeständnisse abzutrotzen. Oft sind die „Massen" der Bevölkerung nicht an solchen Aktionen beteiligt, und die bestehende Ordnung wird nicht grundsätzlich infrage gestellt. Beispielsweise gab es in der Frühen Neuzeit häufig Agrarrevolten, wenn hungernde Bauern materielle Erleichterungen von der Regierung oder von den Herrschern forderten. Rebellionen oder Revolten konnten aber, auch wenn sie zunächst scheiterten, dazu beitragen, dass langsam eine revolutionäre Situation entstand.

Internettipp
Im jungen Politik-Lexikon der Bundeszentrale für politische Bildung finden Sie einen Eintrag zum Begriff „Revolution". Siehe dazu den Code **32037-01**.

Wie lassen sich Revolutionen charakterisieren? | Revolutionen verlaufen viel radikaler als Rebellionen oder Revolten. Immer beteiligen sich zumindest Teile der Eliten an den Bewegungen, die Änderungen im System fordert. Manchmal streben diese „Revolutionäre" anfangs gar nicht den vollständigen Umsturz einer Gesellschaft an, sondern haben vordergründig sogar konservative Ziele: Ein vergangener, angeblich besserer Zustand soll wiederhergestellt werden. Typisch für Revolutionen ist aber, dass nach ihrem Beginn Dynamiken freigesetzt werden, die von den Revolutionären selbst kaum oder gar nicht mehr kontrollierbar sind: Dafür ist u.a. die sehr hohe Beteiligung des „Volkes" verantwortlich, das als eigenständiger Akteur auftritt. Oft spielten bei Revolutionen auch neue Ideologien und Weltanschauungen eine Rolle, mit denen das Verlangen nach Veränderungen gerechtfertigt wurde. Dies kann beispielsweise die Forderung nach bestimmten Freiheiten und nach Menschenrechten sein (etwa in der Französischen oder in der Amerikanischen Revolution), aber auch die nach einer Diktatur des Proletariats (in der Russischen Revolution 1917/18[2]). Derartige Weltanschauungen erheben häufig einen absoluten Geltungsanspruch, und dieser Umstand erklärt auch, warum Revolutionen manchmal zu fast unbegrenzter Gewaltanwendung tendieren (➔M5 und M6).

Typisch für Revolutionen ist ferner, dass diejenigen Veränderungen, die an ihrem Ende stehen, dauerhaft sind. Diese können beispielsweise darin bestehen, dass eine grundsätzlich andere Regierungs- oder Verfassungsform geschaffen wird, dass andere soziale Gruppen und Eliten an die Macht gekommen sind oder dass ein völlig anderes

---

[1] Zur Französischen Revolution und ihrer Wirkung siehe das Kapitel auf Seite 122ff.
[2] Siehe hierzu das Kapitel ab Seite 26.

Wirtschaftssystem errichtet wird. Zwischen diesen und weiteren möglichen Veränderungen existieren zahlreiche Kombinationen und Zwischenstufen. In der Amerikanischen Revolution gab es keinen ernsthaften Versuch zu einer Gegenrevolution, weil die potenziellen Gegenrevolutionäre das Land verlassen hatten und die Unabhängigkeit der USA deshalb zu einem Faktum geworden war, das innerhalb des neuen Staates nicht mehr infrage gestellt wurde. In vielen Revolutionen war dies aber anders: Der Versuch zu einer Gegenrevolution – gleichgültig, ob diese erfolgreich oder erfolglos war – löste häufig sehr blutige Kämpfe und Säuberungen aus und radikalisierte auch die revolutionäre Bewegung.

„Die Erstürmung der Bastille."
Ölgemälde von Charles Thévenin, 1793.
Die Festung war Ende des 14. Jahrhunderts zur Verteidigung gegen die Engländer erbaut und später zum Staatsgefängnis gemacht worden. Die im Bild gezeigte blau-weiß-rote Trikolore (lat. *tricolor*: dreifarbig) ist eine Kombination aus den Farben der Stadt Paris (blau und rot) und dem weißen Lilienbanner der Monarchie. Offiziell wurde die Trikolore erst 1794 zur Nationalflagge erklärt.

Sind Revolutionen stets gewaltsam? | Noch vor wenigen Jahrzehnten wurde angenommen, dass Revolutionen immer mit Gewalt verbunden sind: Vorbilder wie die Amerikanische, die Französische und die Russische Revolution schienen dies eindrucksvoll zu bestätigen. Auch 1848 in Europa und 1918/19 im Deutschen Reich war revolutionäre und gegenrevolutionäre Gewalt an der Tagesordnung und forderte viele Todesopfer. Ein weiteres historisches Beispiel zeigt allerdings auch einen anderen Blickwinkel: Ende der 1980er-Jahre brach die Sowjetunion zusammen. Von wenigen Ausnahmen abgesehen (Rumänien oder die Republiken im Kaukasus) blieb offene Gewalt hier aber aus. In der ehemaligen DDR kollabierte das alte System friedlich, und auch in der Tschechoslowakei trat die ehemals herrschende Schicht fast ohne Widerstand ab. Deshalb sprechen Zeitgenossen und Historiker von der „samtenen" Revolution. Ob und wie dieses Faktum des friedlichen Umsturzes in eine Gesamttheorie der Revolutionen integriert werden kann, ist derzeit noch offen.

M1 Revolutionstheorie von Marx und Engels

Karl Marx (1818–1883) und Friedrich Engels (1820–1895) schreiben vom Dezember 1847 bis Januar 1848 im Auftrag des „Bundes der Kommunisten" das „Manifest der Kommunistischen Partei". Darin heißt es:

Es ist hohe Zeit, dass die Kommunisten ihre Anschauungsweise, ihre Zwecke, ihre Tendenzen vor der ganzen Welt offen darlegen und dem Märchen vom Gespenst des Kommunismus ein Manifest der Partei selbst entgegenstellen. [...]

Bourgeois und Proletarier[1]

Die Geschichte aller bisherigen Gesellschaft ist die Geschichte von Klassenkämpfen. Freier und Sklave, Patrizier und Plebejer, Baron und Leibeigener, Zunftbürger und Gesell, kurz, Unterdrücker und Unterdrückte standen in stetem Gegensatz zueinander, führten einen ununterbrochenen, bald versteckten, bald offenen Kampf, einen Kampf, der jedesmal mit einer revolutionären Umgestaltung der ganzen Gesellschaft endete oder mit dem gemeinsamen Untergang der kämpfenden Klassen. [...]
Die aus dem Untergange der feudalen Gesellschaft[2] hervorgegangene moderne bürgerliche Gesellschaft hat die Klassengegensätze nicht aufgehoben. Sie hat nur neue Klassen, neue Bedingungen der Unterdrückung, neue Gestaltungen des Kampfes an die Stelle der alten gesetzt.
Unsere Epoche, die Epoche der Bourgeoisie, zeichnet sich jedoch dadurch aus, dass sie die Klassengegensätze vereinfacht hat. Die ganze Gesellschaft spaltet sich mehr und mehr in zwei große feindliche Lager, in zwei große, einander direkt gegenüberstehende Klassen: Bourgeoisie und Proletariat. [...] Jede dieser Entwicklungsstufen der Bourgeoisie war begleitet von einem entsprechenden politischen Fortschritt. [...] Die Bourgeoisie hat in der Geschichte eine höchst revolutionäre Rolle gespielt. [...]
Das Bedürfnis nach einem stets ausgedehnteren Absatz für ihre Produkte jagt die Bourgeoisie über die ganze Erdkugel. [...] In demselben Maße, worin sich die Bourgeoisie, d.h. das Kapital, entwickelte, in demselben Maße entwickelte sich das Proletariat. [...] Aber mit der Entwicklung der Industrie vermehrt sich nicht nur das Proletariat; es wird in größeren Massen zusammengedrängt, seine Kraft wächst, und es fühlt sie mehr. [...] [Die Bourgeoisie] produziert vor allem ihren eigenen Totengräber.

Proletarier und Kommunisten

[...] Der erste Schritt in der Arbeiterrevolution [ist] die Erhebung des Proletariats zur herrschenden Klasse, die Erkämpfung der Demokratie. [...] Das Proletariat wird seine politische Herrschaft dazu benutzen, der Bourgeoisie nach und nach alles Kapital zu entreißen, alle Produktionsinstrumente in den Händen des Staats, d.h. des als herrschende Klasse organisierten Proletariats, zu zentralisieren und die Masse der Produktionskräfte möglichst rasch zu vermehren. [...]
An die Stelle der alten bürgerlichen Gesellschaft mit ihren Klassen und Klassengegensätzen tritt eine Assoziation[3], worin die freie Entwicklung eines jeden die Bedingung für die freie Entwicklung aller ist. [...]
Mit einem Wort, die Kommunisten unterstützen überall jede revolutionäre Bewegung gegen die bestehenden gesellschaftlichen und politischen Zustände. [...]
Die Kommunisten verschmähen es, ihre Ansichten und Absichten zu verheimlichen. Sie erklären es offen, dass ihre Zwecke nur erreicht werden können durch den gewaltsamen Umsturz aller bisherigen Gesellschaftsordnung. Mögen die herrschenden Klassen vor einer kommunistischen Revolution zittern. Die Proletarier haben nichts in ihr zu verlieren als ihre Ketten. Sie haben eine Welt zu gewinnen.
Proletarier aller Länder, vereinigt euch!

Theo Stammen und Alexander Classen (Hrsg.), Karl Marx: Das Manifest der kommunistischen Partei, Paderborn 2009, S. 66-69, 72, 74, 77, 84-86, 96 und 207

1. Präsentation: Beschreiben Sie mithilfe eines Schaubildes das Revolutionsverständnis von Marx und Engels. Unterscheiden Sie dabei die verschiedenen Phasen der revolutionären Entwicklung.
2. Setzen Sie die Merkmale der bürgerlichen, sozialistischen und kommunistischen Gesellschaft zueinander in Beziehung.
3. Nehmen Sie Stellung zum Demokratieverständnis von Marx und Engels (siehe bes. Zeilen 40ff.). Grenzen Sie es vom heutigen Demokratieverständnis ab.

[1] „Unter **Bourgeoisie** wird die Klasse der modernen Kapitalisten verstanden, die Besitzer der gesellschaftlichen Produktionsmittel sind und Lohnarbeit ausnutzen. Unter **Proletariat** die Klasse der modernen Lohnarbeiter, die, da sie keine eigenen Produktionsmittel besitzen, darauf angewiesen sind, ihre Arbeitskraft zu verkaufen, um leben zu können." Fußnote von Engels zur englischen Ausgabe von 1888.

[2] **Feudalismus**: In dieser Gesellschaftsordnung des Mittelalters und der Frühen Neuzeit übt der adlige Lehnsherr richterliche, politische und militärische Herrschaftsfunktionen aus. Bürger und Bauern, der „Dritte Stand", genießen den Schutz des Lehnsherrn, sind ihm aber zu Diensten und Abgaben verpflichtet und unterstehen seiner Herrschaft.

[3] **Assoziation**: im Sinne von Marx und Engels freiwillige Verbindung aller Gesellschaftsmitglieder, nicht nur einer gesellschaftlichen Teilgruppe

M2 Eine Begriffsdefinition

Der Historiker Theodor Schieder (1908–1984) setzt sich mit dem Begriff „Revolution" auseinander. Er kommt dabei zu folgendem Schluss:

Je größer der Anwendungsbereich eines Begriffs wird, desto schwieriger ist es, seinen spezifischen Gehalt zu bestimmen. Dies gilt auch für den Begriff „Revolution". Man wird sich daher im einzelnen Fall einer Revolution an die Ereignisse zu halten haben, die im Geschehensablauf durch relativ feste Daten oder Datenketten markiert sind. Diese Ereignisse spielen sich in der Regel innerhalb der politischen Institutionen ab, erfassen aber je nach ihrer Komplexität gesellschaftliche, kulturell-ideologische, materielle Lebensbereiche. Diese Komplexität ist es, die revolutionäre Ereignisse nach ihrer historischen Bedeutung unterscheiden lässt: Ein *Staatsstreich* führt beispielsweise nur einen irregulären Regierungswechsel oder – in der Monarchie – eine irreguläre Erbfolge herbei, ohne an der Grundstruktur eines politischen und sozialen Systems etwas zu ändern. [...] *Rebellionen* können als Form der Wiederherstellung einer bestimmten politischen Struktur und Sozialstruktur, als Akt sozialer Chirurgie verstanden werden, mit dem eine durch Machtmissbrauch von Einzelnen oder ganzen Schichten gestörte Ordnung restituiert[1] wird. In der modernen Revolutionssoziologie unterscheidet man solche Vorgänge auf drei Ebenen – auf der Ebene 1. der *Regierung*, 2. der *Regierungsform* und 3. der *Gesellschaftsverfassung* – und bemisst danach den Wirkungsgrad und die Stufe einer revolutionären Aktion. [...]
Die großen modernen Revolutionen sind insofern Totalrevolutionen, als von ihnen alle Bereiche erfasst und in verschiedenem Grad dauerhaft umgeformt wurden. Ihnen kommt auch Ausstrahlung über ihren nationalen Ursprungsherd hinaus zu.

Theodor Schieder, Artikel „Revolution", in: C. D. Kernig (Hrsg.), Sowjetsystem und demokratische Gesellschaft. Eine vergleichende Enzyklopädie, Bd. V, Freiburg/Basel/Wien 1972, Sp. 696

1. Präsentation: Beschreiben Sie die von Schieder genannten Typen des schnellen Wandels. Notieren Sie dazu die jeweiligen Charakteristika in einem Schaubild. | H
2. Erläutern Sie Schieders Modell, indem Sie selbst gewählte historische Beispiele untersuchen.
3. Präsentation: Entwickeln Sie eine eigene Definition des Begriffes „Revolution".

M3 Reformen können gefährlich sein

Der französische Schriftsteller und Politiker Alexis de Tocqueville (1805–1859) analysiert in den 50er-Jahren des 19. Jahrhunderts die Ursachen der Französischen Revolution und verallgemeinert seine Untersuchung zu folgender grundsätzlichen Hypothese:

Man gelangt nicht immer nur dann zur Revolution, wenn eine schlimme Lage zur schlimmsten wird. Sehr oft geschieht es, dass ein Volk, das die erdrückendsten Gesetze ohne Klage und gleichsam, als fühlte es sie nicht, ertragen hatte, diese gewaltsam beseitigt, sobald ihre Last sich vermindert. Die Regierung, die durch eine Revolution vernichtet wird, ist fast stets besser als die unmittelbar voraufgegangene, und die Erfahrung lehrt, dass der gefährlichste Augenblick für eine schlechte Regierung der ist, wo sie sich zu reformieren beginnt.

Alexis de Tocqueville, Der alte Staat und die Revolution, hrsg. von Jacob Peter Mayer, Reinbek 1969, S. 153 (übersetzt von Theodor Oelckers)

1. Vergleichen Sie die Bedeutung von Revolutionen für Tocqueville und Marx/Engels (M1).
2. Überprüfen Sie Tocquevilles Aussage über Revolutionen auf der Grundlage Ihres Wissens über die Französische Revolution (siehe das Kapitel auf Seite 122 ff.). Beziehen Sie sich auch – auf Grundlage eigener Recherche – auf die Russische Revolution von 1917 (siehe das Kapitel auf Seite 26 ff.). | H

[1] **restituieren**: zurückgeben; hier im Sinne von wiederherstellen

M4 Ursachen von Revolutionen

*Der amerikanische Soziologe und Politikwissenschaftler Jack A. Goldstone (*1953) nennt 1991 folgende zusammenwirkende Trends für die Zusammenbrüche von Staaten:*

1. Zunehmender Druck auf die Staatsfinanzen, da die Inflation die Staatseinnahmen unterhöhlte und das Bevölkerungswachstum die Realausgaben erhöhte. Die Staaten versuchten, sich selbst zu erhalten, indem sie die Einnahmen auf verschiedene Arten erhöhten, doch diese Versuche entfremdeten Eliten, Bauernschaft und die städtischen Konsumenten vom Staat und versagten gleichzeitig als Mittel gegen die wachsende Verschuldung und schließlich den Bankrott.
2. Konflikte zwischen Eliten wurden immer vorherrschender, da eine größere Zahl an Familienmitgliedern und die Inflation es manchen Familien erschwerte, ihren Status zu halten, während Bevölkerungswachstum und steigende Preise zum Aufstieg anderer Familien und somit zu Anwärtern neuer Elitepositionen führten. Die finanziell schwache Situation des Staates erlaubte es diesem nicht, allen diesen Anwärtern entsprechende Positionen zur Verfügung zu stellen, und innerhalb der Elitehierarchie kam es zu beträchtlichen Änderungen und Verschiebungen. [...] Wenn die zentralen Autoritäten dann aufgrund von Bankrott oder Krieg zusammenbrachen, traten beim Kampf um die Macht die Elitegruppen in den Vordergrund.
3. Die Unruhen in der Bevölkerung nahmen in dem Maße zu, in dem Konkurrenz um Boden, Landflucht, übersättigte Arbeitsmärkte, abnehmendes Realeinkommen und Anstieg des Anteils der jugendlichen Bevölkerung zu einem Anstieg des Potenzials für Massenmobilisierung innerhalb der Bevölkerung führten. Unruhen traten sowohl in ländlichen als auch in städtischen Gebieten [...] in verschiedenen Varianten auf: Als Hungeraufstände, Angriffe auf die Landbesitzer und Staatsbeamte oder Land- und Nahrungsbeschlagnahmungen. [...]
4. Die Bedeutung der [...] Ideologien nahm zu.

Jack A. Goldstone, Revolution and Rebellion in the Early Modern World, 1991; zitiert nach: Shmuel N. Eisenstadt, Die großen Revolutionen und die Kulturen der Moderne, Wiesbaden 2006, S. 44 f. (vereinfacht; übersetzt von Ulrike Brandhorst)

1. Präsentation: Fassen Sie die Ursachen für eine Revolution nach Goldstone zusammen. Tipp: Verwenden Sie die Form eines Schaubildes mit Folge- und Beziehungspfeilen.
2. Analysieren Sie zum Beispiel die Französische Revolution mithilfe der von Goldstone genannten Faktoren.
3. Erläutern Sie Goldstones Überlegungen anhand eines selbst gewählten historischen Beispiels.

M5 Charakter von Revolutionen

Der israelische Soziologe Shmuel Noah Eisenstadt (1923–2010; siehe auch Seite 25) stellt fest:

Revolutionen, insbesondere die „großen Revolutionen", zeigen zunächst natürlich den radikalen Wandel der politischen Herrschaft weit entfernt von der bloßen Absetzung eines Herrschers oder des Wechsels der herrschenden Gruppen an. Sie bezeichnen eine Situation, in der Absetzung und Wandel, manchmal in Verbindung mit der Exekution oder Ermordung, manchmal „nur" mit der Entthronung und Verbannung des Herrschers, in einem radikalen Wandel der politischen Spielregeln und der Symbole und Grundlagen der Legitimation des Regimes endeten. Ein solcher Wandel ist normalerweise ein gewalttätiger Akt, aber die Gewalt, die sich in diesen Revolutionen entwickelt, ist nicht diejenige, die man auch in vielen Demonstrationen oder Aufständen findet. Was diese Gewalt auszeichnet, ist vielmehr ihre ideologische Rechtfertigung, die bis zur Sanktionierung reicht. Eine solche Rechtfertigung wurzelt oft in dem Versuch, den Wandel in den Symbolen, den Grundlagen der Legitimation und dem institutionellen Rahmen eines Regimes mit neuen Visionen der politischen und sozialen Ordnung zu verbinden. Es ist diese Kombination, die für die großen Revolutionen kennzeichnend ist. [...]
Wie groß auch immer die Differenzen zwischen diesen Revolutionen sind, sie alle teilten [...] einige grundlegende Charakteristika. In allen entstand der Versuch, das Staatswesen zu erneuern – die Zerstörung der alten und die Begründung neuer politischer Institutionen auf der Basis einer neuen Vision, in der Gleichheit, Gerechtigkeit, Freiheit und Partizipation der Gemeinschaft am politischen Zentrum verkündet wurde. Das Propagieren dieser zentralen Anliegen war natürlich nicht auf diese Revolutionen begrenzt; sie können in vielen Protestbewegungen der Menschheitsgeschichte verfolgt werden. Neu war erstens die Kombination dieser immer wiederkehrenden Protestthemen mit neuen „modernen" Themen, wie mit dem Glauben an den Fortschritt und mit den Forderungen nach uneingeschränktem Zugang zu den politischen Zentren. Neu war zweitens die Kombination all dieser Themen mit einer allgemeinen utopischen Vision der Erneuerung der Gesellschaft und der politischen Ordnung – und eben nicht einfach nur die millenarische[1] Vision des Protests. Von zentraler Bedeutung waren die ausgeprägte utopischen Komponente, die [...] auf starken utopischen Visionen dieser Gesellschaften oder Kulturen, in denen diese Revolutionen sich ereigneten, aufbaute, ebenso wie die Verlagerung solch utopischer Visionen in die Zentren ihrer jeweiligen Gesellschaften.

Shmuel N. Eisenstadt, Die Antinomien der Moderne. Die jakobinischen Grundzüge der Moderne und des Fundamentalismus, Frankfurt am Main 1998, S. 44 ff. (übersetzt von Georg Stauth)

[1] **millenarisch:** Lehre von der Erwartung des tausendjährigen Reiches Christi auf Erden nach seiner Wiederkunft vor dem Weltende

1. Geben Sie den Inhalt der Quelle (M5) mit eigenen Worten wieder.
2. Erklären Sie ausgehend von der Quelle und dem Verfassertext auf Seite 15 die Rolle von Gewalt in Revolutionen.
3. Setzen Sie sich mit der Funktion von Utopien in Revolutionen auseinander, wie sie Eisenstadt darstellt.

M6 Revolution und Freiheit

Die deutsch-amerikanische Philosophin Hannah Arendt (1906–1975) äußert sich über Revolutionen wie folgt:

[…] [E]ine neue Erfahrung, in der die menschliche Fähigkeit für Anfangen überhaupt erfahren wurde, bildet die Wurzel für das ungeheure Pathos, mit dem die Amerikanische wie die Französische Revolution darauf bestanden, dass nichts an Größe und Bedeutung Vergleichbares sich je in der gesamten überlieferten Geschichte ereignet habe; und da es dieses Pathos ist, das den Ereignissen ihr eigentliches Gewicht gibt, wäre es in der Tat absurd, wenn wir es mit nichts anderem zu tun hätten als mit der erfolgreichen Verteidigung überkommener und wohl begründeter Rechte.
Nur wo dieses Pathos des Neubeginns vorherrscht und mit Freiheitsvorstellungen verknüpft ist, haben wir das Recht, von Revolution zu sprechen. Woraus folgt, dass Revolutionen prinzipiell etwas anderes sind als erfolgreiche Aufstände, dass man nicht jeden Staatsstreich zu einer Revolution auffrisieren darf und dass nicht einmal jeder Bürgerkrieg bereits eine Revolution genannt zu werden verdient. […]
Alle diese politischen Phänomene haben mit der Revolution die Gewalttätigkeit gemein, und dies ist der Grund, warum sie so oft revolutionär genannt werden. Aber die Kategorie der Gewalt wie die Kategorie des bloßen Wechsels oder Umsturzes ist für eine Beschreibung des Phänomens der Revolution ganz unzulänglich; nur wo durch Wechsel ein Neuanfang sichtbar wird, nur wo Gewalt gebraucht wird, um eine neue Staatsform zu konstituieren, einen neuen politischen Körper zu gründen, nur wo der Befreiungskampf gegen den Unterdrücker die Begründung der Freiheit wenigstens mitintendiert, können wir von einer Revolution im eigentlichen Sinne sprechen. Und Tatsache ist, dass zwar die Geschichte immer […] Männer […] hervorgebracht hat, die nach der Macht um der Macht willen streben, und solche, die, gierig nach neuen Dingen […], die Unruhe um der Unruhe willen begehren, dass aber der revolutionäre Geist der letzten Jahrhunderte, nämlich das Verlangen, zu befreien *und* der Freiheit selbst eine neue Stätte zu gründen, zumindest in den Jahrhunderten unserer Zeitrechnung beispiellos ist und nicht seinesgleichen hat.

Hannah Arendt, Über die Revolution, Frankfurt am Main 1968, S. 41 f.

1. Fassen Sie die Kernaussage des Textes kurz zusammen.
2. Arbeiten Sie heraus, was Hannah Arendt unter „Pathos des Neubeginns" im Zusammenhang mit „Freiheitsvorstellungen" meint.
3. Setzen Sie sich anhand dieses Textes mit der Frage der Gewalt in Revolutionen auseinander. Vergleichen Sie anschließend die Thesen von Hannah Arendt mit denen von Shmuel N. Eisenstadt (M5).

1.3 Kernmodul: Modernisierung

„Modernisierung" – Geschichte einer Theorie | Das Thema der Modernisierung ist bereits seit den 1950ern und dann vor allem seit den 1970er-Jahren von Historikern, Politikwissenschaftlern, Ökonomen und Soziologen intensiv diskutiert worden – diese Debatten sind auch heute noch nicht entschieden. Modernisierung wurde anfangs oft als Fortschritt gesehen, der gekennzeichnet ist durch sozialen, wirtschaftlichen, gesellschaftlichen, politischen und kulturellen Wandel. Beispiele hierfür sind die Entwicklung von der Agrar- zur Industrie- und schließlich zur Dienstleistungsgesellschaft oder von der Adelsherrschaft zur Republik oder zur Demokratie.

Anfangs wurde stark mit Gegensatzpaaren argumentiert (➔M1 und M2). Allerdings zeigt die Praxis, dass Gesellschaften komplizierter strukturiert sind, als die frühen Modernisierungstheoretiker angenommen haben. Sehr häufig finden sich ältere Strukturen neben neuen und modernen, Rückschritt und Wandel treten oft gleichzeitig auf (➔M3). Prozesse der Modernisierung verlaufen selten konfliktfrei, weil es neben sozialen Gewinnern auch stets Gruppen von sozialen Verlierern gibt. Die Folge hiervon sind Krisen, Umbrüche, Revolten oder sogar Revolutionen.

Ursprünglich gingen viele Wissenschaftler davon aus, dass die Modernisierung von Gesellschaften etwas Positives sei und mittelfristig Prozesse der Demokratisierung fördern würde. Derartige Fälle hat es selbstverständlich im 19. und im 20. Jahrhundert gegeben. Allerdings ist diese sehr optimistische Sicht heute auch scharfer Kritik ausgesetzt. Wie zahlreiche Beispiele zeigen, bedeutet ökonomische Modernisierung keineswegs auch Demokratisierung. Das Beispiel Chinas zeigt, dass dies oft gerade nicht der Fall ist. Das Land hat sich seit den 1980er-Jahren zu einer wirtschaftlichen Großmacht entwickelt, ohne dass eine entsprechende Demokratisierung auch nur im Ansatz zu erkennen wäre. Auch im Falle der Amerikanischen Revolution ist das Verhältnis von Modernisierung und Demokratisierung zwiespältig. Einerseits gelang es den Gründungsvätern, mit der amerikanischen Verfassung einen neuen Typ von Staat zu schaffen, in dem die Herrschaft des Volkes fest verankert wurde. Diese Verfassung hat viele schwere Krisen überstanden und gilt im Prinzip heute noch wie vor weit über 200 Jahren. Andererseits wurden große Teile des Volkes ausgegrenzt: Die Native Americans wurden nicht assimiliert, sondern verdrängt. Die Sklaverei bestand in vielen Staaten fort, und die völlige rechtliche Gleichstellung der Afroamerikaner fand erst in den 1960er-Jahren statt. Auch in diesem Beispiel verschränkten sich also moderne und traditionelle Formen und es ist schwierig zu entscheiden, welche von beiden dominierte.

Peking: Tradition und ...
Foto vom November 2012.
Das Foto zeigt den 18. Nationalkongress der Kommunistischen Partei Chinas in der Hauptstadt Peking.

... Moderne.
Foto vom Mai 2016.
Eine Besucherin probiert eine VR-Brille auf einem Schlauchboot während einer Hightech-Messe in Peking aus.

Technischer Fortschritt | Auch stehen wir heute dem technischen Fortschritt viel skeptischer gegenüber, als dies die Zeitgenossen vor 100 oder 200 Jahren taten. In der Vergangenheit wurden häufig technischer Fortschritt, Modernisierung und Steigerung der Lebensqualität gleich gesetzt. Wir wissen heute, dass zahlreiche neue Errungenschaften unser Leben erheblich erleichtern und verbessern können. Zugleich ist aber auch klar, dass dieser Fortschritt einen Preis hat: zu nennen wäre z. B. Umweltverschmutzung, zu hoher Ressourcenverbrauch oder auch schwere Unfälle wie die Explosionen in den Atomkraftwerken von Tschernobyl (1986) und Fukushima (2011). Technischer Fortschritt ist nicht einfach „gut" oder „schlecht", er erfordert eine differenzierte Bewertung, und technische Modernisierung kann, muss aber keineswegs zu einer freieren Gesellschaft führen. Diejenigen Menschen, die zur Zeit der Amerikanischen Revolution lebten, waren zu einer solchen Abwägung noch nicht in der Lage, weil die Industrielle Revolution in Großbritannien erst etwa 1760 begonnen hatte. Für die amerikanischen Siedler war es beispielsweise selbstverständlich, dass die großen Urwälder an der Ostküste so schnell wie möglich abgeholzt werden mussten, um Platz für Farmen und neue Ortschaften zu schaffen – sie glaubten an die unbegrenzte Macht des Fortschritts.

Gesellschaftlicher Wandel | Kritisiert worden ist ferner, dass es schwierig sei, einzelne Prozesse von gesellschaftlichem Wandel isoliert zu beschreiben und Modernisierung ausschließlich positiv zu sehen. Stets fanden und finden Wechselwirkungen zwischen Tradition und Moderne statt, und im konkreten Einzelfall ist es häufig schwierig, genau abzugrenzen, was genau traditionell und was modern ist. Wenn man beispielsweise die Säkularisierung einer Gesellschaft als etwas Modernes und Positives ansieht, entstehen bei der Interpretation der Amerikanischen Revolution einige Probleme. Einerseits steht am Ende der Revolution die klare Trennung von Kirche und Staat. Andererseits ist aber ganz unübersehbar, dass protestantische christliche Kirchen und Sekten auch noch nach der Revolution – teilweise sogar bis heute – über einen enormen Einfluss verfügten und verfügen, der bis in die Tagespolitik hineinreicht. Ein simples Schema „traditionell – modern" kann diese sehr komplexen Vorgänge nicht erfassen.

Der Soziologe Shmuel N. Eisenstadt hat demgegenüber den Begriff der „multiple modernities" geprägt (→M4). Damit ist gemeint, dass es die *eine* Moderne nicht gibt. Gesellschaften, die sich wie z. B. China modernisieren, können zwar, müssen aber keineswegs dem westlichen Modell folgen. Zugleich existieren oft eigenartige Mischformen. Die USA waren bei ihrer Gründung – betreffend die Staatsform – sicherlich der „modernste" Staat der Welt. Zugleich aber existierte in vielen Bundesstaaten die Sklaverei, die mit modernen politischen und wirtschaftlichen Vorstellungen überhaupt nicht in Einklang zu bringen ist. Ein weiteres Beispiel: Heutige islamische Fundamentalisten bekämpfen offensiv die westliche Moderne. Zugleich nutzen sie aber auch virtuos das Internet und andere moderne Kommunikationsmittel, um ihre Hassbotschaften zu verbreiten.

M1 Traditional und Modern

Der deutsche Historiker Hans-Ulrich Wehler (1931–2014) hat 1975 folgenden Katalog von Begriffen zusammengestellt, um seine modernisierungstheoretischen Vorstellungen anschaulich zu machen:

	Traditional	Modern
Alphabetismus[1]	gering	hoch
Berufe	einfach, stabil	ausdifferenziert, wechselnd
Soziale Bewegung	stabil	mobil
Soziale Differenzierung	gering	hoch
Einkommen	niedrig, große Unterschiede	hoch, tendenzielle Angleichung
Familie	Dominanz großer Primärgruppe	Kernfamilie, konkurrierender Gruppeneinfluss
Herrschaft	lokal, personal	zentralistisch, anonym
Kommunikation	personal	Medien
Konflikte	offen, disruptiv[2]	institutionalisiert, eingehegt
Soziale Kontrolle	direkt, personal	indirekt, bürokratisch
Lebenserwartung	gering	hoch
Mobilität	gering	hoch
Politische Partizipation[3]	gering	groß
Produktivität	gering	hoch
Recht	religiös, personalistisch	abstrakt, formelle Verträge
Religion	Dogmatik, Staatsbeistand	Säkularisierung, Trennung von Staat und Kirche
Siedlungsweise	ländlich	städtisch
Sozialstruktur	homogen, stabile lokale Gruppen	heterogen, hohe Mobilität
Technik	gering	hoch
Wirtschaft	agrarische Subsistenzweise[4]	Technologie

Zitiert nach: Hans-Ulrich Wehler, Modernisierungstheorie und Gesellschaftsgeschichte, in: Ders., Die Gegenwart als Geschichte, München 1995, S. 20 (gekürzt)

1. Erklären Sie einzelne Begriffspaare. Hier ein kurzes Beispiel: „Recht: In traditionellen Gesellschaften ist das Rechtswesen oft an religiösen Werten orientiert, und ein Urteil wird nicht unabhängig von Macht und Einfluss der Prozessbeteiligten gesprochen. In modernen Gesellschaften ..."
2. Wehler hat diese Gegenüberstellung als „Dichotomien-Alphabet" bezeichnet. Erläutern Sie den Begriff.
3. Modernisierungen sind stets positiv. Nehmen Sie Stellung zu dieser Aussage.

---

[1] **Alphabetismus**: Fähigkeit, lesen und schreiben zu können
[2] **disruptiv**: störend
[3] **Partizipation**: Teilhabe
[4] **agrarische Subsistenzweise**: bäuerliche Wirtschaft für den Eigenbedarf

Hans-Ulrich Wehler.
Foto vom Oktober 2008, Buchmesse in Frankfurt am Main.
Wehler lehrte von 1971 bis 1996 als Professor für Allgemeine Geschichte mit besonderer Berücksichtigung der Geschichte des 19. und 20. Jahrhunderts an der Universität Bielefeld. Er gilt als einer der einflussreichsten deutschen Historiker in der zweiten Hälfte des 20. Jahrhunderts. Zu seinen bekanntesten Publikationen zählt seine fünfbändige „Deutsche Gesellschaftsgeschichte", die sich mit der Zeit von 1700 bis 1990 beschäftigt.

M2 Historische Modernisierungsforschung

Hans-Ulrich Wehler schreibt:

Diese historische Modernisierungsforschung bevorzugt die Analyse eines Bündels von Basisprozessen, z. B.

- die Entwicklung des Kapitalismus, insbesondere des Industriekapitalismus;
- die Bildung von Klassen und damit neuer Muster der sozialen Ungleichheit;
- die Entstehung und den Ausbau des bürokratischen Anstaltsstaats[1], vor allem in Form des Nationalstaats mit einem demokratischen politischen System;
- die kulturelle Mobilisierung[2] und Rationalisierung;
- die „Entzauberung" der Welt: die Verwissenschaftlichung der Produktion und der Lebensführung;
- die Urbanisierung usw.

Zugleich gibt die historische Modernisierungsforschung Entwicklungskriterien an (die Bewegung hin zum Kapitalismus, zur Klassengesellschaft, zum modernen Staat), die idealtypisch-hypothetisch[3] verwendet werden können. Sie macht auch die normativen Implikationen[4] klar, um die in jeder Modernisierungsforschung kein Weg herumführt und die deshalb [...] diskussionsfähig gemacht werden müssen.

Hans-Ulrich Wehler, Diktaturenvergleich, Totalitarismustheorie, DDR-Geschichte, in: Ders., Umbruch und Kontinuität. Essays zum 20. Jahrhundert, München 2000, S. 120

▸ Weisen Sie „normativ[e] Implikationen" (Zeile 18) nach Wehler in den von Jens Flemming (M3) referierten Modernisierungstheorien nach.

---

1 **bürokratischer Anstaltsstaat**: Fachleute führen die Staatsgeschäfte nach demokratisch festgelegten Regeln.

2 **kulturelle Mobilisierung**: Alte, überlieferte Rollen weichen neuen Lebensstilen freier Individualität.

3 **idealtypisch-hypothetisch**: Auf der Grundlage theoretischer Überlegungen werden Analysekriterien oder Modelle gewonnen, die z. B. bei der Untersuchung historischer Ereignisse helfen können.

4 **normative Implikationen**: Annahmen über Gesetzmäßigkeiten

M3 Modernisierungstheorie als Denkanstoß

*Der deutsche Historiker Jens Flemming (*1944) schreibt in einem Lexikonartikel über Modernisierungstheorien:*

Modernisierungstheorien oder Elemente von Modernisierungstheorien, wie sie derzeit in der Geschichtsschreibung benutzt werden, versuchen den sozialen, kulturellen und wirtschaftlichen Wandel zu erfassen, der sich im Zeitalter der industriellen und demokratischen Revolution seit dem späten 18. Jh. vollzieht. Dabei geht es um den Übergang von Agrar- zur Industrie-, von der ständischen zur Klassengesellschaft. Geprägt wird dieser Prozess durch die fortschreitende „Entzauberung der Welt" (Max Weber[1]). Ältere Regelwerke, Normen für Sinnbezüge werden fragwürdig, Religion und Kirche müssen sich der Konkurrenz der Wissenschaften erwehren. Am Ende stehen der säkularisierte Mensch und die säkularisierte Gesellschaft. An die Stelle von Selbstgenügsamkeit und Statik treten Bewegung, Tempo und Mobilität. Darin eingeschlossen sind Bürokratisierung, Rationalisierung und Zentralisierung, Mechanisierung und Kommerzialisierung, Verstädterung, steigende Produktivität und steigende Masseneinkommen. Konflikte werden institutionalisiert und verrechtlicht, insoweit entschärft und gezähmt. Verkehrsmittel durchdringen Landstriche und ganze Kontinente, Raum und Zeit, Metropole und Peripherie rücken zusammen. Moderne Gesellschaften sind im Vergleich zu traditionalen komplexer, arbeitsteiliger und durchlässiger. Sozialer Status orientiert sich nicht mehr an Geburt und Herkunft, sondern an individueller Tüchtigkeit und beruflicher Leistung. Staatliche Herrschaft bedarf neuer Formen der Legitimation, muss Möglichkeiten der politischen Teilhabe für alle bieten, die Erwartungen und Interessen der Bürger zu befriedigen. Milieus und Lebenswelten verlieren an Geschlossenheit und Bindekraft, Rollen und Rollenbilder verändern sich ebenso wie die Beziehungen der Geschlechter, der Generationen und Klassen.

Ein derartiges Raster von Merkmalen und Kategorien entworfen zu haben, ist zweifellos ein Verdienst. Der Nachteil jedoch ist, dass diese ungeordnet, ohne plausiblen inneren Zusammenhang bleiben; überhaupt arbeiten Modernisierungstheorien mit relativ starren, schematischen Gegensatzpaaren, die in dieser Reinheit gewöhnlich nicht in der Wirklichkeit anzutreffen sind. Historische Prozesse verlaufen nicht linear, sondern in Sprüngen, sind widersprüchlich und vielschichtig. Fortschritt und Rückschritt, Tradition und Modernität sind nicht säuberlich getrennt, sondern liegen häufig dicht beieinander. Kennzeichnend ist die Gleichzeitigkeit höchst unterschiedlicher Entwicklungen und Entwicklungslinien, spannend sind die Brüche, die Ambivalenzen und Mischungsverhältnisse. Insofern liefern sozialwissenschaftliche Konzepte der Modernisierung bestenfalls Denkanstöße, Ausgangspunkte für vergleichende Betrachtungen. Idealtypen, die sich am historischen Material aber erst noch zu bewähren haben.

Manfred Asendorf, Jens Flemming, Achatz von Müller und Volker Ullrich (Hrsg.), Geschichte. Lexikon der wissenschaftlichen Grundbegriffe, Hamburg 1994, S. 446 f.

1. Fassen Sie Flemmings Ausführungen zu Modernisierungstheorien stichpunktartig zusammen.
2. Beurteilen Sie ausgehend von den kritischen Anmerkungen zu den Modernisierungstheorien, ob diese ein sinnvolles Modell zur Betrachtung geschichtlicher Prozesse sein können.
3. Präsentation: Entwickeln Sie ausgehend von M1, M2 und M3 einen Kriterienkatalog, mit dem sich untersuchen lässt, ob ein Modernisierungsprozess vorliegt, und überprüfen Sie anhand dessen, inwieweit bei der Französischen Revolution (siehe das Kapitel auf Seite 122 ff.) Formen von Modernisierungsprozessen auszumachen sind.

[1] **Max Weber** (1864–1920): deutscher Jurist, Soziologe und Nationalökonom

Shmuel Noah Eisenstadt.
Foto vom November 2006, Bergen (Norwegen).
Der in Warschau geborene Soziologe Shmuel N. Eisenstadt hält den „Internationalen Holberg-Gedenkpreis" in die Kamera. Die Auszeichnung wird an herausragende wissenschaftliche Arbeiten u.a. in den Geistes- und Sozialwissenschaften von der Universität Bergen verliehen. Eisenstadt lehrte seit 1959 an der Hebräischen Universität von Jerusalem.
Eine weitere Textquelle von Eisenstadt finden Sie im Kernmodul „Revolutionen" auf Seite 18 (M5).

M4 „multiple modernities"

Der israelische Soziologe Shmuel N. Eisenstadt (1923–2010) kritisiert Modernisierungstheorien wie folgt:

Der Begriff *multiple modernities* steht für eine Sicht der heutigen Welt, [...] die den im wissenschaftlichen wie auch im allgemeinen Diskurs lange Zeit vorherrschenden Sichtweisen zuwiderläuft. Er richtet sich gegen die in den 1950er-Jahren vorherrschenden Sichtweisen der „klassischen" Modernisierungs- und Konvergenztheorien[1] wie überhaupt gegen die klassischen soziologischen Analysen [...]. Sie alle nahmen an [...], dass das kulturelle Programm der Moderne, wie es sich im modernen Europa entwickelte, und die institutionellen Grundkonstellationen, die sich dort herausbildeten, letzten Endes in allen modernen und in der Modernisierung begriffenen Gesellschaften die Oberhand gewinnen und mit der Ausbreitung der Moderne schließlich überall auf der Welt gelten würden.

Diese Annahmen wurden durch die Realität, wie sie sich bereits in den frühen Bezugssystemen der Moderne und erst recht nach dem Zweiten Weltkrieg abzeichnete, nicht bestätigt. Die tatsächliche Entwicklung der Gesellschaften, die einen Modernisierungsprozess durchgemacht haben, hat die homogenisierenden und hegemonialen Annahmen dieses westlichen Programms der Moderne widerlegt. [...]

Der Gedanke der *multiple modernities* geht davon aus, dass sich die heutige Welt – und die Geschichte der Moderne überhaupt – am ehesten als Geschichte einer in ständiger Neu- und Umbildung begriffenen Vielfalt von kulturellen Programmen verstehen und erklären lässt. [...] Eine der wichtigsten Implikationen des Begriffs *multiple modernities* ist, dass Moderne nicht gleich Verwestlichung ist und dass die westlichen Muster der Moderne nicht die einzigen „authentischen" Formen der Moderne sind, auch wenn sie historisch Vorrang haben und für andere Muster immer noch einen grundsätzlichen Bezugspunkt darstellen.

Von zentraler Bedeutung für die Analyse der sich ständig verändernden Vielfalt der Moderne ist die Tatsache, dass sich diese eigenen Muster, die in vielerlei Hinsicht radikal von dem „ursprünglichen" europäischen Muster abwichen, nicht nur in den nicht-westlichen Gesellschaften bildeten, [...] sondern auch – und tatsächlich zuallererst – in Gesellschaften, in denen im Rahmen der westlichen Expansion scheinbar rein westliche institutionelle Systeme entstanden, nämlich in den Gesellschaften Nord- und Südamerikas.

Shmuel N. Eisenstadt, Theorie und Moderne. Soziologische Essays, Wiesbaden 2006, S. 473 ff.

1. Geben Sie mit eigenen Worten wieder, was Eisenstadt unter den Begriffen des „westlichen Programms der Moderne" (Zeile 21) und den „multiple modernities" (Zeile 22) versteht.
2. Arbeiten Sie mit eigenen Beispielen heraus, wo sich widersprüchliche Fälle von unterschiedlichen Modernen entwickelt haben. Sie können beispielsweise von dem chinesischen Fall ausgehen. Siehe dazu als Anregung die beiden Bilder auf Seite 20.

[1] **Konvergenztheorie**: Diese Theorie geht davon aus, dass sich alle sozialen Systeme irgendwann in dieselbe oder in eine ähnliche Richtung entwickeln. Abweichungen werden als unnormal interpretiert und sind erklärungsbedürftig. Kritisch ist dagegen eingewandt worden, dass diese Theorie viel zu schematisch operiert.

Orientierung

1.4 Pflichtmodul: Die russischen Revolutionen

Die Sowjetunion ging aus einer Revolution hervor. 1917 brach das rückständige russische Zarenreich zusammen, nach drei Jahren Krieg und Elend. Die vorläufige Regierung wurde schon bald von den Bolschewiki entmachtet, einer Gruppe radikaler Revolutionäre unter Wladimir I. Lenin. Er rief eine Republik der Räte (Sowjetrepublik) aus. Lenin und die Bolschewiki wollten Russland von Grund auf umwandeln. Sie stützten sich dabei auf Ideen von Karl Marx aus dem 19. Jahrhundert (Marxismus), die Lenin zu einem politischen Programm weiterentwickelte (Leninismus). An die Stelle der Zarenherrschaft trat die Alleinherrschaft von Lenins Partei. Sie sollte dafür sorgen, dass die gesellschaftlichen Unterschiede beseitigt würden und die Wirtschaft unter die Kontrolle der Arbeiter und Bauern gelangte.

Für die Einführung der neuen Gesellschafts- und Wirtschaftsordnung des Sozialismus gab es kein Vorbild. Gegen die Umwälzungen erhob sich Widerstand, es kam zum Bürgerkrieg. Lenins Sowjetregierung konnte sich behaupten und gründete zusammen mit einigen Nachbarländern 1922 die Union der Sozialistischen Sowjetrepubliken (UdSSR). Um das Land nach Krieg und Bürgerkrieg wieder aufzubauen, wich Lenin von einigen Grundsätzen des Sozialismus ab, etwa in der Wirtschaftspolitik. Als er im Januar 1924 starb, stritten seine Anhänger um die Nachfolge. Den Machtkampf an der Staats- und Parteispitze entschied Josef W. Stalin für sich.

Das Kapitel beschäftigt sich inhaltlich mit ...

- der Zarenherrschaft in der Krise
- der politischen Opposition gegen den Zarismus
- dem Jahr 1917 und den Trägern der Revolutionen
- den Folgen der Oktoberrevolution und der Stabilisierung der bolschewistischen Herrschaft

Die Zeitrechnung
In Russland bestand bis Februar 1918 der julianische Kalender, der auf den römischen Feldherrn und Staatsmann Gaius Julius Caesar zurückging. In Westeuropa hingegen wurde seit Ende des 16. Jahrhunderts schrittweise der gregorianische Kalender eingeführt, der wegen der präziseren Schaltjahre etwas genauer war. Beide Kalender entwickelten sich im Laufe der Jahrzehnte unterschiedlich, sodass zum Zeitpunkt der russischen Revolutionen ein Unterschied von 13 Tagen bestand. Die „Oktoberrevolution" (25. Oktober 1917) fand also nach dem julianischen Kalender eigentlich am 7. November statt. Da sich der Begriff für dieses Ereignis aber sehr schnell eingebürgert hatte, wurde er in den folgenden Jahren beibehalten. Um deutlicher zu machen, wann sich bestimmte Vorgänge ereignet haben, wird das Datum meistens doppelt angegeben, z.B. 1. (13.) Januar. Etwas verwirrend ist die Datierung manchmal für die Zeit direkt nach der Umstellung, weil es natürlich dauerte, bis sich die neue Zeitrechnung überall durchgesetzt hatte.

Die Schreibweise
Im Westen gibt es zwei Systeme, mit denen die kyrillische Schrift in lateinische Buchstaben umgeformt wird. Die ältere Umschrift ist international weniger gebräuchlich, aber in Deutschland immer noch sehr weit verbreitet. Die neuere Umschrift wird vor allem im englischsprachigen Raum benutzt, ist etwas präziser, aber auch komplizierter. Hierzu ein Beispiel: Der Name „Leo Trotzki" wird in der neueren wissenschaftlichen Umschrift als „Lev Trockij" geschrieben. Da diese Transliteration in Deutschland aber immer noch wenig gebräuchlich ist, wird in den Texten dieses Buches die ältere Umschrift verwendet.

Das Russische Reich der Zaren

um 1860 — Im Russischen Reich finden Reformen statt, darunter die Aufhebung der Leibeigenschaft (1861).

1867 — Karl Marx, unterstützt von Friedrich Engels, veröffentlicht den ersten Band seines Hauptwerks „Das Kapital". Darauf gründet sich später die Lehre des Marxismus.

um 1880 — Die Industrialisierung des Zarenreiches beginnt.

1903 — Die russische Arbeiterpartei spaltet sich in Bolschewiki („Mehrheitler") und Menschewiki („Minderheitler").

1904/05 — Russland verliert im Krieg gegen Japan. Im Friedensvertrag von Portsmouth muss es die südliche Hälfte der Sacharin-Inseln abtreten und die Vorherrschaft Japans in Korea akzeptieren.

1905 — Der „Blutsonntag" (9. (22.) Januar) in St. Petersburg löst eine Welle revolutionärer Aktionen aus. Zar Nikolaus II. kündigt bürgerliche Freiheiten, eine Verfassung und eine Volksvertretung (Reichsduma) an (Oktobermanifest).

1906 – 1911 — Unter Ministerpräsident Pjotr A. Stolypin werden revolutionäre Errungenschaften zurückgedrängt und wirtschaftliche Reformen eingeleitet.

1914 – 1918 — Im Ersten Weltkrieg erleidet Russland schwere Niederlagen gegen Deutschland und seine Verbündeten, die Versorgung wird knapp.

Das Revolutionsjahr 1917

Februar 1917 — Nach der Februarrevolution (23. Februar/8. März) dankt der Zar ab. Es entsteht eine Doppelherrschaft von Provisorischer Regierung (parlamentarische Demokratie) und Sowjets (Rätedemokratie).

April 1917 — Wladimir I. Lenin kehrt aus dem Exil nach Russland zurück. Er fordert: „Alle Macht den Sowjets!"

Oktober 1917 — Oktoberrevolution (25. Oktober/7. November): Lenin und die Bolschewiki übernehmen die Macht. Russland wird zu einer Räterepublik (Sowjetrepublik).

Russland und die Sowjetunion unter Lenin

März 1918 — Im Frieden von Brest-Litowsk muss Lenins Regierung große Gebietsverluste akzeptieren.

Juli 1918 — Gründung der Russischen Sozialistischen Föderativen Sowjetrepublik (RSFSR). Ein Einparteienstaat entsteht, der Sozialismus wird gewaltsam durchgesetzt.

1917 – 1922 — Im russischen Bürgerkrieg behauptet sich die Sowjetrepublik.

1921 – 1928 — Für den Wiederaufbau der Wirtschaft erlaubt die Sowjetregierung gewisse marktwirtschaftliche Elemente (Neue Ökonomische Politik, russisch „NEP").

1922 — Russland und einige Nachbarländer gründen die Union der Sozialistischen Sowjetrepubliken (UdSSR).

21. Januar 1924 — Lenin stirbt. Im Kampf um seine Nachfolge setzt sich der Georgier Josef W. Stalin durch.

Die Zarenherrschaft in der Krise

St. Petersburg: seit Zar Peter I. (1672–1725) Hauptstadt des Russischen Reiches, 1915 in Petrograd, 1924 bis 1991 in Leningrad umbenannt, heute wieder St. Petersburg

Vielvölkerreich und Monarchie | Das Russische Reich mit der Hauptstadt St. Petersburg war ein Vielvölkerstaat. Es umfasste im 19. Jahrhundert neben dem russischen Stammland auch Finnland, die heutigen baltischen Staaten, weite Teile Polens, Weißrussland, Teile der Ukraine und die Länder des Kaukasus. Im Mittleren Osten grenzte es an Persien und Afghanistan, im Fernen Osten an China und Korea (➔M1). Das Gebiet von Alaska verkaufte Russland 1867 an die USA.

Der russische Monarch, der *Zar* (russ. Kaiser), regierte als unumschränkter Herrscher, da es keine Verfassung und kein Parlament zur Kontrolle seiner Machtfülle gab. Er allein verfügte über Krieg und Frieden, über die Einkünfte und Güter des Staates und konnte Gesetze ändern, abschaffen oder neu einführen. Die unumschränkte Selbstherrschaft des Zaren gab ihm eine größere Machtfülle als allen Herrschern in Westeuropa.

Autokratie (griech.: Selbstherrschaft): unumschränkte Regierungsgewalt nach dem Vorbild der oströmischen Kaiser

Stützen seiner Autokratie waren der Adel, die Großgrundbesitzer, das Militär, die Verwaltung sowie die Kirche. Der Zar und seine Dynastie, das Haus *Romanow*, bildeten die Klammer für die vielen nationalen, ethnischen und religiösen Minderheiten im Russischen Reich.

Das Zarenreich schwankte im 19. Jahrhundert zwischen einer Orientierung nach Westen und dem Bewahren einer Sonderrolle. Zwar hatte 1815 Russland großen Anteil am Sieg über Napoleon sowie an der Neuordnung Europas und zählte zu den europäischen Großmächten. Im Innern aber fiel es immer weiter hinter den wirtschaftlichen, sozialen und politischen Fortschritt seiner westlichen Nachbarn zurück und blieb agrarisch geprägt.

Große soziale Gegensätze | Die russische Gesellschaft war sozial stark gespalten. Sie gliederte sich wie folgt:

- *Der Adel*: Eine zahlenmäßig sehr kleine Minderheit der Bevölkerung, die Adligen, lebte meist in den wenigen Großstädten und stellte einen märchenhaften Reichtum zur Schau, der auf oft riesigen Landgütern erwirtschaftet wurde. Obwohl die meisten

Ballvergnügen.
Foto, Anfang 1914.
Die St. Petersburger Oberschicht auf dem „Ball der farbigen Perücken" im Palast der Gräfin Schuwalowa. Hier erlebte man die angenehmen Seiten des Lebens.

- ▶ Beschreiben Sie die dargestellten Szenen auf den beiden Fotos (Seite 28 und 29). | H
- ▶ Vergleichen Sie die Fotografien miteinander. Gehen Sie dabei auch auf die Stimmung ein, die durch die Fotografien transportiert wird. | H

Suppenküche für Arbeitslose in St. Petersburg.
Foto, vor 1914.
Buchweizengrütze, Kohlsuppe oder Fisch waren Hauptnahrungsmittel in den Massenküchen, die für das städtische Proletariat entstanden. Die Lebens- und Wohnverhältnisse der russischen Arbeiterschaft waren zu Beginn des 20. Jahrhunderts vergleichbar mit denen der frühen Industrialisierung in Großbritannien und den deutschen Staaten.

Adligen vom Zarismus profitierten, gab es auch zurückhaltende Kritik am politischen System und die Forderung nach Reformen. Allerdings waren viele der großen Güter stark verschuldet, weil zahlreiche Adlige ihren aufwändigen Lebensstil durch Kredite finanzierten. Vielen war bewusst, dass sie diese Verbindlichkeiten niemals würden zurückzahlen können.

- *Die Bauern*: Die überwiegende Mehrzahl der Bevölkerung bestand aus Bäuerinnen und Bauern. Schätzungen zufolge stellten sie knapp 80 Prozent des russischen Volkes dar. Sehr viele von ihnen waren ursprünglich Leibeigene gewesen, d.h., sie durften ihre Parzelle nicht verlassen und konnten mit ihrem Land verkauft werden (→M2). Die Leibeigenschaft wurde offiziell zwar 1861 abgeschafft, doch blieben viele Bauern auch in den folgenden Jahrzehnten weitgehend rechtlos. Sie waren entweder weiterhin abhängig von ihren ehemaligen Herren, oder sie wanderten ab und versuchten, in anderen Regionen oder in den Städten ein besseres Leben zu finden. Dies erwies sich oft als schwierig, weil die Industrialisierung nur langsam voranschritt und Industriearbeiter nur in begrenztem Maße benötigt wurden.

Leibeigenschaft: Rechtszustand einer dauernden persönlichen und wirtschaftlichen Abhängigkeit von einem Herrn

- *Das Bürgertum*: Da die Industrialisierung im Russischen Reich im 19. Jahrhundert deutlich später als in West- und Mitteleuropa begann, befand sich auch das städtische Bürgertum noch in der Bildung bzw. war politisch zersplittert. Deshalb waren auch kaum – wiederum anders als in Mitteleuropa – liberale Gruppierungen oder Parteien entstanden, die gegenüber dem autoritären Zarentum auf wirtschaftliche, soziale oder sogar politische Reformen hätten drängen können. Dies schloss nicht aus, dass einzelne besonders exponierte Persönlichkeiten aktiv wurden und Anhänger der Opposition um sich sammelten. Ihre Erfolge blieben aber vor 1914 stark begrenzt. Auch hatten kleine Unternehmer und Fabrikanten häufig mit der Willkür der staatlichen korrupten Bürokratie zu kämpfen.
- *Die Arbeiterschaft*: Wie die Bauern wurde auch die Arbeiterschaft teilweise offen unterdrückt. Eigene Vereinigungen der Arbeiter konnten sich schwer organisieren und sich in den Großstädten nur in Ansätzen Gehör verschaffen. Die Lebensverhältnisse waren schlecht: Katastrophale Wohnverhältnisse, Hunger, Elend und Krankheiten waren an der Tagesordnung (→M3). Dies war allerdings keine russische Besonderheit, sondern fand sich während der Frühindustrialisierung in den meisten europäischen

Staaten, vor allem in Großbritannien. Die Arbeiterschaft bildete in den Großstädten aber eine oft unzufriedene Unterschicht, die nicht nur an der Verbesserung ihrer sozialen Lage interessiert, sondern auch um Bildung bemüht war. Auch wenn sichere Statistiken hierzu fehlen, nahm wahrscheinlich die Fähigkeit zu lesen und zu schreiben im gesamten 19. Jahrhundert deutlich zu.

Die „Intelligenzija" | Eine besondere Rolle spielte die sogenannte „Intelligenzija" (→M4). Es handelte sich um eine kleine, aber einflussreiche Gruppe von Schriftstellern, Intellektuellen, Journalisten oder Studenten, die meist aus dem Bürgertum, teilweise aber auch aus dem Adel stammten. Sie wurden zwar unterdrückt und viele nach Sibirien deportiert oder in das europäische Exil getrieben. Dennoch artikulierten sie immer wieder Kritik am autokratischen Zarentum, ohne dieses wirklich in Gefahr zu bringen.

orthodoxe Kirche (orthodox, griech.: rechtgläubig): Zweig der christlichen Kirche, der sich 1054 von der römischen Kirche abgespalten hatte

Die Rolle der Kirche | Eine bedeutende Stellung nahm die orthodoxe Kirche im Russischen Reich ein. Offiziell wurde sie zwar vom Zarentum gefördert und stellte einen zentralen Rückhalt für die Monarchie dar. Vereinzelt wurden jedoch die sozialen und politischen Zustände vom niederen Klerus kritisiert, während der hohe Klerus eine zuverlässige Stütze für die Monarchie bildete. Die orthodoxen Kirchenhierarchien waren fest in die Struktur des Zarenreiches eingebunden. Zugleich gab es in dem riesigen Reich aber auch viele andere Religionen, auf die Rücksicht genommen werden musste. Beispielsweise lebten in den asiatischen Teilen des russischen Imperiums Millionen von Muslimen, deren religiöse Gefühle der Zar einkalkulieren musste. Hier von „Toleranz" zu sprechen, wie es einige Zeitgenossen getan haben, geht allerdings zu weit, der Begriff „Duldung" erfasst den Sachverhalt besser.

Die „Großen Reformen" | Das starre Festhalten der Herrschenden an den bestehenden politischen und sozialen Strukturen und der Versuch, sich gleichzeitig gegenüber den anderen europäischen Großmächten machtpolitisch zu behaupten, brachte das Russische Reich an die Grenzen seiner Leistungsfähigkeit. Deutlich wurde dies im Krimkrieg (1853–1856), in dem Russland aufgrund seiner militärischen und wirtschaftlichen Rückständigkeit gegen das Osmanische Reich, Frankreich und Großbritannien unterlag. In Folge dieser Niederlage sah sich Zar Alexander II. gemeinsam mit einigen aufgeklärten Bürokraten gezwungen, dringend überfällige Reformen anzugehen. Diese werden meistens als „Modernisierung von oben" bezeichnet, stießen aber von Anfang an auf Widerstand aus dem Adel.

Kern der umfassenden Reformen war die *Bauernbefreiung*. Humanitäre Gesichtspunkte spielten dabei nur eine ganz untergeordnete Rolle. Im Mittelpunkt stand vielmehr die Steigerung der Produktivität. Allerdings führte die Opposition der Adligen dazu, dass die Reformen nur halbherzig durchgeführt wurden. Die Entstehung eines großen landlosen Proletariats sollte eigentlich vermieden werden. Zugleich sollten die Bauern aber eigenes Land nur gegen eine Entschädigung erhalten, die an die Gutsbesitzer zu zahlen war. Viele Bauern waren nicht in der Lage, die dafür notwendigen Summen selbst aufzubringen, und mussten sich deshalb verschulden. Hieraus entstanden neue Abhängigkeiten. Die meisten Bauern erhielten nur einen Hektar Land ablösungsfrei, aber dies reichte selten aus, um eine Familie zu ernähren. Außerdem bestimmten die Gutsherren selbst, welches Land sie abgaben, und selten waren dies qualitativ hochwertige Parzellen (→M5).

Eine – durchaus beabsichtigte – Nebenfolge der Bauernbefreiung war die Einführung einer staatlichen *allgemeinen Wehrpflicht*. Bis zu diesem Zeitpunkt hatten die Grundherren die Auswahl der Rekruten nach eigenem Gutdünken vorgenommen. Die Einziehung zur Armee bedeutete für viele junge Bauern jedoch nun ein zerstörtes Leben. Die Dienstzeit betrug bis zu 20 Jahre, der Sold war gering und Aufstiegsmöglichkeiten gab es fast keine.

Alexander II. (1818–1881): regierte seit 1855 und machte sich als gemäßigter Reformer einen Namen. So wurde unter seiner Regentschaft die Leibeigenschaft abgeschafft. 1881 wurde er von einer Untergrundorganisation ermordet.

Das Manifest zur Bauernbefreiung wird vorgelesen.
Ölgemälde (138 x 209 cm) von Grigori G. Mjassojedow, 1873.

▶ Analysieren Sie das Gemälde mithilfe der Arbeitsschritte auf Seite 64. Berücksichtigen Sie dabei auch das Spiel mit Licht und Schatten in der dargestellten Szene.

Im Jahre 1864 wurde durch eine *Justizreform* ein erstmals vom Zaren unabhängiges Gerichtswesen eingeführt. Allerdings fehlte hier häufig das gut ausgebildete und fähige Personal, weil erst seit den 1830er-Jahren ein Jurastudium an Universitäten eingeführt wurde und die Zahl der ausgebildeten Juristen deshalb viel zu gering war. Die Korruption in der Bürokratie und im Gerichtswesen wurde bald sprichwörtlich, auch weil unabhängige Kontrollinstanzen fehlten.

Ebenso 1864 erhielten Gemeinden, Kreise und Bezirke das Recht zur Selbstverwaltung durch gewählte Körperschaften (Zemstva). Nach 1870 wurden in den Städten gewählte Vertretungen (Stadtdumen) zugelassen, wenngleich nur die reichsten drei bis fünf Prozent der männlichen Bevölkerung wählen durften. Als positiv erwies sich dennoch in der Folge, dass nun öffentliche Diskussionen um politische Fragen möglich wurden, an denen sich manchmal auch Personen beteiligten, die nicht wahlberechtigt waren.

Im Bereich *Bildung und Erziehung* wurde der Zugang zu den Schulen und Universitäten für Kinder aus den armen Schichten beträchtlich erleichtert. Die Zemstva sorgten bis zur Jahrhundertwende durch den Aufbau eines Grundschulwesens für das Absinken der Analphabetenrate auf dem Lande auf rund 30 Prozent für Jungen und etwa 50 Prozent für Mädchen. Eine *Allgemeine Schulpflicht* wurde erst nach 1905 eingeführt. Einen Hochschulabschluss erreichten um die Jahrhundertwende jährlich gerade einmal 3000 Personen.

Zemstva (Singular: Zemstvo): Selbstverwaltungseinrichtungen, die sich um lokale Belange der Bevölkerung kümmerten (z. B. Bildung, ärztliche Versorgung, Armenfürsorge). In die Zemstva wurden Vertreter der Gutsbesitzer, der Kaufleute und Unternehmer und andere Haushaltsvorstände (Bauern) getrennt gewählt.

Stadtdumen: wählten die Verwaltung und das Stadtoberhaupt, waren z. B. verantwortlich für Handel und Gewerbe, für die Brandbekämpfung und die Einquartierung von Soldaten

Die Industrialisierung „von oben" | Ein weiterer wichtiger Bestandteil des Reformprogramms bestand darin, dass das riesige Land verkehrsmäßig besser als zuvor erschlossen und dass die noch ganz unzulängliche Industrialisierung vorangetrieben werden sollte. Der Staat förderte den *Eisenbahnbau* massiv, wobei das notwendige Kapital vor allem in Frankreich, kleinere Summen auch in Deutschland geliehen wurden. Um 1860 bestanden erst ca. 1600 Kilometer an Eisenbahnlinien, um 1900 war dieses Netz auf beachtliche 77 000 Kilometer angewachsen.[1] Der Bau von Eisenbahnen war wiederum die Voraussetzung dafür, dass eine eigenständige Schwerindustrie aufgebaut wurde, dass Rohstoffe ins Ausland exportiert werden konnten und dass ein Binnenmarkt entstand (→M6). Für westeuropäische Investoren stellten diese Geldanlagen einen profi-

[1] Zu den Eisenbahnlinien im Russischen Reich siehe auch die Karte auf Seite 33.

„Die Wolgatreidler."
Ölgemälde (131 x 281 cm) von Ilja J. Repin, 1870.
Treideln, d.h. Lastschiffe gegen den Strom mit Muskelkraft zu ziehen, war vor der Erfindung des Dampfschiffes in ganz Europa üblich. In Westeuropa wurden hierzu aber meistens Ochsengespanne oder ähnliche Zugtiere verwendet. In Russland hingegen war menschliche Arbeitskraft günstig und fast unbegrenzt verfügbar.

- Charakterisieren Sie die einen Lastkahn ziehenden Treidler. Gehen Sie dabei auch auf die Mimik und Gestik ein.
- Arbeiten Sie heraus, was das Gemälde über die Industrialisierung in Russland um 1870 aussagt.
- Präsentation: Informieren Sie sich im Internet über den Künstler des Gemäldes und stellen Sie Ihre Ergebnisse in einem Kurzreferat vor.

tablen Markt dar, weil der russische Staat meistens die Zinsen und die Rückzahlung der Kredite garantierte. Die deutsche Regierung versuchte allerdings zeitweise die Geldflüsse nach Russland zu begrenzen, weil befürchtet wurde, dass der verstärkte Eisenbahnbau auch die militärische russische Leistungsfähigkeit stärken würde.

Krieg gegen Japan | Die Jahre 1904 und 1905 markierten eine Zäsur in der russischen Geschichte. Bereits seit der Jahrhundertwende hatten sich die internationalen Spannungen im fernen Osten zugespitzt, wobei es vor allem um Einflusssphären im zerfallenden Chinesischen Reich, in der Mandschurei und in Korea ging (➔M7). Im Februar 1904 überfielen die Japaner die russische Flotte in Ostasien, die hell erleuchtet im Hafen von Port Arthur vor Anker lag und überhaupt nicht auf einen Krieg vorbereitet war. Es folgten monatelange Materialschlachten auf dem Lande. Allerdings war die japanische Armee sehr viel effektiver und besser ausgebildet als die russischen Truppen. Die russische Armee hatte einen weiteren kriegsentscheidenden Nachteil, weil nur eine einzige Eisenbahnlinie (die Transsibirische Eisenbahn) Nachschub in den fernen Osten bringen konnte. Die Japaner, deren Flotte nach englischem Vorbild ausgerüstet und ausgebildet worden war, griffen hingegen direkt auf die viel näherliegenden Ressourcen ihrer Inseln zurück. Die abenteuerliche Fahrt der russischen Ostseeflotte fast um die halbe Erde herum nach Ostasien endete mit einer weiteren vernichtenden Niederlage in der *Seeschlacht bei Tsushima* im Mai 1905. Schon im Vorfeld der Schlacht war die Moral in der russischen Flotte schlecht, und viele Seeleute glaubten nicht wirklich an einen Sieg (➔M8). Versorgt wurde diese Flotte auf ihrem weiten Weg vor allem von deutschen Schiffen. Dies geschah aber nicht ganz uneigennützig: Die Deutschen nahmen zu Recht an, dass sich ihre strategische Lage in Europa deutlich verbessern würde, wenn die russische Ostseeflotte in Ostasien engagiert wäre.

Am 5. September 1905 musste die russische Regierung nach Vermittlung durch die USA den *Frieden von Portsmouth* unterzeichnen, der durchweg als erniedrigend angesehen wurde. Zum ersten Mal in der neueren Geschichte hatte ein asiatischer Staat eine europäische Großmacht entscheidend besiegt. Der Ausgang des Krieges hatte die Schwächen des zaristischen Systems schonungslos offengelegt. Die ohnehin große Unzufriedenheit im Lande wuchs weiter an. Hinzu kam eine wirtschaftliche Krise, die vor allem durch den Krieg bedingt war. Eine wachsende Knappheit an Nahrungsmitteln und eine unkontrollierte Teuerung (*Inflation*) machte das Leben vieler einfacher Menschen zunehmend unerträglich.

M1 Die Expansion des Russischen Reiches

1. Beschreiben Sie anhand der Karte die Stationen der russischen Expansion.
2. Die Karte zeigt das Russische Reich in seinem territorialen Umfang. Untersuchen Sie, was die innere Struktur dieses Reiches kennzeichnete und wie sich dies in einer Karte abbilden lässt. | H | F

M2 Kartenspiel

Die um 1850 entstandene Karikatur des Franzosen Gustav Doré (1832–1883) zeigt russische Gutsbesitzer, die ihre Leibeigenen in einem Kartenspiel einsetzen:

1. Beschreiben Sie die Karikatur.
2. Charakterisieren Sie die einzelnen Personengruppen und deren Beziehungen zueinander.
3. Erläutern Sie, welche Aussage der Künstler in seiner Karikatur trifft. | H

M3 Lebensverhältnisse der Arbeiterschaft

Der Roman „Die Mutter“ (1906/07) von Maxim Gorki (1868–1936) beginnt mit einer Beschreibung der Lebensverhältnisse der Arbeiterinnen und Arbeiter in einer Industriestadt zu Beginn des 20. Jahrhunderts. Vorbild Gorkis ist möglicherweise seine Geburtsstadt Nischni Nowgorod:

Tagtäglich erklangen in der rauchigen, öligen Luft über der Arbeitervorstadt die zitternden, heulenden Töne der Fabriksirene, und ihrem Ruf gehorchend, kamen aus den kleinen grauen Häusern gleich erschreckten Küchenschaben finstere Menschen auf die Straße gelaufen, die ihre Muskeln durch Schlaf nicht hatten erfrischen können. In der kalten Dämmerung gingen sie auf der ungepflasterten Straße zu den hohen Steinkäfigen der Fabrik, die sie mit gleichmütiger Sicherheit erwartete und den schmutzigen Weg durch Dutzende fettiger, quadratischer Augen erleuchtete. Der Schlamm schmatzte unter den Füßen. Heisere Rufe verschlafener Stimmen ertönten, grobe, böse Schimpfreden durchschnitten die Luft, während gleichzeitig andere Geräusche, schwerer Maschinenlärm und das Zischen des Dampfes, den Menschen entgegenschollen. Düster und streng schimmerten undeutlich die hohen, schwarzen Schornsteine, die sich wie dicke Pfähle über der Vorstadt erhoben.

Abends, wenn die Sonne unterging und ihre roten Strahlen müde in den Fensterscheiben der Häuser glänzten, stieß die Fabrik die Menschen gleich übrig gebliebenen Schlacken aus ihrem Steinschoße aus, und verrußt, mit schwarzen Gesichtern, in denen die hungrigen Zähne schimmerten, gingen sie wieder durch die Straßen und verbreiteten in der Luft den klebrigen Geruch des Maschinenöls. Jetzt klangen ihre Stimmen lebhaft und sogar feurig. Für heute war die Fronarbeit beendet, zu Hause harrten ihrer das Abendessen und die Ruhe.

Wieder war ein Tag von der Fabrik ausgezehrt, die Maschinen hatten aus den Muskeln der Menschen so viel Kraft gesogen, wie sie brauchten. Der Tag war spurlos aus dem Leben ausgelöscht, der Mensch war dem Grabe wieder einen Schritt nähergekommen, doch er sah jetzt den Genuss des Ausruhens, die Freuden der rauchigen Schenke dicht vor sich und – war zufrieden.

An Feiertagen schlief man bis gegen zehn Uhr, dann zogen die Bejahrteren und Verheirateten ihre besten Kleider an und gingen zur Messe; unterwegs schimpften sie auf die jungen Leute wegen ihrer Gleichgültigkeit gegen die Kirche. Aus der Kirche kehrten sie nach Hause zurück, aßen Piroggen[1] und legten sich wieder schlafen – bis zum Abend. Die durch Jahre aufgespeicherte Müdigkeit hatte den Menschen die Esslust geraubt, und um essen zu können, tranken sie viel und reizten den Magen mit scharf beizendem Branntwein.

Abends schlenderten sie durch die Straßen, und wer Galoschen[2] hatte, zog sie an, auch wenn es trocken war, wer einen Regenschirm besaß, nahm ihn mit, selbst wenn die Sonne schien.

Begegneten sie einander, so sprachen sie über die Fabrik, über die Maschinen, schimpften auf die Meister; ihre Reden und Gedanken beschäftigten sich nur mit Dingen, die die Arbeit betrafen. Kaum dass vereinzelt Funken unbeholfener, kraftloser Gedanken in dem langweiligen Einerlei der Tage aufleuchteten. Nach Hause zurückgekehrt, zankten sie sich mit ihren Frauen und schlugen sie oft, ohne die Fäuste zu schonen. [...] Von der Arbeit erschöpft, wurden die Menschen schnell berauscht, und in ihrer Brust erwachte eine unverständliche, krankhafte Gereiztheit, die einen Ausweg forderte. Sie griffen krampfhaft nach jeder Möglichkeit, dieses Gefühl der Unruhe zu entladen, und fielen wegen geringfügiger Kleinigkeiten ergrimmt wie wilde Tiere übereinander her. So entstanden blutige Schlägereien. Mitunter endeten sie mit schweren Verletzungen, hin und wieder aber auch mit einem Totschlag. [...]

Das Leben war von jeher so gewesen – es floss wie ein trüber Strom gleichmäßig und langsam jahraus, jahrein dahin und wurde durch die starre, uralte Gewohnheit, Tag für Tag ein und dasselbe zu denken und zu tun, gänzlich in Fesseln gehalten. Und niemand hatte das Verlangen, eine Änderung zu versuchen.

Maxim Gorki, Die Mutter, Berlin/Weimar 1965, S. 5 ff.

1. Gliedern Sie die Quelle in sinnvolle Abschnitte und versehen Sie diese mit passenden Überschriften. | H
2. Arbeiten Sie die Informationen, die dieser literarische Text über die sozialen Lebensverhältnisse der Arbeiterinnen und Arbeiter enthält, heraus. | H
3. Präsentation: Informieren Sie sich über Maxim Gorki und seine Rolle in der russischen Literatur. Tragen Sie Ihre Ergebnisse in einem Kurzreferat vor.

[1] **Piroggen:** mit Pastete gefüllte Teigtaschen
[2] **Galoschen:** Überschuhe

M4 Die „Intelligenzija"

*Der Historiker Dietrich Geyer (*1928) beschreibt die soziale Schicht der Intelligenzija:*

Dieser vieldeutige Begriff [Intelligenzija] war in den 1860er-Jahren aus dem Französischen übernommen und in der Öffentlichkeit alsbald zu einem Schlagwort geworden. In einer Definition, die auf Bildungspatente und akademische Berufe verweist, ging sein Sinngehalt nicht auf. Vielmehr war Intelligenzija vorab als Ordnungsgemeinschaft zu verstehen, als lockerer, in sich vielfach gespaltener Ideenverband, dessen Mitglieder darauf bedacht waren, sich in ihren Wertmaßstäben und ihrem Habitus von der etablierten Gesellschaft prinzipiell zu unterscheiden. Wer sich der Intelligenzija zurechnete, war in aller Regel davon überzeugt, dass nicht fortdauern könne, was im autokratischen System Russlands bisher als unantastbar gegolten hatte. [...]
Wer sich zur Intelligenzija zählte, dem galt das Ancien Régime als Inkarnation von Rückständigkeit, Reaktion und Unkultur. So gingen denn auch die Interessen dieser Schicht in allgemeineren, gesellschaftlichen Interessen weithin auf, in einem politisierten Verständnis akademischer Berufsrollen, das typisch war für einen großen Teil der Anwälte, der Ärzte, auch der Professoren. Die Forderung nach Freiheit, nach akademischer Freiheit, nach Freiheit von Forschung und Lehre war von politischer Brisanz. Die Forderung nach der Unabhängigkeit des Advokatenstandes setzte Rechtsstaatlichkeit und bürgerliche Freiheit voraus. Auch im Blick auf den russischen Ärztestand kommt heraus, dass die Mehrheit seiner Angehörigen sich von der Verpflichtung leiten ließ, der Volksgesundheit zu dienen und ihren Beruf als Sozialmedizin zu begreifen. [...]
Intelligenzija meint das Reservoir der oppositionellen und revolutionären Bewegung, die sich seit den 60er-Jahren zu organisieren begann: Nicht nur im Milieu des Semstwo, der legalen Selbstverwaltungsinstitutionen, die man als Infrastruktur politischer Gegenmacht erprobt, sondern auch in der Illegalität, im Untergrund und im Exil. Was eint, ist die Bereitschaft zum Widerstand, zum Kampf für eine von Grund auf veränderte Ordnung. Die Intelligenzija war das Rekrutierungsfeld für die drei wichtigsten Ideenrichtungen, die in der zweiten Jahrhunderthälfte gegen die Autokratie Stellung bezogen: für den Liberalismus, den Populismus (Narodnitschestwo) und den Marxismus.

Dietrich Geyer, Das russische Imperium. Von den Romanows bis zum Ende der Sowjetunion, Berlin 2021, S. 230ff.

1. Erklären Sie anhand von M4 den Begriff „Intelligenzija".
2. Setzen Sie sich mit der Frage auseinander, was es für einen Staat heißt, wenn ein bedeutender Teil der gebildeten Schichten eine zunehmend oppositionelle Haltung einnimmt. | H

M5 Auswirkungen der Bauernbefreiung

Der aus höchstem russischen Adel stammende Fürst Petr Alexejewitsch Kropotkin (1842–1921) ist in den 1870er-Jahren Anarchist geworden. In seinen 1899 erstmals erschienenen „Memoiren eines Revolutionärs" berichtet er:

Als ich unsere Bauern in Nikolskoe fünfzehn Monate nach der Befreiung sah, konnte ich sie nur bewundern. Ihre angeborene Gutmütigkeit und Sanftmut blieb ihnen, aber jede Spur von unterwürfigem Wesen war verschwunden. Zu ihren Herren redeten sie wie zu ihresgleichen, als hätten niemals andere Verhältnisse zwischen ihnen bestanden. Auch fanden sich in ihren Reihen Männer, die für ihre Rechte einstehen konnten. Das Befreiungsgesetz war ein dickes und schwieriges Buch, dessen volles Verständnis mich einen ziemlichen Aufwand von Zeit kostete. Als aber eines Tages Vasilij Ivanov, der Älteste von Nikolskoe, zu mir kam und mich um die Erklärung einer dunklen Stelle bat, erkannte ich, dass er, der nicht einmal fließend lesen konnte, sich in dem Labyrinth von Gesetzesparagrafen bewundernswert zurechtgefunden hatte.
Die „Hausleute", das heißt die Dienerschaft kam am schlechtesten weg. Sie erhielten kein Land und würden auch kaum gewusst haben, was sie damit anfangen sollten. Nur die Freiheit erhielten sie und weiter nichts. In unserer Gegend gingen fast alle von ihrer Herrschaft weg [...]. Sie suchten sich sonst irgendwo eine Stelle, und viele fanden sie auch sofort bei Mitgliedern des Kaufmannsstandes, die stolz darauf waren, den Kutscher des Fürsten So und So oder den Koch eines bekannten Generals in Dienst zu haben. Wer irgendein Handwerk verstand, erhielt in den Städten Beschäftigung [...]. Dagegen gingen die, welche kein Handwerk verstanden, schweren Zeiten entgegen. [...] Für viele Herren bedeutete die Freilassung der Leibeigenen ein ausgezeichnetes Geldgeschäft. So wurde Land, das mein Vater in Voraussicht der Emanzipation stückweise zu elf Rubel den Acker verkaufte, jetzt bei den Bauernlosen zu vierzig Rubel gerechnet, also dreieinhalbmal höher als der Marktpreis betrug, und das war in der ganzen Nachbarschaft die Regel, während auf meines Vaters Gute Tambov in den Steppen der „Mir", d.h. die Dorfgemeinde, sein ganzes Land auf zwölf Jahre pachtete und das zu einem Preis, der doppelt so hoch war als das Einkommen, das er daraus bei Bestellung des Landes mit leibeigener Arbeit gezogen hatte.

Petr A. Kropotkin, Memoiren eines Revolutionärs, Frankfurt am Main 1973, S. 162ff. (übersetzt von Max Pannwitz)

1. Geben Sie die Folgen der Bauernbefreiung wieder.
2. Arbeiten Sie die neuen sozialen Probleme heraus.
3. Beurteilen Sie, ob die Bauernbefreiung ein Erfolg war oder nicht. | H

M6 Industrialisierung pro Kopf im Vergleich

	1860	1880	1900	1913
Großbritannien	64	87	[100]	115
USA	21	38	69	126
Frankreich	20	28	39	59
Deutsche Staaten/Deutsches Reich	15	25	52	85
Italienische Staaten/Italien	10	12	17	26
Österreich-Ungarn	11	15	23	32
Russisches Reich	8	10	15	20

Nach: Paul Kennedy, Aufstieg und Fall der großen Mächte. Ökonomischer Wandel und militärischer Konflikt von 1500 bis 2000, Frankfurt am Main 1989, S. 237 und 309

▶ Vergleichen Sie den Stand der Industrialisierung des Russischen Reiches mit demjenigen in anderen Staaten.

M7 Russland als schwarzer Oktopus

Die japanische Karikatur „A Humorous Diplomatic Atlas of Europe and Asia“ mit einem Text von Kisaburo Ohara entsteht 1904 während des Russisch-Japanischen Krieges. Die letzten Textzeilen (links oben in der Karikatur) lauten: „The Japanese army is about to win a signal victory over Russia in Corea & Manchuria. And when ... St. Petersburg? Wait & see! The ugly Black Octopus! Hurrah! Hurrah! for Japan.“

▶ Interpretieren Sie die Aussage der Karikatur. | H | F

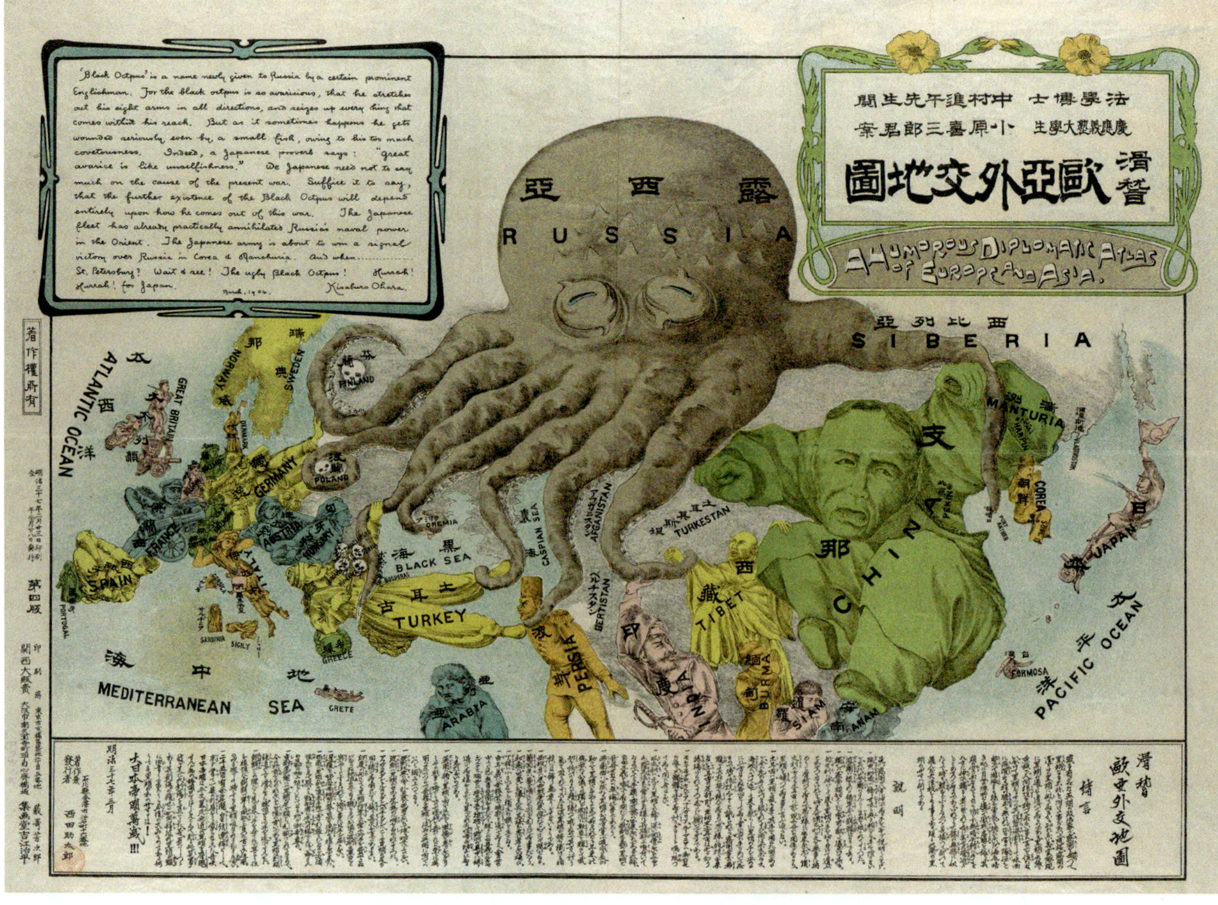

M8 Die Moral der russischen Flotte

Der Matrose Alexei Silytsch Nowikow-Priboi (1877–1944) nimmt an der Fahrt der russischen Ostseeflotte nach Ostasien während des Russisch-Japanischen Krieges von 1905 teil. Er steht als Oppositioneller unter Beobachtung und beschreibt die Stimmung an Bord der Kriegsschiffe:

Ich wusste, dass ich unter Beobachtung stand [...]. Das hinderte mich aber nicht, auszukundschaften, was die Mannschaft bewegte, und die Charaktere der Offiziere sowie die Organisation des Dienstes an Bord und später in unserem ganzen Geschwader zu studieren. Am meisten interessierten mich die Menschen. Viele Matrosen waren bereits Reservisten gewesen und nun wieder eingezogen worden. Diese älteren Leute waren den Dienst in der Kriegsmarine nicht mehr gewohnt, lebten in Erinnerungen an die Heimat, litten unter der Trennung von daheim, von den Kindern, der Frau. Der Krieg war wie ein furchtbares Unheil über sie gekommen. Nun bereiteten sie sich zu dieser beispiellosen Kriegsfahrt vor und führten ihre Arbeit wie Menschen aus, die den Galgen vor sich sehen. Unter der Mannschaft gab es aber auch viele Rekruten. Sie konnten einem leid tun. Alles und jedes sahen sie mit schreckerfüllten Augen an – sie waren völlig verschüchtert und fürchteten sich vor dem Meer, das sie zum ersten Mal sahen, noch mehr aber vor der ungewissen Zukunft. Selbst unter den aktiven Matrosen, die verschiedene Spezialschulen absolviert hatten, vermisste man die übliche Fröhlichkeit. Nur die vorbestraften Matrosen 2. Klasse verhielten sich mehr oder weniger munter. Das Küstenkommando hatte sich, um diese „schädlichen Elemente" loszuwerden, des einfachsten Mittels bedient – sie wurden auf die Schiffe abgeschoben, die in den Krieg zogen. Auf diese Weise bildeten sie, zum Entsetzen des Ersten Offiziers, auch bei uns über sieben Prozent der Mannschaft.
Von Zeit zu Zeit brach bei den Vorbestraften eine verzweifelt-vergnügte Stimmung durch: „Lasst die Nasen nicht hängen, Brüder, wir schaffen es schon" – „Vielleicht heiraten wir Japanerinnen!" – „Das Geschoss ist dumm, es macht keinen Unterschied zwischen einem Vorbestraften und den anderen. Es werden alle erledigt – und ganz ohne Totenmesse."

Alexei S. Nowikow-Priboi, Tsushima, ins Deutsche übertragen von Manfred von Busch, Berlin 1986, S. 32 f.

1. Charakterisieren Sie anhand der Quelle die Stimmung auf den russischen Kriegsschiffen.
2. Beurteilen Sie, welche Folgen diese Moral der Truppen wahrscheinlich in einem wirklichen Gefecht gehabt haben dürfte.

Politische Opposition gegen den Zarismus

Die Auferstehungskirche in St. Petersburg.
Foto, Datierung unbekannt.
Im März 1881 kam Zar Alexander II. durch ein Attentat ums Leben. Der Anschlag in St. Petersburg führte zu einer Solidarisierung innerhalb der russischen Oberschichten. In allen russischen Regionen wurden große Geldsummen gesammelt, um damit an der Stelle des Attentates eine Kathedrale zu errichten. Die von 1883 bis 1912 erbaute Auferstehungskirche gilt als eine der prächtigsten Kirchenbauten, die es in der Hauptstadt gab und bis heute gibt.

Mir: russische Dorfgemeinde, die zuständig für die regelmäßige Umteilung des Bodens unter ihren Mitgliedern war

Eine revolutionäre Bewegung entsteht | Als in der zweiten Hälfte des 19. Jahrhunderts die engen Grenzen der Reformpolitik deutlich wurden und die Lebensverhältnisse sich kaum verbesserten, machten sich Angehörige der Intelligenzija[1] zu Sprechern der bäuerlichen Volksmehrheit. Die sogenannten *Westler* wiesen auf den offenkundigen Entwicklungsrückstand gegenüber dem Westen hin. Ihre Reformvorschläge orientierten sich dabei an den konstitutionellen Verhältnissen in Großbritannien oder den Vereinigten Staaten und an westlichen Philosophen. Dagegen forderten die *Slawophilen* eine Erneuerung Russlands durch Besinnung auf altslawische religiöse, kulturelle und soziale Traditionen. Beide Denkrichtungen überlagerten sich bald und führten zur Bildung verschiedener Gruppierungen. Eine politische Vereinsbildung war allerdings verboten. Die zahlreichen kleinen, oftmals konspirativen Organisationen arbeiteten deshalb zumeist im Untergrund oder im Exil.

Die Ende der 1860er-Jahre entstandene Gruppe der *Narodniki* („Volksfreunde", von „narod" Volk) und die sich daran anschließende Bewegung der *Volkstümler* verbanden slawophile Vorstellungen mit radikaler sozialer und politischer Kritik an den bestehenden Verhältnissen. Sie idealisierten die altrussische Umteilungsgemeinde (Mir) als Modell für den russischen Weg zum Sozialismus. Hauptsächlich Studenten aus begüterten Verhältnissen gingen in Bauernkleidung in die Dörfer, um den Bauern die Revolution zu predigen. Doch die Angesprochenen reagierten abweisend, vielfach verrieten sie die jungen Männer sogar an die Polizei, Hunderte Narodniki wurden verhaftet.

Nach diesem Misserfolg glaubte ein Flügel der Bewegung, nur durch politischen Terror einen Umsturz erzwingen zu können. 1881 gelang zwar ein Attentat auf Alexander II., doch die Massen blieben ruhig und trauerten um „ihren" Zaren. Die neue kaiserliche Regierung unter *Alexander III.* (1845–1894) reagierte mit verschärfter Zensur, Massenverhaftungen und harten Verbannungsstrafen. Darüber hinaus schränkte sie die gerade erst erlassenen Reformen wieder ein, begrenzte die Kompetenzen der Zemstva und verschärfte die Strafgesetze. Jede „private" Einmischung in politische Angelegenheiten wurde als Straftat geahndet.

Industriearbeiter – Bauern – Bürger: Woher kommt die Befreiung? | Ein anderer Teil der revolutionären Bewegung lehnte terroristische Anschläge ab. Einige führende Mitglieder gründeten 1883 im Schweizer Exil die Gruppe *Befreiung der Arbeit*, die mit *Karl Marx* (1818–1883)[2] in Kontakt stand. Diese Gruppe und von ihr beeinflusste kleine sozialdemokratische Organisationen sahen nicht bei den Bauern, sondern im städtischen Proletariat und der Industriearbeiterschaft die einzig mögliche revolutionäre Kraft. Nach dem Zusammenschluss zur *Russischen Sozialdemokratischen Arbeiterpartei* wurde 1898 das erste gemeinsame Programm veröffentlicht.

[1] Zur „Intelligenzija" siehe nochmals Seite 30.
[2] Zu Karl Marx siehe vor allem die Materialien auf Seite 10f. und 16.

Auf dem eigentlichen Gründungskongress in Brüssel und London kam es 1903 – eher zufällig und noch vorläufig – zur Spaltung der Partei in *Menschewiki* („Minderheitler") und *Bolschewiki* („Mehrheitler"). Um 1912 führte der Streit um die richtige politische Strategie zur endgültigen Trennung. Die Menschewiki, die bis 1917 die Mehrheit der Theoretiker und Mitglieder der Sozialdemokratischen Partei stellten, hielten an der Lehre von Marx fest, wonach eine sozialistische Gesellschaftsordnung erst nach einer bürgerlich-demokratischen Revolution zu verwirklichen sei. Das liberale Bürgertum betrachteten die Menschewiki deshalb vorläufig als potentiellen Bündnispartner. Dagegen setzte die kleine Gruppe der Bolschewisten um **Wladimir I. Lenin** auf eine straff organisierte Kaderpartei von Berufsrevolutionären (→M1). Diese sollten eine sozialistische Revolution ohne Umwege herbeiführen.

Noch ausgehend von den agrarsozialistischen Ideen der „Volkstümler" organisierte sich 1901/02 im Untergrund die *Sozialrevolutionäre Partei*. Ihr Ziel war eine Revolution aller Unterdrückten in Stadt und Land (also nicht nur des städtischen Proletariats) und eine entschädigungslose Enteignung der Großgrundbesitzer. Die Größe ihrer Organisation und ihre blutigen Terrorakte machten die Sozialrevolutionäre zum gefährlichsten Gegner der Autokratie.

Ebenfalls um die Jahrhundertwende wuchs auch eine sozialliberale Opposition gegen die autokratische Regierung heran. Sie setzte sich zusammen aus Kreisen der Zemstva: reformwillige Adlige, Wirtschaftsbürger und Angehörige der Intelligenz. Der um 1904 gegründete *Bund der Befreiung* forderte eine Verfassunggebende Versammlung, Versammlungs-, Rede- und Pressefreiheit, den Achtstundentag, eine Rentenversorgung für die Arbeiter und mehr Land für die Bauern.

Wladimir Iljitsch Uljanow, gen. Lenin (1870–1924): Rechtsanwalt und sozialistischer Revolutionär, der während seines Exils in Westeuropa zwischen 1900 und 1917 eine eigene sozialistische Theorie entwickelte. Er gilt als Begründer der Sowjetunion (1922) und war ihr erster Regierungschef.

Die Revolution von 1905 | Zum unmittelbaren Auslöser für den Beginn der *Revolution von 1905* wurde der sogenannte „Blutsonntag" in St. Petersburg, der noch während des Krieges gegen Japan am 9. (22.) Januar stattfand. Eine große Menschenmenge unter der Führung eines Geistlichen demonstrierte friedlich und zog zum Winterpalast, um Zar **Nikolaus II.** eine *Petition* (Bittschrift) mit sozialen und politischen Forderungen zu überreichen (→M2). Ohne ersichtlichen Grund eröffneten Truppen des Zaren aber das Feuer und töteten mindestens 130 Menschen, über 1000 Personen wurden verletzt.

Unmittelbar nach dem „Blutsonntag" folgten zum Teil gewaltsame Streiks von Arbeitern, Bauernunruhen und auch Meutereien von Truppen, die sich weigerten, weiterhin auf Demonstrierende zu schießen. Im Februar wurde zudem der Bruder Alexanders III., *Sergej Alexandrowitsch Romanow* (1857–1905), bei einem Attentat ermordet. Auch vielen Industriellen ging das Vorgehen des Zaren zu weit. Zwar schlossen sie sich nicht der revolutionären Bewegung an, aber sie sahen die Ursachen für die Unruhen nicht bei der Agitation revolutionärer Personen. Sie machten vor allem die fehlende Sozialpolitik und die Fehler der staatlichen Bürokratie dafür verantwortlich. Sie plädierten dafür, den europäischen und amerikanischen Beispielen zu folgen und Rechtssicherheit herzustellen.

Für die Bolschewiki um Lenin kamen diese Ereignisse völlig überraschend, und sie waren in keiner Weise auf die neuen Entwicklungen vorbereitet. Sie lebten meistens im Exil und verfassten dort theoretische Schriften über eine Revolution. Deshalb gelang es ihnen nicht – anders als die sowjetische Propaganda es später dargestellt hat – einen wesentlichen Einfluss auf die revolutionäre Bewegung zu erringen. Ein großer Generalstreik der Arbeiterschaft begann am 4. Oktober in St. Petersburg und verbreitete sich schnell fast im ganzen Russischen Reich. Erst am 10. Oktober erklärten die Bolschewiki in Moskau ihre Unterstützung. In St. Petersburg warteten sie bis zum 12. Oktober. Dieser Generalstreik, der nicht geplant und von niemandem erwartet worden war, zwang die Regierung zu erheblichen Konzessionen (→M3).[1]

Nikolaus II. (1868–1918): Er regierte seit 1894 und war der letzte Zar des Russischen Reiches. 1918 wurde Nikolaus II. auf Befehl der Bolschewiki zusammen mit seiner Familie hingerichtet.

[1] Das „Oktobermanifest" des Zaren war eine der bekanntesten Konzessionen. Siehe dazu Seite 41.

„Panzerkreuzer Potemkin."
Filmplakat von 1925.
Die Uraufführung des Stummfilms von Sergei Eisenstein fand am 21. Dezember 1925 im Moskauer Bolschoi-Theater statt.

▶ Beschreiben Sie die Bildwirkung – welche Art von Film erwarten Sie?

Entscheidend für den Erfolg der Gegenrevolution war, dass der Zar und seine Offiziere langsam und unter erheblichen Schwierigkeiten die Kontrolle über die Armee zurückzugewinnen konnten. Dies bezog sich vor allem auf die Truppen, die im fernen Osten stationiert waren, und die schrittweise in die westlichen Aufstandsgebiete transportiert wurden. Wichtig war ferner, dass die Bürokratie des Landes größtenteils loyal gegenüber dem Zaren geblieben war. Damit standen dem Regime seit Mitte 1905 wieder die notwendigen Machtmittel zur Verfügung, um die Revolution zu unterdrücken. Allerdings hatte das Bild des gütigen, väterlichen Zaren, der sich unablässig um sein Volk kümmerte, deutliche Risse erhalten.

„Panzerkreuzer Potemkin" | Zum Symbol der revolutionären Bewegung wurde das Kriegsschiff „Knjas Potjomkin Tawritscheski" (dt. „Fürst Potjomkin von Taurien") im Schwarzen Meer. Im Juni 1905 war an Bord eine Meuterei unter der Besatzung ausgebrochen, und das Schiff hatte den Hafen von Odessa angelaufen, wo Massendemonstrationen gegen den Zaren stattfanden. Ohne ersichtlichen Grund eröffneten loyale zaristische Truppen das Feuer und töteten mehrere Menschen. Schiff und Besatzung flohen anschließend nach Rumänien. Diese Ereignisse wurden 1925 durch den Film *„Panzerkreuzer Potemkin"* des Regisseurs *Sergei Eisenstein* (1898–1948) einer breiten Öffentlichkeit in den Kinos weltweit bekannt gemacht (➔M4). In der deutschen Version wurden allerdings einige besonders „aufrührerische" Szenen hinausgeschnitten, um offene Propaganda für den Bolschewismus zu verhindern.

Wachstum nationaler Bewegungen | Ebenso bedrohlich wie das Anwachsen einer teilweise militanten revolutionären Opposition war, dass nationale Bewegungen an der Peripherie des Zarenreiches erheblichen Zulauf erhielten. In den Grenzländern des Reiches wurde der Verlust der Autorität des Staates besonders sichtbar: in Polen, im Baltikum und in Westgeorgien (im Kaukasus). Die Proteste hatten deshalb einen etwas anderen Charakter als in den Metropolen des Russischen Reiches. In den polnischen und baltischen Gebieten gelang den Revolutionären teilweise sogar der Schritt zu Massenbewegungen.

Im *Kaukasus* und in der *Ukraine* war Nationalität wichtiger als die Klassenzugehörigkeit. Kiew war beispielsweise eine russische und jüdische Stadt, Tiflis eine russische und armenische. Die nationalistischen Bewegungen waren von Anfang an gewalttätig, und sie gewannen politisches Vertrauen in der breiten Bevölkerung der russischen Regionen. 1905 wird geschätzt, dass es mehr als 3000 Unruheherde gab, die überall im Russischen Reich auch die Bauern erfassten. Die Perspektive auf Unabhängigkeit wurde überhaupt erst in der Revolution von 1905 denkbar. Allerdings richteten sich die Unruhen auch zunehmend gegen Jüdinnen und Juden. Ab 1905 kam es gegen sie im ganzen Land zu gewaltsamen Ausschreitungen.

Im *Baltikum* unterschieden sich die sozialen und wirtschaftlichen Bedingungen erheblich von denen im russischen Kernland, weil Landbesitzer und Bauern zu unterschiedlichen Nationalitäten gehörten. Die Landbesitzer waren meistens deutscher Abstammung und wurden als *Baltendeutsche* (auch *Deutsch-Balten*) bezeichnet. Sie standen fast bedingungslos hinter der zaristischen Regierung und lehnten separatistische Bestrebungen strikt ab. Die meisten wussten, dass sie mit den Russen kooperieren mussten, um selbst an der Macht zu bleiben.

Ab dem März wurde die Bauernbewegung im Baltikum zunehmend aktiv, und der Generalstreik vom Oktober 1905 breitete sich auch hier schnell aus. Am 21. Oktober, dem letzten Tag des Generalstreiks, feuerten in Wilna russische Truppen auf Demonstrierende, töteten sieben von ihnen und verletzten 50; schon zuvor hatte es Tote gegeben. In Reval (Tallinn) verlief der Generalstreik in einer ähnlichen Form. Übergriffe auf Landgüter der Deutschen häuften sich: Die Anwesen wurden geplündert oder niedergebrannt. Da Ende 1905 aber die Feindseligkeiten mit Japan endeten, konnte die russische Armee den deutschen Baronen zu Hilfe kommen. Sie ging mit äußerster Härte vor und erhielt von den Deutschen auch **Listen mit Proskriptionen**. Diese Personen wurden ohne Prozess hingerichtet. Zwischen Dezember 1905 und Mai 1909 wurden schätzungsweise etwa 700 Personen in Lettland und Estland zum Tode verurteilt, über 8000 wurden ins Exil nach Sibirien deportiert.

Listen mit Proskriptionen: Listen mit Namen von politischen Gegnern, die verfolgt werden sollen

Der Sonderfall Finnland | In *Finnland* schwelte schon vor der Revolution von 1905 ein ständiger Konflikt zwischen den russischen revolutionären Parteien, die das Russischen Reich erhalten wollten, und finnischen Partikularisten, die nach Unabhängigkeit oder zumindest nach größerer Autonomie strebten. Zwischen 1899 und 1905 bestand eine unterdrückerische russische Integrationspolitik, die 1905 fast völlig aufgegeben wurde. Einige Extremisten träumten von einem unabhängigen Groß-Finnland, aber sie waren deutlich in der Minderheit. Vorherrschend waren in einer ersten Phase legalistisch-konstitutionelle Vorstellungen. In einer zweiten Phase dominierten sozialistische Ideen. Allerdings waren diese Bewegungen stark zersplittert und fragmentiert. Bis dahin waren politische Morde in Finnland sehr selten gewesen. Dies änderte sich zwischen 1904 und 1908. Auch fanden 1905 Massendemonstrationen statt. Die Sozialdemokraten und die Aktivisten sahen den großen Streik vom Oktober/November 1905 als eine Revolution, vergleichbar der Französischen von 1789. In einem Manifest gewährte Nikolaus II. schließlich am 4. November (*Novembermanifest*) weitgehende Rechte, und die Sozialdemokraten beendeten den Generalstreik in Finnland. Der Zar wollte wenigstens in diesem kleinen Teil seines Herrschaftsgebietes Ruhe haben.

Reformen und Verfassung | Es war unübersehbar: Innenpolitische Reformen im Russischen Reich waren nicht mehr zu vermeiden. Ministerpräsident **Sergei J. Witte** legte in einer berühmten Denkschrift dem Zaren eine pessimistische Sicht auf die Lage dar und mahnte solche Reformen an (→M5 und M6). Erste geringe Zugeständnisse des Zaren wurden als unzureichend empfunden und heizten die revolutionäre Stimmung eher noch weiter an. Immerhin versprach er in seinem *Oktobermanifest* bürgerliche Grundrechte und Wahlen zu einem Parlament, der *Duma* (→M7). Die Wahlrechte zur ersten Duma waren aber stark eingeschränkt. Nicht wählen durften Frauen, Studenten, Arbeiter aus kleinen Betrieben, Soldaten und landlose Bauern. Zusätzlich wurden die Stimmen ungleich gewichtet, weil zunächst Wahlmänner in einem indirekten Verfahren bestimmt wurden. Die Stimme eines Großgrundbesitzers zählte ungefähr so viel wie die Stimmen von 3,5 Stadtbewohnern, 15 Bauern oder 45 Arbeitern. Außerdem oktroyierte Nikolaus II. am 23. April/6. Mai 1906 eine *Verfassung*, die seine Machtfülle kaum einschränkte. Er besaß die „Oberste Selbstherrschende Gewalt", ein Vetorecht gegenüber jedem Gesetz der Duma, er konnte die Duma jederzeit auflösen und entschied allein über Krieg und Frieden.

Bis 1907 wurden selbst diese geringen Reformen schrittweise wieder zurückgenommen. Im Juni wurde die zweite Duma wieder aufgelöst. Ein neues willkürliches

Sergei Juljewitsch Witte (1849–1915): Er machte als Unternehmer und Staatsmann Karriere und setzte zahlreiche erfolgreiche ökonomische Reformen gegen erhebliche Widerstände durch. Der Entwurf für das Oktobermanifest des Zaren stammte von ihm, und noch 1914 versuchte er vergeblich, den Krieg mit Deutschland zu verhindern.

Wahlrecht sicherte den Konservativen eine stabile Mehrheit im Parlament. Diese Vorgehensweise stellte faktisch einen Staatsstreich von oben dar. Entscheidend war, dass es dem Zaren gelang, die vollständige Kontrolle über das Militär zurückzugewinnen. Hinter einer parlamentarischen Fassade wurden die alten Verhältnisse weitgehend wiederhergestellt: Alle Gesetze, die die Duma beschloss, waren an die Zustimmung des Staatsrates gebunden, in dem die Konservativen dominierten. Im Oberhaus des Parlaments, das vollständig vom Adel beherrscht wurde, verfügte der Zar zudem über ein absolutes Vetorecht.

Pjotr Arkadjewitsch Stolypin (1862–1911): Er stammte aus einer adligen Familie und wurde nach einer steilen Karriere im Staatsdienst im Juli 1906 Ministerpräsident. 1911 kam Stolypin bei einem Attentat ums Leben.

Ein neuer Ministerpräsident | Im Juli 1906 wurde Pjotr A. Stolypin vom Zaren zum Ministerpräsidenten ernannt. Der 1862 in Dresden geborene Stolypin galt als vorbehaltloser Verfechter der zaristischen Selbstherrschaft. Er verstand aber ähnlich wie Witte, dass dringender Handlungsbedarf bestand. Stolypin initiierte daher ein zweigleisiges Programm. Auf der einen Seite wurden Revolutionäre, Aktivisten der Arbeiterbewegung und potentielle Aufständische verfolgt, verhaftet und die Bewegungen unterdrückt. Geschätzt wird, dass Standgerichte deutlich über 5000 Todesurteile aussprachen. Auf der anderen Seite begann Stolypin ein umfassendes Wirtschaftsprogramm, das auf zwei Jahrzehnte angelegt war. Durch die Förderung der Industrie sollte Russland die Lücke zu Westeuropa verkleinern. Eine erneute *Agrarreform* zielte darauf ab, endlich eine umfangreiche und unabhängige Schicht von selbstbewussten Bauern

Attentat auf den Ministerpräsidenten.
Foto von 1906.
Den Anschlag auf sein Sommerhaus in St. Petersburg überlebte Stolypin zwar, doch gab es mehrere Tote zu beklagen und seine vierzehnjährige Tochter Natalja wurde schwer verletzt.

zu schaffen, die wirklich von den Erträgen ihres Bodens leben konnten. Ziel war die Errichtung eines bäuerlichen Mittelstandes, der als Rückhalt für den Staat dienen sollte. Im großen Stil wurde ferner ein Programm zur Gewinnung von Neuland in Sibirien angegangen. Geschätzt wird, dass fast drei Millionen Bauern nach Sibirien geschickt wurden, wo sie sich als freie Männer auf eigenem Grund und Boden niederließen.

Stolypins Ideen stießen aber auf den Widerstand des Adels, und auch Zar, Regierung und Parlament gewährten ihm die notwendige Rückendeckung nur halbherzig. Da sich ferner herausstellte, dass diese Reformen mit den vorhandenen finanziellen Mitteln kaum zu verwirklichen waren, blieben sie letztlich ohne große Folgen. Zwar kam es nach 1910 zu einem bemerkenswerten ökonomischen Aufschwung, doch erwies sich dieser mittelfristig als trügerisch. Ab 1910 brachen erneut Streikwellen aus. Die Unzufriedenheit vieler Arbeiter mit den ökonomischen und sozialen Verhältnissen hielt an. 1911 musste Stolypin zurücktreten, kurz danach wurde er von einem Sozialrevolutionär ermordet, nachdem er zuvor bereits mehrere Attentatsversuche überlebt hatte.

Rasputin: Symbol für die Schwächen des Zarismus | Nach der Jahrhundertwende stieg *Grigori J. Rasputin* (1869–1916) zu einer wichtigen Persönlichkeit am Zarenhof auf. Der sibirische Wanderprediger, der eigentlich ein wenig gebildeter Bauer war, hatte sich einen zweifelhaften Ruf als Wunderheiler erworben. Da Zarewitsch (Zarensohn) *Alexei* (1904–1918) schon als kleines Kind an einer schweren Bluterkrankheit litt, ließ seine Mutter, die Zarin *Alexandra* (1872–1918), Rasputin rufen und es scheint ihm tatsächlich gelungen zu sein, dem Jungen Erleichterung zu verschaffen. Mit Bauernschläue und einiger Skrupellosigkeit baute er sich daraufhin am Hofe eine fast unangreifbare Stellung auf, wobei er sich zunutze machte, dass die Zarin für mystische Stimmungen empfänglich war. Schon bald stieß sein Aufstieg aber auch auf Misstrauen und Widerstand. Teile des traditions- und standesbewussten Hofadels waren bald nicht mehr bereit, ihm diesen erheblichen Einfluss zuzugestehen. Rasputin mischte sich zunehmend in politische, im Ersten Weltkrieg auch in militärische Fragen ein. Viele Details seines Lebens lassen sich heute nicht mehr überprüfen. Gerüchte über angebliche sexuelle Ausschweifungen waren wohl unbegründet und sind wahrscheinlich von seinen Gegnern in die Welt gesetzt worden. Während des Ersten Weltkrieges wurde der zunehmend verhasste Rasputin 1916 von patriotischen russischen Offizieren ermordet.

Noch zu seinen Lebzeiten wurde Rasputin für viele Adlige und Gebildete zum Symbol für die Unfähigkeit und Schwäche des Zarismus. Statt schmerzhafte, aber notwendige Entscheidungen zu treffen, schien sich der Zarenhof mit den irrationalen und wirren Ideen eines Hochstaplers zu befassen. Auch der politische Einfluss der ehrgeizigen, aber wenig kenntnisreichen Zarin stieß auf Widerstand.

Grigori Jefimowitsch Rasputin.
Foto um 1916.

M1 Der neuartige Typus des „Berufsrevolutionärs"

Die programmatische Schrift „Was tun?" verfasst Wladimir I. Lenin bereits in den Jahren 1901/02 in seinem Exil in München. Die Grundsätze der Abhandlung prägen später den Aufbau der bolschewistischen Partei in Russland und der kommunistischen Parteien aller Länder. In der Schrift heißt es u.a.:

Wir haben gesagt, dass die Arbeiter ein sozialdemokratisches Bewusstsein *gar nicht haben konnten*. Dieses konnte ihnen nur von außen gebracht werden. Die Geschichte aller Länder zeugt davon, dass die Arbeiterklasse ausschließlich aus eigener Kraft nur ein trade-unionistisches[1] Bewusstsein hervorzubringen vermag, d.h. die Überzeugung von der Notwendigkeit, sich in Verbänden zusammenzuschließen, einen Kampf gegen die Unternehmer zu führen, der Regierung diese oder jene für die Arbeiter notwendigen Gesetze abzutrotzen u.a.m. [...]
Der politische Kampf der Sozialdemokratie[2] ist viel umfassender und komplizierter als der ökonomische Kampf der Arbeiter gegen die Unternehmer und die Regierung. Genauso (und infolgedessen) muss die Organisation der revolutionären sozialdemokratischen Partei unvermeidlich *anderer Art* sein als die Organisation der Arbeiter für diesen Kampf. Die Organisation der Arbeiter muss erstens eine gewerkschaftliche sein; zweitens muss sie möglichst umfassend sein; drittens muss sie möglichst wenig konspirativ sein (ich spreche natürlich hier und weiter unten nur vom autokratischen Russland). Die Organisation der Revolutionäre dagegen muss vor allem und hauptsächlich Leute erfassen, deren Beruf die revolutionäre Tätigkeit ist (darum spreche ich auch von der Organisation der *Revolutionäre*, wobei ich die revolutionären Sozialdemokraten im Auge habe). Hinter dieses allgemeine Merkmal der Mitglieder einer solchen Organisation *muss jeder Unterschied zwischen Arbeitern und Intellektuellen*, von den beruflichen Unterschieden der einen wie der anderen ganz zu schweigen, *völlig zurücktreten*. Diese Organisation muss notwendigerweise nicht sehr umfassend und möglichst konspirativ sein. [...]
Die Konzentrierung aller konspirativen Funktionen in den Händen einer möglichst geringen Zahl von Berufsrevolutionären bedeutet keineswegs, dass die Berufsrevolutionäre „für alle denken werden", dass die Menge keinen tätigen Anteil an der Bewegung nehmen wird. Im Gegenteil, die Menge wird diese Berufsrevolutionäre in immer größerer Anzahl hervorbringen, denn die Menge wird dann wissen, dass es nicht genügt, wenn sich ein paar Studenten und Arbeiter, die einen ökonomischen Kampf führen, zusammentun, um ein „Komitee" zu bilden, sondern dass es notwendig ist, sich durch jahrelange Arbeit zu einem Berufsrevolutionär auszubilden.

W. I. Lenin, Ausgewählte Werke, Band I, Berlin [7]1970, S. 166f., 241 und 253

1. Geben Sie wieder, was Lenin unter „Berufsrevolutionär" versteht. | H
2. Arbeiten Sie heraus, wie Lenin die Rolle der Sozialdemokratie einschätzt. | H
3. Lenin geht es offensichtlich nicht um die Mehrheit in einer demokratischen Wahl. Erklären Sie, von welchen Voraussetzungen seine Argumentation ausgeht. | H

M2 Aus der Petition der Petersburger Arbeiter

Folgende Bittschrift, die von etwa 135 000 Arbeiterinnen und Arbeitern unterschrieben worden ist, soll am 9. (22.) Januar 1905 dem Zaren überreicht werden:

Herrscher!
Wir, die Arbeiter der Stadt Petersburg, unsere Frauen, Kinder und hilflosen greisen Eltern sind zu Dir, Herrscher, gekommen, Wahrheit und Schutz zu suchen. [...]
Wir haben geduldig alles ertragen, aber wir werden immer tiefer und tiefer in den Abgrund des Elends, der Rechtlosigkeit und Unwissenheit gestoßen; uns würgen Despotismus[3] und Willkür, und wir ersticken. Wir haben keine Kraft mehr, Herrscher. Die Geduld hat ihre Grenze erreicht. Für uns ist jener furchtbare Augenblick eingetreten, wo der Tod besser ist als die Fortsetzung der unerträglichen Leiden.
Und nun haben wir die Arbeit niedergelegt und unseren Unternehmern erklärt, dass wir nicht eher die Arbeit wieder aufnehmen werden, bis sie unsere Forderungen erfüllt haben. Wir haben nicht viel verlangt. Wir wollen etwas, ohne das das Leben kein Leben, sondern ein Zuchthaus, eine ewige Qual ist.
Unsere erste Bitte war, dass die Unternehmer zusammen mit uns unsere Nöte besprechen, aber auch das – das Recht, über unsere Nöte zu sprechen – wurde abgelehnt, weil sie fanden, dass das Gesetz uns ein solches Recht nicht zuerkennt. Als ungesetzlich erwiesen sich auch unsere Bitten, die Zahl der täglichen Arbeitsstunden auf acht zu verkürzen und die Preisfestsetzung für unsere Arbeit zusammen und im Einvernehmen mit uns vorzunehmen, unsere Missverständnisse mit der unteren Administration des Betriebes zu prüfen, den ungelernten Arbeitern und den Frauen ihren Arbeitslohn auf einen Rubel täglich zu erhöhen, die Überstunden abzuschaffen, uns sorgsam und ohne Beleidigung

[1] Trade unions hießen die Gewerkschaften in England.
[2] Im Jahr 1902 umfasste der Begriff „Sozialdemokratie" noch die gesamte marxistische Bewegung.

[3] **Despotismus:** Gewaltherrschaft, uneingeschränkte Herrschergewalt

zu heilen, die Werkstätten so einzurichten, dass man in ihnen arbeiten kann und nicht, dass man dort den Tod findet infolge von schrecklichen Zugwinden, von Regen und Schnee.

[...] Herrscher, wir sind hier mehr als 300 000, und sie alle sind nur dem Aussehen nach, nur ihrem Äußeren nach Menschen, in Wirklichkeit erkennt man uns kein menschliches Recht zu, wir dürfen nicht einmal sprechen, denken, uns versammeln, unsere Nöte besprechen, Maßnahmen zur Verbesserung unserer Lage ergreifen. Jeden von uns, der es wagt, seine Stimme für die Verteidigung der Interessen der Arbeiterklasse zu erheben, wirft man ins Gefängnis, schickt man in die Verbannung [...]. Herrscher, steht das im Einklang mit den göttlichen Gesetzen, durch deren Gnade Du herrschest? [...] Bist Du doch zum Glück für das Volk bestellt, dieses Glück aber reißen uns die Beamten aus den Händen, es gelangt nicht zu uns, wir bekommen nur Leid und Demütigungen.

[...] Russland ist viel zu groß, seine Nöte sind viel zu mannigfach und zahlreich, als dass die Beamten allein es verwalten könnten. Es ist notwendig, dass das Volk selbst sich helfe – kennt es doch allein seine Nöte. Stoße seine Hilfe nicht von Dir: Nimm sie an, befiehl sofort, gleich, die Vertreter aller Klassen und Stände der russischen Erde einzuberufen. Mögen da der Kapitalist und der Arbeiter und der Geistliche und der Doktor und der Lehrer vertreten sein; mögen alle, wer sie auch seien, ihre Vertreter wählen, möge jeder im Rechte, zu wählen, gleich und frei sein, – und zu diesem Zwecke sollst Du befehlen, dass die Wahlen zur konstituierenden Versammlung unter der Bedingung der allgemeinen, geheimen und gleichen Stimmabgabe stattfinden. Das ist unsere Hauptbitte [...].

Aber eine einzige Maßnahme ist dennoch nicht imstande, alle unsere Wunden zu heilen; notwendig sind auch noch andere Maßnahmen, und wir sprechen zu Dir, Herrscher, darüber fest und offen, wie zu einem Vater. Notwendig sind:

I. Maßnahmen gegen die Unwissenheit und Rechtlosigkeit des russischen Volkes:

1. Freiheit und Unantastbarkeit der Person, Redefreiheit-, Presse- und Versammlungsfreiheit, Gewissensfreiheit in Angelegenheiten der Religion.
2. Allgemeine und obligatorische Volksbildung auf Kosten des Staates.
3. Verantwortlichkeit der Minister vor dem Volke und Garantien der Gesetzlichkeit der Verwaltung.
4. Gleichheit aller ohne Ausnahme vor dem Gesetz.
5. Sofortige Rückkehr aller, die für ihre Überzeugungen gelitten haben.

II. Maßnahmen gegen die Armut des Volkes:

1. Abschaffung der indirekten Steuern und ihre Ersetzung durch eine direkte progressive Einkommensteuer.
2. Abschaffung der Ablösungszahlen; billiger Kredit und allmähliche Übergabe des Grund und Bodens an das Volk.

III. Maßnahmen gegen den Druck des Kapitals über die Arbeit:

1. Schutz der Arbeit durch das Gesetz.
2. Freiheit der konsum- und produktivgenossenschaftlichen gewerkschaftlichen Verbände.
3. Achtstündiger Arbeitstag und Regelung der Überstunden.
4. Freiheit des Kampfes zwischen Arbeit und Kapital.
5. Mitwirkung der Arbeiter an der Ausarbeitung eines Gesetzentwurfes über die staatliche Versicherung der Arbeiter.
6. Mindestarbeitslohn.

Dies, Herrscher, sind unsere Hauptnöte, mit denen wir zu Dir gekommen sind. Befiehl und schwöre, sie zu erfüllen, und Du wirst Russland glücklich und ruhmreich machen [...]; befiehlst Du es aber nicht, so wollen wir hier auf diesem Platz vor Deinem Palais sterben. [...] Wir haben nur zwei Wege: entweder zur Freiheit und zum Glück oder in das Grab. Zeige, Herrscher, einen dieser Wege – wir werden ihn ohne Murren beschreiten, und sei es auch der Weg des Todes.

Zitiert nach: Wladimir I. Lenin, Sämtliche Werke. Einzige vom Lenin-Institut in Moskau autorisierte Ausgabe, Band VII, Wien/Berlin 1929, S. 557ff.

1. Fassen Sie zusammen, welches Bild der Gesellschaft Russlands um 1905 in der Petition gezeichnet wird.
2. Analysieren Sie die Haltung der Bittsteller gegenüber dem Zaren. | H
3. Erläutern Sie, warum die Petition, die von Arbeitern stammt, auch Forderungen zugunsten der Landbevölkerung enthielt.
4. Erläutern Sie, weshalb die hier formulierten Bitten an die Unternehmer und den Zaren auf Ablehnung stießen.

M3 „Quittung für die Versäumnisse"

Der Historiker Günther Stökl (1916–1998) ordnet die Ereignisse von 1905 in einen größeren Zusammenhang ein:

In Wirklichkeit verlor die Regierung mit dem 9. Januar 1905 die Kontrolle über eine nun sich spontan ausbreitende und in mehreren großen Wellen an- und abschwellende revolutionäre Bewegung. Diese entbehrte durchaus einer einheitlichen Führung; sie war vielmehr elementarer Ausdruck einer nahezu alle Gruppen der Bevölkerung ergreifenden gerechten Empörung, die Quittung für die Versäumnisse und Verantwortungslosigkeiten von Jahrzehnten. Die Streikbewegung der Arbeiter erreichte ihren Höhepunkt im Oktober, als ein Eisenbahnerstreik Wochen hindurch das Verkehrssystem lahmlegte und sich stellenweise zu einem erfolgreichen Generalstreik ausweitete. Nach einigen Vorläufern in der Provinz bildete sich im

Oktober auch in Petersburg als Zusammenschluss von Streikkomitees ein „Rat“ (Sowjet) von Arbeiterdeputierten. Das Beispiel fand in Moskau und anderen Städten Nachahmung, und sehr rasch entwickelten sich die Sowjets aus Organen der „proletarischen Selbstverwaltung“ zu Zentralen des politischen revolutionären Kampfes. Die Verfolgung gewerkschaftlicher Ziele und die Propaganda des bewaffneten Aufstandes liefen nebeneinander her und gingen ineinander über. Ein ernsthafter Versuch, den revolutionären Kampf als gewaltsame Aktion der Massen zu führen, wurde jedoch nur in Moskau unternommen (8./21 Dezember 1905 bis 20. Dezember 1905/2. Januar 1906); er scheiterte zu einem Zeitpunkt, da der Petersburger Sowjet bereits aufgelöst war und dessen führende Mitglieder – unter anderem der Vizepräsident [Trotzki[1]] – schon hinter Schloss und Riegel saßen, an der Unzulänglichkeit der Organisation und an dem Einsatz der aus Petersburg herbeigeholten Elitetruppen. Erfolgreicher waren die allenthalben gebildeten Gewerkschaften, die im Februar 1906 ihren ersten allrussischen Kongress abhalten konnten und denen es gelang, eine halblegale Restexistenz auch durch die folgenden Jahre der Reaktion hindurchzuretten. Das Nebeneinander und Gegeneinander gewerkschaftlicher und politischer Zielsetzungen spiegelte in gewissem Maße den Unterschied zwischen menschewistischer und bolschewistischer Taktik wider. Die Sozialrevolutionäre[2] [...] neigten in der revolutionären Situation der Jahre 1905/06 mehr der bolschewistischen Auffassung zu, die unmittelbare revolutionäre Machtergreifung anzustreben. Ihre Agitation hatte aber weit mehr unter den Bauern als unter dem Industrieproletariat Erfolg.

Günther Stökl, Russische Geschichte, Stuttgart 1997, S. 596 f.

1. Fassen Sie die wesentlichen Punkte von Stökls Argumentation zusammen. | H
2. Erklären Sie den Gegensatz zwischen der menschewistischen und der bolschewistischen Taktik. | H
3. Seit dem Januar 1905 verlor die Regierung laut Stökl die Kontrolle über die revolutionäre Bewegung. Erläutern Sie die Folgen. | H

M4 Der Film „Panzerkreuzer Potemkin“ (1925)

a) Standbild 1: Die Soldaten auf dem „Panzerkreuzer Potemkin“ sollen Fleisch verzehren, das voller Maden ist. Da sie sich weigern, das zu tun, müssen sie vor dem Kapitän antreten. Dieser wertet es als Meuterei, dass sie das Fleisch immer noch nicht essen wollen, und lässt einige Matrosen erschießen.

[1] Über Leo D. Trotzki informiert Seite 54.

[2] Zu den „Sozialrevolutionären“ siehe nochmal Seite 39.

b) Standbild 2 und 3: Die toten Matrosen werden zur Hafentreppe in Odessa gebracht. In der Stadt sind gerade Arbeiteraufstände ausgebrochen. Soldaten des Zaren beginnen, auf Menschen zu schießen, die häufig mit den Aufständen nichts zu tun hatten.

1. Betrachten Sie die drei Standbilder genau und beschreiben Sie, was dargestellt ist. Gehen Sie dabei auf Personen, Handlungen sowie auf die Perspektive der jeweiligen Szenen ein. | F
2. Recherchieren Sie im Internet zur Situation in Odessa im Jahre 1905 und zur Aufgabe, die der „Panzerkreuzer Potemkin" im Schwarzen Meer auszuführen hatte.
3. Vergleichen Sie die drei Standbilder mit den tatsächlichen Vorkommnissen, die Sie recherchiert haben (Aufgabe 2).
4. Der Regisseur Sergej Eisenstein wollte nach eigener Aussage im Jahr 1925 einen Film drehen, der die Revolution unterstützt. Arbeiten Sie Hinweise heraus, wie Eisenstein dieses Ziel zu erreichen suchte.
5. Der Film war 1925 ein riesiger Erfolg – wie wirken die dargestellten Szenen heute auf Sie? Ändert sich durch den zeitlichen Abstand etwas in Ihrer Wahrnehmung?

M5 „Der historische Fortschritt ist unaufhaltsam“

Sergei J. Witte hat zwischen 1892 und 1906 verschiedene Ministerposten inne. Er prägt vor allem die Finanz- und Wirtschaftspolitik. In der berühmt gewordenen Oktober-Denkschrift von 1905 legt Witte dem Zaren eine Analyse der Ereignisse vor und wagt einen prophetischen Blick in die Zukunft:

Noch ist kein Jahr verstrichen, da das allgemeine Wahlrecht nur von den radikalsten Elementen der Gesellschaft gefordert wurde. Heute gibt es keinen Verband und keine Zeitung, die es nicht verlangen, es wird nicht einmal mehr darüber gestritten. Als selbstverständlich sind die politische Gleichberechtigung der Frau, die Nationalisierung des Grundbesitzes und eine soziale Neuordnung des Staates mit inbegriffen. Die Selbstständigkeit Polens und Finnlands, ja sogar Armeniens und Georgiens bildet nicht mehr das Endziel der Föderalisten. Es erheben sich Stimmen für eine Autonomie der Provinzen überhaupt, d. h. für die Umwandlung Russlands in einen Bundesstaat freier, über sich selbst bestimmender Völker. Wir leben in einer Zeit der extremsten Ideen. Man zerbricht sich nicht den Kopf, ob das gesetzte Ziel zu erreichen ist. Sogar die konstitutionelle Verfassung erfährt strenge Kritik. Sozialistische Tendenzen bedrohen die individuelle Freiheit, wirtschaftliche Probleme ersticken die rechtlichen. […]

Der historische Fortschritt ist unaufhaltsam. Entweder wird die bürgerliche Freiheit durch Reformen verwirklicht oder durch eine Revolution. Im zweiten Fall aber wird diese Freiheit erst spät aus dem Aschenhaufen eines zerstörten tausendjährigen geschichtlichen Daseins erstehen. Die russische Revolution, sinnlos und erbarmungslos, wird alles wegfegen, alles in Trümmer schlagen. In welcher Form Russland aus dieser beispiellosen Prüfung hervorgehen wird – das übersteigt unser Darstellungsvermögen. Aber die Schrecken der russischen Revolution werden alles übertreffen, wovon die Geschichte berichtet. Es ist möglich, dass durch ausländische Einmischung das Reich in Stücke gerissen wird. Man wird versuchen, die Ideale des theoretischen Sozialismus zu verwirklichen; diese Versuche werden umsonst sein, aber dennoch von einschneidender Wirkung. Sie werden die Familie zerstören, das religiöse Leben vernichten, das Eigentum beseitigen und alle Rechtsgrundlagen untergraben.

Wladimir von Korostowetz, Graf Witte, der Steuermann in der Not, ins Deutsche übertragen von Heinz Stratz, Berlin 1929, S. 229 und 16

1. Fassen Sie die Hauptprobleme, die Witte beschreibt, zusammen. Worin sieht er die besonderen Gefahren?
2. Arbeiten Sie die Funktion dieser Denkschrift heraus.
3. Präsentation: Beenden Sie diese Denkschrift mit eigenen Worten. Beginnen Sie Ihren Text mit „Die Staatsgewalt …“

M6 „St. Christophorus“

Die Zeichnung des Norwegers Olaf Gulbransson (1873–1958) stammt aus der deutschen Satirezeitschrift „Simplicissimus“ vom 5. Dezember 1905. Die Bildunterschrift lautet: „Und da nahm Witte den kleinen Zaren und setzte ihn auf seine Schultern und versuchte es, ihn durch das Blutmeer zu tragen.“

► Interpretieren Sie die dargestellte Szene. Beachten Sie dabei auch die Überschrift der Zeichnung. | H

M7 Das Oktobermanifest

Zar Nikolaus II. hält in seinem Manifest vom 17. (30.) Oktober 1905 fest:

Die Wirren und Aufregungen in den Hauptstädten und in vielen Gegenden Unseres Reiches erfüllen Unser Herz außerordentlich mit großem und schwerem Leid. Das Wohl des russischen Zaren ist untrennbar von dem Wohle des Volkes, und die Trauer des Volkes ist seine Trauer. Aus den jetzt entstandenen Erregungen kann eine tiefe Unordnung im Volke und eine Bedrohung der Einheit des Allrussischen Reiches hervorgehen.

Das große Gelübde des Zarenamtes gebietet Uns, mit allen Kräften des Verstandes und der Macht nach der schnellsten Beendigung dieser für das Reich so gefährlichen Wirrsal zu streben. Nachdem Wir den kompetenten Behörden befohlen haben, Maßnahmen zur Beseitigung direkter Erscheinungen der Unordnung, der Schlechtigkeiten und Gewalttätigkeiten zu ergreifen zum Schutze der friedlichen Leute, die der ruhigen Erfüllung der einem jeden obliegenden Pflicht nachstreben, haben Wir zur erfolgreichen Ausführung der allgemeinen, von Uns zur Befreiung des Staatslebens beabsichtigten Maßnahmen für notwendig erachtet, die Tätigkeit der obersten Regierung zu vereinheitlichen.

Der Regierung legen Wir als Pflicht die Erfüllung Unseres unerschütterlichen Willens auf:

1. der Bevölkerung unerschütterliche Grundlagen der bürgerlichen Freiheit nach den Grundsätzen wirklicher Unantastbarkeit der Person, der Freiheit des Gewissens, des Wortes, der Versammlungen und der Vereine zu geben;
2. ohne die angeordneten Wahlen zur Reichsduma aufzuhalten, jetzt zur Teilnahme an der Duma, soweit das bei der Kürze der bis zur Berufung der Duma bleibenden Zeit möglich ist, die Klassen der Bevölkerung heranzuziehen, die jetzt völlig des Wahlrechts beraubt sind, indem die weitere Entwicklung des Grundsatzes des allgemeinen Wahlrechts der neueingeführten gesetzgeberischen Ordnung anheimgestellt bleibt und
3. als unerschütterliche Regel festzustellen, dass kein Gesetz ohne Genehmigung der Reichsduma Geltung erhalten kann und dass den vom Volke Erwählten die Möglichkeit wirklicher Teilnahme an der Aufsicht über die Gesetzmäßigkeit der Akte der von Uns eingesetzten Behörden gesichert ist.

Wir rufen alle treuen Söhne Russlands auf, ihrer Pflicht gegen das Vaterland eingedenk zu sein, zur Beendigung der unerhörten Wirrsal zu helfen und mit Uns alle Kräfte zur Wiederherstellung der Ruhe und Ordnung des Friedens auf dem Heimatboden anzuspannen.

Peter Scheibert (Hrsg.), Die russischen politischen Parteien von 1905 bis 1917. Ein Dokumentationsband, Darmstadt 1972, S. 29f.

1. Gliedern Sie das Manifest in sinnvolle Abschnitte und versehen Sie diese mit passenden Obergriffen.

2. Arbeiten Sie die im Oktobermanifest erwähnten Reformvorhaben heraus.

3. Überprüfen Sie, ob das Manifest des Zaren ein ernsthafter Versuch der Reformierung des Reiches war. | H

Das Revolutionsjahr 1917

Der Weg in den Krieg | Südosteuropa war während des 19. Jahrhunderts im Zusammenhang mit dem allmählichen Machtverfall des Osmanischen Reiches zum Schauplatz zahlreicher Rivalitäten und Konflikte der europäischen Großmächte geworden. Nach der Niederlage im Krimkrieg verlor Russland 1856 seine Vormachtstellung auf dem Balkan. In den folgenden Jahrzehnten entwickelte sich diese Region zu einem dauerhaften Unruheherd. Die russische Außenpolitik strebte die Schaffung eines abhängigen „Großbulgariens" an. Diese Versuche stießen aber auf Widerstand Österreich-Ungarns, und die britische Flotte verstärkte ihre Aktivitäten im Mittelmeer. Um diese gefährliche Lage zu entspannen, berief der deutsche Reichskanzler *Otto von Bismarck* (1815–1898) im Jahre 1878 den *Berliner Kongress* ein und bot seine Vermittlung an. Der Kongress beschloss die Unabhängigkeit Montenegros, Serbiens und Rumäniens; Bulgarien wurde erheblich verkleinert. Damit waren alle weitergehenden russischen Pläne gescheitert, aber die Spannungen bestanden weiter. Nur mit großer Mühe konnten die Großmächte eine Eskalation der beiden *Balkankriege* (1912/13) auf Konferenzen in London verhindern.

Seit 1894 bestand zudem der *Zweibund*, ein Verteidigungsbündnis zwischen Frankreich und Russland. Deutsche Militärs nahmen deshalb an, dass ein europäischer Krieg auf jeden Fall auch ein Krieg gegen Russland sein würde. Die Krise eskalierte, als Mitglieder eines serbischen Geheimbundes in Sarajewo am 28. Juni 1914 ein Attentat auf den österreichisch-ungarischen Thronfolger, Erzherzog *Franz Ferdinand* (1863–1914), und seine Frau *Sophie* (1868–1914) verübten. Einen Monat später kam es vonseiten Österreich-Ungarns zur Kriegserklärung an Serbien. Als Reaktion auf den österreichisch-ungarischen Angriff mobilisierte Russland wiederum seine Truppen, um Serbien unterstützen zu können. Die deutsche Regierung empfand das als Bedrohung. Am 1. August 1914 erklärte sie Russland den Krieg. Zwei Tage später erfolgte die Kriegserklärung an Frankreich. Am 4. August trat Großbritannien in den Krieg ein. Die Mittelmächte (Deutsches Reich und Österreich-Ungarn, denen sich das Osmanische Reich und Bulgarien anschlossen) kämpften nun gegen die Alliierten (Frankreich, Großbritannien und Russland mit ihren Verbündeten).

Russland im Ersten Weltkrieg bis Anfang 1917 | Das Deutsche Reich legte den Schwerpunkt seiner militärischen Operationen zunächst auf die Westfront, doch trotz eines schnellen Vormarsches durch Belgien scheiterte der Angriff in Frankreich kurz vor Paris. Ein fast vierjähriger *Stellungskrieg* im Westen begann. Für viele deutsche Militärs war überraschend, dass die russische Armee anfangs einige bedeutende Erfolge erzielen konnte. Aber schon im Winter 1914/15 wendete sich das Blatt: In Ostpreußen erlitt die russische Armee eine vernichtende Niederlage in der *Schlacht bei Tannenberg*. Bis Ende 1915 eroberten die Mittelmächte auch die besetzten österreichisch-ungarischen Gebiete in Galizien zurück. Der russische Teil von Polen und ein Teil des Baltikums wurden von den Mittelmächten besetzt.

Zwar versuchte die russische Armee in mehreren Offensiven die Initiative zurückzugewinnen, doch scheiterten die Angriffe nach einigen Anfangserfolgen stets mit hohen Verlusten. In der Bevölkerung wuchs der Unmut angesichts der zahlreichen Todesopfer, der kriegsbedingten Mehrarbeit und der angespannten Versorgungslage. Ende 1914 kam es zu ersten Streiks, die sich 1916 ausweiteten. Im Winter 1916/17 verschlechterten sich die Lebensbedingungen drastisch, als die Hungersnot in den ländlichen Gebieten nun auch die Städte erreichte. Vor allem Frauen wussten kaum noch, wie sie ihre Familien ernähren sollten. Beispielsweise gab es 1914 in ganz Russland etwa 20000 Lokomotiven, eine Zahl, die eigentlich zu gering war. Bis 1917 war

Animierte Karten
Eine animierte Karte zum Thema „Ausbruch des Ersten Weltkrieges" können Sie unter dem Code **32037-55** abrufen.

Die Kriegslage im Ersten Weltkrieg bis 1916.

▶ Beschreiben Sie anhand der Karte den Kriegsverlauf im Osten.

diese Zahl auf 9000 gesunken, sodass das gesamte Verteilungssystem von Lebensmitteln faktisch zusammengebrochen war. Hinzu kamen die vielen gefallenen Männer und die ständige Sorge um die Soldaten an der Front. Der Ruf nach einem baldigen Frieden wurde in wachsenden Teilen der Bevölkerung unüberhörbar. Die Regierung zog daraus aber keine politischen Konsequenzen.

Die Februarrevolution | Obwohl die schlechte Lage unübersehbar war, kam der Ausbruch der *Februarrevolution* am 23. Februar (8. März) doch überraschend. Niemand hatte mit einem derartigen Ereignis gerechnet (→M1). Die Rebellion begann mit einer spontanen Demonstration hungernder Frauen in Petrograd (St. Petersburg) gegen die unzumutbare Ernährungslage. Obwohl die revolutionären Parteien nicht aktiv wurden, weitete sich die Bewegung zum Generalstreik aus. Erst jetzt versuchten die sozialistischen Parteien – neben den Sozialrevolutionären waren das die Menschewiki und Bolschewiki – das Geschehen zu lenken. Im ganzen Land wählten Fabrikarbeiter, Soldaten und Bauern revolutionäre Räte (*Sowjets*). Deren Gesamtvertretung übernahm ein *Exekutivkomitee der Sowjets* in Petrograd, in dem gemäßigte Menschewiki und Sozialrevolutionäre die Mehrheit stellten.

Unter dem Eindruck der Unruhen traten die Minister des Zaren am 27. Februar (12. März) geschlossen zurück. Gleichzeitig bildete die Duma aus Vertretern der bürgerlich-liberalen Opposition ein *Provisorisches Komitee zur Wiederherstellung der öffentlichen Ordnung*, das die vorläufige Regierungsgewalt ausübte.

Georgi Jewgenjewitsch Lwow (1861–1925): erster demokratisch legitimierter Regierungschef in Russland, starb verarmt im Exil

Das Ende der Romanows | Während des gesamten Krieges hatten sich die charakterlichen Schwächen des Zaren überdeutlich gezeigt. Ihm fehlte die politische Weitsicht, und er war von seinem Gottesgnadentum fest überzeugt. Als autokratischer Herrscher wollte er möglichst viele Details selbst entscheiden, ohne aber auch über die notwendigen Kenntnisse zu verfügen. Obwohl er eine Reihe von fähigen Beratern und Ministern um sich gesammelt hatte, ließ er diesen kaum Spielraum eigenständig zu wirken bzw. ignorierte deren Ratschläge.

Der Zar befand sich im März 1917 nicht in Petrograd, sondern er war in das Hauptquartier der Armee gereist. Dort wurde er von allen Seiten bedrängt, sofort abzudanken: Dies sei die einzige Möglichkeit, die Monarchie als Staatsform zu retten. Am 2. (15.) März gab Nikolaus II. schließlich nach und erklärte seinen Rücktritt. Eigentlich hoffte er, dass sein Bruder, Großfürst *Michail Alexandrowitsch* (1878–1918), die Krone übernehmen würde, doch lehnte dieser ab. Damit endete die Herrschaft der Romanows nach 300 Jahren im Russischen Reich.

Am Tag der Abdankung des Zaren trat eine *Provisorische Regierung* unter Fürst Georgi J. Lwow ihr Amt an. Diese stellte Nikolaus II. und seine Familie im Alexanderpalast bei Petrograd unter Hausarrest. Im Sommer wurden sie in den weit entfernten Ural gebracht. Ihre Lebensumstände änderten sich drastisch nach der späteren Machtübernahme der Bolschewiki. Die Zarenfamilie wurde in Jekaterinburg (Sverdlovsk) wie Gefangene festgesetzt. Als sich feindliche Truppen der Stadt näherten, wurde sie in der Nacht auf den 17. Juli 1918 erschossen. Im Jahre 2000 sprach die Russisch-Orthodoxe Kirche Nikolaus II. und seine Familie heilig, die wegen ihres Todes als Märtyrer galten.

Nikolaus II. und sein Sohn Alexei beim Schneeschaufeln im Schlosspark.
Foto vom Frühjahr 1917.
Die Zarenfamilie war vom März bis August 1917 im Alexanderpalast bei Petrograd unter Hausarrest gestellt.

Lenins Rückkehr nach Russland | Der Ausbruch der Februarrevolution versetzte die führenden Personen der Bolschewiki in Aufregung. Allerdings saßen die meisten von ihnen in der Schweiz fest und konnten wegen des Krieges nicht nach Russland zurückkehren. In dieser Situation ergab sich eine kurzfristige Übereinstimmung der Interessen mit der Führung des Deutschen Reiches. Diese wollte die chaotische Situation in Russland möglichst vergrößern und das Land vielleicht sogar zum Frieden zwingen. Deshalb gestanden sie zu, die Revolutionäre aus der Schweiz über das neutrale Schweden nach Finnland reisen zu lassen, damit sie von dort aus Aufstände organisieren konnten. Diese Situation war für Lenin und seine Mitstreiter riskant. Einerseits wollten sie schnellstmöglich nach Russland, um dort Einfluss auf die Ereignisse zu nehmen, und das deutsche Angebot schien die einzige Möglichkeit dazu zu bieten. Andererseits mussten sie sich mit dem Vorwurf auseinandersetzen, mit dem deutschen Feind zum Schaden Russlands zusammengearbeitet zu haben. Dieser Vorwurf wurde auch sofort erhoben und schadete ihnen anfangs (➔ M2).

In geheimen Verhandlungen kamen die Bolschewiki mit den Deutschen überein, dass sie in einem verplombten Eisenbahnwagen durch das Deutsche Reich transportiert werden würden. Zunächst fuhr Lenin mit einigen Begleitern, später folgten mehrere hundert weitere Berufsrevolutionäre. Dies gab den revolutionären Ereignissen eine ganz neue und möglicherweise entscheidende Richtung (➔ M3). Lenin wurde Anfang April nach seiner Ankunft in Petrograd ein triumphaler Empfang bereitet und er übernahm die Führung der bis dahin zerstrittenen Bolschewiki. Er erwies sich als wortgewandter und durchsetzungsfähiger Führer, der die noch kleine Partei auf Kurs brachte (➔ M4 und M5).

Ankunft Lenins in Petrograd im April 1917.
Undatiertes Gemälde (Ausschnitt) von Michail G. Sokolow (1875–1953). Die deutsche Reichsregierung hatte Wladimir I. Lenin die Rückkehr aus dem Exil in der Schweiz nach Russland ermöglicht. Nach einer achttägigen Zugreise erreichte er Petrograd. Das Gemälde des russischen Künstlers zeigt direkt hinter Lenin Josef W. Stalin, der allerdings nicht zu den Teilnehmern der Zugfahrt zählte.

Internettipp
Über den russischen Revolutionär Wladimir I. Lenin informiert der Code **32038-01**.

Die Zeit der „Doppelherrschaft“ | Aus der Februarrevolution waren zwei Entscheidungszentren hervorgegangen: die neue Regierung und das Exekutivkomitee der Sowjets. In einer Art *„Doppelherrschaft“* teilten sie sich die Macht, da den Sowjets jegliche administrative Erfahrung fehlte, während die Provisorische Regierung auf das Komitee als Repräsentanz der revolutionären Massen angewiesen war.

Rasche Ergebnisse erzielten beide Institutionen bei der Inkraftsetzung politischer Freiheitsrechte, der Abschaffung entehrender Strafen sowie der Gleichberechtigung von nationalen Minderheiten und Juden. Uneinigkeit bestand in erster Linie über die Fortsetzung des Krieges. Zwar akzeptierte die Mehrheit der Sowjets die Fortführung eines Verteidigungskampfes, im Gegensatz zur Regierung strebte sie allerdings keinen „Siegfrieden“ an.

Alexander Fjodorowitsch Kerenski (1881–1970): Rechtsanwalt, Mitglied der Partei der Sozialrevolutionäre, Abgeordneter in der Duma seit 1912 und Heeres- und Marineminister seit 1917. Nach der Oktoberrevolution floh er nach Frankreich und lebte später im Exil in den USA.

Leo Dawidowitsch Bronstein, gen. Trotzki (1879–1940): Sohn eines jüdischen Gutsbesitzers, nahm während seiner Untergrundtätigkeit für die sozialistische Bewegung den Namen Trotzki an. Er gehörte zum engsten Führungskreis um Lenin. Im Jahre 1929 floh er in die Türkei und wurde 1940 in Mexiko von einem sowjetischen Agenten ermordet.

Indem die neue Regierung weiter Soldaten einzog und sogar eine (erfolglose) Offensive einleitete, verhalf sie der kleinen Minderheit radikaler Kräfte zum Aufstieg. Die Bauern in der Armee wollten endlich nach Hause. Ihre Erbitterung wuchs zusätzlich, weil die Regierung trotz sozialrevolutionärer Minister die alte Forderung nach entschädigungsloser Enteignung der Großgrundbesitzer nicht in die Tat umsetzte. Ähnlich enttäuscht waren die städtischen Industriearbeiter, deren Empörung sich gegen die Regierung und gegen eine auf privates Eigentum gegründete Wirtschaftsordnung richtete.

Anfang Juli brachen in Petrograd bewaffnete Demonstrationen aus. Die bolschewistische Partei wurde vorübergehend verboten, ihre Führer verhaftet. Lenin gelang die Flucht nach Finnland. Trotzdem kehrte keine Ruhe ein, sodass Ende Juli gemäßigte Kräfte der Sozialrevolutionäre und Menschewiki unter dem bisherigen Kriegsminister Alexander F. Kerenski die Regierung übernahmen.

Ob es der Regierung Kerenski gelingen würde, eine stabile Ordnung zu etablieren, war anfangs noch offen. Allerdings waren ihre Erfolgsaussichten gering und ihre Macht reichte kaum über Petrograd hinaus. Die wenigen Erfolge wurden durch General *Lawr G. Kornilow* (1870–1918) zunichtegemacht. Er war Befehlshaber des Militärbezirkes von Petrograd, wurde aber Ende August abgesetzt und versuchte anschließend einen Putsch gegen die Regierung. Dieser blieb jedoch erfolglos, weil er keine Unterstützung in der Bevölkerung fand. Dadurch wurde aber auch deutlich, wie schwach die Position der Regierung war, die vor allem über keine zuverlässigen Truppen verfügte.

Die Oktoberrevolution | Der rasch zusammengebrochene Putsch unter General Kornilow trieb den Radikalen weitere Wählermassen zu. Bei den Petrograder Stadtratswahlen wurden die Bolschewiki mit 33,4 Prozent erstmals zweitstärkste Partei nach den Sozialrevolutionären, in Moskau erreichten sie mit einem Sprung von 11,5 Prozent auf 50,9 Prozent gar die absolute Mehrheit. Auch in den Sowjets änderten sich die Mehrheitsverhältnisse: In Petrograd übernahm Leo D. Trotzki den Vorsitz von einem Menschewik.

Der Kreuzer „Aurora".
Foto von 2019, St. Petersburg.
Das russische Kriegsschiff ist zu einem Symbol für die Oktoberrevolution geworden. Am 25. Oktober (7. November) hatte es einen Schuss aus einer Bordkanone abgefeuert, der das Signal für den legendären „Sturm" auf den Winterpalast gab. Heute ist der Kreuzer im inneren Hafen von St. Petersburg fest verankert und kann als Museum besichtigt werden.

„Sturm auf den Winterpalast."
Szenenfoto aus der gleichnamigen Theateraufführung vom November 1920.
Am Originalschauplatz wurde drei Jahre nach den Ereignissen die Einnahme des Palastes nachgespielt. Der dargestellte „Sturm" auf den Winterpalast, den Sitz der Provisorischen Regierung, ist nicht historisch. Der Winterpalast wurde zwar angegriffen, aber kaum verteidigt, sodass die Angreifer nahezu ungehindert eindrangen.

- Beschreiben Sie das Szenenfoto und erläutern Sie anschließend die (beabsichtigte) Wirkung. Berücksichtigen Sie dabei auch die Kameraperspektive.
- Entwickeln Sie eine These, warum gerade der Mythos vom „Sturm" auf den Winterpalast von den Bolschewiki gepflegt wurde. | H

Während die Führung der Bolschewiki auf die Mehrheit in einer allgemein gewählten *Konstituierenden Versammlung* warten wollte, setzte Lenin – der nach Petrograd zurückgekehrt war – gemeinsam mit Trotzki am 10. Oktober (23. Oktober) 1917 in seiner Partei die Planung eines bewaffneten Aufstandes durch. Trotzki ließ als Vorsitzender des Petrograder Sowjets ein *Revolutionäres Militärkomitee* bilden, das von den Bolschewiki kontrolliert wurde. Das Komitee erhob den Anspruch, alle Befehle gegenzuzeichnen, was die militärische Führung ablehnen musste. Daraufhin ernannte das Komitee eigenmächtig von ihm abhängige Offiziere und konnte nach diesem Handstreich über die Truppen der Hauptstadt verfügen. Mit deren Hilfe und der Unterstützung *Roter Garden* (bewaffnete Arbeitermilizen) ließ Trotzki am 25. Oktober (7. November) alle wichtigen Punkte der Hauptstadt besetzen und die Provisorische Regierung verhaften. Nur Kerenski konnte fliehen. Das System der Februarrevolution war ohne Gegenwehr zusammengebrochen.

Revolution oder Putsch? | Anders als die Februarrevolution, die völlig überraschend kam, wurde die Oktoberrevolution geplant und gut vorbereitet. Deshalb haben einige Historikerinnen und Historiker argumentiert, dass es sich nicht wirklich um eine Revolution gehandelt habe, sondern um einen militärischen Putsch. Jedoch ist beides richtig: Betrachtet man nur die zwei oder drei entscheidenden Tage im Oktober alleine, lässt sich durchaus von einem Putsch sprechen. Allerdings spielte sich dieser vor einer hochgradig revolutionären Situation ab, die sich über mehrere Monate entwickelt hatte. Es fehlte – sinnbildlich gesprochen – nur noch der berühmte Funke im Pulverfass, der im Oktober von den Bolschewiki gezündet wurde (→M6).

Machtergreifung der Bolschewiki | Aus Protest gegen das nächtliche Kommandounternehmen traten Menschewiki und rechte Sozialrevolutionäre aus dem *Allrussischen Rätekongress*, der Versammlung der Sowjets, am 25. Oktober (7. November) aus (➔M7). Eine sozialistische Koalition hatte damit keine Chance mehr. Bolschewiki und linke Sozialrevolutionäre bildeten die Mehrheit und erklärten die Übernahme der Regierungsgewalt (➔M8). Die neue Mehrheit verkündete bereits am folgenden Tag drei bedeutsame Dekrete:

1. Die Forderung nach einem sofortigen Frieden ohne Annexionen und Kontributionen.
2. Die Einsetzung eines *Rates der Volkskommissare* unter Lenins Vorsitz als Provisorische Regierung. Lenin überging mit dieser Entscheidung das nach wie vor amtierende Exekutivkomitee der Sowjets, um die Alleinherrschaft der Bolschewiki auch gegen andere sozialistische Kräfte durchzusetzen.
3. Die entschädigungslose Enteignung des Großgrundbesitzes.

Der Text des Dekrets entsprach bis in einzelne Formulierungen dem alten Programm der Sozialrevolutionäre. Lenin und die Bolschewiki setzten auf das Bündnis mit den linken Sozialrevolutionären, weil diese unter den Bauern auf dem Land – im Gegensatz zu den Bolschewiki – eine starke Anhängerschaft besaßen. Daher wurden sie an der neuen Regierung beteiligt.

Im November 1917 fanden die Wahlen zur *Verfassunggebenden Versammlung* statt, die noch von der Regierung Kerenski angesetzt worden waren (➔M9). Trotz des Machtwechsels errangen die rechten Sozialrevolutionäre, Gegner der Oktoberrevolution, landesweit die Mehrheit. Als die Versammlung am 5. (18.) Januar 1918 erstmals in Petrograd zusammentrat, wurde ein Antrag der Bolschewiki, alle Staatsgewalt den Sowjets zu übertragen, von den Abgeordneten abgelehnt. Daraufhin ließ Lenin die Versammlung am nächsten Tag durch bewaffnete Truppen auflösen (➔M10). Die bolschewistische Revolution hatte gesiegt, auch, weil sich in der Bevölkerung kein Widerstand regte.

Internettipp
Weiterführende Informationen zu den russischen Revolutionen von 1917 erhalten Sie unter dem Code **32038-02**.

Demonstration in Petrograd.
Foto vom 23. Februar (8. März) 1917.
Arbeiterinnen und Arbeiter fordern mehr Unterstützung der Soldatenfamilien und Frieden.

M1 Ein Augenzeuge berichtet

Der russische Rechtsanwalt und Politiker Alexander F. Kerenski (siehe Seite 54) schreibt über die Februarrevolution von 1917:

Seit dem Nachmittag des 28. Februar [1917] gab es in St. Petersburg keine kaiserliche Regierung mehr. Am Vormittag hatten sich die noch im Kabinett befindlichen Minister mit den letztlich wirklich Getreuen in das Gebäude der Admiralität auf dem Nevakai geflüchtet. Gegen Mittag kam ein Adjutant des Marineministers, der sie aufforderte, das Gebäude zu räumen, weil die revolutionären Gruppen drohten, es durch Artilleriebeschuss zu zerstören. Nach einer kurzen Diskussion erkannte man, dass Widerstand zwecklos war. Um 2 Uhr 30 richtete der Kriegsminister folgendes vertrauliches Telegramm an den Generalstab des Herrschers in Mogilev. „Am 28. Februar gegen Mittag haben die Reste der treu gebliebenen Truppen, bestehend aus 4 Kompanien, einem Peloton, 2 Batterien und einer Maschinengewehrabteilung, die Admiralität auf Ansuchen des Marineministers geräumt, um die Zerstörung des Gebäudes zu vermeiden. Aufgrund der Bedenken, die ich gegen ihre Loyalität habe, halte ich es für unmöglich, sie anders einzusetzen. Die Truppen sind deshalb in ihre Kasernen zurückgeschickt worden; für den Fall, dass ihre Entwaffnung nötig werden sollte, sind ihnen die Gewehrschlösser abgenommen und im Marineministerium zurückbehalten worden.“
So hatte also in weniger als 36 Stunden nach dem Aufruhr der Reservebataillone der Garde am Vormittag des 27. Februar wenigstens in St. Petersburg das alte Regime vollständig aufgehört zu existieren, Bei Einbruch der Nacht am 28. Februar war die Revolution im ganzen Land, in der Armee und in der Marine durchgesetzt. Um genau zu sein: es war durchaus keine Revolution, es war der Selbstmord der Monarchie [...].
Dieser donnernde Zusammenbruch des Regierungssystems, das die Kaiserin Aleksandra Fedorovna – entgegen aller Realität – als eine Autokratie betrachtete, ist umso bemerkenswerter, als selbst am 26. Februar noch niemand mit einer Revolution rechnete und niemand an eine Republik auch nur dachte. Weit davon entfernt: Die Parteien der Linken schickten sich an, gegen ein neues Aufleben der Reaktion [...] Front zu machen, während die Liberalen und die fortschrittlicheren Konservativen voller Hoffnung waren, dass sich eine Palastrevolution schon anbahne. In meiner Eigenschaft als Politiker, der mit der Tätigkeit der Duma am vertrautesten war und der ihr am nächsten stand – die Duma war der Mittelpunkt der Erhebung während dieser kritischen Tage vom 27. Februar bis zum 2. März –, kann ich offen beschwören, dass wir sogar am Mittag des ersten Tags der Revolution weder über ein einziges Bataillon noch über ein einziges Gewehr verfügten. Ein gut ge-

führtes, „dem Zaren aufrichtig ergebenes" Regiment, mit Maschinengewehren ausgerüstet, konnte die ganze Duma, einschließlich des linken und des rechten Flügels, ausrotten. Der einzige Grund, warum dies nicht geschah, war, dass man im ganzen Raum des russischen Kaiserreiches kein solches Regiment entdeckte. [...]
Wie eine für den Schnitter reife Kornähre, so fiel die Monarchie, ehe noch die Kräfte des neuen Russlands organisiert waren.

Zitiert nach: Richard Kohn (Hrsg.), Die Russische Revolution in Augenzeugenberichten, Berlin 1967, S. 210f. (übersetzt von Brigitte Reinicke)

1. Beschreiben Sie, vor welchen Schwierigkeiten das alte Regierungssystem im Februar 1917 stand.
2. Arbeiten Sie einen scheinbaren Widerspruch heraus: Einerseits spricht Kerenski von einer „Revolution", andererseits von einem „donnernde[n] Zusammenbruch". | F

M2 Über Lenins Reise nach Russland

Fritz Platten (1883–1942), ein schweizerischer Kommunist und Weggefährte Lenins (siehe Seite 39), rechtfertigt 1924 in seinen Erinnerungen Lenins Reise von der Schweiz nach Russland durch Deutschland:

Lenins Reise hatte seinerzeit großes Aufsehen erregt. Lenin war nicht nur verleumderischen Angriffen vonseiten der Bourgeoisiepresse[1], sondern auch heftigen und gemeinen Verdächtigungen vonseiten der nichtbolschewistischen Arbeiterparteien ausgesetzt. Maßlos niederträchtige Behauptungen wurden ausgestreut, Lenin und Sinowjew[2] als deutsche Agenten hingestellt, und die dümmsten von diesen Giftkröten deuteten an, dass beide mit deutschem Gelde gedungen seien. Die Verleumdung ist auch eine Waffe, wenn auch eine schmutzige. Einen ganzen Pressefeldzug musste Lenin in Petrograd gegen diese Angriffe führen. Heute glaubt kein Mensch mehr ernsthaft an solchen Unsinn. Aber die Frage, wieso Lenin in so zuvorkommender Weise, sogar exterritorial durch Deutschland geführt wurde, schwebt noch heute vielen auf den Lippen. Diese Leute wollen nicht begreifen, dass derartiges möglich gewesen sei, ohne dass feste Vereinbarungen „zwischen Ludendorff[3] und Lenin" bestanden hätten. [...]
Die Gründe, die die deutsche Regierung und die Oberste Heeresleitung bestimmten, den russischen Emigranten in der Schweiz die Durchreise durch Deutschland zu erlauben, liegen heute offenkundig auf der Hand. Wenn eine kriegsfeindliche Koalition etwas zu verhindern Grund hat, so hat der Partner ganz naturgemäß Grund, gerade das, was der Gegner verhindern will, zu ermöglichen. Die von den Deutschen an den Tag gelegte Bereitwilligkeit, die Durchreise zu gestatten, darf aber nicht nur unter dem Gesichtswinkel eines klugen Schachzuges gegenüber dem Gegner betrachtet werden, sondern war diktiert von politischen und militärischen Gesichtspunkten. [...] Man erhoffte durch die Tätigkeit der Internationalisten in Russland für die östliche Front Entlastung, ja sogar einen Teilfrieden zu erreichen. Hindenburg[4] war jedes Mittel gut genug, das nur dazu beitrug, der Ostfront Entlastung zu bringen. Schon im Frühjahr 1917 stützte Ludendorff seine Siegeszuversicht nur noch auf einen Trumpf: Das Hinüberwerfen von 70 Divisionen von der Ostfront an die Westfront sollte es ihm ermöglichen, zum letzten entscheidenden Schlag, „zum Generalsturm auf Paris" ausholen zu können, bevor Amerika Zeit gefunden, für immer einen Durchbruch der Westfront zu verunmöglichen. Wie militärisch richtig auch diese Kalkulation war, so falsch erwies sie sich vom Gesichtspunkt Ludendorffs und Hindenburgs aus, betrachtet als politische Maßnahme.
Ludendorff gesteht selbst zu, dass in der Folge der militärische Gewinn aufgehoben wurde durch die verheerende Wirkung der bolschewistischen Propaganda.

Fritz Platten, Lenins Reise durch Deutschland im plombierten Wagen, Frankfurt am Main 1985, S. 20 und 22f.

1. Charakterisieren Sie Plattens Auseinandersetzung mit den Kritikern von Lenins Reise.
2. Diskutieren Sie Plattens Einschätzung der deutschen Motive und überprüfen Sie, ob seine Meinung richtig ist.

M3 Lenins Verhältnis zu Deutschland

*Der Historiker Jörn Leonhard (*1967) schreibt:*

Aus der deutschen Perspektive kam der Revolutionierung Russlands primär eine Funktion im Krieg zu. Das änderte sich aber in dem Moment, in dem die Bolschewiki die Macht tatsächlich übernahmen und sich allen überkommenen Ordnungskategorien von Krieg und Frieden entzogen. Lenin hatte die Idee der totalen Mobilisierung ursprünglich aus der Französischen Revolution nach 1792 übernommen. Was als Revolution von unten geplant sein mochte, führte in der russischen Erschöpfungsgesellschaft bald zum Kollaps aller inneren Organe und Institutionen des

[1] **Bourgeoisie**: franz. „Besitzbürger", aus sozialistischer Sicht Klasse der Kapitalisten
[2] **Grigori Jewsejewitsch Sinowjew** (1883–1936): russischer Politiker; siehe auch Seite 88 (Fußnote 1)
[3] **Erich Ludendorff** (1865–1937): deutscher General und Politiker
[4] **Paul von Hindenburg** (1847–1934): wurde 1914 zum Oberbefehlshaber der Truppen an der Ostfront berufen, stieg im Ersten Weltkrieg zum Generalfeldmarschall auf, von 1925 bis 1934 Reichspräsident

alten Staates. Mit dem Wegbrechen des staatlichen Zentrums entstand ein Ordnungsvakuum, ein „failed state" als postimperiale Zusammenbruchzone.

In dieser Situation orientierte sich Lenin nicht an Reformvorstellungen, denen er bürgerliche Ursprünge unterstellte, und wandte sich konsequent gegen alle Ideen, das multiethnische russländische Reich zu föderalisieren. Sein Konzept beruhte auf einer Analyse des Weltkrieges, den er als Konflikt zwischen imperialistischen Mächten verstand. Indem man ihn in einen Bürgerkrieg verwandelte, würden sich alle Gedanken an eine politische Ordnungsidee oder Friedenspolitik erledigen. Was Lenin vorschwebte, war eine Kaskade von Revolutionen, die in einem sozialrevolutionären Endkampf enden sollte. All das entzog sich den Kategorien eines Verständigungsfriedens, der in den Augen der führenden Bolschewiki nur die eigentlich progressiven Entwicklungen retardierte[1], den revolutionären Kampf eindämmte und das Bewusstsein für die geschichtsbestimmenden sozial-ökonomischen Strukturen der Gesellschaft verdeckte. Aus diesen Überlegungen leitete er die Aufgabe der Revolutionäre ab: Sie mussten die im vierten Jahr des Krieges immer offener zu Tage tretenden Spannungen zwischen den imperialistischen Kriegsakteuren schüren und ausnutzen, um die absehbaren revolutionären Prozesse zu beschleunigen. Deutschland spielte in diesem Konzept Lenins nicht zufällig eine besonders wichtige und positive Rolle. Nicht allein seine ungemein fortschrittliche, effiziente und straff organisierte Kriegswirtschaft sprach für einen ausgesprochenen Modernitätsvorsprung gegenüber allen Gesellschaften der Entente[2], besonders auch Großbritannien. Auch die von deutschen Diplomaten, Beamten, Politikern und Militärs entwickelten Konzepte, im Appell an Unabhängigkeitsbewegungen das Britische Empire zu destabilisieren, erschien Lenin wie eine besonders progressive, ja geradezu weltrevolutionäre Dimension der deutschen Kriegführung. […]

Aus dieser Perspektive war seine eigene Reise im Kurswagen von Zürich in Richtung Russland im Frühjahr 1917, ermöglicht von einem komplizierten diplomatischen und militärischen deutschen Räderwerk, viel mehr als ein anekdotisches Nebengleis im Schatten des Großen Krieges.

Wolfgang Leonhard, Der Primat des Krieges? Deutschland und die Russische Revolution 1917/18, in: Joachim Tauber und Alexander Tschubarjan (Hrsg.), Zeitenwende. Deutsche und russische Erfahrungen 1917–1919, Berlin 2022, S. 41–50, hier: S. 43

▸ Fassen Sie mit eigenen Worten Lenins Konzept zusammen. | H

[1] **retardieren**: etwas verzögern, verlangsamen
[2] **Entente**: Kriegsbündnis, dem Frankreich, Großbritannien, Russland, Italien und zahlreiche weitere Staaten angehörten

M4 Aus Lenins „Aprilthesen"

In der „Prawda" („Wahrheit"), der Parteizeitung der Bolschewiki, veröffentlicht Lenin seine noch während des Exils entwickelten Ansichten gleich nach der Rückkehr nach Russland am 7. April 1917:

1. In unserer Stellung zum Krieg, der vonseiten Russlands auch unter der neuen Regierung Lwow und Konsorten[3] – infolge des kapitalistischen Charakters dieser Regierung – unbedingt ein räuberischer imperialistischer Krieg bleibt, sind auch die geringsten Zugeständnisse an die „revolutionäre Vaterlandsverteidigung" unzulässig. […]
2. Die Eigenart der gegenwärtigen Lage in Russland besteht im Übergang von der ersten Etappe der Revolution, die infolge des ungenügend entwickelten Klassenbewusstseins und der ungenügenden Organisiertheit des Proletariats der Bourgeoisie die Macht gab, zur zweiten Etappe der Revolution, die die Macht in die Hände des Proletariats und der ärmsten Schichten der Bauernschaft legen muss. […]
3. Keinerlei Unterstützung der Provisorischen Regierung, Aufdeckung der ganzen Verlogenheit aller ihrer Versprechungen, insbesondere hinsichtlich des Verzichts auf Annexionen[4]. […]
4. Anerkennung der Tatsache, dass unsere Partei in den meisten Sowjets der Arbeiterdeputierten in der Minderheit, vorläufig sogar in einer schwachen Minderheit ist […]. Solange wir in der Minderheit sind, besteht unsere Arbeit in der Kritik und Klarstellung der Fehler, wobei wir gleichzeitig die Notwendigkeit des Übergangs der gesamten Staatsmacht an die Sowjets der Arbeiterdeputierten propagieren, damit die Massen sich durch die Erfahrung von ihren Irrtümern befreien.
5. Keine parlamentarische Republik – von den Sowjets der Arbeiterdeputierten zu dieser zurückzukehren wäre ein Schritt rückwärts –, sondern eine Republik der Sowjets der Arbeiter-, Landarbeiter- und Bauerndeputierten im ganzen Lande, von unten bis oben.

W. I. Lenin, Ausgewählte Werke, Band 2, Berlin [7]1970, S. 39 ff.

1. Arbeiten Sie heraus, welche neue politisch-gesellschaftliche Ordnung die bolschewistische Partei laut Lenin anzustreben hatte. Welche Haltung sollte sie zum Krieg und zur Provisorischen Regierung einnehmen? | F
2. Erklären Sie, worin der „kapitalistische Charakter" der Provisorischen Regierung (vgl. Zeile 3) nach Ansicht ihrer Gegner bestand.
3. Präsentation: Entwickeln Sie eine Erwiderung auf Lenins Thesen aus der Sicht eines gemäßigten Anhängers der Revolution.

[3] **Konsorten**: hier abschätzig für übrige Beteiligte
[4] **Annexion**: gewaltsame Einverleibung fremden Staatsgebietes

M5 Meinungsverschiedenheiten

Der Historiker Marc Ferro (1924–2021) schildert die Meinungsverschiedenheiten innerhalb der Opposition vor der Oktoberrevolution:

Vor dem Oktober 1917 war die Disziplin der bolschewistischen Partei mehr ein Akt des Glaubens als eine zählbare Realität. [...] Es gab einen klaren Wettbewerb in der Führerschaft der Partei zwischen Kamenews[1] und Lenins Linie; der lange Konflikt zwischen Trotzkisten und Stalinisten um die letztliche Bestimmung der Revolution verdeckte diesen anderen Konflikt, der genauso wichtig war und der das Verhältnis zwischen der kommunistischen Partei und der Gesellschaft betraf. Während der Revolution gab es keinen anderen Protagonisten, außer vielleicht dem Menschewiki Tserelli, der so viel Einfluss in Fragen der Theorie hatte als die Führer dieser beiden Richtungen – nicht Stalin[2], nicht Swerdlow[3] und nicht Trotzki[4]. Die erste Meinungsverschiedenheit zwischen Kamenew und Lenin begann mit der Taktik, die gegenüber dem dual-power System genutzt werden sollte, und diese Meinungsverschiedenheit zog sich hin bis zur Rolle der Sowjets. Kamenew tendierte dazu, die Gesandten der Arbeiter, Soldaten und Bauern als das demokratische Parlament anzusehen, und er war überzeugt, dass die Bolschewiki hier unausweichlich eine Mehrheit gewinnen würden; deshalb wünschte er das Mehrheitsprinzip innerhalb der Sowjets genauestens zu respektieren. Lenin mochte diesen „revolutionären Legalismus“ nicht. Ein Appell an die Gewalt – trotz friedlicher Demonstrationen – und später, nach dem Juni, an die Waffen – gegen die repräsentative Mehrheit schien ihm ziemlich legitim zu sein, vor allem, weil die Abgeordneten, nachdem sie einmal gewählt worden waren, nicht länger den Willen ihrer Wähler ausdrückten. In jedem Falle würde es die Position der Partei stärken, wenn ihre Hand geballt wäre. Lenin nahm die gleiche Haltung ein gegenüber dem ersten Kongress der Sowjets, wo er die Macht für die Bolschewiki forderte, obwohl sie zu dieser Zeit nur eine kleine Minderheit waren. Es ist bemerkenswert, dass sich diese Haltung nicht änderte, sogar als die Bolschewiki eine Mehrheit im Sowjet gewannen. Lenin fühlte, dass Gewalt gegen die eigene Mehrheit die Macht der Partei nur stärken konnte [...].

Marc Ferro, The Bolshevik Revolution. A social history of the Russian Revolution, London 1985, S. 269f. (übersetzt von Boris Barth)

1. Arbeiten Sie die Gründe dafür heraus, warum sich Lenin letztlich durchsetzte.
2. Setzen Sie sich mit den unterschiedlichen Vorstellungen von Demokratie innerhalb der Opposition auseinander.

M6 Die Oktoberrevolution – ein „glücklicher Zufall"?

Der Historiker Günther Stökl (1916–1998) befasst sich mit der Offenheit der Situation im Jahre 1917:

Als [...] die Revolutionen des Jahres 1917 der geschichtlichen Entwicklung Russlands eine neue Richtung gaben und Voraussetzungen schufen, die in der folgenden Zeit auch auf die Geschichte Europas, ja auf die Geschichte der ganzen Welt kräftig einwirken sollten, war es für die Zeitgenossen nicht leicht, sich ein zutreffendes Bild von den Ereignissen zu machen. Der Erste Weltkrieg trieb seinem Höhepunkt entgegen und konzentrierte alles Interesse auf sich; die beteiligten Mächte konnten nicht anders, als den russischen Umsturz im Sinne der eigenen Kriegsziele zu interpretieren: Die Alliierten Russlands hofften, dass die Schwäche der revolutionären Situation vorübergehen und rasch zu einer politischen wie militärischen Kräftigung des nun auch demokratisch gewordenen russischen Partners führen würde, die Gegner Russlands setzten darauf, dass sich die Schwäche zum Zusammenbruch erweiterte und dass das revolutionierte Russland aus dem Krieg ausschied. Die einen drängten auf neue Kriegsanstrengungen Russlands und stimmten freudig zu, als Kerenski in einer Offensive die Disziplin der russischen Armee wiederherzustellen plante, die anderen ließen Lenin an der Spitze der bolschewistischen Emigration heimkehren und versuchten, den revolutionären Radikalismus unter den Russen in jeder Weise zu nähren. Weder die einen noch die anderen nahmen sich Zeit, die Ursachen zu analysieren und die Folgen auf weite Sicht zu bedenken. Kaum jemand glaubte zwar, dass sich die Selbstherrschaft der Zaren in der alten Form würde restaurieren lassen, aber ebenso wenig war man geneigt, den letzten Szenenwechsel auf der russischen Revolutionsbühne, die Machtergreifung der Bolschewiki, für ein politisches Faktum von Dauer zu halten.
Aus den Fehlprognosen der bedrängten Zeitgenossen schöpfen [...] kommunistische Interpreten ihre ironischen Argumente. Sie sehen in der russischen Revolution historische Gesetze von universeller Gültigkeit erfüllt. Gesetzmäßig scheint allerdings vor allem dies zu sein, dass der Erfolg die Mittel rechtfertigt, die ihn herbeiführen halfen, und dass er dort einen weisen Weltenplan vermuten lässt, wo in Wirklichkeit nur leidenschaftlicher Wille der politisch Handelnden und glücklicher Zufall am Werk waren. Niemand kann leugnen, dass sich in Russland seit 1917 große Veränderungen vollzogen haben, aber es kann auch niemand beweisen, dass sie sich unter einem anderen politischen System nicht ebenso wirksam vollzogen hätten. Vom politischen System des russischen Kommunismus lässt sich

[1] **Lew Borissowitsch Kamenew** (1883–1936): Politiker, 1936 unter Stalin hingerichtet; siehe auch Seite 88 (Fußnote 1)
[2] Über Stalin informiert Seite 81.
[3] **Jakow Michailowitsch Swerdlow** (1885–1919): führender Politiker der bolschewistischen Partei
[4] Zu Trotzki siehe Seite 54.

sagen, dass es zwar einige wesentliche Züge von 1917 bewahrt hat, im Ganzen aber das Ergebnis von Veränderungen ist, die von den Begeisterten der Revolutionsgeneration weder beabsichtigt noch vorhergesehen waren, dass es in seiner Existenz viel weniger die Lehrsätze des Historischen Materialismus[1] dokumentiert als die Konstanten russisch-nationaler Machtkonzentration und Machtexpansion.

Günther Stökl, Vorwort, in: Richard Kohn (Hrsg.), Die Russische Revolution in Augenzeugenberichten, Berlin 1967, S. 9–18, hier: S. 9f.

1. Fassen Sie die Kernaussagen von Günther Stökl zusammen. | F
2. Vergleichen Sie die unterschiedlichen Kriegsziele der beteiligten Mächte.
3. Stökl schreibt, dass bei der russischen Revolution „in Wirklichkeit nur leidenschaftlicher Wille der politischen Handelnden und glücklicher Zufall am Werk waren" (Zeile 39f.). Erörtern Sie diese Aussage. | H

Denkmalsturz.
Foto von 1917.
Nach der Oktoberrevolution wurden die Standbilder von Zaren geschleift, wie hier das Denkmal von Zar Alexander III. in Moskau.

M7 Die Spaltung der Sowjets

Während der nächtlichen Sitzung des II. Altrussischen Rätekongresses am 25. Oktober (7. November) prallen die Standpunkte von gemäßigten und radikalen Sowjets in einer hitzigen, ungemein aufgeladenen Atmosphäre aufeinander. Für die Menschewiki spricht Julius O. Martow (1873–1923):

Das ist der beginnende Bürgerkrieg, Kameraden! Die allererste Frage muss sein: Wie können wir diese Krisis friedlich überwinden? ... In den Straßen erschießt man unsere Brüder. In diesem Moment, da, noch vor der Eröffnung des Sowjetkongresses, eine der revolutionären Parteien den Versuch macht, die Frage der Macht durch eine militärische Verschwörung zu entscheiden ... [*hier wurde seine Stimme einen Moment lang von dem rasenden Tumult übertönt*] ... Es ist Pflicht aller revolutionären Parteien, sich die Tatsachen vor Augen zu führen ... Wir müssen eine Macht schaffen, die von der gesamten Demokratie anerkannt wird ... Die Möglichkeit einer friedlichen Lösung liegt allein in der Errichtung einer gemeinsamen demokratischen Gewalt ... Wir müssen eine Delegation wählen, um mit den anderen sozialistischen Parteien und Organisationen zu verhandeln.

Die Sache der Bolschewiki vertritt Leo D. Trotzki:

Der Aufstand der Massen bedarf keiner Rechtfertigung. Was geschehen ist, war ein Aufstand und keine Verschwörung ... Wir haben den Willen der Massen offen für einen Aufstand geschmiedet, nicht für eine Verschwörung.

[1] **Historischer Materialismus**: die zentrale Lehre des Marxismus, nach der das gesamte menschliche Bewusstsein durch die jeweiligen ökonomischen Entwicklungsstände bestimmt wird

Die Volksmassen folgten unserem Banner, und unser Aufstand hat gesiegt. Und nun schlägt man uns vor: Verzichtet auf euren Sieg, erklärt euch zu Konzessionen bereit, schließt einen Kompromiss. Mit wem? Ich frage: Mit wem sollen wir einen Kompromiss schließen? Mit jenen kläglichen Gruppen, die hinausgegangen sind, oder die diesen Vorschlag machen? ... Hinter ihnen steht doch niemand mehr in Russland ... Nein, hier ist kein Kompromiss mehr möglich. Denen, die hinausgegangen sind, und denen, die uns Vorschläge machen, müssen wir sagen: Ihr seid klägliche Bankrotteure, eure Rolle ist ausgespielt; geht dorthin, wohin ihr gehört: auf den Kehrichthaufen der Geschichte.

Erster Text zitiert nach: Günter Schönbrunn (Bearb.), Weltkriege und Revolutionen 1914–1945. Geschichte in Quellen, München [3]1979, S. 77; zweiter Text zitiert nach: Manfred Hildermeier, Die Russische Revolution 1905–1921, Frankfurt am Main 1989, S. 241

1. Vergleichen Sie das Staats- und Demokratieverständnis, das aus den Reden von Martow und Trotzki spricht.
2. Überlegen Sie, welche Folgen sich daraus ergaben, dass nach der Rede Trotzkis Menschewiki und rechte Sozialrevolutionäre den Sowjetkongress verließen. | F

M8 Die neue Staatsmacht konstituiert sich

Nachdem der rechte Flügel der Sowjets den II. Sowjetkongress der Arbeiter-, Soldaten- und Bauerndeputierten verlassen hat, wird in den frühen Morgenstunden des 26. Oktober (8. November) 1917 folgender Aufruf beschlossen:

An die Arbeiter, Soldaten und Bauern!

Der Zweite Allrussische Sowjetkongress der Arbeiter- und Soldatendeputierten ist eröffnet. Auf diesem Kongress ist die gewaltige Mehrheit der Sowjets vertreten. Auf dem Kongress ist auch eine Reihe von Delegierten der Bauernsowjets anwesend. Die Vollmachten des paktiererischen Zentralvollzugskomitees sind abgelaufen. Gestützt auf den Willen der gewaltigen Mehrheit der Arbeiter, Soldaten und Bauern, gestützt auf den in Petrograd vollzogenen siegreichen Aufstand der Arbeiter und der Garnison, nimmt der Kongress die Macht in seine Hände.

Die Provisorische Regierung ist gestürzt. Die meisten Mitglieder der Provisorischen Regierung sind bereits verhaftet. Die Sowjetmacht wird sofort allen Völkern einen demokratischen Frieden und den sofortigen Waffenstillstand an allen Fronten vorschlagen. Sie wird die entschädigungslose Übergabe der Gutsbesitzer-, Kron- und Klosterländereien in die Verfügungsgewalt der Bauernkomitees sicherstellen, die Rechte der Soldaten schützen, indem sie die volle Demokratisierung der Armee durchführt, sie wird die Arbeiterkontrolle über die Produktion einführen und die rechtzeitige Einberufung der Konstituierenden Versammlung gewährleisten, sie wird dafür sorgen, dass die Städte mit Brot und die Dörfer mit Gegenständen des dringendsten Bedarfs beliefert werden, sie wird allen in Russland lebenden Völkern das wirkliche Recht auf Selbstbestimmung sichern.

Der Kongress beschließt: Die ganze Macht geht überall an die Sowjets der Arbeiter-, Soldaten- und Bauerndeputierten über, die eine wirkliche revolutionäre Ordnung zu gewährleisten haben.

Der Kongress ruft die Soldaten in den Schützengräben zu Wachsamkeit und Standhaftigkeit auf. Der Sowjetkongress ist überzeugt, dass die revolutionäre Armee es verstehen wird, die Revolution gegen jegliche Anschläge des Imperialismus zu verteidigen, bis die neue Regierung den Abschluss eines demokratischen Friedens erzielt hat, den sie unmittelbar allen Völkern vorschlagen wird. Die neue Regierung wird alle Maßnahmen treffen, um durch eine entschlossene Politik von Requisitionen und Besteuerung der besitzenden Klassen die revolutionäre Armee mit allem Nötigen zu versorgen, und wird auch die Lage der Soldatenfamilien verbessern.

Die Kornilowleute[1] – Kerenski[2], Kaledin[3] u.a. – versuchen, Truppen gegen Petrograd zu führen. Einige Truppenteile, die Kerenski auf betrügerische Weise in Bewegung gesetzt hat, sind auf die Seite des aufständischen Volkes übergegangen.

Soldaten, setzt dem Kornilowmann Kerenski
aktiven Widerstand entgegen!
Seid auf der Hut!
Eisenbahner, haltet die Truppentransporte an,
die Kerenski gegen Petrograd schickt!
Soldaten, Arbeiter, Angestellte! Das Schicksal der
Revolution und das Schicksal des demokratischen
Friedens liegt in euren Händen!
Es lebe die Revolution!

Zitiert nach: Manfred Hellmann (Hrsg.), Die russische Revolution 1917. Von der Abdankung des Zaren bis zum Staatsstreich der Bolschewiki, München [6]1987, S. 318f.

1. Aus welchen Gründen behauptet der Aufruf, dass auf dem Kongress „die gewaltige Mehrheit der Sowjets vertreten" (Zeile 4) sei? Nehmen Sie dazu Stellung.
2. Arbeiten Sie heraus, an welche Gruppen der Bevölkerung sich der Aufruf besonders wendet. Worin dürfte sein Erfolg bestanden haben?
3. Das Manifest gilt als Gründungsakt des Sowjetregimes. Weisen Sie nach, an welcher Stelle deutlich wird, dass der Kongress keine parlamentarische Demokratie beabsichtigt. | H

[1] **Lawr Georgijewitsch Kornilow** (1870–1918): General, den Alexander F. Kerenski zum Oberbefehlshaber der russischen Streitkräfte gemacht hatte. Dennoch stand Kornilow an der Spitze des Putschversuchs gegen die Provisorische Regierung im Sommer 1917.

[2] Zu Kerenski siehe Seite 54.

[3] **Alexei Maximowitsch Kaledin** (1861–1918): russischer General

M9 Ergebnis der Wahlen zur Konstituierenden Versammlung (November 1917)

Wahlberechtigt sind Männer und Frauen ab dem 20. Lebensjahr gewesen. Über das exakte Wahlergebnis und die Zahl der gewählten Abgeordneten gibt es unterschiedliche Angaben.

	Zahl der Sitze (707)	Abgegebene Stimmen (44,4 Mio.)		
		in Russland	in Petrograd	in Moskau
Rechte Sozialrevolutionäre	370	17,9 (40,4 %)	16,2 %	8,1 %
Bolschewiki	175	10,7 (24,0 %)	45,0 %	47,9 %
Menschewiki	16	1,1 (2,6 %)	3,1 %	2,8 %
Linke Sozialrevolutionäre	40	0,5 (1,0 %)	0,2 %	0,03 %
Sonstige sozialistische Parteien	2	0,4 (0,9 %)	–	4,6 %
Kadetten	17	2,1 (4,7 %)	26,2 %	34,2 %
Sonstige nicht-sozialistische Parteien	–	1,3 (2,8 %)	6,9 %	1,7 %
Nationale Minderheiten	86	5,9 (13,4 %)		
Ohne Zuordnung	1	4,5 (10,2 %)		

Nach: Richard Pipes, Die Russische Revolution, Band 2, Berlin 1992, S. 346 ff. und Oliver H. Radkey, Russia Goes to the Polls, Ithaca/London 1990, S. 23 und 36

1. Geben Sie mit eigenen Worten die jeweiligen Mehrheitsverhältnisse wieder.
2. Analysieren Sie, welche Optionen sich jeweils für die Bolschewiki ergaben. | F

M10 Furcht und Gewalt?

Der Historiker Gerhard Schulz (1924 – 2004) schreibt:

Der Bolschewismus hat unter der Führung Lenins nie humanitäre Grundsätze zu entwickeln versucht. Im Zentrum aller Relationen stand das Problem des Machtgewinns und der Machtausweitung der revolutionären Kräfte in Russland und über Russland hinaus. Für Lenin dürfte es nie einen Zweifel gegeben haben, dass diese Diktatur niemals ohne Gewaltanwendung und ohne die Mittel des Terrors verwirklicht werden konnte. Rücksichtslose Verfolgungen und Hinrichtungen waren nun an der Tagesordnung.[1] Aber auch die Furcht tat ihre Wirkungen. Trotz der katastrophalen Lage der Wirtschaft und des Zusammenbruchs der Lebensmittelversorgung spalteten sich die Sozialrevolutionäre und suchte der linke Flügel Anschluss bei den Bolschewiki. Inzwischen waren die Wahlen zur konstituierenden Versammlung abgehalten worden. Obgleich eine geregelte Durchführung keineswegs gesichert werden konnte und nur 36 Millionen Stimmen abgegeben wurden, blieben die Sozialrevolutionäre die stärkste Fraktion, die weit mehr als die Hälfte aller Sitze erhielt und mehr als das Doppelte des Anteils, der auf die Bolschewiki entfiel, für die dieses Ergebnis eine bittere Enttäuschung war. In der Tat entsprach es kaum den wirklich eingetretenen Machtverhältnissen. Für Lenin hatte dies den Anlass gegeben, sich gänzlich vom demokratischen Parlamentarismus abzuwenden. Mithilfe rasch herbeigerufener militärischer Verbände ließ er die Konstituante unter Druck setzen, die am 18. Januar 1918 zusammentrat, ohne dass die bürgerlichen Gruppen noch erschienen. Als dennoch die Anträge der Bolschewiki durchfielen, zog die äußerste Linke aus; und am nächsten Tage wurde die Versammlung durch Truppen am Wiederzusammentreten gehindert. Lenin lieferte damit den unwiderleglichen Beweis dafür, dass Maschinengewehre stärker sind als Parlamente, sobald sie sich gegen sie kehren. Die Konstituante erklärte er kurzerhand für aufgelöst.

Gerhard Schulz, Revolutionen und Friedensschlüsse 1917–1920, Lausanne 1989, S. 87 f.

1. Charakterisieren Sie anhand von M10 die Herrschaftsmethoden der Bolschewiki.
2. Setzen Sie sich mit der Frage auseinander, warum die Bolschewiki trotz ihrer harten Methoden zunehmend Rückhalt in der Bevölkerung fanden. | H

[1] Siehe hierzu auch Seite 78.

Methode

Historiengemälde interpretieren

Historiengemälde gibt es seit der Antike. Die Gattung beschränkt sich nicht auf die Malerei, sondern umfasst auch Mosaike, Kupferstiche oder Reliefs. Besonders beliebt waren Historienbilder im 19. Jahrhundert, als sie auf bedeutende Ereignisse, Personen, Leistungen und Traditionen der Geschichte aufmerksam machten. Sie trugen so zur **Identifikation** der Öffentlichkeit mit dem eigenen Volk und der eigenen Nation bei.
Historienbilder sind **Kunstwerke.** Die Künstlerinnen und Künstler bemühen sich, **historische Sachverhalte** darzustellen und zu deuten – die „historische Realität" bilden sie nicht ab. Das gilt unabhängig vom zeitlichen Abstand zum dargestellten Geschehen. Sie verherrlichen, rechtfertigen oder kritisieren vergangene Ereignisse. Oft sind Historienbilder öffentliche oder private Auftragsarbeiten. Sie sagen dann immer auch etwas über die Sichtweisen der **Auftraggeber** aus. Die Analyse und Interpretation erfordert daher nicht nur Kenntnisse über die dargestellte Zeit, sondern auch über die **Entstehungszeit** des Bildes, die Künstlerinnen und Künstler sowie ihre Auftraggeber.

Weitere Anwendungsbeispiele finden Sie u.a. auf den Seiten 110, 126 und 138.

Arbeitsschritt	**Leitfragen**
1. beschreiben	• Wer hat das Kunstwerk geschaffen? Wurde es in Auftrag gegeben? • Wann und wo wurde das Gemälde angefertigt bzw. gezeigt? • Stammt der „Bildtitel" von der Künstlerin/vom Künstler selbst oder wurde er von anderer Seite zugefügt? Welche Informationen gibt der Bildtitel? • Wen oder was zeigt das Kunstwerk? • Welche Komposition (Bildaufbau, Figuren etc.) liegt dem Bild zugrunde? • Welche Perspektive (Vogel-, Zentralperspektive etc.) hat die Künstlerin/der Künstler gewählt? • Wie ist die Farbgebung (hell, dunkel, kontrastreich etc.) und die Lichtführung (konzentriert oder gleichmäßig)? • Welche Symbole und Sinnbilder (Allegorien) werden verwendet?
2. erklären	• Auf welches Ereignis, welchen Sachverhalt oder welche Person bezieht sich das Kunstwerk? • Auf welche politischen, sozialen, wirtschaftlichen und kulturellen Hintergründe wird angespielt? • Handelt es sich um eine realistische oder allegorische (sinnbildliche) Darstellung? • Wie sind die Gestaltungsmittel und Symbole in ihrer inhaltlichen Aussage zu deuten? • Aus welchem Anlass ist das Kunstwerk entstanden? Diente es einem bestimmten Zweck? • Was ist über die Haltung der Künstlerin/des Künstlers und möglicher Auftraggeber bekannt? • Welche Absichten verfolgten Künstlerin/Künstler bzw. Auftraggeber? • An wen richtet sich das Kunstwerk?
3. beurteilen	• Welche Wirkungen erzielte das Bild wohl bei zeitgenössischen Betrachtern? • Wie lassen sich Aussage und Wirkung des Gemäldes bewerten?

Ort: Saal mit Säulen und Kronleuchtern

Zeit: dunkle Fenster als Hinweis auf eine abendliche Szene

entschlossener Gesichtsausdruck, Blick in die Ferne gerichtet (verstärkt den visionären Eindruck)

Wladimir I. Lenin: dominiert als Redner die Szene, alle Blicke sind auf ihn gerichtet

jubelnde Menschenmenge (verstärkt den dynamischen Gesamteindruck)

rote Fahne als Symbol der Bolschewiki

Zuhörerschaft: Arbeiter, Bauern, Soldaten, Matrosen und eine Frau

Titel des Gemäldes

„Lenin proklamiert die Sowjetmacht, 25. Oktober (7. November) 1917."
Ölgemälde von Wladimir A. Serow, 1962.
Das Kunstwerk knüpft an eine ältere Version von 1947/48 an. In dieser befanden sich allerdings Josef W. Stalin, Jakow M. Swerdlow und Felix E. Dserschinski hinter Lenin.

▶ Analysieren Sie das Gemälde mithilfe der Arbeitsschritte auf Seite 64. Ihre Ergebnisse können Sie mit der Lösungsskizze auf Seite 167 vergleichen.

Geschichte Kontrovers

Revolution in Russland – welche Ursachen hatte sie?

Die russische Revolution bewirkte in relativ kurzer Zeit eine völlige Umwälzung in allen Lebensbereichen. Ihre Ursachen werden in der Geschichtswissenschaft kontrovers diskutiert. Für einige Historikerinnen und Historiker steht dabei der Erste Weltkrieg im Mittelpunkt. Es habe in Russland bereits Modernisierungsprozesse gegeben, der Krieg habe die Situation der Bevölkerung aber so verschärft, dass es zur Revolution gekommen sei. Andere Historikerinnen und Historiker sehen Russland vor der Revolution in einer schweren Strukturkrise, ausgelöst durch den gesellschaftlichen Wandel während der Industrialisierung, dem die althergebrachte Ordnung nicht mehr gerecht geworden sei. Konsens besteht bei beiden Richtungen jedoch darin, dass der Erste Weltkrieg entscheidend zum Ausbruch der Revolution beigetragen habe.

M1 Internationale und innerrussische Faktoren

*Der Historiker Manfred Hildermeier (*1948) listet die wichtigsten Faktoren für den Untergang des Zarenreiches auf:*

Ohne die Zerreißprobe des Ersten Weltkrieges ist das Ende des Zarismus sicher nicht zu verstehen. Die Extremsituation brachte die Schwächen der Wirtschaft und staatlichen Verwaltung umso greller ans Licht. Krieg und Revolution gehörten in ähnlicher Weise zusammen wie nachher Revolution und Krieg.

Desgleichen zählte zu den internationalen Aspekten der Umwälzung die Ideologie, die sie speiste. Ohne Übertreibung lässt sich sagen, dass alle Parteien, die wesentlichen Anteil am großen Spiel um die Zukunft Russlands hatten, ihr theoretisches Rüstzeug in erheblichem Maße aus Westeuropa bezogen. [...]

Über Russland hinaus wies schließlich auch ein langfristiger Vorgang: der Aufbruch ins industrielle Zeitalter und die vielgestaltigen sozialen Verwerfungen, die er mit sich brachte. Nicht nur der Anstoß zu dieser kolossalen Anstrengung kam von außen – aus der Erkenntnis, dass andernfalls der Großmachtstatus des Reiches nicht zu sichern war. Der Staat fand auch die Mittel, deren er sich als treibender Kraft bediente, großenteils im Ausland: Kapital, technisch-administrative Fertigkeiten, unternehmerische Initiative und nicht zuletzt das mentale Kostüm, das es Russland anzupassen galt. Das Zarenreich bewegte sich seit der zweiten Hälfte des 19. Jahrhunderts bei allen bleibenden Eigenarten abermals mit stürmischem Anlauf auf Europa zu. Aus wohlverstandenem Eigeninteresse verschrieb es sich einem Umbruch, der hohe Anforderungen an seine Integrations- und Konfliktfähigkeit stellte. Die russische Revolution ist als eines unter anderen denkbaren und möglichen Resultaten des letztlichen Unvermögens zu sehen, dem Druck unter der zusätzlichen Last des Krieges standzuhalten. [...]

Zur unbestrittenen Erkenntnis gehört, dass, erstens, die Revolution als Gesamterscheinung von der Strukturkrise nicht zu trennen ist, die der agrarische Bereich in der zweiten Hälfte des 19. Jahrhunderts durchlief. [...]

Freilich gilt auch, dass die Empörung der Bauern kaum ausgereicht hätte, um die zaristische Herrschaft mit allem, was sie trug und symbolisierte, zu Fall zu bringen. Was gut drei Jahrhunderte überstanden hatte, brach nicht durch den Loyalitätsentzug nur einer Untertanenschicht zusammen.

Eine weitere große Gefahr ging, zweitens, von der Entstehung der Arbeiterschaft aus. Gewiss blieb diese noch lange eine Insel im Meer der bäuerlichen Bevölkerung. [...] Dennoch kam der städtisch-industriellen Unterschicht wachsendes Gewicht zu. Besser informiert, bald höher gebildet, aufgrund der Zusammenballung leichter organisierbar und näher am Puls des politischen Geschehens, beschleunigte sie den Prozess der sozialen Gärung im ausgehenden Zarenreich maßgeblich. Die Arbeiterschaft war ein Fremdkörper in der traditionalen Agrargesellschaft und ein Symbol der heraufziehenden industriellen Ordnung.

Ebenfalls als Produkt der neuen Zeit konnte, drittens, diejenige Schicht gelten, die den umfassenden Wandel von Staat und Gesellschaft ins öffentliche Bewusstsein hob und soziale wie politische Forderungen daraus ableitete: die Intelligenz. Kein Zweifel kann darüber bestehen, dass ihr unter den russischen Bedingungen eine besonders prominente Rolle im Modernisierungsprozess zufiel. Ausgestattet mit konkurrenzloser Einsichts- und Ausdrucksfähigkeit, zog sie die Debatte über Russlands Zukunft weitgehend an sich. [...] Großenteils wurde sie dabei von einem Staat, der überängstlich an seinem Entscheidungsmonopol festhielt, in die Opposition gedrängt. Bei aller ideologischen Verschiedenheit fand sie sich in der Vorstellung zusammen, dass die zaristische Herrschaft in der tradierten Form nicht Teil der russischen Zukunft sein könne. Die Intelligenz wurde zum schärfsten Kritiker und, soweit sie die unzufriedenen Unterschichten in Stadt und Land um sich scharte, zum gefährlichsten Gegner der „Selbstherrschaft", der Autokratie. In dieser Rolle ersetzte sie in gewissem Maße das moderne Bürgertum, das im Zarenreich spät entstand und sich erst nach der Revolution von 1905 aus der politischen Vormundschaft des Staates zu befreien vermochte.

Von selbst versteht sich, dass die genannten Auflösungserscheinungen nur in dem Maße an Boden gewinnen konnte, wie, viertens, die Staatsgewalt dies zuließ.

Manfred Hildermeier, Die Russische Revolution 1905–1921, Frankfurt am Main 1989, S. 8–11

M2 Eine unberechenbare Gefahr?

Der Historiker Günther Stökl (1916–1998) setzt etwas andere Schwerpunkte:

Hinter der Regierung stand – mitten im Kriege – niemand mehr, aber auch hinter der Duma stand nicht das Volk. Das gab dem Konflikt etwas Unwirkliches und der Situation etwas Unheimliches. Seit im November 1914 die fünf bolschewistischen Dumaabgeordneten nach Sibirien verschickt und zu Beginn des Jahres 1917 die sozialistischen Mitglieder des zentralen Kriegsindustriekomitees verhaftet worden waren, konnten nur mehr ganz wenige Männer den Anspruch erheben, die „Masse" der Arbeiter und Bauern in einer legalen Funktion zu vertreten. [...] Das Missverhältnis der Repräsentation im demokratischen Sinne konnte kaum krasser sein, und darin lag eine unberechenbare Gefahr, deren sich alle Einsichtigen wohl bewusst waren. Unberechenbar erschien dabei viel weniger die Tätigkeit der sozialistisch-revolutionären Parteien, die, ihrer Führer beraubt, in die Illegalität gedrängt und durch den Krieg desorganisiert waren, als die Reaktion der politisch unorganisierten und unterrepräsentierten überwältigenden Bevölkerungsmehrheit, von der jedermann wusste, dass sie Not litt und den Krieg zum Teufel wünschte. Revolutionäre Ideologien waren immer noch ein Element der Ordnung gewesen an dem Ausbruch der sozialen Urkräfte, den manche herankommen sahen und von dem Miljukov[1] prophezeite, dass er keine Revolution sein werde, „sondern ein fürchterliches russisches Wüten, ohne Sinn und Erbarmen ... eine Orgie des Mobs."

Günther Stökl, Russische Geschichte, Stuttgart [6]1997, S. 632 f.

1. Geben Sie die Gründe wieder, die die beiden Historiker als Voraussetzungen der russischen Revolution anführen.
2. Vergleichen Sie die Auffassungen der Historiker hinsichtlich der Ursachen der russischen Revolution miteinander.
3. Setzen Sie sich mit den in Aufgabe 2 herausgearbeiteten Gemeinsamkeiten und Unterschieden auseinander.

Ausstellung zum 100-jährigen Jubiläum der russischen Revolution.
Foto vom 25. Oktober 2017, Winterpalast in St. Petersburg.

[1] **Pawel Nikolajewitsch Miljukov** (1859–1943): russischer Historiker und Politiker

Russland unter Lenin: Machtbehauptung zwischen Krieg und Frieden

Äußerer Friede und Staatsgründung | Um das Regime zu stabilisieren, brauchte Lenin den äußeren Frieden. Sofort nach der Machtübernahme begannen daher Verhandlungen mit den Mittelmächten. Lenin gelang es dabei nur unter größten Mühen, die Bedingungen in der *Kommunistischen Partei (KP) Russlands*, wie sich seine Partei jetzt nannte, durchzusetzen. Trotz gewaltiger Forderungen des Deutschen Reiches und Österreich-Ungarns unterzeichneten die Bolschewiki am 3. März 1918 den *Vertrag von Brest-Litowsk*. Russland musste auf Estland, Livland, Kurland, Litauen und Polen verzichten sowie die Unabhängigkeit der Ukraine und Finnlands anerkennen. Es verlor ungefähr ein Viertel seiner Bevölkerung, des anbaufähigen Landes, der Textilindustrie und des Eisenbahnnetzes sowie drei Viertel der Montanindustrie. Zur neuen Hauptstadt des verkleinerten Russland wurde Moskau. Im Juli 1918 trat die Verfassung für die *Russische Sozialistische Föderative Sowjetrepublik (RSFSR)* in Kraft (➔M1). Großbritannien, Frankreich und die USA erkannten die Sowjetrepublik jedoch nicht an.

Die Lehren von Karl Marx | Lenin und seine Parteiangehörigen verstanden sich als Vertreter der Arbeiter und der besitzlosen Landbevölkerung. Diese Menschen bildeten die ärmsten Schichten in Russland. Lenin und die Bolschewiki wollten eine neue Gesellschaft ohne Privateigentum schaffen.

Diese Idee stammte ursprünglich von *Karl Marx* (1818–1883) und *Friedrich Engels* (1820–1895), die im 19. Jahrhundert das Elend der Arbeiter in Europa untersucht hatten. Marx und Engels entwickelten damals eine wissenschaftliche Theorie über die Gesellschaft unter den Bedingungen von Industrialisierung und Marktwirtschaft:

- Die neuen ökonomischen Verhältnisse (Arbeitsteilung, Maschineneinsatz, Massenproduktion) würden dazu führen, dass sich alles Eigentum und jede wirtschaftliche Kontrolle bei den Unternehmern konzentriere. Die Beschäftigten würden zwar immer mehr produzieren, aber selbst immer weniger besitzen. Damit spalte sich die Gesellschaft in eine Klasse der Eigentümer (*Kapitalisten*) und eine der recht- und besitzlosen Arbeiter (*Proletarier*).
- Ab einem gewissen Punkt müsse sich die Arbeiterklasse, zahlenmäßig überlegen und dank ihrer eigenen Produktivkraft, gegen die Kapitalisten erheben. Danach würde aller Privatbesitz in öffentliches Eigentum überführt und gemeinschaftlich verwaltet: Auf den *Kapitalismus* würde der *Sozialismus* folgen.
- In ferner Zukunft würde selbst das gemeinschaftliche Eigentum überflüssig. Die Menschen könnten in einer Art Naturzustand ohne Staat und gesellschaftliche Unterschiede leben. Der Sozialismus werde schließlich vom *Kommunismus* abgelöst.

Marxismus-Leninismus | Die Lehre des *Marxismus* schien eine Antwort auf die wachsende Ungerechtigkeit in den Industrieländern zu sein. Ihr folgten nicht nur die Bolschewiki, sondern auch andere politische Kräfte in Russland und Europa. Lenin hielt den Marxismus für richtig, jedoch nicht für ausreichend, um die Verhältnisse in Russland umzustürzen. Er versuchte daher, den Marxismus gedanklich weiterzuentwickeln:

- Die Arbeiterklasse benötige die Führung durch eine Partei. Diese solle für eine Revolution sorgen, anstatt auf den Verfall des Kapitalismus zu warten (*revolutionäre Partei neuen Typs*).
- Die Partei solle ihre Macht im Land nicht mit anderen Gruppen teilen, sondern alleine regieren (*Machtmonopol*).
- Die Partei solle den Staat nicht abschaffen, sondern mit seiner Hilfe die Revolution in andere Länder tragen (*Ziel einer Weltrevolution*).

Die Verbindung der Lehren von Marx mit Lenins Folgerungen, der *Marxismus-Leninismus*, wurde zur Ideologie der bolschewistischen Partei (➔M2).

Ideologie (altgriech. Lehre von den Ideen): System von Meinungen und Überzeugungen, das zur Rechtfertigung oder Verhüllung von Ansprüchen dient. Ideologien bieten ihren Anhängern ein umfassendes „Wir-Gefühl" und erzeugen Feindbilder, die sich gegen Andersdenkende richten.

Der Traum von der „Weltrevolution" | Für die meisten bolschewistischen Führer stand fest, dass ein Export der Revolution in weiter entwickelte Industriestaaten für ein Gelingen des neuartigen Experiments notwendig war. Alle Versuche, den Kommunismus im Ausland an die Macht zu bringen, scheiterten jedoch.

Die Hoffnung ruhte zunächst auf Deutschland. Das Deutsche Reich schien auf den ersten Blick gute Voraussetzungen zu bieten. Die Arbeiterschaft war diszipliniert, in vielen Vereinigungen gut organisiert und verfügte über lange Erfahrungen. Ende 1918 war das alte Kaiserreich zusammengebrochen, die ehemals so stolze Armee war auseinandergelaufen, und der Kaiser musste angesichts der Revolution in Berlin in das holländische Exil gehen. Problematisch war allerdings, dass der Kommunismus in Deutschland über keine wirkliche soziale und ideologische Basis verfügte. Die Mehrheit der Sozialdemokratie (*MSPD*) lehnte ihn ab, und nur innerhalb der extrem linken Unabhängigen Sozialdemokraten (*USPD*) gab es mit dem *Spartakusbund* eine kleine, überzeugte kommunistische Gruppe unter *Karl Liebknecht* (1871–1919) und *Rosa Luxemburg* (1871–1919) (➔M3). Diese beiden Führer wurden aber schon im Januar 1919 von Offizieren ermordet. Deshalb schlugen mehrere schlecht organisierte Versuche, im Deutschen Reich Unruhen anzufachen, bereits im Ansatz fehl. Der deutsche Staatsapparat und die Polizei waren zu gut organisiert, und in einigen Fällen wurde auch die Armee gegen revolutionäre Bestrebungen eingesetzt. Vor allem war das russische Vorbild für die meisten deutschen Arbeiterinnen und Arbeiter überhaupt nicht attraktiv. Diese wollten keine Diktatur einer Partei, sondern einen demokratischen Sozialismus.

„Gen[osse] Lenin reinigt die Erde vom Unrat."
Plakat (68 x 44 cm) von Viktor Deni, 1920.
Die Bezeichnung „Genosse" stammt aus der Arbeiterbewegung und dient als respektvolle Anrede.

▶ Interpretieren Sie das Plakat und seinen Text.

Der Versuch, wenigstens im Balkanstaat Bulgarien eine Revolution herbeizuführen, endete für die Bolschewiki in einer Katastrophe. Bei den Wahlen von 1919 erhielt die Kommunistische Partei immerhin 18 Prozent der Stimmen. Dies war kein schlechtes Ergebnis, aber von der Mehrheit weit entfernt. Die Partei stützte sich auf die städtischen Unterschichten, fand aber bei den Bauern, die die Mehrheit der Gesellschaft bildeten, kaum Unterstützung. Im September 1923 versuchten die bulgarischen Kommunisten, einen Aufstand herbeizuführen. Dieser forderte Tausende Opfer, brach aber nach wenigen Tagen zusammen. Im folgenden Jahr kam es zum Verbot der Bulgarischen Kommunistischen Partei, die in den Untergrund ging.

Die Kommunistische Internationale | Da ein direkter Export der Revolution nicht möglich war, versuchten die russischen Bolschewiki, die kommunistischen Parteien der anderen Staaten in eine gemeinsame internationale Organisation zusammenzubringen. So wurde 1919 in Moskau auf Lenins Initiative die *Kommunistische Internationale* (kurz *KI* oder auch *Komintern*) gegründet (➔M4). Diese Organisation hatte zwei Vorläufer, die bis auf Karl Marx zurückgingen, die vor dem Ersten Weltkrieg aber keine große Bedeutung erlangt hatten. 1922 waren weltweit 66 Parteien mit ungefähr 1,2 Millionen Mitgliedern in der Komintern zusammengefasst. Trotz zeitweise steigender Mitgliederzahlen sank ihre internationale Bedeutung während der 1920er-Jahre. Eine Gleichberechtigung der Parteien war wegen der Dominanz Moskaus nicht möglich. Die „Weltrevolution" blieb eine Illusion.

„Schlag die Weißen mit dem roten Keil."
Plakat von El Lissitzky, um 1920. Das berühmte Propagandaplakat entstand während des russischen Bürgerkrieges.

▶ Erläutern Sie, warum das Plakat zu einer Ikone werden konnte. Berücksichtigen Sie dabei die Bedeutung der Farben.

Bürgerkrieg zwischen „Weiß" und „Rot" | Unmittelbar nach der Oktoberrevolution brach in Russland ein verheerender Bürgerkrieg aus.[1] Auf den ersten Blick handelte es sich um eine Auseinandersetzung zwischen den *„Roten"*, den Anhängern der Sowjetrepublik, und den *„Weißen"*, den Anhängern des Zaren und der alten Ordnung. Mehrere weitere große Konflikte machten den Krieg aber noch unübersichtlicher und unberechenbarer als zuvor. Deshalb ist der Begriff des einen großen Bürgerkrieges auch in die Kritik geraten, wird aber fast immer beibehalten, weil es keine bessere Charakterisierung gibt. Große Feldschlachten, bei denen sich zwei Armeen offen gegenüberstanden, gab es nicht. Stattdessen bestand der Bürgerkrieg aus einer großen Zahl von einzelnen Gefechten, die von allen Seiten mit äußerster Grausamkeit ausgetragen wurden. In erster Linie ging es um die Kontrolle von Ressourcen und darum, die Lebensgrundlage der jeweiligen Gegenseite zu vernichten. Eine wichtige Waffe war hierbei der *Terror*, der teilweise gezielt, teilweise auch ungezielt vor allem gegen Zivilisten eingesetzt wurde. Auf diese Weise sollte der Wille des Gegners gebrochen und seine Moral untergraben werden.

Viele Aktionen glichen Kampfhandlungen, wie sie für Partisanenkriege typisch waren. Gegnerische Positionen wurden von schnellen Einheiten überfallartig angegriffen, oder Truppen zogen sich ebenso schnell zurück, um beweglich zu bleiben, wenn der Gegner an einer anderen Stelle der Front überlegen war. Bei dieser Kampfweise war es kaum möglich, Kriegsgefangene zu machen bzw. diese zu versorgen oder in Lager abzutransportieren. Deshalb wurden Gefangene fast immer auf der Stelle hingerichtet.

Je länger der Krieg dauerte, desto mehr wurden Plünderungen zum Alltag. Die Truppen konnten wegen der schleppenden und unzureichenden Versorgung nur auf diese Weise ihre Existenz sichern. Da auch die medizinische Versorgung und jegliche Hygienemaßnahmen weitgehend zusammengebrochen waren, starben mehr Soldaten durch Seuchen als durch Feindeinwirkung. Geschätzt wird, dass 1920 etwa ein Drittel der von Leo Trotzki neu aufgebauten *Roten Armee* der Sowjetrepulik unter Typhus litt.

Sehr hoch war auch die Fluktuation: Da sich bald kaum noch Freiwillige meldeten, griffen alle Seiten auf Zwangsrekrutierungen zurück. Deshalb war während des gesamten Krieges die Zahl der Überläufer und Deserteure hoch. Hinrichtungen waren an der Tagesordnung, doch konnten selbst solche Maßnahmen die Disziplin nur notdürftig aufrechterhalten.

In diesem Bewegungskrieg erwies sich die Kontrolle der Verkehrsverbindungen oft als entscheidend. Gepanzerte Eisenbahnzüge stellten häufig die Kommandozentralen dar. Berühmt wurde Trotzkis Panzerzug: Dieser verfügte über fest installierte Kanonen und Maschinengewehre, führte Automobile und sogar kleine Panzerwagen mit sich und hatte den neuesten Stand der Technik an Bord. Hierzu gehörten moderne Funk-

[1] Der genaue Beginn des Bürgerkrieges ist in der Forschung umstritten. Manche Historikerinnen und Historiker sehen seinen Anfang erst im Frühjahr 1918.

geräte und Telegrafen. In vielen Regionen des riesigen Reiches waren die Eisenbahnverbindungen allerdings unzureichend, sodass hier die Kavallerie zur entscheidenden Offensivwaffe wurde. Dies galt vor allem für die riesigen Steppengebiete in Zentralasien. Anfangs hatten die „Weißen“ einen erheblichen Vorteil, weil die Reitervölker der **Kosaken** fast vollständig zarentreu blieben. Seit dem Herbst 1919 bauten die „Roten“ aber zielstrebig eigene Reiterabteilungen auf, die im Bewegungskrieg einen entscheidenden Vorteil darstellten.

Kosaken: ursprünglich ein Reitervolk im Grenzgebiet zwischen Polen, Russland und der Ukraine. Unter den Zaren genossen sie weitgehende Freiheiten. Viele Kosaken siedelten sich in Sibirien als unabhängige Bauern an.

Gepanzerter Zug.
Foto (Ausschnitt), um 1919.

Intervention der Alliierten und Unabhängigkeitsbewegungen | Der Bürgerkrieg wurde durch zwei weitere Faktoren noch unübersichtlicher: Zum einen war dies die Intervention der Alliierten, zum anderen kamen Unabhängigkeitsbewegungen an der Peripherie des Landes hinzu.

Die Westalliierten beschlossen auf der *Pariser Friedenskonferenz* 1919 eine Intervention auf der Seite der „Weißen“. Dieser Eingriff in den russischen Bürgerkrieg wurde allerdings nur halbherzig angegangen. Einige russische Randgebiete wurden zwar besetzt, doch die Zahl der Truppen war zu klein, um die Bolschewiki ernsthaft zu gefährden. Es fanden auch kaum größere Gefechte statt. Hilfeleistungen gab es in Form von Waffenlieferungen und Geld sowie logistischer Unterstützung. Im Norden Russlands kämpften zeitweise britische Truppen gegen die Bolschewiki, und im Fernen Osten landeten gemeinsam Briten, Franzosen, Japaner und einige US-Amerikaner. Anfangs trugen diese Truppen dazu bei, vorübergehend die Lage im Fernen Osten zu stabilisieren. Langfristig war ihre Ausstattung aber zu gering, um die Situation grundlegend zu ändern.

Legendär wurden die Operationen der *tschechoslowakischen Legion*. Diese Einheit, die etwa 50000 bis 60000 Mann umfasste, war aus ehemaligen Kriegsgefangenen aus russischen Lagern und aus einigen Freiwilligen gebildet worden. Zwar waren die meisten als Mitglieder der österreichisch-ungarischen Armee in Gefangenschaft geraten, sie fühlten sich aber durchweg als Tschechen und Slowaken und wollten nach Zentraleuropa zurück, um am Aufbau ihres neuen Landes mitzuwirken. Die Legion war sehr kampfstark und die Bolschewiki hatten ihr nur wenig entgegenzusetzen. Da der Weg nach Mitteleuropa durch den Bürgerkrieg versperrt war, beschloss die Legion sich entlang der Transsibirischen Eisenbahn nach Ostsibirien durchzuschlagen und von der Pazifikküste aus mit Schiffen heimzukehren. Dieses Unternehmen war trotz großer

Schwierigkeiten am Ende erfolgreich. Die Legionäre trafen im Spätsommer/Herbst 1920 in Prag ein. Wieder in ihrer Heimat angekommen, wurden sie als Helden gefeiert. Sie erhielten gut bezahlte Posten in der staatlichen Bürokratie, und einige Veteranen halfen beim Aufbau einer neuen tschechoslowakischen Armee.

Daneben sahen viele Völker vor allem in den Randbereichen des Landes die Chance, in den Bürgerkriegswirren ihre Unabhängigkeit zu erlangen. Bis zur deutschen Niederlage im November 1918 wurden diese Bemühungen auch von den Deutschen unterstützt. Truppen landeten in *Finnland* und kämpften dort im Unabhängigkeitskrieg unter General *Carl Gustav Emil Mannerheim* (1867–1951). Die *Kosaken am Don* wurden seit dem Frühjahr 1918 ebenfalls mit deutschen Waffen und mit Munition beliefert. Im *Baltikum* brachen schwere Kämpfe aus, wobei vor allem in Lettland 1919 auch Freiwillige aus dem Deutschen Reich gegen die Bolschewiki kämpften. Mehrere Staaten im *Kaukasus* erklärten ebenfalls ihre Unabhängigkeit. In der Region um *Odessa* landeten französische und griechische Divisionen, die sich mit den dortigen lokalen antibolschewistischen Streitkräften verbündeten.

Zu kriegerischen Auseinandersetzungen kam es auch mit *Polen* (1918–1920), das einen Vielvölkerstaat unter Einbeziehung von Litauern, Ukrainern und Weißrussen anstrebte. Die polnische Offensive schlug letztlich aber fehl, obgleich Truppen sogar zeitweise bis Kiew vorstießen. Der Gegenstoß der Roten Armee konnte erst Ende August 1920 kurz vor Warschau gestoppt werden. Dieses „Wunder an der Weichsel" festigte die Position des polnischen Oberbefehlshabers *Józef Piłsudski* (1867–1935). Bis auf Weiteres endete der Versuch, den Kommunismus nach Mitteleuropa zu exportieren.

Das Ende des Bürgerkrieges | Der Bürgerkrieg dauerte bis 1922 und endete mit einem Sieg der Sowjetregierung. Er warf das Land noch weiter zurück als der Erste Weltkrieg und forderte fast zehn Millionen Todesopfer, davon nur ein Zehntel Soldaten. Über zwei Millionen Menschen flohen aus Russland.

Welche Faktoren entschieden schließlich den Krieg zugunsten der „Roten"? Zum einen wurde die Intervention der Westmächte schlecht koordiniert. Unterstützt wurden einzelne weißrussische Generäle, die aber kaum zusammenarbeiteten oder ihre jeweiligen Operationen aufeinander abstimmten. Eine enge Kooperation war auch aus logistischen Gründen kaum möglich. Zum anderen verfügten die Bolschewiki über die *„innere Linie"*, die in Kriegen oft eine entscheidende Rolle spielt. Sie konnten leicht und schnell Truppen aus einem Frontabschnitt abziehen und anderswo einsetzen, wo sie dringender gebraucht wurden. Dies war den Interventionsmächten, die in weit voneinander entfernten Räumen operierten, geografisch nicht möglich.

Trotzki gelang es unter schwierigen Umständen, eine effiziente Armee aufzubauen. Im Kampf um die Macht hob er bedenkenlos Errungenschaften der Revolution wie die Wahl der Offiziere durch die Mannschaften wieder auf. Vormals bekämpfte militärische Grundsätze wie Disziplin und Gehorsam wurden mit drakonischen Strafen durchgesetzt. Trotzki erkannte, dass der Krieg ohne den Sachverstand der ehemals zaristischen Offiziere nicht zu gewinnen war, weil in der Roten Armee die Kampfmoral und die Begeisterung für den Bolschewismus zwar hoch, der militärische Sachverstand aber gering war. Diese ehemaligen Zaristen schienen aber oft unzuverlässig zu sein und dem alten Regime nachzutrauern. Deshalb wurden ungefähr 50 000 in die Rote Armee übernommen, ihnen aber gleichzeitig ein politischer Kommissar zur Seite gestellt, der ein überzeugter Bolschewist war. Die Kommissare hielten sich meist aus den rein militärischen Entscheidungen heraus, achteten aber darauf, dass keine Sabotage versucht wurde oder Operationen beschlossen wurden, die der generellen Linie der Partei widersprachen.

Zudem gelang es den Bolschewiki zunehmend, sich gegenüber der Bevölkerung als die glaubhaftere Alternative darzustellen. In ihrer Propaganda verteidigten sie die Heimat gegenüber ausländischen Mächten. Außerdem fehlte den „Weißen" nach der Hinrichtung der Zarenfamilie ein Oberhaupt oder ein übergeordnetes Symbol, um das sich die unterschiedlichen Gruppen hätten sammeln können. Bei den Völkern der

Westmächte war der Krieg zudem wenig populär. Hier herrschte eher Erleichterung darüber, dass der Erste Weltkrieg 1918 zu Ende gegangen war. Auch wenn im Westen zeitweise erhebliche Furcht vor dem Vordringen des Bolschewismus bestand, war es Briten, Franzosen und Amerikanern nur schwer zu vermitteln, warum sie sich nach dem Ende des Weltkrieges erneut in eine große kriegerische Auseinandersetzung begeben sollten.

Die Gründung der Sowjetunion | Im Zuge des Bürgerkrieges wurden auch die Grenzziehungen von 1918 geändert. Die Rote Armee besetzte die vorübergehend unabhängigen Staaten Armenien, Aserbaidschan und Georgien. Diese Länder sowie Weißrussland und die Ukraine, wo bis 1919 ebenfalls die Sowjets an die Macht kamen, vereinten sich im Dezember 1922 mit der RSFSR zur *Union der Sozialistischen Sowjetrepubliken (UdSSR)*. Zwischen 1925 und 1936 wurden auch die zentralasiatischen Länder Kasachstan, Kirgistan, Tadschikistan, Turkmenistan und Usbekistan als Sowjetrepubliken angegliedert. Die Sowjetunion stellte damit den Gebietsumfang des ehemaligen Zarenreiches weitgehend wieder her.

Grenzverschiebungen zwischen 1917 und 1922.

Das Leid der einfachen Menschen | Zu Beginn des Bürgerkrieges war die Zivilbevölkerung nur wenig von den Ereignissen berührt worden. Dies ändere sich aber nach kurzer Zeit. Da die jeweiligen Truppen nur über unzureichende Nachschublinien verfügten, beschlagnahmten sie einfach alle Nahrungsmittel, derer sie habhaft werden konnten. Bauern wurden zu Opfern von Plünderungen, und die hungernde Stadtbevölkerung unternahm regelrechte Hamsterfahrten auf das Land, um dringend benötigte Lebensmittel zu besorgen. Weil die Währung rapide an Wert verlor, ging man schon bald zum *Tauschhandel* über. Der Regierung gelang es aber nicht, den Schwarzmarkt einzudämmen. Zudem versuchte sie den Arbeitsmarkt zu kontrollieren, die Überwachung der Produktion von Gütern und Waren zu intensivieren, die Verteilung selbst in die Hand zu nehmen und Betriebe zu verstaatlichen. Alle diese Versuche blieben wirkungslos und verschlimmerten die Lage. Schon 1919 bot eine amerikanische Hilfsorganisation, die *American Relief Administration (ARA)*, Unterstützung gegen geringe Zugeständnisse an. Doch Lenin lehnte dies ab, da es sich um eine Einmischung in die inneren Angelegenheiten handeln würde. Erst im Herbst 1921 wurde amerikanische Hilfe angenommen.

Der Hunger nahm in einigen Städten unvorstellbare Ausmaße an. Menschen schlachteten Hunde und Katzen und verzehrten Vögel. Arbeiterinnen und Arbeiter stahlen Materialien aus den Betrieben, um diese dann auf dem Schwarzmarkt gegen überteuerte Lebensmittel zu tauschen. Zudem war der Winter 1919/20 auch noch extrem kalt, und überall fehlte Heizmaterial. Wer konnte, floh aus der Stadt und versuchte auf dem Land zu überleben. Groben Schätzungen zufolge sank zwischen 1918 und 1920 die Einwohnerzahl von Moskau etwa um die Hälfte, diejenige von Petrograd um 75 Prozent. Geschätzt wird, dass im Frühjahr 1921 auch ein Viertel der Bauern wenig oder gar nichts mehr zu essen hatte, und dass Millionen von Menschen während des Bürgerkrieges verhungert sind.

„Helft Russland."
Plakat von Käthe Kollwitz, 1921.
Die deutsche Künstlerin schuf das Plakat im Auftrag der Internationalen Arbeiterhilfe. Der Aufruf entstand im Zusammenhang mit der großen Hungersnot, die Ende 1921 infolge einer Dürrekatastrophe und des Bürgerkrieges den Süden und Südosten Sowjetrusslands heimsuchte.

- Beschreiben Sie den Aufbau des Plakates.
- Erläutern Sie die suggestive Wirkung des Plakates.

M1 Die Verfassung Sowjetrusslands

Aus der Verfassung der Russischen Sozialistischen Föderativen Sowjetrepublik (RSFSR) vom 10. Juli 1918:

§ 1. Russland wird als Republik der Sowjets der Arbeiter-, Soldaten- und Bauerndeputierten erklärt. Die ganze zentrale und lokale Gewalt steht diesen Sowjets zu.

§ 2. Die russische Sowjetrepublik wird auf der Grundlage eines freien Bundes freier Nationen als eine Föderation nationaler Sowjetrepubliken errichtet. [...]

§ 7. Der III. Allrussische Sowjetkongress der Arbeiter-, Soldaten- und Bauerndeputierten ist der Ansicht, dass gegenwärtig, im Augenblick des Entscheidungskampfes zwischen dem Proletariat[1] und dessen Ausbeutern, den letzteren in keinem Regierungsorgan Platz eingeräumt werden darf. Die Regierungsmacht muss ganz und ausschließlich den werktätigen Massen und ihrer bevollmächtigten Vertretung, den Sowjets der Arbeiter-, Soldaten- und Bauerndeputierten, zustehen. [...]

§ 9. Die Grundaufgabe der für den gegenwärtigen Übergangsaugenblick bestimmten Konstitution der Russischen Sozialistischen Föderativen Sowjetrepublik besteht in der Errichtung der Diktatur des städtischen und ländlichen Proletariats und der ärmeren Bauernschaft in Form einer machtvollen Allrussischen Sowjetregierung zum Zweck der völligen Niederhaltung der Bourgeoisie[2], der Beseitigung aller Ausnutzung des Menschen durch den Menschen und der Einsetzung der sozialistischen Gesellschaftsordnung, unter der es weder eine Klasseneinteilung noch eine Staatsmacht geben wird. [...]

§ 64. Das Recht, zu wählen und in die Sowjets gewählt zu werden, genießen, unabhängig von dem Glaubensbekenntnis, der Nationalität, der Ansässigkeit usw. folgende Bürger beiderlei Geschlechts [...], die bis zum Tag der Wahlen das 18. Lebensjahr vollendet haben:

a) Alle diejenigen, die ihren Lebensunterhalt aus produktiver und gesellschaftlich nützlicher Arbeit bestreiten [...], wie: Arbeiter und Angestellte aller Arten und Kategorien [...], Bauern und ackerbautreibende Kosaken[3], insofern sie sich keiner Lohnarbeit zur Erzielung von Gewinnen bedienen;
b) Soldaten der Sowjetarmee und -flotte.

§ 65. Weder wählen noch gewählt werden dürfen:

a) Personen, die zwecks Erzielung von Gewinn Lohnarbeiter verwenden;
b) Personen, die von arbeitslosem Einkommen leben, wie: Zinsen, Kapital, Einnahmen von Unternehmungen, Erträgen, Vermögen usw.;
c) Privatkaufleute, Handels- und kommerzielle Vertreter;
d) Mönche und geistliche Angestellte der Kirchen und religiösen Kulte.

Zitiert nach: Oskar Anweiler, Die Russische Revolution 1905–1921, Stuttgart [3]1968, S. 56–58

1. Präsentation: Fassen Sie die politischen und gesellschaftlichen Ziele der Verfassung in einer Tabelle zusammen. | F
2. Erläutern Sie anhand der Verfassungsauszüge die Unterschiede zwischen der Sowjetrepublik und einer parlamentarischen Demokratie.

M2 „Ihr seid die Macht"

In einer Rede vor dem III. Allrussischen Sowjetkongress vom 24. Januar 1918 skizziert Lenin die Rolle der Arbeiter und Bauern beim Aufbau der neuen sozialistischen Wirtschaftsordnung:

Von der Arbeiterkontrolle gingen wir zur Schaffung des Obersten Volkswirtschaftsrates über. Nur diese Maßnahme zusammen mit der Nationalisierung[4] der Banken und der Eisenbahnen, die in den nächsten Tagen erfolgen wird, gibt uns die Möglichkeit, den Aufbau der neuen sozialistischen Wirtschaft in Angriff zu nehmen. Wir kennen die Schwierigkeiten unseres Werkes sehr gut, aber wir erklären, dass nur derjenige ein wirklicher Sozialist ist, der diese Arbeit in Angriff nimmt und sich dabei auf die Erfahrungen und den Instinkt der werktätigen Massen stützt. Sie werden viele Fehler machen, aber die Hauptsache ist getan. Sie wissen: Wenn sie sich an die Sowjetmacht wenden, ist ihnen jede Unterstützung gegen die Ausbeuter gewiss. Es gibt keine Maßnahme, die ihre Arbeit erleichtern könnte, die nicht von der Sowjetmacht voll und ganz unterstützt werden würde. Die Sowjetmacht ist nicht allwissend und kann nicht überall rechtzeitig eingreifen, auf Schritt und Tritt muss sie schwierige Aufgaben bewältigen. Sehr oft schicken die Arbeiter und Bauern Delegationen zur Regierung, die fragen, was sie beispielsweise mit bestimmten Ländereien tun sollen. Und ich persönlich sah mich oft in eine schwierige Lage versetzt, wenn ich feststellen musste, dass sie selber noch unentschlossen waren. Ich sagte ihnen: Ihr seid die Macht, tut alles, was euch wünschenswert erscheint, sorgt aber für die Produktion, sorgt dafür, dass Nützliches produziert wird. Stellt euch auf nützliche Arbeit um, ihr werdet Fehler machen, aber ihr werdet lernen. Und

[1] Zum Begriff „Proletariat" siehe M1 auf Seite 16 (Fußnote 1).
[2] Zur „Bourgeoisie" siehe ebenso M1 auf Seite 16 (Fußnote 1).
[3] Eine Begriffserklärung finden Sie auf Seite 71.

[4] **Nationalisierung**: Verstaatlichung

die Arbeiter haben bereits angefangen zu lernen, sie haben bereits den Kampf gegen die Saboteure aufgenommen. Die Menschen haben aus der Bildung einen Zaun errichtet, der die Werktätigen hindert, vorwärtszuschreiten. Dieser Zaun wird niedergerissen werden [...].

Zitiert nach: Helmut Altrichter und Heiko Haumann (Hrsg.), Die Sowjetunion. Von der Oktoberrevolution bis zu Stalins Tod, Bd. 2: Wirtschaft und Gesellschaft, München 1987, S. 48f.

1. Beschreiben Sie anhand des Textes das Verhältnis zwischen sowjetischer Staatsmacht sowie Arbeitern und Bauern. | H
2. Erläutern Sie, was Lenin mit der Aussage meint, wonach die Bildung ein Zaun sei, der die Werktätigen am Vorwärtsschreiten hindere (vgl. Zeile 30f.). Nehmen Sie anschließend dazu Stellung.

Lenin bei einer Grammophonaufnahme im Moskauer Kreml.
Foto vom 29. März 1919.
Das Radio wurde erst im Laufe der 1920er-Jahre zum Massenmedium. Lenins Ansprachen wurden daher auf Schallplatten festgehalten, um sie im In- und Ausland zu verbreiten.

M3 „Freiheit ist immer nur die Freiheit des Andersdenkenden"

Rosa Luxemburg (1870–1919), eine deutsche Politikerin polnischer Herkunft, ist seit 1898 Mitglied der SPD, seit 1917 der USPD. Ende 1918 ist sie Mitbegründerin der KPD. Dies hindert sie nicht, kritisch die Entwicklung des Sowjetregimes zu verfolgen. Ihre Gedanken, die sie seit September 1918 in der Haft niederschreibt[1]*, werden erst posthum veröffentlicht:*

Lenin sagt: Der bürgerliche Staat sei ein Werkzeug zur Unterdrückung der Arbeiterklasse, der sozialistische zur Unterdrückung der Bourgeoisie. Es sei bloß gewissermaßen der auf den Kopf gestellte kapitalistische Staat. Diese vereinfachte Auffassung sieht von dem Wesentlichsten ab: Die bürgerliche Klassenherrschaft braucht keine politische Schulung und Erziehung der ganzen Volksmasse, wenigstens nicht über gewisse eng gezogene Grenzen hinaus. Für die proletarische Diktatur ist sie das Lebenselement, die Luft, ohne die sie nicht zu existieren vermag. [...]
Gerade die riesigen Aufgaben, an die die Bolschewiki mit Mut und Entschlossenheit herantraten, erforderten die intensivste politische Schulung der Massen und Sammlung der Erfahrung.
Freiheit nur für die Anhänger der Regierung, nur für die Mitglieder einer Partei – mögen sie noch so zahlreich sein – ist keine Freiheit. Freiheit ist immer nur die Freiheit des Andersdenkenden. Nicht wegen des Fanatismus der „Gerechtigkeit", sondern weil all das Belehrende, Heilsame und Reinigende der politischen Freiheit an diesem Wesen hängt und seine Wirkung versagt, wenn die „Freiheit" zum Privilegium wird. [...]
Es ist die historische Aufgabe des Proletariats, wenn es zur Macht gelangt, anstelle der bürgerlichen Demokratie sozialistische Demokratie zu schaffen, nicht jegliche Demokratie abzuschaffen. Sozialistische Demokratie beginnt aber nicht erst im gelobten Lande, wenn der Unterbau der sozialistischen Wirtschaft geschaffen ist, als fertiges Weihnachtsgeschenk für das brave Volk, das inzwischen treu die Handvoll sozialistischer Diktatoren unterstützt hat. Sozialistische Demokratie beginnt zugleich mit dem Abbau der Klassenherrschaft und dem Aufbau des Sozialismus. Sie beginnt mit dem Moment der Machteroberung durch die sozialistische Partei. Sie ist nichts anderes als die Diktatur des Proletariats.
Jawohl: Diktatur! Aber diese Diktatur besteht in der *Art der Verwendung* der Demokratie, nicht in ihrer Abschaffung,

[1] Bei der Bearbeitung des folgenden Auszugs aus dem unvollendeten Manuskript „Zur russischen Revolution" muss berücksichtigt werden, dass Luxemburg sich auf die Arbeiterklasse und die sie vertretende Partei bezieht. Sie steht nicht pauschal für Meinungsfreiheit und Freiheit der Wahl, sondern für einen mit Schulung der Volksmassen einhergehenden revolutionären Prozess, der ein festes Ziel hat. Die Diktatur des Proletariats gilt als gesetzt.

in energischen, entschlossenen Eingriffen in die wohlerworbenen Rechte und wirtschaftlichen Verhältnisse der bürgerlichen Gesellschaft, ohne welche sich die sozialistische Umwälzung nicht verwirklichen lässt. Aber diese Diktatur muss das Werk der Klasse und nicht einer kleinen, führenden Minderheit im Namen der Klasse sein, d. h., sie muss auf Schritt und Tritt aus der aktiven Teilnahme der Massen hervorgehen, unter ihrer unmittelbaren Beeinflussung stehen, der Kontrolle der gesamten Öffentlichkeit unterstehen, aus der wachsenden politischen Schulung der Volksmassen hervorgehen.

Rosa Luxemburg, Zur russischen Revolution, in: Dies., Politische Schriften, Bd. III, Frankfurt am Main 1968, S. 131 f. und 139

1. Geben Sie zentrale Kritikpunkte an Lenin wieder, die Rosa Luxemburg anführt. | H
2. Erläutern Sie Rosa Luxemburgs Vorstellung von der Diktatur des Proletariats. | H
3. Rosa Luxemburg zeigt mit dieser Schrift ihr Verständnis von Diktatur und Freiheit auf. Dabei meint sie: „Freiheit ist immer nur die Freiheit des Andersdenkenden" (Zeile 17 f.). Beurteilen Sie diese Aussage im Kontext ihrer Ideologie.

M4 „Es lebe die III. Kommunistische Internationale!"

Das folgende Plakat entsteht zum 3. Kongress der „Kommunistischen Internationale" von 1921:

1. Erläutern Sie den Zusammenhang zwischen der Gestaltung des Plakats und der angestrebten sozialistischen „Weltrevolution".
2. Beurteilen Sie, ob die Gründung der Komintern im Sinne des Sowjetkommunismus konsequent war.

Modernisierung im Zeichen des Terrors

Sturz der Dserschinski-Statue.
Foto von 1991.
Aufgebrachte Demonstrierende klettern auf die 1958 in Moskau errichtete Granitstatue von Felix E. Dserschinski, um sie mithilfe von Stahlseilen umzustürzen. Letztlich demontierten Baukräne die überlebensgroße Statue, die später im Moskauer Skulpturenpark aufgestellt wurde.

- ▶ Stellen Sie Vermutungen darüber an, warum die Statue des Gründers der Tscheka im Jahre 1991 gestürzt wurde.

Einparteienstaat und Diktatur | Ganz im Sinne seines Parteienverständnisses ließ Lenin die freie Konkurrenz politischer Gruppierungen beseitigen. Die bürgerlichen Parteien mussten sich auflösen, Menschewiki und Sozialrevolutionäre wurden aus dem Exekutivkomitee der Sowjets ausgeschlossen. Die Pressefreiheit war bereits Ende 1917 aufgehoben worden. Es entstand ein *Einparteienstaat*, in dem die Bolschewiki eine unumschränkte *Diktatur* ausübten. Die Partei besetzte die wichtigsten Stellen in Staat, Verwaltung, Justiz, Militär und Wirtschaft. Aus dem Personal der Partei stammten auch die künftigen Führungskräfte (*Kader*).

Das Regime unterhielt seit 1917 eine geheime Staatspolizei, die Tscheka, die von *Felix E. Dserschinski* (1877–1926) gegründet wurde. Die Zahl ihrer Mitarbeiter wuchs von zwei Dutzend bei ihrer Gründung auf 137 000 im Jahre 1921. Die Tscheka praktizierte staatlich sanktionierte *Terrorakte* gegen die „Feinde der Arbeiterklasse" ebenso wie bald auch gegen Vertreter abweichender Meinungen aus dem eigenen Lager. Seit dem Sommer 1918 durfte dieses Sonderorgan selbst Todesurteile fällen und vollstrecken. Zudem verfügte die Tscheka über eigene Gefängnisse und Lager. Schätzungsweise 220 000 Menschen fielen ihr bis 1922 zum Opfer (➔M1).

Veränderungen in Partei und Gesellschaft | Nicht einmal an der Struktur der Kommunistischen Partei selbst ging der Umbruch spurlos vorüber: An die Spitze des *Zentralkomitees* (ZK) stellte Lenin drei neue Gremien: das *Politbüro* (für Grundsatzfragen der Politik), das *Orgbüro* (dem die organisatorische Durchführung der Entscheidungen des Politbüros oblag) und ein *Sekretariat* (das die technische Ausführung unter Kontrolle des Orgbüros übernahm). Das Politbüro wurde zur Machtzentrale der Partei und des Staates. Es bestand aus Lenin und sechs weiteren Mitgliedern seiner Regierung. In den 1920er-Jahren entschied es alle wichtigen Fragen der Innen- und Außenpolitik im Namen des ZK.

Ohne Zögern nahm das Sowjetregime die Umgestaltung der Gesellschaft in Angriff. Innerhalb kürzester Zeit wurden westeuropäische Entwicklungen des 19. Jahrhunderts nachgeholt: Staat und Kirche wurden getrennt, die Zivilehe verpflichtend eingeführt. Frauen erhielten rechtliche Gleichstellung und Zugang zu Schulen und Hochschulen, ebenso wie Angehörige unterer Schichten. Das Bildungsniveau stieg, und es entstand eine neue Schicht von Ökonomen, Technikern und Wissenschaftlern, die *Sowjetintelligenz*. Gleichwohl gestand man der ehemaligen Mittel- und Oberschicht nur eingeschränkte Bürgerrechte zu. Bildung und Erziehung mussten den Lehren des Regimes folgen. Sitten und Bräuche wurden verboten, wenn sie der Weltanschauung der Bolschewiki widersprachen. Die Religion galt dem Regime als größter Feind des Fortschritts. Kirchen, Klöster, Synagogen und Moscheen wurden aufgelöst oder zerstört und Zehntausende Geistliche verfolgt.

Tscheka: Abkürzung für die im Dezember 1917 gebildete „Allrussische Außerordentliche Kommission zur Bekämpfung von Konterrevolution, Spekulation und Sabotage". Sie wurde im russischen Bürgerkrieg zum Instrument der Unterdrückung und des „roten" Terrors.

Internettipp
Weitere Informationen über die Tscheka und ihre Nachfolgedienste finden Sie unter dem Code **32038-03**.

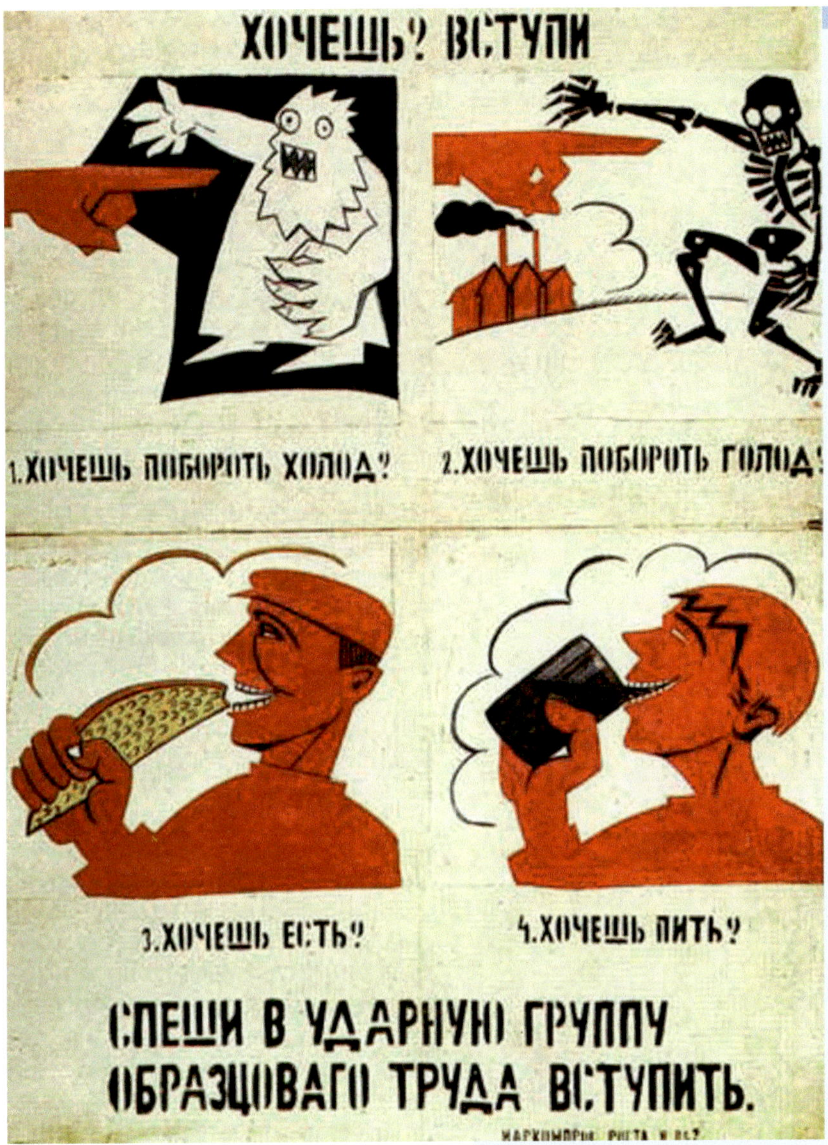

„Willst Du? Tritt ein."
ROSTA-Plakat Nr. 867 (103 x 77 cm) vom Januar 1921.
Nach 1917 spielte die „Agitationspropaganda" (Agitprop) eine wichtige Rolle in der Verbreitung revolutionärer Botschaften. Viele junge und experimentierfreudige Künstler beteiligten sich daran. Auf Anregung des Literaten und Künstlers Wladimir W. Majakowski (1893–1930) entstanden die „ROSTA-Fenster". Sie wurden von Künstlerteams für die russische Telegrafenagentur (Abkürzung: ROSTA) angefertigt, hatten riesige Ausmaße und hingen in Schaufenstern, Bahnhöfen und an anderen öffentlichen Plätzen aus. Die Inschriften des abgebildeten Plakates lauten:

1. Willst die Kälte bezwingen?
2. Willst den Hunger bezwingen?
3. Willst essen?
4. Willst trinken?

Schnell in die Stoßtruppe vorbildlicher Arbeiter!

- Beschreiben Sie das Plakat.
- Überlegen Sie, an wen sich das Plakat richtet, und beurteilen Sie seine mögliche Wirkung.

Am revolutionärsten veränderten Eingriffe in die Wirtschaftsordnung das soziale Gefüge. Nach der Enteignung der Gutsbesitzer auf dem Land wurden Unternehmen verstaatlicht, in den Industriebetrieben kam es jedoch zu keiner Verbesserung der Arbeitsbedingungen.

Der Kronstädter Aufstand | Seit ein Ende des Bürgerkrieges absehbar war, regte sich innerhalb der Kommunistischen Partei Widerstand gegen die Entwicklung im Land. Sichtbarster Ausdruck, wie weit sich das Regime von den ursprünglichen Idealen entfernt hatte, war ein spontaner *Matrosenaufstand in Kronstadt* an der Ostsee im März 1921. Die Aufständischen forderten unter anderem Neuwahlen der Sowjets nach einem gleichen und geheimen Wahlrecht, Rede- und Pressefreiheit für linkssozialistische und anarchistische Gruppen sowie Freiheit der Gewerkschaften (➔M2).

Der Führungszirkel reagierte prompt: Leo D. Trotzki ließ die Erhebung der „Konterrevolutionäre" zusammenschießen, bald darauf wurden die letzten noch zugelassenen Parteien der Menschewiki und Sozialrevolutionäre verboten, Schauprozesse stellten sozialistische Parteiführer an den Pranger. Auch jegliche innerparteiliche Opposition wurde endgültig verhindert: Der *X. Parteikongress* beschloss 1921 das Verbot von Fraktionsbildungen innerhalb der Kommunistischen Partei und bezeichnete unabhängige Gewerkschaften als „unvereinbar mit der Lehre des Marxismus". Die Diskussion oder gar Durchsetzung politischer Alternativen war damit unmöglich geworden. Es galt das Meinungsmonopol der Parteispitze, die in Säuberungsaktionen ein Drittel aller Mitglieder aus der Partei ausschließen ließ.

Internettipp
Über den Matrosenaufstand von Kronstadt informiert ein ausführlicher Artikel unter dem Code **32038-04**.

„Kriegskommunismus" | Weltkrieg, Bürgerkrieg und revolutionäre Eingriffe in die Wirtschaftsordnung hatten die Versorgungslage in Russland völlig zerrüttet. Waren und Rohstoffe waren knapp.[1] Ihre Verteilung unterstellte die Regierung deshalb einer staatlichen Kontrolle. Ein freier Markt existierte nicht mehr, dafür blühte der Schwarzhandel. Da es nur wenige Verbrauchsgüter zu kaufen gab, waren die Bauern kaum bereit, ihre Ernte abzugeben. Militärkommandos mussten eingesetzt werden, um die Ernährung der Städte sicherzustellen. Die gewaltsam eingetriebenen Nahrungsmittel wurden anschließend kostenlos an die Verbraucher verteilt.

Kriegskosten und ein Rückgang der Industrieproduktion auf etwa 15 Prozent des Vorkriegsniveaus hatten eine galoppierende Inflation entfacht, die jährlich zwischen 670 und 1560 Prozent lag. Dies machte weitgehend den Übergang zu einer Art *Naturalwirtschaft* notwendig. Neben Konsumgütern wurden Energie und öffentliche Dienstleistungen gratis abgegeben, auch das Wohnen in den enteigneten Mietshäusern kostete nichts. Die „proletarische Naturalwirtschaft" war zwar keineswegs beabsichtigt, wurde jedoch von den Machthabern propagandistisch idealisiert (→M3 und M4).

Neue Ökonomische Politik | Während Lenin am Machtmonopol der revolutionären Avantgarde kompromisslos festhielt, akzeptierte er eine Liberalisierung der Wirtschaftsordnung. Angesichts der katastrophalen Versorgungslage im Winter 1920/21 musste er schon deshalb Abweichungen von der bisherigen Doktrin zulassen, um einer systemgefährdenden Kritik bei Arbeitern und Bauern zuvorzukommen. Die Kurskorrektur nahm der X. Parteikongress im März 1921 mit der Einführung der *Neuen Ökonomischen Politik* (russisch: *NEP*) vor. Die mit Zwangseintreibungen durchgesetzte Abgabepflicht der Bauern wurde aufgehoben und durch eine Naturalsteuer ersetzt. Darüber hinaus produzierte Naturalien durften die Bauern auf eigene Rechnung mit Gewinn auf einem wiederhergestellten freien Markt verkaufen (→M5).

Auch andere Maßnahmen ließen erkennen, dass die vorübergehend in Kraft gesetzten marxistischen Theorien sich in der Praxis nicht bewährt hatten. Vor allem fiel die einheitliche Lohnstaffel für alle Berufsgruppen. Das Dekret vom 16. September 1921 stellte ausdrücklich fest, dass „jegliche Gedanken an Gleichmacherei fallen gelassen werden müssen". Der vormals scharf kritisierte Leistungslohn behielt von da an im Sowjetstaat seine Gültigkeit. Eine Rückkehr zu mehr Marktwirtschaft verrieten auch die weitgehende Zulassung eines freien Binnenhandels und die Konzessionierung privater (Klein-)Unternehmer. Die Zentren der Wirtschaft (z.B. Außenhandel, Banken, Schwerindustrie) blieben jedoch weiterhin in den Händen des Staates. Dank der NEP war 1926 das wirtschaftliche Vorkriegsniveau in etwa wieder erreicht (→M6).[2]

Ende der 1920er-Jahre hatte sich die Sozialstruktur gegenüber 1913 deutlich verschoben. Während der Anteil der Arbeiter und Angestellten an der Bevölkerung praktisch unverändert geblieben war (ca. 17 Prozent), waren die Kapitalisten deutlich dezimiert worden (von 16 auf 5 Prozent) zugunsten der Bauern (65 auf 73 Prozent). Auf dem Land war die Zahl größerer Landwirte stark geschrumpft, dort überwog jetzt deutlich ein starkes mittleres Bauerntum. Auch gab es weiterhin ein verarmtes Proletariat, sodass trotz der Enteignung der Gutshöfe die sozialen Verhältnisse recht unterschiedlich blieben.

Die Einführung der NEP gehörte zu den letzten Leistungen Lenins; auch wenn dieses System bereits 1928 wieder aufgehoben wurde. Seit Mai 1922 erlitt Lenin mehrere Schlaganfälle, er war halbseitig gelähmt und konnte zuletzt nicht mehr sprechen. Bis zu seinem Tod am 21. Januar 1924 war er kaum noch handlungsfähig.

[1] Siehe hierzu auch Seite 74.

[2] Zur Neuen Ökonomischen Politik siehe auch die Methode „Politische Reden analysieren" auf Seite 93.

Wer folgt Lenin an der Spitze? | Schon lange vor Lenins Tod schwelte ein Machtkampf um seine Nachfolge vor allem zwischen zwei Männern mit sehr unterschiedlichem Charakter: Josef W. Stalin und Leo D. Trotzki.[1]

Stalin war einerseits grob, brutal und ein schlechter Redner, und Lenin hatte kurz vor seinem Tod ausdrücklich vor dessen Charakter gewarnt (→M7). Andererseits war er aber fleißig und ein unermüdlicher Arbeiter meist am Schreibtisch, der sich auch für kleine Details bestimmter Maßnahmen interessierte. Stalin achtete sehr darauf, dass wichtige Positionen in der Staatsbürokratie und in der Partei mit seinen Anhängern besetzt wurden. Dabei kam ihm zugute, dass die Zahl der Parteimitglieder während der 1920er-Jahre stark anstieg. Viele von ihnen waren nicht mehr wie die frühen Bolschewiki, die ein starkes Elitebewusstsein entwickelt hatten, sozialisiert worden, sondern kamen aus anderen gesellschaftlichen Gruppen. Stalin nutzte dieses Wachstum der Partei, um bestimmte Gruppen von alten Bolschewiki als „linke" oder als „rechte" Abweichler zu denunzieren und politisch an den Rand zu drängen. Auf Parteitagen und in internen Sitzungen gelang es ihm, Mehrheiten für sich zu organisieren, auch wenn die jeweiligen Bündnisse sich nur selten als stabil oder langlebig erwiesen.

Trotzki hingegen war intellektuell brillant und ein charismatischer Redner, der aber auch zur Selbstüberschätzung tendierte. Dies zeigte sich bereits bei Lenins Begräbnis. Trotzki war nicht in der Hauptstadt anwesend. Aber statt sich sofort nach Moskau zu begeben, ließ er sich viel Zeit, sodass Stalin die Gelegenheit erhielt, die Trauerrede zu halten. Damit stellte sich Stalin symbolisch an die Spitze der Partei und in die direkte Nachfolge Lenins. Trotzki setzte stark auf seine eigene Wirkung und versäumte es, sich selbst eine ihm ergebene Anhängerschaft aufzubauen bzw. diese mit einflussreichen Posten in der Bürokratie zu versorgen.

Der Gegensatz zwischen Stalin und Trotzki sollte aber auch nicht überbetont werden. Beide waren überzeugte Bolschewiki. Wie die Reaktion auf den Matrosenaufstand in Kronstadt 1921 zeigte, schreckte auch Trotzki nicht davor zurück, Gewalt gegen Oppositionelle einzusetzen.

Josef Wissarionowitsch Dschugaschwili, gen. Stalin (1878–1953): aus Georgien stammender russischer Revolutionär; von 1922 bis 1953 Generalsekretär der Kommunistischen Partei. Er errichtete in der Sowjetunion eine totalitäre Herrschaft, die er nach dem Zweiten Weltkrieg auf die von der Sowjetunion abhängigen Staaten ausdehnte und die bis zu seinem Tod dauerte.

Die Entscheidung | In der Partei entbrannten in den 1920er-Jahren heftige Auseinandersetzungen vor allem um die Frage über den weiteren Aufbau des Sozialismus und um dessen Gestaltung. Trotzki hatte die Lehre von der „permanenten Revolution" formuliert, wonach der Sozialismus nur vollständig verwirklicht werden könne, wenn die Revolution sich zur „Weltrevolution" ausbreite. Dagegen entwickelte Stalin die These vom „Sozialismus in *einem* Land": Der Sozialismus müsse zuerst in der UdSSR errichtet werden, bevor diese die Führungsrolle in einem stufenförmigen Prozess zur „Weltrevolution" übernehmen werde (→M8). Damit setzte Stalin sich in den Parteikadern durch.

Eine weitere, diesmal entscheidende Niederlage erlitt Trotzki mit seiner Forderung einer forcierten Industrialisierung zum Aufbau des Sozialismus. Stalin und die Mehrheit lehnten ab, Trotzki und seine Anhänger verloren 1927 ihre Sitze im Politbüro und wurden später aus der Partei ausgeschlossen. 1929 wurde Trotzki aus der Sowjetunion verbannt und ging ins Exil nach Mexiko. Dort versuchte er erfolglos eine außerrussische Opposition gegen Stalin aufzubauen. 1940 wurde er schließlich auf Befehl Stalins von einem sowjetischen Agenten mit einem Eispickel tödlich verletzt (→M9 und M10).

Nach seinem Sieg wechselte Stalin den Kurs. Der wachsende Rückstand gegenüber den westlichen Industrienationen schien nun doch den Ausbau der Schwer- und Rüstungsindustrie zu gebieten. Wieder wurden die Mitglieder der unterlegenen „Fraktion" als „Abweichler" aus dem Politbüro oder der Partei ausgeschlossen. Ende 1930 hatte Stalin alle Genossen, die bei Lenins Tod Mitglied der kollektiven Führung waren, aus dem Politbüro eliminiert. Stalin war der unumstrittene Führer der Partei.

[1] Zu Leo D. Trotzki siehe nochmals Seite 54 und Seite 72.

Um sich als legitimen Nachfolger zu inszenieren, pflegte Stalin einen ausgesprochenen Kult um Lenins Person. Anders als Lenin es gewünscht hatte, erhielt sein Leichnam einen eigenen Grabkomplex auf dem Roten Platz in Moskau, das Lenin-Mausoleum. Stalin erhob auch die Schriften des sowjetischen Staatsgründers zur allein gültigen Lehre über die Geschichte, Gegenwart und Zukunft der kommunistischen Bewegung.

Das Lenin-Mausoleum auf dem Roten Platz in Moskau.
Foto vom Oktober 2021.
Das Lenin-Mausoleum wurde mehrfach umgebaut und vergrößert. Bis heute ist dort die einbalsamierte Leiche des Revolutionsführers aufgebahrt, die regelmäßig in einem komplizierten Verfahren konserviert werden muss. Lenins Gehirn wurde vorher zu wissenschaftlichen Zwecken entnommen. Für einige Jahre war auch Stalin im Mausoleum bestattet.

Internettipp
Über den Streit um den Leichnam Lenins siehe den Artikel unter dem Code **32038-05**.

M1 Über den „roten“ Terror

Der sozialkritische Schriftsteller Wladimir G. Korolenko (1853–1921) beschwert sich in einem Brief an Anatoli W. Lunatscharski (1875–1933), einem führenden bolschewistischen Politiker und Volkskommissar für Bildungswesen, vom Sommer 1920 über den „roten“ Terror:

Viel Unglaubliches, Abscheuliches geschah zu jener Zeit [...], doch ein direktes Eingeständnis, dass die Untersuchungsbefugnis und die Befugnis, Todesurteile zu verhängen, in einer Hand vereinigt werden dürfen, das gab es selbst damals nicht.[1] Die Tätigkeit der bolschewistischen Außerordentlichen Untersuchungskommission stellt in der Geschichte der Kulturvölker ein wohl einzigartiges Beispiel dar. In der Tscheka von Poltawa [...] fragt mich einmal ein angesehenes Mitglied der ukrainischen Tscheka nach meinen Eindrücken. Ich antwortete ihm: Hätten unterm Zaren die Kriegsgendarmeriestellen das Recht besessen, nicht nur nach Sibirien zu verbannen, sondern auch Todesstrafen zu verhängen und zu vollstrecken, so wäre es das gleiche gewesen, wie das, was wir jetzt erleben.
Worauf mein Gesprächspartner antwortete:
„Aber das geschieht doch zum Wohle des Volkes.“
Ich bin der Ansicht, dass nicht alle Mittel dem Wohl des Volkes dienen, und für mich unterliegt es keinem Zweifel, dass Erschießungen auf dem Verordnungsweg, zum System erhoben und nun schon seit über einem Jahr praktiziert, nicht zu diesen Mitteln gehören.

Michael Harms (Hrsg.), Wladimir Korolenko, Ohne Freiheit keine Gerechtigkeit. Die Briefe an den Volkskommissar Lunatscharski (1920), Berlin 1993, S. 26 (übersetzt von Ernst Kuhn)

1. Fassen Sie den Text mit eigenen Worten zusammen.

2. Arbeiten Sie die Haltung Korolenkos zum „roten“ Terror heraus. | F

3. Präsentation: Entwickeln Sie eine Antwort von Lunatscharski in Form eines Briefes an Korolenko.

[1] Der Verfasser bezieht sich hier auf die Zeit vor 1917.

M2 Der Kronstädter Matrosenaufstand

Ende Februar 1921 erreichen die landesweiten Unruhen auch die Seefestung Kronstadt, in der etwa 50 000 Menschen, darunter rund 16 000 Militärs, leben. Die Matrosen verabschieden am 28. Februar folgende Resolution, die am 1. März auf einer Massenversammlung von etwa 15 000 Menschen bestätigt wird:

Nachdem wir den Bericht der Vertreter der Mannschaften gehört haben, die von der Volksversammlung der Schiffsmannschaften nach Petrograd entsandt worden waren, um sich über die Lage in Petrograd Klarheit zu verschaffen, haben wir beschlossen:

1. Angesichts der Tatsache, dass die bestehenden Sowjets nicht den Willen der Arbeiter und Bauern zum Ausdruck bringen, unverzüglich Neuwahlen zu den Sowjets unter den Bedingungen geheimer Stimmabgabe und freier vorhergehender Wahlagitation für alle Arbeiter und Bauern durchzuführen.
2. Rede- und Pressefreiheit für Arbeiter und Bauern, Anarchisten und links-sozialistische Parteien.
3. Versammlungsfreiheit, Freiheit der Gewerkschaften und Bauernvereinigungen. [...]
5. Alle politischen Gefangenen, die sozialistischen Parteien angehören, zu befreien, ebenso wie alle Arbeiter und Bauern, Rotarmisten und Matrosen, die in Verbindung mit Arbeiter- und Bauernbewegungen eingesperrt wurden. [...]
7. Jegliche Politischen Abteilungen[2] abzuschaffen, da nicht eine einzige Partei Privilegien für die Propagierung ihrer Ideen beanspruchen und vom Staat zu diesem Zweck Geld erhalten darf. [...]
9. Gleiche Lebensmittelrationen für alle Werktätigen mit Ausnahme derjenigen in gesundheitsschädlichen Berufen.
10. Die kommunistischen Kampfgruppen in allen Truppeneinheiten sowie auch die verschiedenen kommunistischen Aufsichtsdienste in den Fabriken und Betrieben aufzulösen. [...]
11. Den Bauern das volle Recht zu geben, über ihr ganzes Land so zu verfügen, wie sie es wünschen, und auch Vieh zu besitzen, sofern sie es mit eigenen Kräften halten, d. h. sich keiner Lohnarbeit bedienen. [...]
15. Freie handwerkliche Produktion auf der Basis eigener Hände Arbeit zu gestalten.[3]

[2] Gemeint sind Kommunistische Parteizellen zur Überwachung und Propaganda.
[3] das heißt ohne Lohnarbeit

Anfang März 1921 übernimmt in Kronstadt ein gewähltes Komitee die Macht. Die Sowjetregierung verhängt daraufhin das Kriegsrecht über die Stadt, unterbricht die Versorgungswege und lässt am 17./18. März die Seefestung von etwa 50 000 Rotarmisten stürmen. Noch im selben Jahr gibt die Zeitung „Freies Russland“ in Prag eine Darstellung über den Kampf der Kronstädter heraus. Darin heißt es:

Kronstadt ist gefallen. Es fiel, ohne Unterstützung durch die Petrograder Arbeiter, ohne tatkräftige Hilfe aus dem unendlichen, in Unruhe geratenen Russland erhalten zu haben [...]. Der Kronstädter Aufstand hat die Kommunisten gezwungen, sich von ihrer Wirtschaftspolitik loszusagen, d. h. von demselben Kommunismus, für den die Oktoberrevolution durchgekämpft, ein Meer von Blut vergossen und Russland zerstört worden war.
Weshalb wurde dann aber Kronstadt niedergeworfen? Weshalb? Die Liste der unerfüllten Forderungen zeigt klar wofür. Für die Forderung nach der Volksherrschaft, für die Forderung nach frei gewählten Sowjets.
Die Kommunisten gelangten bis zur Absage an den Kommunismus, aber sie waren nicht bereit, die Frage der Macht zur Debatte zu stellen – schon gar nicht der Macht des ganzen Volkes, der Bauern, Arbeiter, Matrosen und Rotarmisten, wie die Kronstädter es forderten.
Der Aufstand hat gezeigt, dass im Volk und nur im Volk mächtiges Leben steckt und dass das Volk und nur das Volk die Bolschewiki und ihre Herrschaft von innen erschüttern und überwinden kann. Nachdenklich, ja zutiefst nachdenklich, wurden dank des Kronstädter Aufstandes auch die westeuropäischen Sozialisten und Arbeitermassen. Für sie war der Kronstädter Aufstand ein Donnerschlag. Sie erkannten hier zum ersten Mal klar und deutlich, dass die bolschewistische Macht in Russland dem Volk selbst, den Arbeitern und Bauern als dem Rückhalt der Revolution, verhasst ist.

Erster und zweiter Text zitiert nach: Frits Kool und Erwin Oberländer (Hrsg.), Arbeiterdemokratie oder Parteidiktatur, Olten/Freiburg im Breisgau 1967, S. 337, 338 f. und 343 f. (übersetzt von Gisela Oberländer und Hans Siegfried Lamm)

1. Arbeiten Sie aus den Forderungen die politischen Verhältnisse von 1921 sowie die Ziele der Kronstädter heraus (erster Text). | H
2. Der Kronstädter Aufstand und sein gewaltsames Ende wurden zum Zeichen für die Menschenfeindlichkeit des sowjetischen Systems (erster und zweiter Text). Erläutern Sie diese Aussage.

Straßenkämpfe mit der Roten Armee.
Foto aus Kronstadt, März 1921.

M3 Das Ende der Welt?

Victor Serge, der eigentlich Viktor L. Kibaltschitsch heißt, 1890 in Brüssel als Kind russischer Emigranten zur Welt kommt und 1947 im mexikanischen Exil stirbt, hat an der Revolution aktiv teilgenommen. In seinen 1942/43 niedergeschriebenen Erinnerungen schreibt er über die Situation nach der Oktoberrevolution und die Einführung des „Kriegskommunismus“:

Das wunderbare System der Ernährung […] lief leer. Ein Redner im Sowjet rief aus: „Der Apparat ist ausgezeichnet, aber die Suppe ist schlecht!“ […] In Wirklichkeit musste man, um sich zu ernähren, tagaus tagein spekulieren. Und die Kommunisten taten das genauso wie die anderen. Die Banknoten waren nichts mehr wert, kluge Theoretiker sprachen von der nahe bevorstehenden Abschaffung des Geldes. Zum Druck der Briefmarken fehlten Farben und Papier. Durch ein Dekret wurde das Porto aufgehoben: eine neue sozialistische Errungenschaft. Dass Straßenbahnfahren nichts kostete, erschöpfte das Material, das von Tag zu Tag mehr verfiel.

Die von den verstaatlichten Kooperativen verteilten Rationen waren winzig: Schwarzbrot (manchmal durch Hafer ersetzt), einige Heringe im Monat, ein winziges bisschen Zucker für die erste Kategorie (Handarbeiter und Soldaten), fast nichts für die dritte (Nicht-Arbeiter). Das Wort des heiligen Paulus, das überall angeschlagen war: „Wer nicht arbeitet, der soll auch nicht essen!“, wurde zur Ironie, denn um sich zu ernähren, musste man sich ja gerade auf dem Schwarzmarkt umtun statt zu arbeiten. Die Arbeiter brachten in den toten Fabriken ihre Zeit damit hin, dass sie Maschinenteile in Taschenmesser und Transmissionsriemen in Schuhsohlen umarbeiteten, um sie dann auf dem Schwarzmarkt zu tauschen. Im Ganzen war die Industrieproduktion auf weniger als 30 Prozent der Produktion von 1913 gefallen. Um ein wenig Mehl, Butter oder Fleisch zu bekommen, musste man Bauern, die dergleichen unerlaubterweise in die Stadt brachten, Textilien oder irgendwelche Gegenstände geben. Glücklicherweise enthielten die Wohnungen der vormaligen Bourgeoisie in den Städten nicht wenig Teppiche, Wandbehänge, Wäsche und Geschirr. Aus dem Leder von Sofas stellte man ganz brauchbare Schuhe her, aus den Wandbehängen Kleider. Da die Spekulation die Eisenbahnen desorganisierte, die ohnehin heruntergekommen waren, untersagten die Behörden den Transport von Lebensmitteln durch Privatleute, legten Sonderabteilungen in die Bahnhöfe, die erbarmungslos den Sack Mehl der Hausfrau konfiszierten, ließen die Märkte durch die Miliz umzingeln, die Warnschüsse in die Luft abgab und inmitten von Geschrei und Tränen die Waren beschlagnahmte. Die Sonderabteilungen und die Miliz machten sich dadurch verhasst. Das Wort „Kommissariokratie“ ging um. Die Altgläubigen verkündeten das Ende der Welt und das Reich des Antichrist.

Der Winter war für die Bewohner der Stadt eine wahre Qual. Keine Heizung, kein Licht, und dazu der nagende Hunger! Schwache Kinder und Greise starben zu Tausenden. Der Typhus, von den Läusen verbreitet, räumte gründlich auf. Das alles habe ich vielfach gesehen und miterlebt. In den großen verlassenen Wohnungen von Petrograd drängten sich die Leute in einem einzigen Zimmer zusammen und lebten dicht gedrängt um einen kleinen Kanonenofen aus Ziegelsteinen, den sie auf dem Parkett aufgestellt hatten und dessen Kaminrohr eine Fensterecke mit Ruß schwärzte. Man speiste ihn mit dem Parkett der Nachbarzimmer, mit den letzten Möbeln, mit Büchern. Ganze Bibliotheken sind auf diese Weise verschwunden. Ich selbst ließ, um eine mir nahestehende Familie zu wärmen, mit echter Genugtuung die Sammlung der Reichsgesetze verbrennen. Man nährte sich von ein bisschen Hafer und halbverfaultem Pferdefleisch, man teilte im Kreis der Familie ein Stück Zucker in winzige Partikeln auf, und jeder Bissen, den einer außer der Reihe ergatterte, beschwor wahre Tragödien herauf. Die Kommune tat viel für die Ernährung der Kinder; aber dieses Viel blieb lächerlich gering.

Um die Genossenschaftsversorgung aufrechtzuerhalten, die in erster Linie ein bitter und hoffnungslos gewordenes Proletariat, die Armee, die Flotte, die Parteigliederungen beliefern sollte, schickte man Requisitationskommandos[1] in entfernte Landesteile, die von den Muschiks[2] oft mit Mistgabeln vertrieben und manchmal massakriert wurden. Rasende Bauern schlitzten dem Kommissar den Bauch auf, füllten ihn mit Weizen und ließen ihn am Straßenrand liegen, damit man sie richtig verstehe. So endete einer meiner Genossen, ein Buchdrucker, in der Umgebung von Dno, wohin ich mich später selbst begab, um einem verzweifelten Dorf zu erklären, dass die Schuld an der imperialistischen Blockade liege. Das war wahr, aber die Bauern forderten nichtsdestoweniger mit Recht das Ende der Requisitionen, die Legalisierung des Tauschhandels.

Victor Serge, Erinnerungen eines Revolutionärs 1901–1941, Hamburg 1990, S. 134 ff. (übersetzt von Cajetan Freund)

1. Präsentation: Stellen Sie die Aussagen von Victor Serge in einer Mindmap dar, mit dem Begriff „Kriegskommunismus“ im Mittelpunkt.
2. Der Autor zeichnet ein anschauliches Bild von der Versorgungslage während der Zeit des Bürgerkrieges. Arbeiten Sie heraus, welche Wechselwirkungen zwischen der wirtschaftlichen Situation und Maßnahmen der Regierung deutlich werden. | H | F
3. Präsentation/Gruppenarbeit: Versetzen Sie sich in die Lage eines Arbeiters, eines Bauern, eines Bürgerlichen oder eines Parteifunktionärs. Überlegen Sie, mit welchen Argumenten diese Personenkreise jeweils auf die geschilderten Verhältnisse reagiert haben dürften.

[1] **Requisition**: hier Beschlagnahmung
[2] So wurden die Bauern im zaristischen Russland bezeichnet.

M4 Lenin'scher „Kriegskommunismus"

*Der Historiker Gerd Koenen (*1944) schreibt:*

„Unwahrscheinlich" war schon die Situation im Herbst/Winter 1917, als niemand es für möglich gehalten hatte, dass die extremistische Aktionspartei der Bolschewiki die Staatsmacht, die sie in einem kurzen Moment des Patts aller sozialen und politischen Kräfte in den Hauptstädten Russlands an sich gerissen hatte, für mehr als ein paar Wochen oder Monate würde festhalten können. Nicht einmal die Mehrzahl der Bolschewiki selbst glaubte das. Gerade erst hatte ihr Gründer und Führer Lenin in einer kühnen, von den eigenen Genossen noch kaum aufgenommenen theoretischen Interpretation die These aufgestellt, dass es möglich sei, auf der Basis der staatlich gelenkten Kriegswirtschaft des alten Regimes auf direktem Weg zu einem diktatorisch exekutierten „Kriegskommunismus" unter der ausschließlichen Diktatur ihrer Partei überzugehen. Das war eine Perspektive, die alle Kategorien eines noch so radikal formulierten Marxismus außer Kraft setzte, so wie die halb konspirative, halb offene Zusammenarbeit mit dem Kriegsgegner, dem Deutschen Kaiserreich, alle Begriffe einer revolutionären Realpolitik überschritt.
In diesem Sinne bedeutete der Griff nach der Staatsmacht im Oktober/November 1917 für Lenin und seine Parteigänger den Aufbruch in ein Niemandsland der Geschichte, aus dem es allerdings kein Zurück gab […]
In der Realität war der Lenin'sche „Kriegskommunismus" wenig mehr als eine salbungsvolle Umschreibung der bedingungslosen Ausrichtung aller Produktions- und sonstigen Potenziale auf die Erfordernisse eines Bürgerkrieges, den die Bolschewiki offensiv eröffneten und mit allen Mitteln von Konfiskation, Aushungerung, Zwangsarbeit, Geiselnahme und Massenterror vorantrieben. Die Resultate ihres Sieges nach drei Bürgerkriegsjahren waren rundum desaströs. Die materielle Produktion war auf einen Bruchteil der Vorkriegsziffern gefallen, das ganze Land in einen Zustand des primitiven Naturaltauschs zurückgefallen und damit eine „klassenlose Gesellschaft" im schlimmsten Sinne geworden. Nicht nur ein Großteil des Adels, Klerus und Bürgertums war sozial oder physisch verschwunden. Auch eine Überschüsse produzierende Bauernschaft gab es kaum noch, so wenig wie regulär arbeitende Handwerker und Händler. Die großen Fabrikzentren waren nach einer Serie großer „konterrevolutionärer" Streiks größtenteils aufgelöst, geplündert und stillgelegt. Wie Lenin in einer schneidenden Replik auf die parteiinterne „Arbeiteropposition" 1921 feststellte, gab es in Russland überhaupt keine Arbeiterklasse mehr. Diese rhetorisch unablässig beschworene „führende Klasse" verkörperten allein sie selbst, die Bolschewiki, kraft ihres „Klassenbewusstseins".

Gerd Koenen, Ein Zeitalter wird besichtigt, in: Jörg Ganzenmüller (Hrsg.), Verheißung und Bedrohung. Die Oktoberrevolution als globales Ereignis, Köln 2019, S. 25–43, hier S. 29f.

1. Geben Sie wieder, was der Historiker unter „Lenin'sche[r] ‚Kriegskommunismus'" (Zeile 25) versteht.
2. Erklären Sie die Auswirkungen des „Kriegskommunismus".
3. Koenen spricht von „einem diktatorisch exekutierten ‚Kriegskommunismus'" (Zeile 13f.). Beurteilen Sie dies.

M5 Die „Geburtsurkunde" der NEP

Am 21. März 1921 wird das Dekret über die Naturalsteuer verabschiedet:

1. Zur Sicherstellung einer geregelten und ungestörten Wirtschaftsführung, die es dem Landwirt erlaubt, freier über die Produkte seiner Arbeit und über seine Produktionsmittel zu verfügen, zur Stärkung der bäuerlichen Wirtschaft und zur Hebung ihrer Produktivität, aber auch mit dem Ziel einer Präzisierung der auf die Landwirte zukommenden staatlichen Verpflichtungen, wird die Beschaffung, als staatliches Mittel zur Aufbringung und Verteilung von Lebensmitteln, Rohstoffen und Futtermitteln, durch die Naturalsteuer ersetzt.
2. Diese Steuer muss niedriger sein, als die bisher durch die Beschaffung auferlegte Steuerlast. […]
4. Die Steuer muss progressiv sein; die Prozentabgabe für die Wirtschaften der Mittelbauern, der Kleinlandwirte und für die Wirtschaften städtischer Arbeiter muss gesenkt werden. […]
7. Die Verantwortung für die Ableistung der Steuer wird jedem einzelnen Hofwirt auferlegt, und die Organe der Sowjetmacht werden ermächtigt, Strafen gegenüber denjenigen zu verhängen, die ihre Steuerpflicht nicht erfüllen. […]
8. Alle Vorräte an Lebensmitteln, Rohstoffen und Futtermitteln, die bei den Landwirten nach Ableistung ihrer Steuerpflicht verbleiben, stehen ihnen in vollem Umfange zur Verfügung und können zur Verbesserung und Stärkung ihrer Wirtschaft, zur besseren Befriedigung eigener Konsumbedürfnisse oder zum Austausch gegen Produkte der Industrie, des Handwerks und der Landwirtschaft verwendet werden.

Helmut Altrichter und Heiko Haumann (Hrsg.), Die Sowjetunion. Von der Oktoberrevolution bis zu Stalins Tod, Bd. 2: Wirtschaft und Gesellschaft, München 1987, S. 136 ff.; zitiert nach: https://www.1000dokumente.de/index.html?c=dokument_ru&dokument=0016_nat&object=translation&st=&l=de (Zugriff: 24. April 2023)

1. Arbeiten Sie die Unterschiede zum „Kriegskommunismus" heraus. Verwenden Sie dazu auch M3 auf Seite 85 sowie den Verfassertext auf Seite 80.
2. Erläutern Sie die ökonomischen und politischen Ziele, die mit diesem Dekret verfolgt wurden. | F

M6 „Mindestens ein Menschenalter lang"

Der Historiker Günther Stökl (1916–1998) bewertet die Abkehr vom „Kriegskommunismus" und die Einführung der Neuen Ökonomischen Politik wie folgt:

Lenin hat sich nicht leicht dazu entschlossen, das Experiment des Kriegskommunismus wirtschaftlich als gescheitert anzusehen. Erst als die Lage keinen anderen Ausweg mehr zuließ, warf er das Steuer herum. Ausschlaggebend war die Unlösbarkeit des Ernährungsproblems mit den bisher angewandten Methoden. Man musste den Bauern eine gewisse Rechtssicherheit und ökonomische Anreize bieten, um die landwirtschaftliche Produktion zu steigern. Das geschah, indem man die bisher völlig willkürlichen Requisitionen durch eine gesetzlich festgelegte Naturalabgabe ersetzte, die sich prozentual ermäßigte, je mehr der Bauer produzierte, und indem man dem Bauern erlaubte, seine Überschüsse selbst in der Stadt zu verkaufen. [...] Die Neue Ökonomische Politik (NEP) bestand aber noch aus zwei weiteren tiefgreifenden Veränderungen, die mit Rücksicht auf ihren vom marxistischen Standpunkt aus schockierenden Charakter ohne große Publizität durchgeführt wurden, nämlich aus der Wiederzulassung des freien Binnenhandels in beträchtlichem Umfang und aus der Erteilung von Konzessionen an private, meist ausländische industrielle Unternehmer. Das völlige Versagen der staatlichen Handelsorganisation und die augenscheinliche Unmöglichkeit, auf anderem Wege die industrielle Produktion in Gang zu bringen, erzwangen diesen Rückfall in den Kapitalismus. Die zu erwartende Reaktion von rechts und von links kalkulierte Lenin sorgfältig ein: Ehe die noch vorhandenen Menschewisten ihre Befriedigung über das Scheitern des bolschewistischen Sofortsozialismus und über das Nachholen der bourgeois-kapitalistischen Phase äußern konnten, wurden sie als Partei und einzeln nun endgültig politisch liquidiert; und ehe die Arbeiteropposition als Sprecher des Industrieproletariats gegen diese eindeutig das Bauerntum begünstigende neue Wirtschaftspolitik protestieren konnte, wurde sie in die Illegalität gedrängt. Den Ausweg, die NEP als eine ganz vorübergehende Notstandsmaßnahme zu deklarieren, hat Lenin nicht gewählt. Er war überzeugt, dass man an ihr mindestens ein Menschenalter lang werde festhalten müssen.

Der Erfolg gab Lenin zunächst in einer Weise recht, die jeder Opposition den Boden entzog.

Günther Stökl, Russische Geschichte, Stuttgart 1997, S. 685 f.

1. Geben Sie wieder, was nach Günther Stöckl die Neue Ökonomische Politik ausmachte.
2. Erklären Sie ausgehend vom Text, warum die Einführung der Neuen Ökonomischen Politik notwendig war.
3. Erläutern Sie den letzten Satz des Materials (siehe Zeile 39 f.)

M7 Lenins „Brief an den Parteitag"

Nach einem Schlaganfall diktiert Lenin zwischen dem 23. Dezember 1922 und dem 4. Januar 1923 Briefe an den Parteitag, die als sein „Testament" bezeichnet werden. Die Papiere sollen erst nach seinem Tode veröffentlicht werden, gelangen jedoch vorzeitig in die Hände Josef W. Stalins (1878–1953) und anderer Politbüromitglieder. Nach dem Tod Lenins besteht seine Witwe auf der Veröffentlichung, was aber die Mehrheit im Politbüro verhindert, um Trotzki keinen Vorteil zu verschaffen. In Kenntnis gesetzt werden lediglich die höchsten Parteifunktionäre.
Die westliche Presse publiziert den „Brief an den Parteitag" im Jahre 1926, in der Sowjetunion wird er bis 1956 nur auszugsweise zitiert. Erstmals vollständig wird das Dokument hier nach dem XX. Parteitag der Kommunistischen Partei der Sowjetunion im Jahre 1956 veröffentlicht.

Lenin erörtert am 24. Dezember 1922 Maßnahmen gegen eine Spaltung des Zentralkomitees, um seine Stabilität zu sichern:

Ich denke, ausschlaggebend sind in der Frage der Stabilität unter diesem Gesichtspunkt solche Mitglieder des ZK wie Stalin und Trotzki. Die Beziehungen zwischen ihnen stellen meines Erachtens die größere Hälfte der Gefahr jener Spaltung dar, die vermieden werden könnte und zu deren Vermeidung meiner Meinung nach unter anderem die Erhöhung der Zahl der Mitglieder des ZK auf 50, auf 100 Personen dienen soll.

Gen. Stalin hat, nachdem er Generalsekretär geworden ist, eine unermessliche Macht in seinen Händen konzentriert, und ich bin nicht überzeugt, dass er es immer verstehen wird, von dieser Macht vorsichtig genug Gebrauch zu machen. Andererseits zeichnet sich Gen. Trotzki, wie schon sein Kampf gegen das ZK in der Frage des Volkskommissariats für Verkehrswesen bewiesen hat, nicht nur durch hervorragende Fähigkeiten aus. Persönlich ist er wohl der fähigste Mann im gegenwärtigen ZK, aber auch ein Mensch, der ein Übermaß von Selbstbewusstsein und eine übermäßige Vorliebe für rein administrative[1] Maßnahmen hat.

Diese zwei Eigenschaften zweier hervorragender Führer des gegenwärtigen ZK können unbeabsichtigt zu einer Spaltung führen, und wenn unsere Partei nicht Maßnahmen ergreift, um das zu verhindern, so kann die Spaltung überraschend kommen.

Ergänzung zum Brief vom 24. Dezember 1922:

Stalin ist zu grob, und dieser Mangel, der in unserer Mitte und im Verkehr zwischen uns Kommunisten durchaus erträglich ist, kann in der Funktion des Generalsekretärs nicht geduldet werden. Deshalb schlage ich den Genossen vor, sich zu überlegen, wie man Stalin ablösen könnte, und

[1] Darunter verstand man im Sprachgebrauch der Partei Zwangsmaßnahmen.

jemand anderen an diese Stelle zu setzen, der sich in jeder Hinsicht von Gen. Stalin nur durch einen Vorzug unterscheidet, nämlich dadurch, dass er toleranter, loyaler, höflicher und den Genossen gegenüber aufmerksamer, weniger launenhaft usw. ist. Es könnte so scheinen, als sei dieser Umstand eine winzige Kleinigkeit. Ich glaube jedoch, unter dem Gesichtspunkt der Vermeidung einer Spaltung und unter dem Gesichtspunkt der von mir oben geschilderten Beziehungen zwischen Stalin und Trotzki ist das keine Kleinigkeit, oder eine solche Kleinigkeit, die entscheidende Bedeutung erlangen kann.

Stalin nimmt am 23. Oktober 1927 vor dem ZK zu dem Brief Lenins Stellung:

Man sagt, Genosse Lenin habe in diesem „Testament" dem Parteitag vorgeschlagen, man solle sich im Hinblick auf Stalins „Grobheit" überlegen, ob man nicht Stalin als Generalsekretär durch einen anderen Genossen ersetzen solle. Das stimmt durchaus. Ja, Genossen, ich bin grob gegen diejenigen, die grob und verräterisch die Partei zersetzen und spalten. Ich habe das nicht verheimlicht und verheimliche es nicht. Möglich, dass hier eine gewisse Milde gegenüber den Spaltern erforderlich ist. Aber das bringe ich nicht fertig. […]
In der Tat, es ist eine Tatsache, dass Lenin in seinem „Testament" Trotzki des „Nichtbolschewismus" beschuldigt und in Bezug auf Kamenews und Sinowjews[1] Fehler während des Oktober feststellt, dass dieser Fehler kein „Zufall" ist. Was bedeutet das? Das bedeutet, dass man weder Trotzki, der an „Nichtbolschewismus" leidet, *politisch* vertrauen darf noch Kamenew und Sinowjew, deren Fehler kein „Zufall" sind und sich wiederholen können und müssen.
Es ist bezeichnend, dass über Fehler Stalins in dem „Testament" kein einziges Wort, keine einzige Andeutung enthalten ist. Dort ist nur von der Grobheit Stalins die Rede. Aber Grobheit ist kein Fehler in der *politischen* Linie beziehungsweise Position Stalins und kann es nicht sein. […]
Sinowjew und Trotzki regten sich hier mächtig auf, als sie behaupteten, wir bereiteten den Parteitag mittels Repressalien[2] vor. […]
Ja, die Partei wendet Repressalien gegen die Desorganisatoren und Spalter an und wird sie anwenden, denn die Partei darf unter keinen Umständen gespalten werden, weder vor dem Parteitag noch während des Parteitags. […]
Man spricht von Verhaftungen der aus der Partei ausgeschlossenen Desorganisatoren, die eine antisowjetische Tätigkeit entfalten. Ja, wir verhaften sie, und wir werden sie verhaften, wenn sie nicht aufhören, die Partei und die Sowjetmacht zu untergraben. (*Zurufe: „Richtig! Sehr richtig!"*) […]
Lenin sagte, dass die Partei völlig zugrunde gerichtet werden kann, wenn man den Desorganisatoren und Spaltern gegenüber Nachsicht übt. Das ist völlig richtig. Gerade deshalb ist es, denke ich, an der Zeit, mit der Nachsicht gegenüber den Führern der Opposition Schluss zu machen, ist es an der Zeit, die Konsequenzen zu ziehen und Trotzki und Sinowjew aus dem ZK unserer Partei auszuschließen. (*Zurufe: „Sehr richtig!"*) Das ist die elementare Schlussfolgerung und die elementare Minimalmaßnahme, die wir ergreifen müssen, um die Partei vor der Spalterarbeit der Desorganisatoren zu schützen.

Erster und zweiter Text: W. I. Lenin, Ausgewählte Werke, Bd. III, Berlin [7]1970, S. 838ff.; dritter Text: J. W. Stalin, Werke, Bd. 10, Berlin 1953, S. 153f. und 164ff.

1. Arbeiten Sie heraus, a) welche Bedeutung Lenin dem Verhältnis Stalin und Trotzki beimaß und b) welche Eigenschaften Lenin von einem Parteiführer verlangte.
2. Erläutern Sie, warum nach Lenins Ansicht „Grobheit" gerade bei der Person des Generalsekretärs nicht geduldet werden sollte (vgl. Zeile 25 bis 28). | F
3. Überlegen Sie mögliche Gründe, warum Trotzki und seine Anhänger auf eine Bekanntmachung des „Testaments" in der Sowjetunion verzichtet haben könnten.

M8 Über den „Aufbau des Sozialismus in *einem* Land"

Stalin bringt seine Position im Mai 1925 vor dem Moskauer Parteiaktiv zum Ausdruck:

Kann man den Sozialismus in unserem in technisch-ökonomischer Hinsicht rückständigen Lande überhaupt aus eigener Kraft errichten, wenn der Kapitalismus in den anderen Ländern für eine mehr oder minder lange Periode bestehen bleibt?
Kann man eine volle Garantie gegen die Interventionsgefahr und folglich auch gegen die Restauration der alten Ordnung in unserem Lande schaffen, wenn die kapitalistische Umkreisung fortbesteht und der Kapitalismus überdies sich gegenwärtig noch stabilisiert hat?
All dies sind Fragen, die im Zusammenhang mit der auf dem Gebiet der internationalen Beziehungen entstandenen

[1] Lew B. Kamenew (1883–1936) und Grigori J. Sinowjew (1883–1936) zählten schon während der Emigration Lenins zu seinen engsten Mitarbeitern, stimmten aber im Oktober 1917 gegen den bewaffneten Aufstand. Von 1919 bis 1926 waren sie Mitglieder des Politbüros. Ihre Ämter verloren sie, als sie sich auf die Seite Trotzkis schlugen. Kamenew und Sinowjew wurden in einem der ersten Schauprozesse während der „Großen Säuberung" 1936 zum Tode verurteilt.

[2] **Repressalien:** Vergeltungsmaßnahmen, Druckmittel

neuen Situation unvermeidlich vor uns auftauchen und die wir nicht umgehen können, auf die wir eine genaue und bestimmte Antwort geben müssen.

Unser Land weist zwei Gruppen von Gegensätzen auf. Die eine Gruppe von Gegensätzen – das sind die inneren Gegensätze, die zwischen Proletariat und Bauernschaft bestehen. Die andere Gruppe von Gegensätzen – das sind die äußeren Gegensätze, die zwischen unserem Lande, als dem Lande des Sozialismus, und allen übrigen Ländern, als den Ländern des Kapitalismus, vorhanden sind.

Betrachten wir nun diese beiden Gruppen von Gegensätzen gesondert. [...]

Wenn man fragt, ob es möglich ist, den Sozialismus aus eigener Kraft zu errichten, so ist damit die Frage gemeint: Ist es möglich, die zwischen Proletariat und Bauernschaft in unserem Lande bestehenden Gegensätze zu überwinden oder nicht?

Der Leninismus beantwortet diese Frage bejahend: Ja, wir können den Sozialismus errichten, und wir werden ihn zusammen mit der Bauernschaft, unter der Führung der Arbeiterklasse aufbauen. [...]

Mit anderen Worten, unter der Diktatur des Proletariats sind bei uns, wie es sich erweist, alle Vorbedingungen gegeben, die notwendig sind, um die vollendete sozialistische Gesellschaft zu errichten, wobei alle und jegliche inneren Schwierigkeiten überwunden werden, denn wir können und müssen sie aus eigener Kraft überwinden. [...]

Andernfalls hätte es ja keinen Sinn gehabt, im Oktober die Macht zu ergreifen und die Oktoberrevolution durchzuführen. [...] Wer die Möglichkeit der Errichtung des Sozialismus in *einem* Lande leugnet, der muss auch zwangsläufig die Rechtmäßigkeit der Oktoberrevolution leugnen. [...]

Gehen wir nun zur zweiten Gruppe von Gegensätzen über, zu den äußeren Gegensätzen, die zwischen unserem Lande, als dem Lande des Sozialismus, und allen übrigen Ländern, als den Ländern des Kapitalismus, bestehen.

Worin bestehen diese Gegensätze?

Sie bestehen darin, dass, solange die kapitalistische Umkreisung besteht, auch die Gefahr der Intervention seitens der kapitalistischen Länder bestehen muss und dass, solange eine solche Gefahr besteht, auch die Gefahr der Restauration, die Gefahr der Wiederherstellung der kapitalistischen Ordnung in unserem Lande bestehen muss.

Kann man annehmen, dass diese Gegensätze durch *ein* Land völlig überwunden werden können? Nein, das kann man nicht. Denn die Anstrengungen *eines* Landes, selbst wenn dieses Land das Land der proletarischen Diktatur ist, genügen nicht, um es gegen die Gefahr einer Intervention völlig zu sichern. Eine volle Garantie gegen die Intervention und folglich auch der endgültige Sieg des Sozialismus ist infolgedessen nur im internationalen Maßstab, nur als Ergebnis der gemeinsamen Anstrengungen der Proletarier einer Reihe von Ländern oder, noch richtiger gesagt, nur als Ergebnis des Sieges der Proletarier einiger Länder möglich.

Was bedeutet endgültiger Sieg des Sozialismus?

Der endgültige Sieg des Sozialismus ist die volle Garantie gegen Interventions- und folglich auch gegen Restaurationsversuche, denn ein einigermaßen ernsthafter Restaurationsversuch kann nur mit ernster Unterstützung von außen, nur mit Unterstützung des internationalen Kapitals erfolgen. Deshalb ist die Unterstützung unserer Revolution durch die Arbeiter aller Länder, und noch mehr der Sieg dieser Arbeiter zum mindesten in einigen Ländern die unerlässliche Vorbedingung für die volle Sicherung des ersten siegreichen Landes gegen Interventions- und Restaurationsversuche, die unerlässliche Vorbedingung für den endgültigen Sieg des Sozialismus.

Josef W. Stalin, Werke, Bd. 7, Berlin 1952, S. 94 f. und 100 f.

1. Gliedern Sie den Text in sinnvolle Abschnitte und versehen Sie diese mit passenden Überschriften.
2. Arbeiten Sie aus dem Material heraus, wie Stalin den „Aufbau des Sozialismus in *einem* Land" begründet. | F
3. Erläutern Sie, wie sicher und endgültig Stalin diesen Aufbau sah.
4. Gruppenarbeit: Diskutieren Sie, was zu seiner Sicherung getan werden konnte.

M9 Der Aufstieg Stalins

*Der Historiker Dietrich Geyer (*1928) untersucht die Gründe für den Aufstieg Stalins:*

Mit der Botschaft, dass der Sieg des Sozialismus in einem Lande möglich sei, hat Stalin der Kommunistischen Partei eine optimistische Zukunftsperspektive gegeben und ihr ein Selbstbewusstsein vermittelt, das viele Genossen über die frustrierenden Erfahrungen der 20er-Jahre hinwegtragen sollte. Zur Erklärung der wachsenden Machtfülle, die Stalin mit seiner Person verband, ist zu bedenken, dass die Partei nach Lenins Tod in rascher Erweiterung begriffen war. Von dem sogenannten *Leninaufgebot* eingeleitet, wurde sie zwischen 1924 und 1928/29 von einer bürokratisch arbeitenden, hierarchisch strukturierten Funktionärspartei, zu einer elitären Kampforganisation, die immer neue, autoritär fixierte Arbeiter an sich zog. Nur 8 bis 10 Prozent der neuen Mitglieder kamen aus der Bauernschaft. Allein im Jahr 1924/25 hatte sich der Mitgliederstand der Partei mehr als verdoppelt – von 445 000 Genossen auf über eine Million. Nicht zu vergessen ist, dass die Ausdehnung des Mitgliederbestandes seit 1928/29 von ständigen Säuberungen begleitet war.

Die Partei wurde von Stalin zum Instrument seines Führungswillens gemacht. Er verpflichtete sie auf einen kodifizierten, lehrbuchartig kopierten Leninismus, auf eine Weltanschauungslehre, die sich gegen die opponierende

Parteiintelligenz einsetzen ließ. Statt komplizierter theoretischer Deduktionen vermittelte Stalin eine einfache, auf das Parteivolk dieser Millionenpartei zugeschnittene Orientierung, die von einem immer stärker ausufernden und von Stalin manipulierten Leninkult begleitet wurde. Von der Exegese dessen, was Leninismus sei, empfing er seine höheren Weihen.

Tatsächlich hatte Stalin in den großen Auseinandersetzungen der Jahre 1924 bis 1929 auf Parteitagen und Plenarsitzungen des Zentralkomitees die Mehrheit der Genossen stets auf seiner Seite. Er verstand es, die linke Opposition zu isolieren, als Verräter des Leninismus zu diffamieren und ihre führenden Genossen Sinowjew, Kamenew und andere zur Unterwerfung zu zwingen, zu erniedrigenden Loyalitätserklärungen im Stil von Schuldbekenntnissen, die schon etwas von der Atmosphäre der 30er-Jahre, des Terrors und der Schauprozesse spüren ließen. Stalin konnte es wagen, 1928 Trotzki in das weit abgelegene, kasachische Alma Ata deportieren zu lassen und ihn im Jahr darauf aus der Sowjetunion zu verbannen.

Dietrich Geyer, Das russische Imperium. Von den Romanows bis zum Ende der Sowjetunion, Berlin 2021, S. 341

- Erläutern Sie ausgehend vom Text, mit welchen Methoden Stalin in den 1920er-Jahren seine Macht festigen und ausbauen konnte. | H

M10 Lenin spricht

a) *Der russische Fotograf Grigori P. Goldstein (1870–1941) nimmt das Foto am 5. Mai 1920 vor dem Bolschoi-Theater in Moskau auf. Während des Krieges gegen Polen[3] halten Wladimir I. Lenin (auf der Rednertribüne), Leo D. Trotzki und Lew B. Kamenew (rechts von Lenin) Ansprachen an die Soldaten der Roten Armee. Die Fotos auf diesen Seiten sind unmittelbar hintereinander aufgenommen worden.*

[3] Zum Krieg gegen Polen siehe nochmals Seite 72.

b) Nachstehend ist das retuschierte Foto zu sehen, das 1928 veröffentlicht wird und bis 1991 im Umlauf ist.

1. Vergleichen Sie beide Fotos miteinander.
2. Arbeiten Sie mögliche Gründe heraus, warum das Foto retuschiert wurde.

Methode

Politische Reden analysieren

Politische Reden sind Textquellen. Ihr Wortlaut ist in der Regel schriftlich überliefert, manchmal sind Reden auch als Video, auf Tonbändern oder Audiodateien verfügbar. Je nach Anlass und Zweck kann man **verschiedene Typen** von politischen Reden unterscheiden: Eine Parlamentsrede debattiert eine politische Entscheidung, eine Protestrede stellt Forderungen auf einer Kundgebung, eine Wahlkampfrede wirbt für ein Programm und kritisiert den politischen Gegner, eine Gedenkrede erinnert an bedeutende Personen oder Ereignisse der Vergangenheit. Oft treten diese Redetypen gemischt auf, etwa wenn eine Parlamentsrede auch dem Wahlkampf dient oder eine Gedenkrede auf aktuelle Fragen zu sprechen kommt.
Da eine Rede mündlich gehalten wird, ist nicht nur ihr Inhalt von Bedeutung, sondern auch die **vortragende Person**, ihr Amt und ihre Funktion, ihre Bekanntheit oder Beliebtheit. Bei der Untersuchung politischer Reden ist zu berücksichtigen, dass sie auf eine bestimmte Situation hin angelegt sind. In dieser Situation soll die **Zuhörerschaft** im gewünschten Sinne beeinflusst werden, etwa durch einprägsame Formulierungen, Zuspitzungen oder Appelle. Zentrale Aussagen einer Rede können dabei zum „geflügelten Wort" werden, das weit über die Redesituation hinaus Verbreitung findet. Als **Geschichtsquellen** geben politische Reden Aufschluss darüber, welche drängenden Fragen in der Vergangenheit bestanden und wie versucht wurde, öffentlichkeitswirksam darauf zu reagieren.

Weitere Anwendungsbeispiele finden Sie u. a. auf den Seiten 61 f., 75 f., 88 und 143.

Arbeitsschritt	Leitfragen
1. beschreiben	• Wer ist der Redner/die Rednerin und welche Funktion hat er/sie? • Was ist über die politische Haltung oder Weltanschauung des Redners/der Rednerin bekannt? • Wann, wo und in welchem Rahmen wurde die Rede gehalten (Art und Anlass der Veranstaltung, besonderer Redeort, Publikum, Übertragung durch Medien)? • Was behandelt die Rede (Thema, Inhalt)? • Welche Merkmale kennzeichnen die Rede (Aufbau, Länge, Argumentation, Umgangs- oder Hochsprache)? • Gibt es markante Passagen (Zitate, Aufrufe usw.)?
2. erklären	• In welchem Bezug steht der Redner/die Rednerin zum Thema? • An wen ist die Rede gerichtet? • Welche Absichten verfolgt die Rede? • Wie wurde die Rede von Zuhörern/Zeitgenossen aufgenommen?
3. beurteilen	• Wie lässt sich die Rede in den historischen Kontext einordnen? • Welchen Einfluss hatte die Rede auf die damalige Situation oder Entwicklung?

M Integration der Bauern

Anlässlich des XI. Parteitages der Kommunistischen Partei zieht Lenin am 27. März 1922 in seinem „Politischen Bericht" ein vorläufiges Resümee über die Neue Ökonomische Politik:

Die ganze Bedeutung der Neuen Ökonomischen Politik [...] liegt darin und nur darin: den Zusammenschluss zwischen der bäuerlichen Wirtschaft und der neuen Wirtschaft herzustellen, die wir mit ungeheurer Anstrengung schaffen. [...]

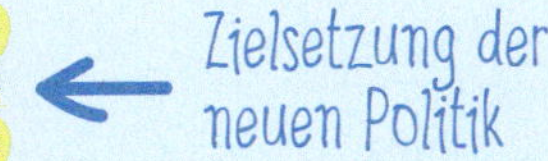

Unser Ziel ist, den neuen Zusammenschluss herzustellen, dem Bauern durch Taten zu beweisen, dass wir mit dem beginnen, was ihm verständlich, vertraut und heute bei all seiner Armut erreichbar ist, nicht aber mit etwas, was vom Standpunkt des Bauern fern und fantastisch ist. Unser Ziel ist, zu beweisen, dass wir ihm zu helfen verstehen, dass die Kommunisten dem verarmten, verelendeten, qualvoll hungernden Kleinbauern, der sich jetzt in einer schweren Lage befindet, sofort praktisch helfen. Entweder werden wir das beweisen, oder er wird uns zum Teufel jagen. Das ist völlig unausbleiblich. [...]

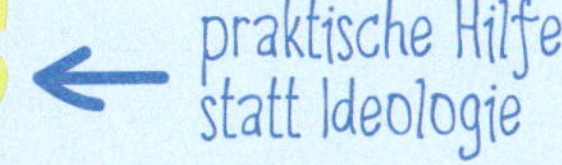

zwei Alternativen als Zukunftsprognose

Die zweite, speziellere Lehre ist die Überprüfung der staatlichen und der kapitalistischen Betriebe durch den Wettbewerb. [...] Wir haben bisher Programme geschrieben und Versprechungen gemacht. Seinerzeit war das absolut notwendig. Ohne ein Programm und ohne Versprechungen kann man nicht mit der Weltrevolution kommen. [...]

historischer Rückblick als Rechtfertigung

Was gebraucht wird, ist eine echte Prüfung. Nebenan ist der Kapitalist tätig, er handelt wie ein Räuber, er schindet Profite, aber er versteht seine Sache. Ihr aber – ihr probiert es auf neue Art: Profite gibt es bei euch nicht, die Grundsätze sind kommunistisch, die Ideale gut – mit einem Wort, ihr seid wahre Heilige, ihr solltet schon bei Lebzeiten in den Himmel kommen –, aber versteht ihr praktisch zu arbeiten? [...]

Spott über das eigene Vorgehen

Den Kommunisten wurde jeder mögliche Aufschub gewährt, es wurde ihnen so viel Kredit gegeben, wie keiner anderen Regierung gegeben worden ist. Natürlich haben die Kommunisten geholfen, die Kapitalisten, die Gutsbesitzer loszuwerden, die Bauernschaft schätzt das, und sie hat Kredit gegeben, Aufschub gewährt, aber alles bis zu einem gewissen Termin. Dann aber erfolgt schon die Prüfung: Versteht ihr es, nicht schlechter zu wirtschaften als die anderen? Der alte Kapitalist versteht es, ihr aber versteht es nicht. [...]

Betonung des Vertrauensvorschusses

Mängel und Defizite der revolutionären Bewegung aus Sicht der Bauern

Entweder werden wir im nächsten Jahr das Gegenteil beweisen, oder die Sowjetmacht kann nicht weiterexistieren. [...]

erneut zwei Alternativen als Prognose

Der Kommunist, der Revolutionär, der die größte Revolution der Welt vollbracht hat, auf den, wenn nicht vierzig Jahrhunderte von den Pyramiden, so doch vierzig europäische Länder mit der Hoffnung auf Erlösung vom Kapitalismus blicken – er muss von einem simplen Handlungsgehilfen lernen, der zehn Jahre in einer Mehlhandlung herumgelaufen ist, der das Geschäft versteht, während er, der verantwortliche Kommunist und ergebene Revolutionär, weit davon entfernt ist, es zu verstehen, nicht einmal versteht, dass er es nicht versteht.

W. I. Lenin, Ausgewählte Werke, Bd. 3, Berlin [7]1970, S. 770ff.

▶ Analysieren Sie die Rede mithilfe der Arbeitsschritte auf Seite 92. Ihre Ergebnisse können Sie mit der Lösungsskizze auf Seite 168 vergleichen.

Kompetenzen anwenden

Die russischen Revolutionen

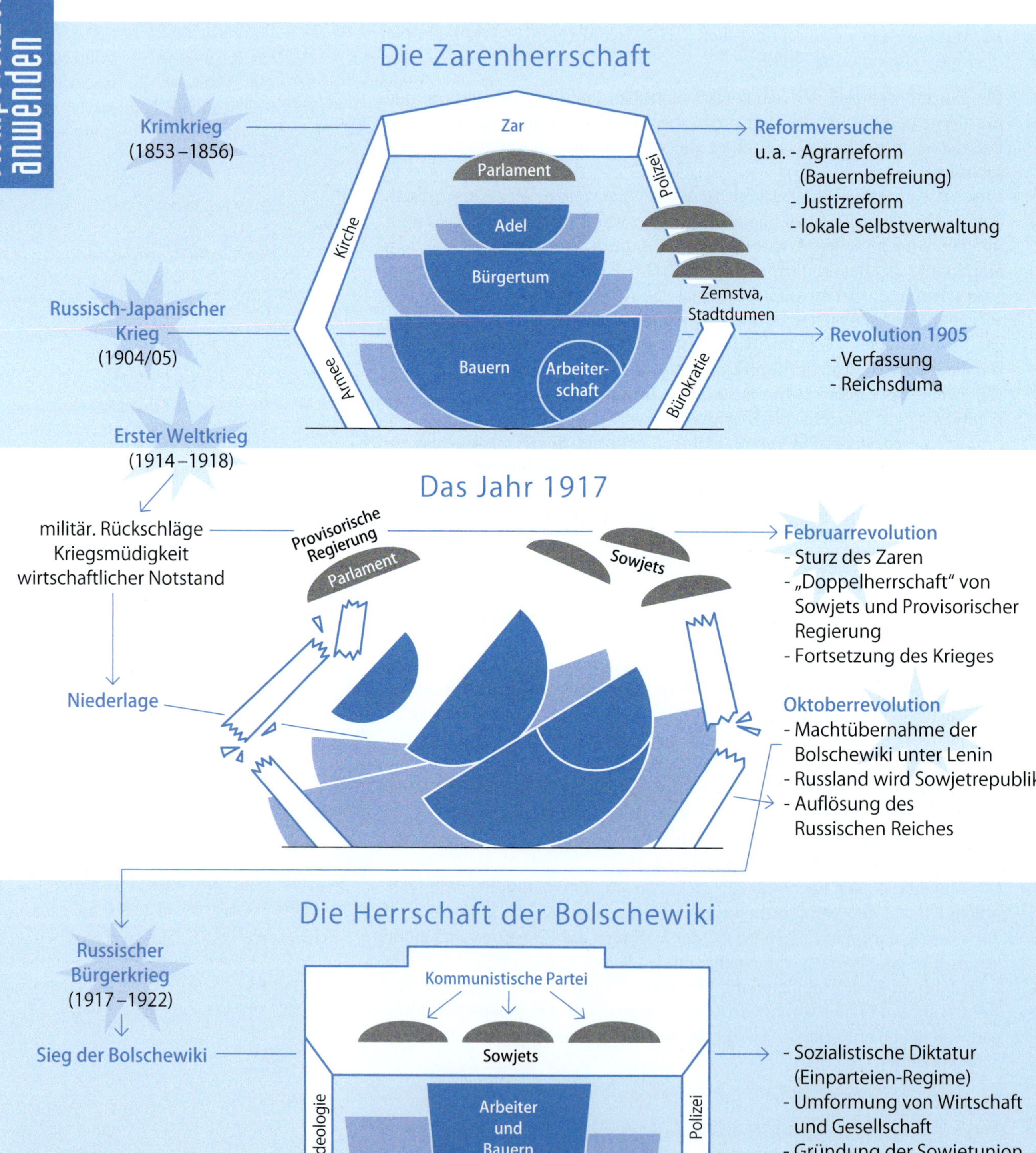

M Was hat sich geändert?

*Der Göttinger Historiker Manfred Hildermeier (*1948) zieht ein Resümee der bolschewistischen Machtergreifung in Russland:*

Trotz Versorgungsdiktatur und Hungersnot gingen vorerst die Bauern als hauptsächliche Gewinner aus der Asche des Krieges hervor. Gewiss kamen die Arbeiter nicht nur verbal zu hohen Ehren. Auch in der Wirklichkeit erklommen sie eine höhere Sprosse in der sozialen Stufenleiter. Aber in Heller und Pfennig, in ihren konkreten Arbeits- und Lebensbedingungen zahlte sich die ideologische Verklärung kaum aus. Obwohl die Arbeitspflicht mit dem Ende der proletarischen Naturalwirtschaft aufgehoben wurde, wechselten die Arbeiter im Wesentlichen ihre Herren. Den neuen Forderungen waren sie ohne gewerkschaftliche Interessenvertretung alter Art überdies in mancher Hinsicht schutzloser ausgeliefert als zuvor. Die Bauern dagegen retteten die wichtigste Trophäe ihres Aufstandes, das hinzugewonnene Land, durch alle Wirren. […]
Zwei Millionen Emigranten rissen vor allem ein tiefes Loch in die Reihen derer, die den Konstitutionalismus nach 1906 getragen hatten. Nicht nur der allergrößte Teil der gemäßigt sozialistischen und liberalen Intelligenz floh, die „Gesellschaft“ von Besitz und Bildung als solche, die soziale Stütze der politischen und ökonomischen Modernisierung, löste sich auf. Angesichts dessen hätte es gezielter Anstrengungen bedurft, um mit der Gegenrevolution und „Bourgeoisie“ nicht auch die bürgerliche Freiheit zu zertreten, die im angestrebten Sozialismus aufgehoben sein sollte. Die Bolschewiki waren für diese Aufgabe denkbar ungeeignet. Ihre Organisation trug am ehesten den Stempel der zentralistisch-autoritären Ordnung, gegen die sie ankämpfte. Im Bemühen um „Waffengleichheit“ übernahmen sie Eigenschaften, die ihnen halfen, in der Auseinandersetzung zu bestehen, demokratische Willensbildung und föderalistischen Pluralismus aber nicht eben förderten. Die Rede von den „roten Zaren“ ist gewiss polemisch und vereinfachend. Aber es bleibt der Tatbestand, dass sich weder bürgerlicher Parlamentarismus noch proletarische Rätedemokratie entfalten konnten. Obrigkeitliche Machtfülle und kaum beschränkte administrative Verfügungsgewalt, Erbschaften der alten Ordnung, behielten die Oberhand. Auch wenn der neuen Gestalt, die sie annahmen, über die Partei und sonstigen Massenorganisationen vermittelt, ein plebiszitäres, in Grenzen sogar partizipatorisches Element zuwuchs, entstand daraus kein Regiment der Mehrheit, sondern nur eine andere Form der Minderheitenherrschaft. […]
Am deutlichsten aber trat das Erbe zarischer Politik auf wirtschaftlichem Gebiet zutage. Lenins viel zitierte Formel, Kommunismus bedeute Sowjetmacht plus Elektrifizierung, verkündete 1920 in alle Welt, was der neue Staat als seine Hauptaufgabe betrachtete: dasselbe wie der alte – schnellen industriellen Fortschritt. Gleich dem Zarenreich setzte sich das Revolutionsregime zum Ziel, die führenden Wirtschaftsnationen einzuholen. […]
Die Wende von 1917 erscheint als Teil des umfassenden Modernisierungsprozesses, der nach dem Krimkrieg[1] begann. Dieser Vorgang entfaltete seine größte Dynamik im sozialen und wirtschaftlichen Bereich. Zugleich setzte er politische Ansprüche gegen die überkommene Ordnung frei, die selbst kaum einen Zoll Boden abtrat. Alle wesentlichen Ziele und Motive wurden aus Westeuropa erborgt. Das galt für die technisch-industriellen Errungenschaften ebenso wie für das demokratische Verfassungsideal und die liberalen, marxistischen und sozialistischen Anschauungen, denen sich die verschiedenen Strömungen der Opposition verschrieben. Insofern kam die Revolution, die den Kulminationspunkt des Wandels bildete, unbeschadet ihrer autochthonen[2] Kraftquellen in der Tat „von außen“. Sie entsprang dem spezifischen Spannungsverhältnis zwischen Russland und Europa, das Staat und Gesellschaft im Zarenreich seit seiner Öffnung nach Westen entscheidend prägte.

Manfred Hildermeier, Die russische Revolution 1905–1921, Frankfurt am Main 1989, S. 303 ff.

1. Beschreiben Sie die Auswirkungen kommunistischer Politik auf einzelne Gruppen der Gesellschaft (Bauern, Arbeiter, Bürgertum).
2. Arbeiten Sie Merkmale der bolschewistischen Herrschaft nach Hildermeier heraus.
3. Überprüfen Sie Hildermeiers Auffassung, die Bezeichnung „rote Zaren“ für die Bolschewisten sei vereinfacht.
4. Beurteilen Sie, welche Rolle das Spannungsverhältnis zwischen Russland und Europa für die Entwicklung der Sowjetherrschaft spielte.

[1] Zum Krimkrieg siehe nochmals Seite 30.
[2] **autochthon**: ureigen

1.5 Wahlmodul: Die Krise der spätmittelalterlichen Kirche und die Reformation

Das Kapitel beschäftigt sich inhaltlich mit ...

religiösen Krisen und Bewältigungsstrategien im 14. und 15. Jahrhundert

Martin Luther und der Reformation

der Entwicklung der Reformation

Lösungsversuchen religiöser Krisen

Im Mittelalter baute die christliche Kirche auf zwei Prinzipien: Einheit im Glauben und Einheit der geistlichen Führung durch den Papst. Mit der Spaltung des Papsttums wurde dieses Gefüge schwer erschüttert. Abhilfe sollten die großen Kirchenversammlungen (Konzilien) des 15. Jahrhunderts schaffen, die das Papsttum wieder vereinten und die Kirchenorganisation zu verbessern suchten. Die angestrebte Reform der Kirche blieb jedoch unvollendet. Unterdessen wurde der Wunsch nach religiöser Erneuerung immer populärer.

Im 16. Jahrhundert gingen Kritiker so weit, mit der päpstlich beherrschten Kirche offen zu brechen. Sie forderten eine Rückbesinnung auf die Wurzeln des Christentums. Diese Bewegung, die später sogenannte Reformation, hatte ihre Zentren in Wittenberg, Zürich und Genf, von wo sich die neuen Lehren in Europa ausbreiteten. Auch die katholische Kirche unternahm damals eine Reform, doch die Spaltung in verschiedene, sich gegenseitig ausschließende Glaubensrichtungen war nicht mehr aufzuhalten. Reformation und katholische Reform verwandelten die vormalige Einheit der Kirche in einen Plural an christlichen Bekenntnissen, wie er für die Neuzeit prägend wurde.

Europa im 16. Jahrhundert.

Großes Schisma und Reformkonzilien

1378 — Spaltung der Kirche in ein Papsttum in Rom und in Avignon, Beginn des **Großen Abendländischen Schismas**.

1409 — Konzil zu Pisa: Die Kardinäle wählen einen dritten Papst.

1414 - 1418 — **Konzil zu Konstanz**: Das Schisma wird überwunden, Reformen für die Kirche werden angestoßen.

1419 - 1436 — In den Hussitenkriegen erheben sich die Anhänger des hingerichteten **Jan Hus** in Böhmen gegen die alte Kirche.

1431 - 1449 — **Konzil zu Basel**: Papst und Kirchenversammlung streiten um die Führung des Christentums.

Anfänge der Reformation

1517 — **Martin Luther** in Wittenberg kritisiert öffentlich den Ablasshandel.

Januar 1521 — Luther wird vom Papst wegen Ketzerei mit dem Kirchenbann belegt.

Mai 1521 — Nach dem **Reichstag zu Worms** fallen Luther und seine Anhänger in die Reichsacht (**Wormser Edikt**).

um 1520/25 — **„Reformation von unten"**: Einige Städte und Gemeinden im Reich führen selbstständig evangelische Kirchenordnungen ein.

seit 1523 — Zürich und andere Schweizer Orte schaffen ihre eigene Kirche, angeleitet durch die Lehren des Reformators **Ulrich Zwingli**.

1524 - 1526 — **Bauernkrieg**: Die Erhebung des „Gemeinen Mannes" im Reich wird blutig niedergeschlagen.

Glaubensspaltung in Europa

um 1527/30 — Beginn der **Fürstenreformation**: Fürsten führen in ihren Territorien Luthers evangelische Lehre und eigene Kirchenordnungen ein.

1530 — In der **Confessio Augustana** legen die evangelischen Reichsstände ihr Bekenntnis fest.

um 1530/40 — England, Skandinavien und weite Teile des Reiches trennen sich von der katholischen Kirche und führen neue Kirchenordnungen ein.

1534/40 — Gründung der Gesellschaft Jesu (**Jesuitenorden**), die zu einem Vorreiter der katholischen Erneuerung wird.

1545 — Beginn des **Konzils von Trient**, das bis 1563 tagt.

ab etwa 1550 — Das Reformiertentum, maßgeblich beeinflusst von **Johannes Calvin** in Genf, breitet sich in Teilen Europas aus.

1555 — Der **Augsburger Religionsfrieden** bestätigt die Glaubensspaltung im Reich und schafft Regeln für das Zusammenleben von Katholiken und Protestanten.

Konfessionsbildung und Konfessionalisierung

seit 1563 — Mithilfe der Reformen des Trienter Konzils nimmt das Papsttum eine Erneuerung der katholischen Kirche vor.

1577 — Die **Konkordienformel** grenzt das evangelisch-lutherische Bekenntnis von katholischem und reformiertem Glauben ab.

1598 — **Edikt von Nantes**: Ausgleich in Frankreich zwischen Katholiken und Protestanten nach Jahrzehnten des Bürgerkrieges.

1609 — Spanien gesteht den nördlichen Niederlanden ihre (vorläufige) Unabhängigkeit zu. In den Niederlanden gilt das reformierte Bekenntnis.

1618 - 1648 — **Dreißigjähriger Krieg**: Mitteleuropa versinkt in einem politischen und konfessionellen Dauerkonflikt.

Oktober 1648 — Friede von Münster und Osnabrück (**Westfälischer Friede**): neue Friedensordnung in Mitteleuropa, verbesserter Religionsfrieden im Reich.

Gespaltenes Papsttum | Seit Anfang des 14. Jahrhunderts residierten die Päpste in Avignon, wo sie unter dem Einfluss des französischen Königs standen. Erst 1376 gelang Papst *Gregor XI.* die Rückkehr nach Rom. Sein Nachfolger *Urban VI.* wollte die Macht der mehrheitlich französischen Kardinäle brechen und ging entschieden gegen sie vor. Diese erklärten ihn 1378 für amtsunfähig und wählten einen neuen Papst, der sich jedoch gegen Urban in Rom nicht durchsetzen konnte. Er zog daher nach Avignon. Damit war die Kirche gespalten – in ein römisches und ein avignonesisches Papsttum. Das Schisma betraf weite Teile Europas.

Autoritätsverlust | Die Spaltung beschädigte das Ansehen der Kirche erheblich. Die Päpste sprachen sich gegenseitig die Berechtigung ab. Weltliche Herrscher ergriffen nach eigenem Ermessen für eines der beiden Kirchenoberhäupter Partei.

Schon vor dem Schisma hatte sich die päpstliche Kurie zu einem mächtigen Verwaltungsapparat entwickelt. Für rechtliche Entscheidungen, Gnadenerweise und die Vergabe kirchlicher Ämter erhob sie hohe Gebühren und Steuern. Durch die Kirchenspaltung wuchs noch einmal der Geldbedarf, da nun gleich zwei Päpste ihre Hofhaltung finanzieren mussten. In vielen Ländern klagten die Menschen über die steigenden Abgaben an den Klerus, der dafür immer prunkvoller auftrat (→M1).

Lösungsansatz: Konzil | Der Verfall der Kirche durch das Schisma, den Ämterhandel und die Verweltlichung der Würdenträger verlangte nach Abhilfe. Die damals oft beschworene Reform wäre eigentlich Sache der Päpste gewesen, die jedoch heillos zerstritten blieben. Als Lösung wurde schließlich eine allgemeine Kirchenversammlung angeregt, ein *Konzil*. Hier sollten Kardinäle, Bischöfe und Äbte sowie Vertreter der Universitäten über Fragen der kirchlichen Ordnung und des Glaubens beraten und entscheiden. Vordringlich war dabei die Wiedervereinigung unter einem einzigen Oberhaupt.

Der erste Anlauf eines *Konzils in Pisa* 1409 misslang. Dem dort neu gewählten Papst wollten sich die beiden bisherigen nicht beugen. Danach beanspruchten gleich drei Päpste die Führung der Kirche.

Die Versammlung von Konstanz | Das in Pisa begonnene Konzil trat von 1414 bis 1418 erneut zusammen, diesmal in Konstanz am Bodensee, unter dem Schutz des römisch-deutschen Königs Sigmund. Die über 2 300 Konzilsväter, wie die stimmberechtigten Teilnehmer genannt wurden, stammten aus ganz Europa und waren, ähnlich den Studierenden an den damaligen Universitäten, in „Nationen" organisiert. Es war die größte kirchliche Versammlung des Mittelalters.

Das Konzil stand vor drei Aufgaben: Beseitigung des Schismas (*causa unionis*), Erneuerung der kirchlichen Ordnung (*causa reformationis*), Erörterung von Glaubensfragen (*causa fidei*). In der Frage der Kirchenspaltung beanspruchte das Konzil selbst die oberste Gewalt (Dekret *„Haec sancta"*). Es trat somit, wenn auch nur vorübergehend, an die Stelle des Papstes (→M2). Die amtierenden Päpste wurden per Konzilsbeschluss abgesetzt oder traten freiwillig zurück. Erst 1417 wählte das Konzil einen neuen, allgemein anerkannten Papst, *Martin V.* Das Schisma war damit beendet. Für die weitere Kirchenreform wurde vereinbart, künftig regelmäßige Konzilien abzuhalten (Dekret *„Frequens"*).

Das Konzil zu Basel | Das Folgekonzil fand 1423 in Pavia statt, wegen der Pest wurde es nach Siena verlegt. Der Papst blieb ihm fern und löste es angesichts der geringen Teilnahme kurzerhand auf. Martin V. versuchte eine eigene Kirchenreform und sah das Konzil nur als Hilfsorgan, nicht als übergeordnete Instanz. Hier bahnte sich ein Gegensatz zwischen Anhängern des Konzils und des Papstes an.

Schisma (altgriech.: Spaltung, Trennung): Spaltung einer Religionsgemeinschaft, aus der keine abweichende Glaubensrichtung hervorgeht. Als Schisma wird etwa auch die Trennung zwischen römischer und griechisch-orthodoxer Kirche im 11. Jahrhundert bezeichnet.

Kurie (von lat. *curia*: Rat, Hof): Gesamtheit der dem Papst unterstehenden Zentralbehörden zur Leitung der katholischen Kirche

Klerus (von lat. *clericus*: Geistlicher): Sammelbegriff für alle Geistlichen

Sigmund, auch Sigismund (1368–1437): Herrscher aus dem Haus Luxemburg, das nach ihm ausstarb. 1378–1388 und 1411–1415 Kurfürst von Brandenburg, seit 1387 König von Ungarn und Kroatien, seit 1411 römisch-deutscher König, seit 1419 auch König von Böhmen, 1433 zum Kaiser gekrönt

Dekret (von lat. *decernere*: beschließen, entscheiden): rechtlich bindende Verfügung

Internettipp
Die Stadt Konstanz bietet ein multimediales Informationsforum zur Geschichte des dort abgehaltenen Konzils. Siehe dazu den Code **32037-15**.

Als das nächste Konzil 1431 in Basel zusammentrat, brach der Konflikt offen aus. Der neue Papst *Eugen IV.* wollte das Konzil verlegen, doch die Versammlung widersetzte sich. Sie wählte 1439 einen eigenen Papst (*Felix V.*). Auf einmal gab es ein neues Schisma.

Das Basler Konzil tagte bis 1449 und beschloss weitere Reformen. Seine lange Dauer erklärt sich auch aus dem Ringen um die oberste Gewalt in der Kirche. Hier behauptete sich der römische Papst. Dieser veranlasste den in Basel gewählten Felix V. zum Rücktritt und bewog die Versammlung schließlich zur Aufgabe. Damit war der Versuch gescheitert, das Papsttum grundsätzlich an die Mitbestimmung des Konzils zu binden.

Der Prozess gegen Hus | Die Konzilien befassten sich auch mit Abweichlern im Glauben. In Konstanz wurde der Prager Theologe und Reformprediger **Jan Hus** vorgeladen. Man warf ihm vor, er vertrete die radikalen Lehren des Engländers *John Wyclif* (ca. 1320–1384), der Sinn und Zweck der Amtskirche angezweifelt hatte. Das Konzil hat Wyclifs Kirchenkritik rückwirkend verdammt und Hus als Ketzer verurteilt. Im Juli 1415 wurde Hus verbrannt, ein Jahr später auch sein Mitstreiter, *Hieronymus von Prag*.

Die Hussitenfrage | In Böhmen wurde der hingerichtete Hus als Märtyrer gefeiert. Seine Anhänger sagten sich von der katholischen Kirche los, ebenso von König Sigmund, der dem Urteil in Konstanz zugestimmt hatte. Die bald sogenannten *Hussiten* bildeten eigene Gemeinden. Die Predigt durfte auch von **Laien** und in der Volkssprache (statt auf Latein) gehalten werden, die Kommunion wurde allen Gläubigen in Gestalt von Brot und Wein (*Laienkelch*) gereicht.

Vergeblich versuchten Papst, Kaiser und Fürsten, die Bewegung gewaltsam zu unterdrücken. Die Hussiten behaupteten sich gegen die sie geführten Kreuzzüge. Erst das Konzil von Basel ging den Weg der Verständigung. 1433 vereinbarten das Konzil und der gemäßigte Teil der Hussiten (**Utraquisten**) ein Friedensabkommen. Die Duldung einer hussitischen Kirche in Böhmen neben der katholischen wurde zwar vom Papst nicht anerkannt, galt aber als Landesgesetz.

Kirche in der Kritik | Ungeachtet der Reformen verlor die Kirche seit dem 15. Jahrhundert weiter an Ansehen. Die Päpste wollten durch die Förderung der Künste und durch prächtige Bauten beweisen, dass sie kulturell auf der Höhe der Zeit standen. Das **Renaissancepapsttum** erschien vielen jedoch als Inbegriff für Verschwendung und Maßlosigkeit, zumal es sich weiterhin über Abgaben aus ganz Europa finanzierte. Bischöfe und Kardinäle, die es den Päpsten an Repräsentation gleichtun wollten, gerieten darüber ebenfalls in Verruf.

Demgegenüber war der niedere Klerus (einfache Pfarrer und Prediger) oft schlecht ausgebildet und auf seinen Stellen mangelhaft versorgt. Auch litt die geistliche Disziplin: Viele Kleriker lebten im **Konkubinat** und hatten uneheliche Kinder.

Der **Humanismus**, die damals sich ausbreitende Bildungsbewegung, legte kritische Maßstäbe an das überlieferte Wissen. Das betraf zumal die Lehrinhalte an Schulen und Universitäten, für die die Kirche verantwortlich war.

Die Gesellschaft auf Sinnsuche | Zugleich war das 15. und beginnende 16. Jahrhundert eine Zeit intensiver Frömmigkeit. Pilgerfahrten, fromme Stiftungen sowie der Kult um **Reliquien** hatten Hochkonjunktur. Viele Menschen traten in Klöster ein oder gründeten Laiengemeinschaften für ein Leben in strikter Hinwendung zu Gott. Darin zeigte sich ein tiefes Verlangen nach religiöser Erfüllung, dem die Kirche mit herkömmlichen Mitteln kaum noch entsprechen konnte (→M3). Als Kehrseiten des damaligen religiösen Eifers kam es zu Ausschreitungen gegen Juden sowie zu einer Welle von Hexenverfolgungen.

Jan Hus (um 1370–1415): tschechischer Theologe, Prediger und Kirchenkritiker, Rektor der Universität Prag, wird bis heute als tschechischer Nationalheld verehrt

Laien (von lat. *laicus*: weltlich): Bezeichnung für Christen ohne geistliches Amt

Utraquisten (von lat. *sub utraque specie*: unter beiderlei Gestalt): christliche Glaubensgemeinschaft in Böhmen, die das Abendmahl unter Einschluss des Laienkelchs praktizierte

Renaissancepapsttum: spätere Bezeichnung für die Regierung der Päpste von Mitte des 15. bis zur Mitte des 16. Jahrhunderts, die wie weltliche Fürsten auftraten und ihren Herrschaftssitz Rom zu einem Zentrum der Renaissance (Wiederbelebung der klassischen Antike) machen wollten

Konkubinat (von lat. *concubinus*: Geliebter): (heute veraltet für) eheähnliches Verhältnis. Im Mittelalter wurde es als Lebensgemeinschaft für Personen geduldet, die keine Ehe eingehen konnten.

Humanismus (von lat. *humanitas*: Menschenwürde): spätere Bezeichnung für eine geistige Bewegung im Europa des 14. bis 16. Jahrhunderts. Sie nahm das Wissen und die Ideen der griechisch-römischen Antike zum Vorbild, um die eigene Gesellschaft sittlich zu verbessern.

Reliquie (von lat. *reliquiae*: Zurückgelassenes): (angeblicher) Überrest einer heiligen Person, etwa ein Körperteil, getragene Kleidung, ein Gegenstand aus deren Besitz

„Über die Sage, dass Sankt Peters Schifflein zu unserer Zeit an einem Fels zerstoßen wird."
Holzschnitt von Hans von Kulmbach, 1508.
Das Bild illustriert ein astrologisches Werk des Priesters und Gelehrten Joseph Grünpeck, das 1508 zuerst lateinisch, im selben Jahr dann auch in deutscher Übersetzung erschien und bis 1522 in Nachdrucken verbreitet wurde.

- Beschreiben Sie den Holzschnitt.
- Charakterisieren Sie die dargestellten Personen.
- Interpretieren Sie, was das Bild offensichtlich anmahnt.

Ablass (althochdt. *Ablaz*: Nachlass): kirchliche Vorstellung von der Verringerung zeitlicher Sündenstrafen im Jenseits. Ein Ablass wurde als Gegenleistung für gute Werke gewährt, wenn der Betreffende zugleich Buße tat. Im Spätmittelalter bot die Kirche Ablässe gegen Gebühren an.

Martin Luther (1483–1546): Theologe und Reformator aus Eisleben in Thüringen. Seit 1505 Mitglied des Ordens der Augustiner-Eremiten, seit 1512 Professor für Bibelauslegung an der Universität Wittenberg. Im Streit um seine Ansichten über Glaube und Kirche wurde er 1521 vom Papst zum Ketzer erklärt. Seit 1525 lebte er als Ehemann, Hausvater und Priester in Wittenberg. Auf seine Lehren geht die evangelisch-lutherische Kirche zurück.

Internettipp
Aus Anlass des Reformationsjubiläums 2017 entstand eine virtuelle Wissensplattform mit multimedialen Inhalten zu Geschichte und Wirkung der Reformation. Siehe hierzu den Code **32037-16**.

Stein des Anstoßes | Zu den Formen damaliger Frömmigkeit zählte auch der **Ablass**. Die Neigung, den Ablass als einfachen Loskauf von Sündenstrafen zu verstehen und daraus ein Geschäft zu machen, war weit verbreitet, fand aber auch ihre Kritiker. Seit 1506 wurde ein neuer Petersdom in Rom errichtet, Ablasskampagnen in ganz Europa sollten den Bau mitfinanzieren (sogenannter Petersablass). Im Streit um diese Praktiken meldete sich der junge Mönch **Martin Luther** zu Wort, ein Hochschullehrer im sächsischen Wittenberg. Im Herbst 1517 veröffentlichte er 95 Thesen gegen den Ablass. Darin kritisierte er nicht nur den Ablasshandel, sondern bestritt auch die von der Kirche behauptete Wirksamkeit des Ablasses (→M4).

Eine theologische Initiative | Luthers Thesen standen im Zusammenhang mit seiner Suche nach religiöser Orientierung. Die Frage „Wie finde ich einen gnädigen Gott?" stand im Zentrum seines theologischen Ansatzes. Um 1518 gelangte Luther zu einer Antwort. Der Mensch findet demnach Rechtfertigung vor Gott allein gemäß der Heiligen Schrift (*sola scriptura*). Ihr zufolge befreie ausschließlich Gottes Gnade (*sola gratia*) den Menschen von den Sündenstrafen. Diese Gnade wiederum sei ein Geschenk, das sich nicht verdienen lasse, sondern nur durch den Glauben (*sola fide*) erfahren werden könne. Seine Anschauung stützte Luther auf die Bibel, besonders auf die **Psalmen** und die Schriften des Apostels Paulus.

Eine neue Lehre | Die *Rechtfertigungslehre* Luthers definierte die Beziehung zwischen Gott und den Menschen grundlegend neu. Sie widersprach den bisherigen Ansichten von einer *Werkgerechtigkeit*, wonach der Mensch seine Sündenstrafen durch gute Taten ausgleichen könne. Damit entfiel jedoch auch die Funktion der Kirche zur Vermittlung des Seelenheils. Die Kirche sollte stattdessen der Schulung des Glaubens dienen, indem sie für das rechte Verständnis der Bibel sorgte.

Diese Lehren konnte Luther durch seine Vorlesungen, Predigten und Briefe verbreiten, vor allem aber mithilfe des Buchdrucks. Luther gewann zahlreiche Anhänger und fand in der Bevölkerung teils begeisterten Zuspruch. Seine Schriften erreichten Massenauflagen und verschafften ihm nationale Berühmtheit. Luther erschien vielen als Hoffnungsträger, der eine Alternative zu den kirchlichen Missständen bot. Er trat damit eine Bewegung los, die er als *evangelisch* bezeichnete, da sie Christi Botschaft (das Evangelium) als alleinigen Maßstab in Glaubensfragen ansah (➔M5).

Der Fall Luther | Luther ging es um die Erneuerung der Kirche streng nach den Grundsätzen der Bibel. Als Mönch unterstand er allerdings der kirchlichen Obrigkeit. Schon seine Thesen gegen den Ablass hatte er an Erzbischof *Albrecht von Mainz* gesendet, um Beschwerde zu führen. Albrecht meldete dies nach Rom, wo man Luthers Kritik als Auflehnung gegen die kirchliche Ordnung deutete. 1518 wurde er der Ketzerei angeklagt.

Luthers wachsende Popularität und seine theologische Kompetenz forderten die Kirche heraus. Papst *Leo X.* erließ 1520 einen Aufruf, wonach Luthers Schriften verbrannt und nicht weiter gedruckt werden sollten. Luther selbst wurde eine Frist eingeräumt, seine Aussagen zurückzunehmen, andernfalls würde er als Ketzer verurteilt. Luther kam der Androhung nicht nach. Vielmehr erklärte er den Papst seinerseits für verdammenswert, solange dieser an seiner Machtfülle festhalte und den Christen falsche Lehren verordne.

Wormser Edikt | Anfang 1521 wurde Luther vom Papst zum Ketzer erklärt. Doch ein Ausgleich schien immer noch möglich. Auf dem Reichstag zu Worms im Frühjahr 1521 sollte Luther angehört werden, bevor auf das Ketzerurteil die **Reichsacht** folgte. Erneut erhielt er die Chance, seine Lehren zu widerrufen. Doch Luther lehnte ab, da er sich keines Irrtums überführt sah: Solange er nicht durch die Bibel widerlegt werde, könne er seinen Standpunkt nicht aufgeben, das verbiete ihm sein Gewissen. Hierauf erklärte Kaiser **Karl V.** die Lehren Luthers für inakzeptabel, da sie mit allem brächen, wofür die Kirche bislang stehe. Der Kaiser erließ gegen Ende des Reichstages eine gesonderte Verfügung, das *Wormser Edikt*. Darin wurde die Reichsacht über Luther und seine Anhänger ausgesprochen und die Verbreitung von Luthers Schriften untersagt. Im Kurfürstentum Sachsen wurde das Edikt allerdings nicht publiziert und blieb dort unwirksam. Auch in anderen Territorien wurde das Edikt nicht konsequent vollzogen.

Auf neuen Wegen | Luther selbst durfte Worms unbehelligt verlassen. Auf Geheiß seines Landesherrn, Kurfürst *Friedrichs von Sachsen*, wurde er heimlich auf die Wartburg bei Eisenach gebracht, wo er über ein Jahr lang versteckt blieb. Die Zeit nutzte Luther für die Übersetzung des Neuen Testaments ins Deutsche, die schon 1522 veröffentlicht wurde. Seit 1534 erschien die gesamte Bibel in Luthers Übersetzung und mit seinen Kommentaren. Es wurde der größte Erfolg einer deutschsprachigen Druckschrift im 16. Jahrhundert.

Psalmen (von altgriech. *psalmós*: Lied, Saitenspiel): Sammlung von Gedichten, Liedtexten und Gebeten im Alten Testament

Reichsacht: Ausschluss aus der Gesellschaft wegen schwerer Verbrechen. Der Geächtete war rechtlos und durfte straflos beraubt oder getötet werden. Die Reichsacht wurde vom Kaiser verhängt, jedoch erst nach einem ordentlichen Verfahren.

Karl V. (1500–1558): Herrscher aus dem Haus Habsburg, seit 1515 Herr über die Niederlande, seit 1516 König von Spanien, Herr über Neapel und Sizilien, seit 1519 römisch-deutscher König, seit 1520 „erwählter römischer Kaiser", 1530 vom Papst zum Kaiser gekrönt

Katharina von Bora (1499–1552): stammte aus dem sächsischen Landadel, seit 1515 Nonne, Mitglied der Zisterzienserinnen, verließ 1523 die Klostergemeinschaft und heiratete 1525 Martin Luther, mit dem sie sechs Kinder hatte und ein bürgerliches Leben führte

Sakramente (von lat. *sacrare*: weihen, heiligen): Weihehandlungen, die nur von Priestern durchgeführt werden können. Im Mittelalter wurden sieben Sakramente festgelegt: Taufe, Firmung, Abendmahl (Kommunion), Buße (Beichte), Krankensalbung („letzte Ölung"), Priesterweihe und Ehe.

Leibeigenschaft: Rechtszustand einer dauernden persönlichen und wirtschaftlichen Abhängigkeit von einem Herrn

Thomas Müntzer (1486/90–1525): Theologe, Priester und Revolutionär. Er forderte neben einer Enteignung der Kirchen und Klöster auch die Abschaffung der Vorrechte des Adels. Als Teilnehmer am Bauernkrieg in Thüringen wurde er 1525 hingerichtet.

Luther brach nun endgültig mit der alten Kirche. Er gab sein Mönchsdasein auf und heiratete **Katharina von Bora**. In der evangelischen Glaubensgemeinschaft sollte es keine Mönche oder Nonnen geben, ebenso sollten Priester heiraten dürfen. Von den sieben **Sakramenten** ließ Luther nur Taufe und Abendmahl gelten, da alle anderen nicht aus der Bibel ableitbar seien.

Frühe Reformation | Die evangelische Bewegung war zwar von Luther inspiriert, aber keineswegs zentral von ihm gesteuert. Vielmehr gingen zunächst einzelne deutsche Städte daran, die kirchlichen Verhältnisse in Eigenregie umzugestalten. Bürgermeister und Räte folgten dem Drängen der mittleren und oberen Schichten, beriefen evangelische Prediger und schufen neue Kirchenordnungen (*Stadtreformation*). Ähnlich verfuhren in manchen Teilen des Reiches auch ländliche Gemeinden, die dabei auf ihre Selbstverwaltung pochten (*Gemeindereformation*). In dieser Phase, zu Anfang der 1520er-Jahre, entwickelte sich die Reformation somit auf lokaler und volkstümlicher Ebene, als „*Reformation von unten*".

Bauernkrieg | Seit 1524 kam es zu Aufständen von Bauern und Handwerkern, die sich gegen ihre Grundherren zur Wehr setzten. Schon länger hatten Adlige und Fürsten die Rechte der abhängigen Bauern eingeschränkt, sie zu immer höheren Abgaben gezwungen und zur **Leibeigenschaft** herabgestuft. In ihrem Widerstand beriefen sich die Bauern auf das „alte Recht" (die frühere Ordnung), bald auch auf ein angebliches „göttliches Recht" (das Recht der Unterdrückten auf Befreiung). Sie bezogen sich dabei auf Luthers Freiheitsbegriff – der jedoch nur Gewissensfreiheit meinte – und seine Kritik bestehender Verhältnisse mithilfe der Bibel (→M6).

Der „Aufstand des Gemeinen Mannes", wie der *Bauernkrieg* auch genannt wurde, breitete sich bis 1526 über weite Teile des Reiches aus. Doch gegen die Söldnertruppen der Fürsten und Reichsstädte konnten die schlecht organisierten Bauern nichts ausrichten. Die Rebellion wurde blutig niedergeschlagen.

Gegen eine radikale Reformation | Luther distanzierte sich von den Aufständischen. Er appellierte, zumal in der Auseinandersetzung mit **Thomas Müntzer**, an die Gehorsamspflicht der Christen gegenüber ihren weltlichen Herren: Aufruhr sei unchristlich. In seiner Schrift „Wider die mörderischen und räuberischen Rotten der Bauern" von 1525 verurteilte er einseitig die Gewaltakte mancher Bauern, billigte dagegen das grausame Vorgehen der Obrigkeit. Mit seiner Parteinahme wollte er die Reformation vor der Radikalisierung schützen. Die evangelische Lehre durfte die Ordnung der Gesellschaft nicht infrage stellen. Luther schlug sich nun ganz auf die Seite der Mächtigen. Die Fürsten sollten die neue Lehre in ihren Territorien durchsetzen.

Fürstenreformation | In der zweiten Hälfte der 1520er-Jahre begannen Fürsten im Reich mit der Einführung eigener Kirchenverfassungen. Im Kurfürstentum Sachsen entstand seit 1527 eine neue geistliche Ordnung, an der Luther und sein Weggefährte **Philipp Melanchthon** maßgeblich beteiligt waren. Der Fürst trat an die Stelle der bisherigen Kirchenobrigkeit, er fungierte als „Notbischof" in seinem Territorium. Eine von ihm bestellte Behörde aus Räten und Theologen, das *Konsistorium*, wachte über die Ausbildung, Versorgung und dienstliche Aufsicht der Pfarrer und übernahm die Verwaltung der kirchlich geführten Schulen und Fürsorgeeinrichtungen. In Glaubensfragen galt künftig ein einheitlicher *Katechismus* (Lehrbuch und Anleitung zum Leben in Frömmigkeit). Für Gottesdienste, Taufen und Trauungen wurden zentrale Vorschriften eingeführt.

Finanziert wurde das neuartige *landesherrliche Kirchenregiment*, indem die Regierung die Klöster auflöste und deren Vermögen einzog. Dem Vorbild Kursachsens folgten viele andere Fürsten. Der Aufbau evangelischer Landeskirchen dauerte oft mehrere Jahrzehnte (→M7).

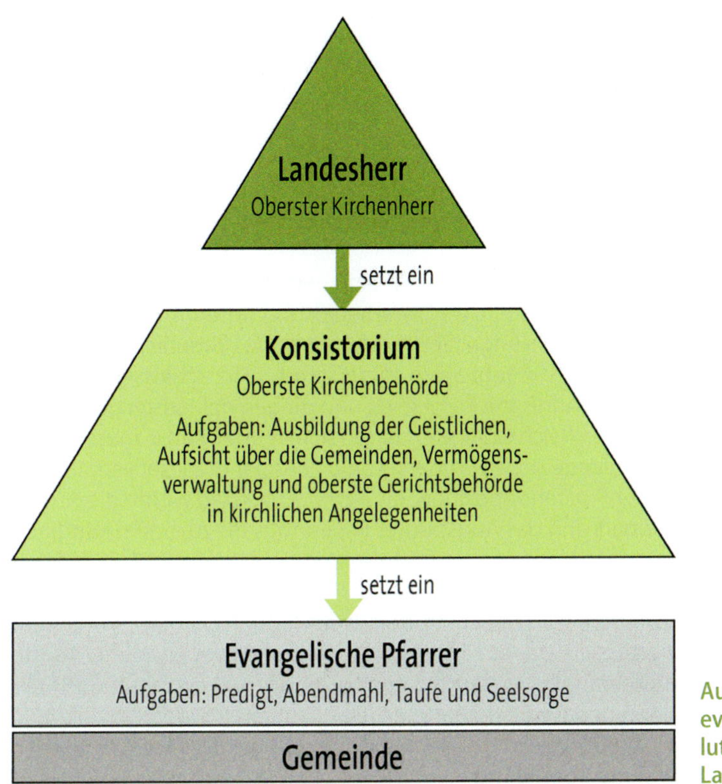

Aufbau einer evangelisch-lutherischen Landeskirche.

Philipp Melanchthon (1497–1560): Humanist, Theologe, Dichter und Reformator. Ab 1518 Professor für Altgriechisch in Wittenberg, seither Luthers Anhänger und Mitarbeiter, nach Luthers Tod Wortführer der Reformation. Er widmete sich zumal der Reform des Unterrichtswesens.

Reichsrecht und fürstliche Selbstbestimmung | Die Reformation war jedoch durch das Reichsrecht nicht gedeckt. Der Kaiser war geradezu verpflichtet, die alte Kirche im Reich zu schützen und Andersgläubige, gleich welchen Standes, als Ketzer zu verfolgen. Wie Karl V. auf die Reformation reagierte, hing freilich auch von den Machtverhältnissen zwischen Reichsoberhaupt und **Reichsständen** ab. Hinzu kam, dass Karl V. nicht nur Kaiser des römisch-deutschen Reiches war, sondern auch in anderen Teilen Europas regierte. Während seiner Abwesenheit vom Reich in den Jahren 1521 bis 1530 verschärfte sich die Religionsfrage. Seit 1526 war das Wormser Edikt, das Verbot der lutherischen Lehre, faktisch außer Kraft gesetzt. Als es der Reichstag 1529 per Mehrheitsbeschluss wieder einführen wollte, verwahrten sich etliche evangelische Fürsten und Reichsstädte dagegen. In Glaubensdingen, so die damalige **Protestation**, seien Mehrheitsentscheidungen auf Reichsebene ungültig. Als *protestantisch* bezeichnete man später alle Glaubensrichtungen, die aus der Reformation hervorgingen.

Reichsstände: Inhaber von Sitz und Stimme auf Reichstagen (geistliche und weltliche Kurfürsten und Fürsten sowie Reichsstädte)

Protestation (von lat. *protestari*: bezeugen): Rechtshandlung eines Reichsstandes, sich gegen einen Mehrheitsbeschluss zu erklären. Dabei blieb es fraglich, ob der Protestierende von der Entscheidung ausgenommen war oder ihr dennoch folgen musste.

Dialog und Dissens | Die Spaltung des Reiches in Anhänger alten und neuen Glaubens schritt weiter voran. Karl V., der 1530 den Reichstag zu Augsburg leitete, versuchte einen Ausgleich über Gespräche. Dazu legten die evangelischen Reichsstände ihre Position dar. In einer von Melanchthon verfassten Bekenntnisschrift, dem „Augsburger Bekenntnis" (*Confessio Augustana*), waren wesentliche Inhalte der evangelischen Lehre fixiert. Das Dokument machte die Unterschiede zum katholischen Glauben deutlich. Eine Einigung in der Religionsfrage kam 1530 aber nicht zustande. Sie sollte künftig entweder durch einen Reichstag, ein **Religionskolloquium** oder ein Konzil herbeigeführt werden.

Religionskolloquium: Religionsgespräch, Verhandlungen über theologische Lehrauffassungen. Die Kolloquien von 1540/41, 1546 und 1557 brachten keine Einigung.

Schutzbund für den neuen Glauben | Um ihre prekäre Lage zu verbessern, gründeten evangelische Reichsstände 1531 ein Schutzbündnis, den nach dem Versammlungsort in Thüringen benannten *Schmalkaldischen Bund*. Angeführt wurde er vom Kurfürsten von Sachsen und vom Landgrafen von Hessen. Dem Bund schlossen sich weitere

Fürsten und Reichsstädte an. Aus der Glaubensspaltung entstand somit eine politische Opposition gegen den Kaiser und die mehrheitlich katholischen Reichsstände.

Lange Zeit drängte Karl V. auf ein Konzil, das der Papst jedoch erst 1545 nach Trient einberief. Die evangelischen Reichsstände verweigerten ihre Teilnahme. Karl V. versuchte schließlich, den Widerstand mit Waffengewalt zu brechen. 1546 wurde die Reichsacht über die beiden Anführer des Schmalkaldischen Bundes verhängt. Im Jahr darauf wurden sie von Truppen des Kaisers und seiner Verbündeten besiegt.

Erfolgreicher Widerstand | 1548 verfügte Karl V. eine neue Glaubensordnung für die protestantischen Reichsstände. Sie sollte als Zwischenlösung (*Interim*) gelten, bis das Konzil eine Einigung in der Religionsfrage fand. Doch gegen das kaiserliche Diktat wie auch gegen die Übermacht Karls V. regte sich Widerstand. 1552 schlossen mehrere Reichsfürsten ein geheimes Bündnis mit Frankreich und gingen militärisch gegen den Kaiser vor. Die meisten übrigen Reichsstände erklärten sich neutral. Karl V. musste nach Österreich fliehen, in die Erblande seines Bruders, König **Ferdinand**. Dieser verhandelte anstelle des Kaisers mit der Fürstenopposition. Im *Passauer Vertrag* wurde die Aufhebung des Interims vereinbart und das Augsburger Bekenntnis bis zu einem künftigen Reichstag anerkannt.

Ferdinand I. (1503–1564): Herrscher aus dem Haus Habsburg, Erzherzog von Österreich, seit 1526/27 König von Böhmen, Ungarn und Kroatien. 1531 zum römisch-deutschen König gewählt, blieb er Stellvertreter Karls V. und wurde nach dessen Tod 1558 Kaiser.

Augsburger Religionsfrieden | Der nächste Reichstag fand 1555 statt, wiederum in Augsburg. Karl V. hatte sich aus der Reichspolitik zurückgezogen, daher führte Ferdinand die Verhandlungen. Unter seiner Leitung gelang ein umfassendes Friedensabkommen zwischen den Glaubensparteien. Der *Religionsfrieden* sah vor:

- Anerkennung des Augsburger Bekenntnisses auf Dauer: Schutz der protestantischen Reichsstände vor Strafe und Verfolgung.
- Gewaltverzicht zwischen den Reichsständen in Fragen der Religion.
- Anerkennung des landesherrlichen Reformationsrechts (*ius reformandi*): Weltliche Fürsten sowie Reichsstädte durften den evangelischen Glauben in ihrem Herrschaftsbereich einführen (nach einer späteren Formel: *cuius regio, eius religio* – „wessen Herrschaft, dessen Glaube").
- Bedingter Schutz der Untertanen: Diese mussten den Glauben des Landesherrn oder der Reichsstadt übernehmen, erhielten aber das Recht zur Auswanderung aus Glaubensgründen (*ius emigrandi*).
- *Parität* (Gleichberechtigung) beider Glaubensrichtungen in Reichsstädten mit gemischtgläubiger Bevölkerung.
- Die **Säkularisation** von **Hochstiften** im Zuge der Reformation wurde bis zum Stichjahr 1552 anerkannt. Künftig galt jedoch der „Geistliche Vorbehalt" (*reservatum ecclesiasticum*): Geistliche Fürsten durften zwar für ihre Person zum Augsburger Bekenntnis übertreten, büßten aber ihre Herrschaft ein. Dadurch sollte der Bestand der alten Kirche im Reich geschützt werden. Nach einer Zusatzerklärung König Ferdinands (*Declaratio Ferdinandea*) war es Rittern, Städten und Gemeinden in den Hochstiften erlaubt, den evangelischen Glauben zu behalten (➔M8).

Säkularisation (von lat. *saecularis*: weltlich, zeitlich): Enteignung von Kirchengut durch dessen Umwandlung in weltlichen Besitz

Hochstift: weltlicher Herrschaftsbereich eines geistlichen Reichsfürsten (Fürsterzbischof, -bischof, Reichsabt, -äbtissin usw.)

Friede – aber keine Einheit | Der Religionsfrieden galt lediglich im Reich, nicht für das übrige Europa. Er hob die religiöse Spaltung nicht auf, sondern legte nur die Bedingungen für ein gewaltfreies, rechtlich geordnetes Zusammenleben fest. Unabhängig davon gab es Bemühungen, die bestehenden Differenzen zu überwinden und das Christentum wieder zu vereinen. Doch seit Mitte des 16. Jahrhunderts schwanden dafür die Chancen. Einmal, weil sich die Reformation selbst aufspaltete, während sie sich international auszubreiten begann. Zum anderen, weil die katholische Kirche ihre eigene Erneuerung vornahm.

Ulrich (Huldrych) Zwingli (1484–1531): Schweizer Theologe, Priester und Reformator, seit 1523 verantwortlich für die Einführung der Reformation in Zürich und anderen Schweizer Orten. Zürich unterlag 1531 im Krieg gegen katholische Kantone. Zwingli fiel in der Schlacht.

Alternativen zu Luthers Reformation | Schon in den 1520er-Jahren war in den Städten Südwestdeutschlands und in der Schweiz eine eigene reformatorische Richtung entstanden. Ihre Führungsfigur, **Ulrich Zwingli** in Zürich, stimmte in Vielem mit den

Lehren Luthers überein; in manchen Fragen, wie etwa der Bedeutung der Kommunion, blieb es bei unvereinbaren Auffassungen. Zwingli starb 1531. Die süddeutschen protestantischen Reichsstädte schlossen sich danach dem Luthertum an. Die Zwinglische Bewegung blieb dagegen auf Gebiete in der Schweiz beschränkt. Sie verband sich mit der Reformation nach Genfer Vorbild, die in den 1540er-Jahren von **Johannes Calvin** eingeleitet wurde.

Calvinismus | Calvin knüpfte an die Lehre Luthers an, wich aber in wesentlichen Punkten von ihr ab. Wie Luther erachtete auch Calvin die Bibel als allein maßgebliche Quelle des Glaubens. Allerdings betonte er neben der Gnade Gottes auch die Bedeutung von Gottes Geboten. Diese dienten nicht nur der Verurteilung der Sünden, sondern auch als Richtschnur zu einem gottgefälligen Leben. Glaube und Sittenstrenge waren gleichermaßen entscheidend.

Wie im Luthertum gab es zwei Sakramente, neben der Taufe die Kommunion, die jedoch von keiner **Realpräsenz** Jesu Christi ausging, sondern nur eine **Spiritualpräsenz** annahm.

Auch die *Prädestinationslehre* (von lat. *praedestinare*: im Voraus bestimmen) bildete ein Merkmal von Calvins Theologie. Sie besagt, dass Gott jeden Menschen entweder zu Heil oder Verdammnis vorherbestimme. Diese Entscheidung bleibe Gottes Geheimnis, wenngleich die Menschen an ihrer Lebensführung erkennen könnten, ob sie erwählt oder verdammt seien.

Zweite Reformation | Von Calvins Lehren geprägt oder zumindest stark beeinflusst, wurde das *Reformiertentum* zu einer weiteren großen reformatorischen Bewegung. Während lutherische Kirchen in vielen deutschen Territorien, in Skandinavien, Schlesien, im Herzogtum Preußen und im Baltikum entstanden, breitete sich das Reformiertentum in Westeuropa sowie in Ungarn und Siebenbürgen aus.

Das Reformiertentum strahlte auch auf das Reich ab. Einige Fürsten und Städte in West- und Mitteldeutschland, die bereits evangelisch waren, übernahmen seit den 1560er-Jahren reformierte Glaubensinhalte. Dieser Schritt, auch als *Zweite Reformation* bezeichnet, erschien jedoch reichsrechtlich umstritten. Es blieb offen, ob das Reformiertentum in seinen tatsächlichen Ausformungen noch zum Augsburger Bekenntnis gehörte und somit durch den Religionsfrieden von 1555 gedeckt war.

Trienter Konzil | Das Papsttum hatte auf die Glaubensspaltung in Europa erst spät reagiert. Ein Konzil, das der Verständigung mit den Protestanten dienen sollte, kam erst 1545 auf kaiserlichen Druck zustande. Die Kirchenversammlung tagte in Trient, zeitweise in Bologna, und fand nach langen Unterbrechungen 1563 ihren Abschluss.

Das Konzil unterließ es jedoch, sich der Reformation zu öffnen – die Beschlüsse grenzten die katholische Kirche streng von Luthertum und Calvinismus ab. Als Glaubensgrundlage galten neben der Bibel ebenso die von der Kirche entwickelten Bräuche und Bestimmungen (Gleichrangigkeit von „Schrift“ und „Tradition“). Das Konzil bekannte sich zu den sieben Sakramenten, zur Ehelosigkeit des Klerus sowie zu den bisherigen Formen der Frömmigkeit (Anrufung der Heiligen, Verehrung von Reliquien und Bildern, Ablass), die jedoch maßvoll praktiziert werden sollten. Die Befreiung des Menschen von seinen Sünden geschehe durch Gottes Gnade, die in den Sakramenten und damit durch die Kirche gespendet werde.

In Trient wurden ebenso Maßnahmen zur Kirchenreform beschlossen. Das geistliche Personal wurde auf neue Grundsätze der Ausbildung und Amtsführung verpflichtet, um die lange vernachlässigte Seelsorge zu verbessern.

Katholische Reform und Gegenreformation | Anders als die großen Konzilien des 15. Jahrhunderts blieb das Trienter Konzil stets unter der Regie des Papstes. Der Papst leitete auch die Umsetzung der Trienter Reformen. Er erließ neue Vorschriften für die katholische Kirche in allen Ländern (etwa den *römischen Katechismus* von 1566 oder

Johannes Calvin (1509–1564): französischer Jurist, Humanist und Reformator, entwickelte eine reformierte Kirchenordnung für Genf, die 1541 in Kraft trat. Von 1536 bis 1559 verfasste er sein großes Lehrwerk „Institutio christianae religionis“ (dt.: „Unterricht in der christlichen Religion“).

Realpräsenz: Lehrauffassung von der Gegenwart Christi in der Abendmahlsfeier. Christus ist demnach in Brot und Wein „leibhaftig“ anwesend. Gemäß der Lehre von der **Spiritualpräsenz** (von lat. *spiritus*: Seele, Geist) ist Christus nicht körperlich, sondern durch den Heiligen Geist zugegen.

Münze aus Genf von 1796.
Die Genfer Silbermünze trägt die Umschrift „Post Tenebras Lux“ (lat.: Licht nach der Dunkelheit). Die Reformierten machten das Wort zu ihrem Wahlspruch.

▶ Interpretieren Sie den Wahlspruch im Zusammenhang mit der Reformation.

Kapuziner (von ital. *cappuccio*: Haube, Kapuze): Zweig des Franziskanerordens, 1528 vom Papst bestätigt. Die Mönche leben in größter Armut und verdingen sich als Seelsorger sowie als Helfer für Kranke, Arme und Obdachlose.

Jesuiten (eigentlich: Gesellschaft Jesu): geistlicher Orden, von dem Spanier Ignatius von Loyola (1491–1556) 1534 gegründet und 1540 von Rom anerkannt. Die Jesuiten widmen sich dem Unterricht in Schule und Universität sowie der Missionierung. Sie tragen keine eigene Ordenskleidung und betonen den Gehorsam gegenüber dem Papst.

Konkordienformel (von lat. *concordia*: Eintracht): gemeinsame Bekenntnisformel evangelisch-lutherischer Reichsstände, 1577 unterzeichnet. Die Konkordienformel versuchte, einen Schlussstrich unter die Lehrstreitigkeiten innerhalb des Luthertums zu ziehen.

Konkordienbuch: Sammlung der für die evangelisch-lutherische Kirche maßgeblichen Bekenntnisschriften (u.a. Luthers Katechismen, Confessio Augustana von 1530, Konkordienformel), 1580 veröffentlicht

Kalenderreform: von Papst Gregor XIII. verfügte Korrektur des Kalendersystems. Der neue Gregorianische Kalender wich damals um zehn Tage vom bisherigen Julianischen Kalender ab, die Differenz nahm später noch zu. Protestantische Länder führten den neuen Kalender teils erst im 18. Jahrhundert ein. Auch das Reich war in dieser Frage lange gespalten.

das *römische Messbuch* von 1570). Seit 1559 legte die Kurie in einem *Index verbotener Bücher* fest, welche Schriften für den Glauben schädlich seien. Priesterseminare und Kollegien wurden gegründet, die dort geschulten Kleriker sollten den katholischen Glauben wiederbeleben. Dabei halfen auch neue Ordensgemeinschaften wie die **Kapuziner** und die **Jesuiten**.

Die römische Kirche schlug einen zweifachen Kurs ein: Einerseits sollten innere Missstände beseitigt werden, um die Kirche zu stabilisieren (*katholische Reform*) (→M9). Andererseits wurde versucht, den Katholizismus dort wieder einzuführen, wo sich die Reformation durchgesetzt hatte. Die *Gegenreformation* war jedoch nur in vereinzelten Regionen in Mitteleuropa erfolgreich.

Trennschärfe im Glauben | Durch die Trienter Beschlüsse änderte sich das Selbstverständnis der katholischen Kirche. Sie vertrat nicht länger (dem Anspruch nach) die Gesamtheit aller Christen, sondern nur noch eine bestimmte Glaubensrichtung. Währenddessen kam es auch im Luthertum zu einer Festlegung der Lehrinhalte, zusammengefasst in der **Konkordienformel** und dem **Konkordienbuch**. Ähnlich verfuhren damals die reformierten Kirchen in den einzelnen Ländern.

Auf die Glaubensspaltung folgte daher in der zweiten Hälfte des 16. Jahrhunderts die Herausbildung klar definierter Glaubensgemeinschaften. Als Maßstab galt jeweils das religiöse Bekenntnis (lat. *confessio*), weshalb in der Rückschau von einem Prozess der *Konfessionsbildung* für Katholizismus, Luthertum und Reformiertentum gesprochen wird.

Konfessionalisierung | Die Konfessionsbildung zielte auf die Einheit im Glauben. Dieses Prinzip übernahmen die weltlichen Obrigkeiten, um das Bekenntnis in ihrem Herrschaftsbereich zu schützen und in der Gesellschaft zu verankern. Neben der Religion wurden nach und nach auch Politik, Recht, Wirtschaft, Kunst, Sitten und Brauchtum von der jeweils geltenden Konfession geprägt, sprich: *konfessionalisiert*. Die Anpassung erfolgte durch Vorschriften und ihre Überwachung (Vereidigung der Priester und Professoren auf das Bekenntnis, Aufsicht über die Gottesdienste und das öffentliche Leben, Bücherzensur), Bildung (Schulunterricht, Predigt, Publikationen), Repräsentation (Kirchenbau, Kirchenmusik, religiöse Feiern und Jubiläen) sowie durch den freiwilligen Gehorsam der Bevölkerung.

Konfessionelle Grenzen | Der Vorgang der Konfessionalisierung fand europaweit seit Mitte des 16. Jahrhunderts statt und betraf alle drei Bekenntnisse gleichermaßen. Er sorgte für Integration, da Herrscher und Beherrschte demselben Glauben anhingen. Zugleich konnte die Obrigkeit viel stärkere Kontrolle über die Gesellschaft ausüben als bisher.

Nach außen jedoch führte die Konfessionalisierung zu radikalen Gegensätzen. Andersgläubige blieben aus der Gemeinschaft ausgeschlossen, wurden vielfach unterdrückt oder zur Emigration gezwungen. Zwischen den Konfessionen entstanden neue mentale Grenzen, etwa durch Eheschranken, Vorurteile oder öffentliche Hetze. Seit der von Rom eingeführten **Kalenderreform** von 1582, die von den Protestanten abgelehnt wurde, zerfiel selbst die Zeitrechnung in konfessionelle Lager (→M10).

Konfessionelle Konflikte | Während manche Länder wie Spanien und Portugal, die italienischen Staaten, Polen und die skandinavischen Reiche zu konfessioneller Geschlossenheit gelangten, führte die Glaubensfrage in anderen Fällen zu blutigen Konflikten. Oft vermischten sich dabei religiöse Gegensätze mit politischen Machtfragen:

- In England hatte sich das Königtum schon 1534 vom Papsttum losgesagt und eine *anglikanische Staatskirche* gegründet. Auf die Einführung der Reformation folgte der kurze, aber erfolglose Versuch, den Katholizismus gewaltsam wiederherzustellen. Seitdem blieben Anhänger verschiedener Glaubensrichtungen geduldet, solange sie der Staatsgewalt Gehorsam leisteten.

- In Frankreich wurden die **Hugenotten** von der katholischen Mehrheit und vom Königtum verfolgt. Erst nach jahrzehntelangen Bürgerkriegen kam es im **Edikt von Nantes** (1598) zu einem rechtlichen Ausgleich.
- In den Niederlanden überwog das Reformiertentum. Die Niederlande gehörten indes zur spanischen Krone, die die Reformation bekämpfte. Mitte der 1560er-Jahre kam es zum Aufstand gegen die spanische Oberhoheit. 1581 erklärten die nördlichen Niederlande ihre Unabhängigkeit, was 1609 von Spanien vorläufig anerkannt wurde.

Der Konsens im Reich zerbricht | Im römisch-deutschen Reich herrschte seit dem Augsburger Religionsfrieden von 1555 ein Gleichgewicht zwischen den Konfessionen. Doch die Konflikte in Frankreich und den Niederlanden (letztere gehörten formal zum Reichsverband), die Einführung des Reformiertentums in einigen Territorien und die katholische Gegenreformation bedrohten den Frieden je länger desto mehr. Der Reichstag und die Reichsgerichte, die den Religionsfrieden bewahren sollten, wurden um 1600 durch die konfessionellen Gegensätze lahmgelegt. Auch der Kaiser, selbst katholisch, war nicht länger zur Vermittlung fähig. Einige Reichsstände gründeten Konfessionsbündnisse: die protestantische *Union* (1608) und die katholische *Liga* (1609).

Dreißigjähriger Krieg | Den Krieg löste jedoch erst der böhmische Aufstand von 1618 aus. Protestantische Adlige in Böhmen hatten sich gegen ihren Landesherrn, den katholischen König *Ferdinand*, aufgelehnt. Ferdinand wurde 1619 auch zum Kaiser gewählt. Die Böhmen erhoben stattdessen *Friedrich V.*, Kurfürst von der Pfalz und Anführer der protestantischen Union, zum neuen König. Er unterlag den Streitkräften des Kaisers, Spaniens und der katholischen Liga. Böhmen und die Kurpfalz wurden besetzt, die protestantische Bevölkerung enteignet und verfolgt. Aufseiten der Protestanten intervenierten nacheinander Dänemark und Schweden als evangelische Mächte, schließlich auch das katholische Frankreich, um eine Übermacht des Kaisers im Reich zu verhindern. Wiederholt wechselten auch einige Reichsstände die Fronten zwischen dem Kaiser und Spanien einerseits, Schweden und Frankreich andererseits. Die endlosen Kämpfe sowie die Raubzüge der Armeen verwüsteten weite Teile Mitteleuropas.

Friede mit Perspektiven | Zum Frieden gelangten das Reich und seine Nachbarn auf einem Kongress, der parallel in Münster und Osnabrück tagte. Der *Westfälische Friede* von 1648 schuf einen dauernden Machtausgleich zwischen Kaiser und Reichsständen. Letztere erhielten die **Landeshoheit** zuerkannt und durften Bündnisse mit auswärtigen Mächten schließen, sofern sie nicht gegen Kaiser und Reich gerichtet waren. Frankreich und Schweden traten als Garantiemächte des Friedens auf, Schweden beteiligte sich als Reichsstand künftig an der Reichspolitik. Die Niederlande und die Schweiz wurden souverän und schieden aus dem Reich aus. Der Religionsfriede von 1555 wurde nachgebessert:

- Neben Katholizismus und Luthertum war nun auch das Reformiertentum reichsrechtlich anerkannt.
- Die Ausbreitung der drei Konfessionen, wie sie bis zum Stichjahr 1624 bestanden hatte, wurde wiederhergestellt, spätere Veränderungen waren zu revidieren (*Normaljahrsregelung*). Fürsten und Reichsstädte konnten zwar weiterhin das Bekenntnis wechseln, die Untertanen durften jedoch beim bisherigen Glauben bleiben (→M11).
- Der Reichstag sah in Glaubensfragen die getrennte Abstimmung (lat. *itio in partes*) der katholischen und protestantischen Reichsstände vor, die hierauf einen gütlichen Vergleich (*amicabilis compositio*) finden sollten. Konfessionelle Mehrheitsbeschlüsse waren damit ausgeschlossen.

Das Reich wurde endgültig zu einem multikonfessionellen Staatsverband. Auf Reichsebene galt die Gleichberechtigung der Konfessionen, in den Territorien und Reichsstädten wurde der private Glaube jedes Einzelnen geduldet. Aus diesem Nebeneinander konnten langfristig die Ideen der **Toleranz** und der Religionsfreiheit entstehen.

Hugenotten: seit Mitte des 16. Jahrhunderts Bezeichnung für die Protestanten in Frankreich, die stark vom Reformiertentum geprägt waren

Edikt von Nantes: von König Heinrich IV. gewährte Bestimmung, die den Protestanten in Frankreich freie Religionsausübung und rechtliche Gleichstellung versprach, zugleich aber den katholischen Glauben als Staatsreligion festschrieb. Nach der Aufhebung des Edikts 1685 setzten neuen Verfolgungen der Protestanten ein, die massenhaft in andere Länder Europas, nach Amerika oder Südafrika flohen.

Landeshoheit: einheitliche Herrschaftsgewalt eines Fürsten oder einer reichsstädtischen Obrigkeit über die Einwohner. Sie blieb bis zum Ende des Reiches beschränkt durch Reichsgesetze, Gewohnheitsrechte und das Appellationsrecht der Untertanen an die Reichsgerichte.

Toleranz (von lat. *tolerare*: dulden, ertragen): fried- und respektvoller Umgang mit Andersdenkenden; Verhalten, das über eine rein rechtliche Duldung Andersdenkender noch hinausgeht

M1 Kirchenkritik im Spätmittelalter

*Die Historiker Thomas Martin Buck (*1961) und Herbert Kraume (*1943) sprechen über die geistige und religiöse Entwicklung in Europa während des 14. Jahrhunderts:*

Dem Hass auf den „simonistischen"[1] Klerus, der durch Geld in sein Amt gelangt war, dieses hauptsächlich zur Bereicherung nutzte und in seinem Lebenswandel selten den religiösen Ansprüchen genügte [...], stand auf der anderen Seite eine gesteigerte Volksfrömmigkeit gegenüber, die sich nicht nur in den frommen Stiftungen für Kirchen und Klöster, sondern auch in einer stetig wachsenden Produktion von volkssprachlichen Andachtsbüchern und Übersetzungen theologischer Schriften äußerte. Die *ars moriendi*, die „Kunst des (guten) Sterbens" und der richtigen Vorbereitung auf den Tod, wurde angesichts der Allgegenwart des Todes zu einer beliebten literarischen Gattung.
Die Forderung nach Reform an Haupt und Gliedern (*reformatio in capite et in membris*) der Kirche war das Signum der Zeit: Abschaffung des päpstlichen Finanzwesens, der Pfründenhäufung[2] und des Klientelwesens[3], bessere Bildung der Geistlichen, Rückführung der geistlichen Orden auf ihre ursprünglichen Ideale, insbesondere auf das Armutsgebot. Benediktiner und Mendikanten (= Bettelorden) begannen, ihre Orden von innen zu reformieren und ihre Ordensregeln neu zu beachten. Reform wurde als eine Wiederbelebung der guten alten Ordnung verstanden, an der die Gegenwart gemessen und für unzulänglich befunden wurde.
Im Schisma sah man die schlimmste Folge der ausgebliebenen Reformen. Die Kirchenkritik ist nicht etwa Folge eines wachsenden Unglaubens, sondern im Gegenteil einer vertieften Frömmigkeit, die an die Kirche höhere Ansprüche stellte als jemals zuvor. [...] Kritik und Reformgeist wurden durch die gesteigerte Schriftlichkeit und Lesefähigkeit noch befördert. Die Masse der Handschriften in den Bibliotheken der Klöster und Domkapitel[4] wuchs gewaltig an.
Gerade in der zweiten Hälfte des 14. Jahrhunderts wurden neue Universitäten gegründet, die sich bald zu Zentren der geistigen und theologischen Auseinandersetzung entwickelten. Zwar blieb das *studium* von Paris die unbestrittene geistige Autorität nördlich der Alpen, doch hatte Kaiser Karl IV. 1348 in Prag die erste mitteleuropäische Hochschule gegründet, Kasimir der Große 1364 die von Krakau, Herzog Rudolf IV. 1365 die von Wien, Kurfürst Ruprecht I. von der Pfalz 1386 die Heidelberger Universität und König Sigmund von Ungarn 1389 die von Buda. In Köln (1388) und Erfurt (1392) war die Initiative zur Gründung eines *studium generale*[5] von der Stadt ausgegangen.

Thomas Martin Buck und Herbert Kraume, Das Konstanzer Konzil (1414–1418). Kirchenpolitik – Weltgeschehen – Alltagsleben, Ostfildern 2013, S. 49 f.

1. Präsentation: Ordnen Sie die Kritikpunkte, die gegen die Kirche erhoben wurden, in einer Mindmap. Stellen Sie dabei das Schisma ins Zentrum.
2. Arbeiten Sie heraus, welche Rolle Frömmigkeit und Bildung für die damalige Kirchenkritik spielten.
3. Die Krise der spätmittelalterlichen Kirche – eine Folge zu hoher Ansprüche der Gläubigen? Setzen Sie sich mit der These auseinander. Berücksichtigen Sie dabei auch die „Allgegenwart des Todes" (Zeile 11 f.), also die hohe Sterblichkeit angesichts von Pest, Kriegen und Hungersnöten, die die damalige Gesellschaft bedrohten.

M2 Konzil und Papst

Das Konstanzer Konzil beschließt am 6. April 1415 folgendes Dekret:

Diese heilige Synode[6] zu Konstanz, die zum Lobe Gottes rechtmäßig im Heiligen Geist versammelt ist, erklärt, dass sie, ein allgemeines Konzil abhaltend und die irdische katholische Kirche repräsentierend, ihre Vollmacht unmittelbar von Christus hat. Ihr ist jeder, welchen Standes und welcher Würde auch immer – sei es auch die päpstliche – in denjenigen Angelegenheiten zum Gehorsam verpflichtet, die sich auf den Glauben, die Ausrottung des Schismas und die allgemeine Reform der Kirche Gottes an Haupt und Gliedern beziehen.
Desgleichen erklärt sie, dass jeder, welcher Stellung, welchen Standes und welcher Würde auch immer – sei es auch die päpstliche – der den schon beschlossenen wie auch noch zu beschließenden Geboten, Satzungen oder Anordnungen oder Vorschriften dieser heiligen Synode und eines jeden anderen rechtmäßig versammelten allgemeinen Konzils den Gehorsam verweigert, einer entsprechenden Buße unterworfen und gehörig bestraft wird, wobei nötigenfalls auch andere Rechtsmittel angewendet werden.

[1] **simonistisch:** die Käuflichkeit geistlicher Ämter und Gnaden betreffend
[2] **Pfründe** (von lat. *praebenda*: Unterhalt): Amt mit eigenem Einkommen oder gesicherter Versorgung
[3] **Klientelwesen** (von lat. *cliens*: Schutzbefohlener): Herausbildung und Versorgung eines Kreises abhängiger Gefolgsleute durch einen Schutzherrn (hier: einen kirchlichen Würdenträger)
[4] **Domkapitel** (von lat. *caput*: Kopf, Haupt): dem Bischof beigeordnetes Leitungsgremium zur Verwaltung eines Bistums
[5] **studium generale** (lat.: allgemeines Studium): im Mittelalter Bezeichnung für eine Hochschule mit umfassendem Fächerangebot
[6] **Synode** (von altgriech. *sýnodos*: Zusammenkunft): andere Bezeichnung für Konzil

45 Jahre später gibt Papst Pius II. am 18. Januar 1460 in einer Bulle (päpstliche Anordnung) bekannt:

Ein verwünschenswerter Missbrauch ist in unseren Tagen aufgekommen, dass nämlich vom römischen Papst, dem Stellvertreter Jesu Christi, [...] einige vom Geist des Aufruhrs [und] durch Sünde verleitete Kritiker des Papstes sich herausnehmen, ein künftiges Konzil zu verlangen. Wie sehr ein solches Vorgehen den heiligen Canones[1] widerstreitet, wie sehr es dem christlichen Gemeinwesen schadet, kann jeder Rechtskundige erfassen. Um dieses üble Gift aus der Kirche Christi auszuscheiden, verdammen wir solchen Appell und weisen ihn als irrig und abscheulich zurück; wir erklären ihn für null und nichtig, falls er sich noch hervorwagen sollte, und betrachten ihn als sinnlos und bedeutungslos.

Erster und zweiter Text nach: Adolf Martin Ritter, Bernhard Lohse und Volker Leppin (Hrsg.), Kirchen- und Theologiegeschichte in Quellen. Bd. 2: Mittelalter, Neukirchen-Vluyn [8]2014, S. 235–237 (vereinfacht)

1. Erläutern Sie, inwieweit das Dekret des Konzils von Konstanz (erster Text) auf die damalige Krise der Kirche reagiert. Ziehen Sie zur Begründung auch den Verfassertext auf Seite 98 sowie M1 heran.
2. Stellen Sie beide Texte gegenüber und überlegen Sie, ob darin eine Verschärfung der kirchlichen Krise sichtbar wird. Vergleichen Sie dazu insbesondere die Sprache sowie die Anspruchsgrundlage von Konzilsdekret und päpstlicher Bulle (Zeile 1 bis 10 bzw. 21 f.). | H

M3 „Ein wahrer Theologe"

Der niederländische Humanist[2] Erasmus von Rotterdam (um 1466/69–1536) spricht in einer Schrift aus dem Jahr 1516 über seine Erwartungen an Theologen und Mönche:

Warum beschränken wir den allen gemeinsamen Stand auf einige wenige? Das steht nämlich nicht mit der Tatsache im Einklang, dass die Taufe, durch die die erste Angelobung auf die Philosophie Christi vollzogen wird, in gleicher Weise allen Christen gemeinsam ist. Ebenso, dass alle übrigen Sakramente und schließlich auch der Lohn des ewigen Lebens in gleicher Weise allen zukommt; und nur die Lehre sollte auf diese wenigen verwiesen werden müssen, die das Volk heute Theologen und Mönche nennt. Von denen möchte ich aber sagen – sie machen zwar nur einen geringen Anteil an dem, was christliches Volk genannt wird, aus –, sie sollten doch in höherem Maße im Leben verwirklichen, was sie hören. Ich fürchte nämlich, man könnte unter den Theologen solche finden, die weit von ihrem Namen entfernt sind, das heißt, dass sie Irdisches, nicht Himmlisches reden; und unter den Mönchen solche, die die Armut Christi und die Verachtung der Welt mehr mit den Lippen bekennen, als dass sie sich von der Welt wirklich lösten. Der ist mir ein wahrer Theologe, der nicht mit künstlich zusammengedrechselten Syllogismen[3], sondern mit Herzenswärme, durch sein Antlitz, durch seine Augen, durch sein persönliches Leben lehrt, dass man den Reichtum verachten müsse, dass der Christ nicht auf den Schutz dieser Welt vertrauen solle, sondern sich ganz vom Himmel abhängig fühlen müsse; dass man kein Unrecht vergelten dürfe, dass man die Fluchenden segnen solle, dass man sich gute Verdienste um die erwerben müsse, die Schlimmes verdienen, dass man alle Guten wie die Glieder desselben Leibes lieben und in gleicher Weise hegen müsse; dass die Bösen ertragen werden müssten, wenn man sie nicht bessern könne. Jene, die ihrer Habe beraubt, die von ihren Besitzungen vertrieben werden, die trauern, die seien selig und nicht zu bejammern; auch jetzt schon müssten die Frommen den Tod herbeisehnen, wo dieser doch nichts anderes ist als ein Übergang zum ewigen Leben. – Wenn einer dieses und Ähnliches, vom Geiste Christi angetrieben, predigt, einschärft, dazu ermahnt, einlädt und ermuntert, der ist letzten Endes ein wahrer Theologe, und sei er auch ein Ackersmann oder Tuchweber.

Nach: Ulrich Köpf (Hrsg.), Deutsche Geschichte in Quellen und Darstellung, Bd. 3: Reformationszeit, 1495–1555, Stuttgart 2001, S. 70 f.

1. Fassen Sie Erasmus' Kritikpunkte an den Theologen und Mönchen seiner Zeit zusammen.
2. Arbeiten Sie Merkmale für eine Krise der damaligen Kirche heraus, die in den Beobachtungen von Erasmus anklingen. Ziehen Sie dazu auch die Aussagen des Historikers Rudolf Vierhaus im Kernmodul „Krisen" (M5, Seite 12) heran.
3. Der Reformator Martin Luther trat später für ein „Priestertum aller Gläubigen" ein, wonach jedermann berufen sei, zu predigen und die Sakramente zu spenden. Stellen Sie diese radikale Position den Überlegungen von Erasmus gegenüber. | H

[1] **Canones** (von lat. *canon*: Maßstab, Regel): kirchenrechtliche Gesetze, Kirchenrecht

[2] **Humanist**: Anhänger des Humanismus. Siehe dazu die Definition auf Seite 99.

[3] **Syllogismen** (von altgriech. *syllogismós*: logischer Schluss): theoretische Schlussfolgerungen

M4 Luthers Thesenanschlag: Wahr oder erfunden?

Martin Luther sendet seine Thesen über den Ablass am 31. Oktober 1517 an den Erzbischof von Mainz. Am selben Tag soll er sie auch an das Portal der Wittenberger Schlosskirche angeschlagen haben. Obwohl nicht sicher ist, ob diese Begebenheit tatsächlich stattfand, wird sie in zahlreichen Historienbildern festgehalten. Dazu gehört auch das Gemälde „Martin Luthers Thesenanschlag" des belgischen Malers Ferdinand Pauwels (1830–1904) aus dem Jahr 1872:

1. Interpretieren Sie die dargestellte Szene.
2. Recherchieren Sie den Stand der historischen Forschung zur Frage der „Echtheit" von Luthers Thesenanschlag. Verwenden Sie dazu Fachliteratur und Informationen aus dem Internet.
3. Erläutern Sie den Symbolgehalt des Thesenanschlags in Hinblick auf die Krise der damaligen Kirche. Gehen Sie dabei auf die Funktion der szenischen Elemente ein (Hammer, Kirchenportal, gelehrter Text, öffentlicher Aufruf, Initiative eines Einzelnen).
4. Präsentation: Der 31. Oktober gilt als Gedenktag der Reformation (in Niedersachsen gesetzlicher Feiertag). Führen Sie eine Pro- und Kontra-Diskussion in der Klasse über die Frage, ob es die historischen Hintergründe rechtfertigen, gerade mit diesem Datum an die Reformation zu erinnern. | H

M5 „Freiheit" im Sinne der Reformation

Im November 1520 erscheint Luthers Schrift „Von der Freiheit eines Christenmenschen" auf lateinisch und deutsch. Sie ist in 30 Abschnitte gegliedert und wird zu einem zentralen Baustein in Luthers reformatorischer Lehre. Über die Rolle jedes Einzelnen in der Gesellschaft heißt es:

Zum ersten: Damit wir gründlich erkennen mögen, was ein Christenmensch sei, und wie es getan sei um die Freiheit, die ihm Christus erworben und gegeben hat, davon Sankt Paulus viel schreibt, will ich diese zwei Beschlüsse setzen: Ein Christenmensch ist ein freier Herr über alle Dinge und niemandem untertan. Ein Christenmensch ist ein dienstbarer Knecht aller Dinge und jedermann untertan.

Diese zwei Beschlüsse sind klar bei Sankt Paulus im 1. Kor[intherbrief] 9[,19]: „Ich bin frei in allen Dingen und habe mich zu eines jedermann Knecht gemacht." Ebenso im Röm[erbrief] 13[,8]: „Ihr sollt niemandem etwas verpflichtet sein, außer dass ihr euch untereinander liebt." Genauso heißt es auch von Christus in Gal[aterbrief] 4[,4]: „Gott hat seinen Sohn ausgesandt, von einem Weib geboren und dem Gesetz untertan gemacht."

Zum zweiten: Um diese beiden gegensätzlichen Aussagen der Freiheit und Dienstbarkeit zu vernehmen, sollen wir bedenken, dass ein jeglicher Christenmensch zweierlei Naturen hat, eine geistliche und eine leibliche. [...] Und um dieses Unterschiedes willen werden in der Schrift von ihm Aussagen gemacht, die völlig gegeneinander stehen, nämlich, wie ich gerade gesagt habe, von der Freiheit und Dienstbarkeit. [...]

Zum zehnten: Nun sind [...] alle Worte Gottes heilig, wahrhaftig, gerecht, friedsam, frei und aller Güte voll. Darum: Wer ihm mit einem rechten Glauben anhängt, dessen Seele wird mit ihm vereinigt, so ganz und gar, dass alle Tugenden des Wortes auch der Seele eigen werden, und entsprechend durch den Glauben die Seele durch das Wort Gottes heilig, gerecht, wahrhaftig, friedsam, frei und aller Güte voll, ein wahrhaftiges Kind Gottes wird [...]. Hieraus ist leicht zu merken, warum der Glaube so viel vermag und dass keine guten Werke ihm gleich sein können. [...] So sehen wir, dass ein Christenmensch an dem Glauben genug hat, er bedarf keines Werkes, um gut zu sein. Bedarf er aber keines Werkes mehr, so ist er gewiss entbunden von allen Geboten und Gesetzen. Ist er entbunden, so ist er gewiss frei. Das ist die christliche Freiheit, der eine Glaube, der nicht macht, dass wir müßiggehen oder übeltun, sondern dass wir keines Werkes bedürfen, um Güte und Seligkeit zu erlangen [...]. [...]

Zum 25.: Aus all dem ist leicht zu verstehen, wie gute Werke zu verwerfen und nicht zu verwerfen sind [...]. Denn wo der falsche Anhang und die verkehrte Meinung drin ist, dass wir durch die Werke gut und selig werden sollen, sind sie schon nicht gut und ganz verdammungswürdig; denn sie sind nicht frei und schmähen die Gnade Gottes, die allein durch den Glauben gut und selig macht, was die Werke nicht vermögen

[...]. Darum verwerfen wir die guten Werke nicht um ihretwillen, sondern um dieses bösen Zusatzes und falscher verkehrter Meinung willen [...].
Zum 28.: [...] Auf diese Weise gebietet auch Sankt Paulus [...], dass sie [die Christen] weltlicher Gewalt untertan und bereit sein sollen, nicht, dass sie dadurch gut werden können, sondern dass sie den anderen und der Obrigkeit damit frei dienten und deren Willen täten aus Liebe und Freiheit. Wer nun dieses Verständnis hätte, der könnte sich leicht ausrichten auf die unzähligen Gebote und Gesetze des Papstes, der Bischöfe, der Klöster [...], der Fürsten und Herren, die einige verrückte Prälaten[1] so treiben, als wären sie nötig zur Seligkeit und nennen es Gebote der Kirche, wiewohl zu Unrecht. Denn ein freier Christenmensch spricht so: „Ich will fasten, beten, dies und das tun, was geboten ist, nicht, dass ich es bedarf oder dadurch wollte gut oder selig werden, sondern ich will es dem Papst, Bischof, der Gemeinde oder meinem Mitbruder, meinem Herrn zu Willen, Beispiel und Dienst tun und ertragen, genauso wie Christus um meinetwillen viel größere Dinge getan und ertragen hat, die ihm viel weniger nötig waren. Und mögen auch die Tyrannen[2] Unrecht tun solches zu fordern, so schadet es mir doch nicht, weil es nicht gegen Gott ist."

Nach: D. Martin Luthers Werke. Kritische Gesamtausgabe, IV. Abteilung, Bd. 7, Weimar 1897 (unveränderter Nachdruck Weimar 2003), S. 20 f., 24 f., 33 f. und 37 (sprachlich normalisiert)

1. Präsentation: Ordnen Sie die Überlegungen Luthers in einer Mindmap, im Mittelpunkt die beiden Aussagen in Zeile 5 bis 7. | F
2. Präsentation: Verfassen Sie, ausgehend vom Text, eine Kurzdefinition von „christlicher Freiheit" im Sinne Luthers.
3. Vergleichen Sie das von Luther empfohlene Verhalten eines freien Christenmenschen mit dem, was Erasmus (M3) als christliche Lebensführung ansieht.
4. Luther hat die Schrift in der lateinischen Version mit einem Sendschreiben an den Papst verbunden, als Versuch einer Verständigung mit Rom. Erörtern Sie die künftige Stellung der Kirche, wie sie Luther im vorliegenden Text umreißt. Heben Sie dabei hervor, welche Gefahren für die Autorität der Kirche von Luthers Schrift ausgehen konnten.

[1] **Prälat** (von lat. *praelatus*: Bevorzugter, Vorsteher): hoher kirchlicher Würdenträger (z. B. Bischof oder Abt) oder kirchlicher Ehrentitel
[2] **Tyrann**: Gewaltherrscher, Willkürherrscher

M6 „Wir wöllen frei sein"

Der Historiker Peter Blickle (1938–2017) untersucht die im Bauernkrieg erhobenen Forderungen nach Freiheit und gegen die Leibeigenschaft:

Kein Herrschaftsrecht stand um 1500 unter einem dermaßen großen Legitimationsdruck wie das über den Leib, Leibeigenschaft genannt. Ihre Umkehrung hieß Freiheit. Auf allen gesellschaftlichen Ebenen, unter Bürgern und Bauern, Juristen und Theologen wurde sie diskutiert, auf allen politischen Ebenen wurde sie verhandelt, von der Dorfgemeindeversammlung bis hinauf in [...] den Reichstag.
Als geprägter und inhaltlich scharf konturierter Begriff tritt Freiheit in den Zwölf Artikeln der oberschwäbischen Bauern von 1525 in Erscheinung, deren dritter ausdrücklich fordert, „das wir frei seien und wöllen sein", und darunter die Aufhebung der Leibeigenschaft (Eigenschaft steht in der Quelle) versteht. Die Drucke der Zwölf Artikel in Augsburg und Breslau, Konstanz und Magdeburg, Nürnberg und Regensburg, Erfurt und Straßburg belegen die Durchschlagskraft der Freiheitsforderung bei den deutschen Bauern.
Radikalität und Prägnanz gewann der bäuerliche Freiheitsbegriff durch seine Verknüpfung mit dem Evangelium. „Zum dritten", heißt es in den Zwölf Artikeln, „ist der Brauch bisher gewesen, das man uns für eigen Leüt gehalten hat, wölchs zuo Erbarmen ist, angesehen das uns Christus all mit seinem kostparlichen Bluotvergüssen erlößt und erkauft hat". Die Begründung der Freiheit mit dem Erlösertod Christi wird ergänzt durch die Hoffnung der Bauern, sie „seien auch on Zweifel, ir [die Herren] werdend uns der Eigenschaft als war und recht Christen geren entlassen oder uns im Evangeli des berichten, daz wirs seien". Aus dem Evangelium ziehen die Bauern die dreifache Begründung der Freiheit mit dem Erlösertod Christi, der christlichen Nächstenliebe und der von Gott in die Welt gelegten Rechtsordnung des Naturrechts. Das war die Hermeneutik[3] der Betroffenen, die sich auf diese Weise das Evangelium erschloss. Sie wäre ohne die Reformation und ihren Rückgriff auf das Evangelium als alleiniger Norm für Theologie und Glauben schwer möglich gewesen. Nicht ohne Grund baten die Bauern die Reformatoren mittels eines gedruckten Aufrufs, der ausdrücklich Richterliste heißt, um Gutachten zu ihren Artikeln, also auch dem Leibeigenschaftsartikel.
Dass gerade Bauern das Problem der Unfreiheit gewissermaßen auf einen prinzipiellen theologischen, juristischen und ethischen Punkt brachten, war nicht selbstverständlich, denn neben ihnen gab es nicht wenige Bürger, namentlich in den landesherrlichen Städten[4], die nicht minder

[3] **Hermeneutik** (von altgriech. *hermēneuein*: ausdrücken, übersetzen): systematische Auslegung, sachgerechte Interpretation
[4] **landesherrliche Städte**: Städte unter der Hoheit eines Fürsten, nicht reichsunmittelbare Städte

leibeigen waren als sie selbst. Aus zahlreichen württembergischen Amtsstädten[1] liegen Urkunden vor, ausgestellt von Schultheiß[2], Richtern und Bürgern, in denen die Bürgerschaften versprechen, sich ihrem Grafen nicht zu „entfremden […], weder mit unsern Leiben, Weiben, Kinden noch Guten". Den Leib darf man nicht entfremden, das ist Leibeigenschaft. Württemberg war kein Sonderfall. Von den meisten Reichsstädten abgesehen, gehört die Freiheit nicht zu den Statusrechten von Bürgern.

Peter Blickle, Der Bauernkrieg. Die Revolution des Gemeinen Mannes, München [4]2012, S. 55 f.

1. Erklären Sie, warum die Leibeigenschaft um 1500 „unter einem dermaßen großen Legitimationsdruck" (Zeile 1 f.) stand.
2. Analysieren Sie die Hauptforderungen in den „Zwölf Artikeln". Siehe dazu den Internettipp weiter unten. | H
3. Erläutern Sie die in Zeile 20 bis 32 besprochene Passage aus den „Zwölf Artikeln". Stellen Sie das hier dargelegte Verständnis von Freiheit demjenigen Luthers in M5 gegenüber. | H
4. Blickle sagt an anderer Stelle über die „Richterliste" der Bauern (Zeile 38), die Aufständischen hätten in den Reformatoren gleichsam „Verfassungsrichter" gesehen. Erörtern Sie anhand dieser Bewertung das Verhältnis zwischen Bauernkrieg und Reformation. Ziehen Sie dazu auch den Abschnitt „Gegen eine radikale Reformation" im Darstellungsteil auf Seite 102 heran.

Internettipp
Die „Zwölf Artikel" der Bauern finden Sie unter dem Code **32037-17**.

Die „Zwölf Artikel" der Bauern.
Titelblatt eines Druckes aus Zwickau von 1525.
Der Titel lautet: „Beschwerung vnd freuntlich begeren mit angehefftem Christlichem erbieten der gantzen Bawerschafft So itzund versamlet yn zwelff hawbt Artickel auffs kurtzist gefuget".
In den „Zwölf Artikeln" fasste der Kürschner Sebastian Lotzer 1525 die Forderungen der aufständischen Bauern an die „weltlichen und geistlichen Obrigkeiten" zusammen. Sie waren das Resultat wochenlanger Beratungen oberschwäbischer Bauern.

[1] **Amtsstadt**: Stadt innerhalb eines Amtes (kleinräumige Verwaltungseinheit), häufig dessen Hauptort
[2] **Schultheiß**: Amtsperson zur Aufsicht über die Verwaltung und Rechtsprechung einer städtischen oder dörflichen Gemeinde

M7 Die Fürstenreformation und ihre Folgen für die Gesellschaft

Der Kirchenhistoriker Bernd Moeller (1931–2020) beschreibt die Einführung der ersten evangelischen Landeskirchen:

Das Verfahren, das man zur Neugründung der Kirche in den Territorien anwendete, war aufwändig und anspruchsvoll: Es wurden Visitationen[1] veranstaltet und damit jene alte Einrichtung des Kirchenrechts wiederbelebt, mit der die Bischöfe ihre Diözesen regierten. Nun geschah das in der neuen Form, dass staatliche Kommissionen aus Beamten und Theologen das weite Land bereisten und die kirchlichen Gegebenheiten am Ort zu ermitteln hatten – die Besitzverhältnisse, die Eignung der Pfarrer in Bezug auf Wissen, Meinungen und Sitten sowie den Zustand der Gemeinden. Im Weiteren verloren solche Kleriker, die an ihren katholischen Überzeugungen festhielten oder sonst für den evangelischen Kirchendienst ungeeignet erschienen, zumeist ihre Ämter […]. Die kirchlichen Vermögenswerte wurden vielerorts in der neuen Form des „Gemeinen Kastens" vereinigt, aus dem in Zukunft die Besoldung der Pfarrer und Lehrer sowie die Armenfürsorge bestritten werden sollten – ein Verfahren, das sich in evangelischen Städten bewährt hatte –, und es wurden die Klöster geschlossen, ihre verbliebenen Insassen versorgt, auch das nach Analogie der Städte.

Das Ganze war ein eingreifender, für Betroffene oft schmerzlicher und nicht immer seriös gehandhabter Umschichtungsprozess. Streit gab es vor allem um die Vermögensfragen. […]

Die wichtigste und kirchlich wie gesellschaftlich wirkungsreichste Veränderung im Zusammenhang der evangelischen Kirchenbildung erlebten Beruf und soziale Stellung des Pfarrers. […] Im Grunde entstand in der Figur des evangelischen Pastors ein neuer Beruf, der für die Ausfüllung einer Führungsrolle in Kirche und Gesellschaft prädestiniert war. […]

[Künftig] trat der evangelische Pastor im Unterschied zum Kleriker des Mittelalters nicht in der Masse, sondern als Einzelner auf. Die Zahl der geistlichen Personen verringerte sich in der evangelischen Kirche drastisch – in Städten mit nunmehr aufgehobenen kirchlichen Institutionen kamen Rückgänge in der Größenordnung von 50 : 1 vor. Gleichwohl aber nahmen Autorität und Sozialprestige[2] der Pastoren gegenüber den spätmittelalterlichen Klerikern oder Ordensleuten eher zu. Ihre Hauptaufgabe, das Predigen, war – in aller Öffentlichkeit verrichtet – doch eine ganz individuelle Betätigung, hatte aber nach der theologischen Lehre, die nun galt, für Leben und Schicksal der zuhörenden Christen unüberbietbare Bedeutung. So war die öffentliche Resonanz zumal in den Städten in der Regel groß, und dem entsprach es, dass sich vielfach ein neues Amts- und Standesbewusstsein der Pastoren entwickelte […]. Die negativen Eigenschaften der alten Kleriker hingegen fehlten ihnen zumeist: Der evangelische Pastor wurde zum akademischen Studium angehalten und in späteren Zeiten sogar verpflichtet, so dass er durch Bildung hervortrat, und ihm war die Heirat erlaubt, ja geradezu geboten, so dass die problematischen Begleiterscheinungen des Zölibats[3] aufhörten.

Insbesondere diese letztgenannte Neuerung brachte, zusammen mit dem Verschwinden des Mönchtums, die möglicherweise einschneidendste soziale Veränderung mit sich, die im Zuge der Reformation eintrat. Die enorme Neuerung, dass Luther und seine Anhänger die bis in frühe Zeiten des Christentums zurückreichende Maxime[4], Jungfräulichkeit und Ehelosigkeit besäßen einen sittlich-religiösen Vorrang gegenüber dem sexuellen Leben, grundlegend und nachhaltig bestritten, wurde durch die in der Ehe lebenden evangelischen Pastoren gewissermaßen vollzogen.

Bernd Moeller, Das Zeitalter des Ausbaus und der Konsolidierung der Reformation 1525–1555, in: Ökumenische Kirchengeschichte, Bd. 2, hrsg. von Thomas Kaufmann und Raymund Kottje, Darmstadt 2008, S. 288–308, hier S. 291 f. (gekürzt)

1. Fassen Sie zusammen, welche Änderungen durch die neue evangelische Kirchenordnung eintraten. Differenzieren Sie dabei zwischen Landesherr, Untertanen, Geistlichen und der Gesellschaft im Allgemeinen.
2. Erläutern Sie, mit welchen Mitteln die Fürstenreformation einer Radikalisierung der Reformation entgegenwirken konnte.
3. Präsentation: Entwickeln Sie, ausgehend von den Informationen im Text, ein Rollenspiel, das die Visitation einer (noch) katholischen Pfarrei nachstellt. Bringen Sie dabei die Ansprüche der landesherrlichen Kommission ebenso wie die Ängste und Bedenken der Kleriker zum Ausdruck.
4. Partnerarbeit: Vergleichen Sie die Fürstenreformation mit anderen politisch-weltanschaulichen Umwälzungen „von oben" (z. B. Entnazifizierung nach 1945, Aufarbeitung der SED-Vergangenheit in den neuen Bundesländern nach 1990). Stellen Sie Unterschiede und Ähnlichkeiten heraus.

[1] **Visitation** (von lat. *visitatio*: Besichtigung, Besuch): Inspektion, Besuch einer Aufsichtsperson zur Kontrolle von dienstlich Untergebenen
[2] **Sozialprestige**: Geltung innerhalb der Gesellschaft
[3] **Zölibat** (von lat. *caelebs*: unverheiratet): Gebot der Ehelosigkeit und Keuschheit für Geistliche
[4] **Maxime**: Leitvorstellung

M8 Reichsverfassung und Augsburger Religionsfrieden

Das Schaubild zeigt das Verfassungssystem des Heiligen Römischen Reiches Deutscher Nation und die Neuerungen durch den Augsburger Religionsfrieden von 1555:

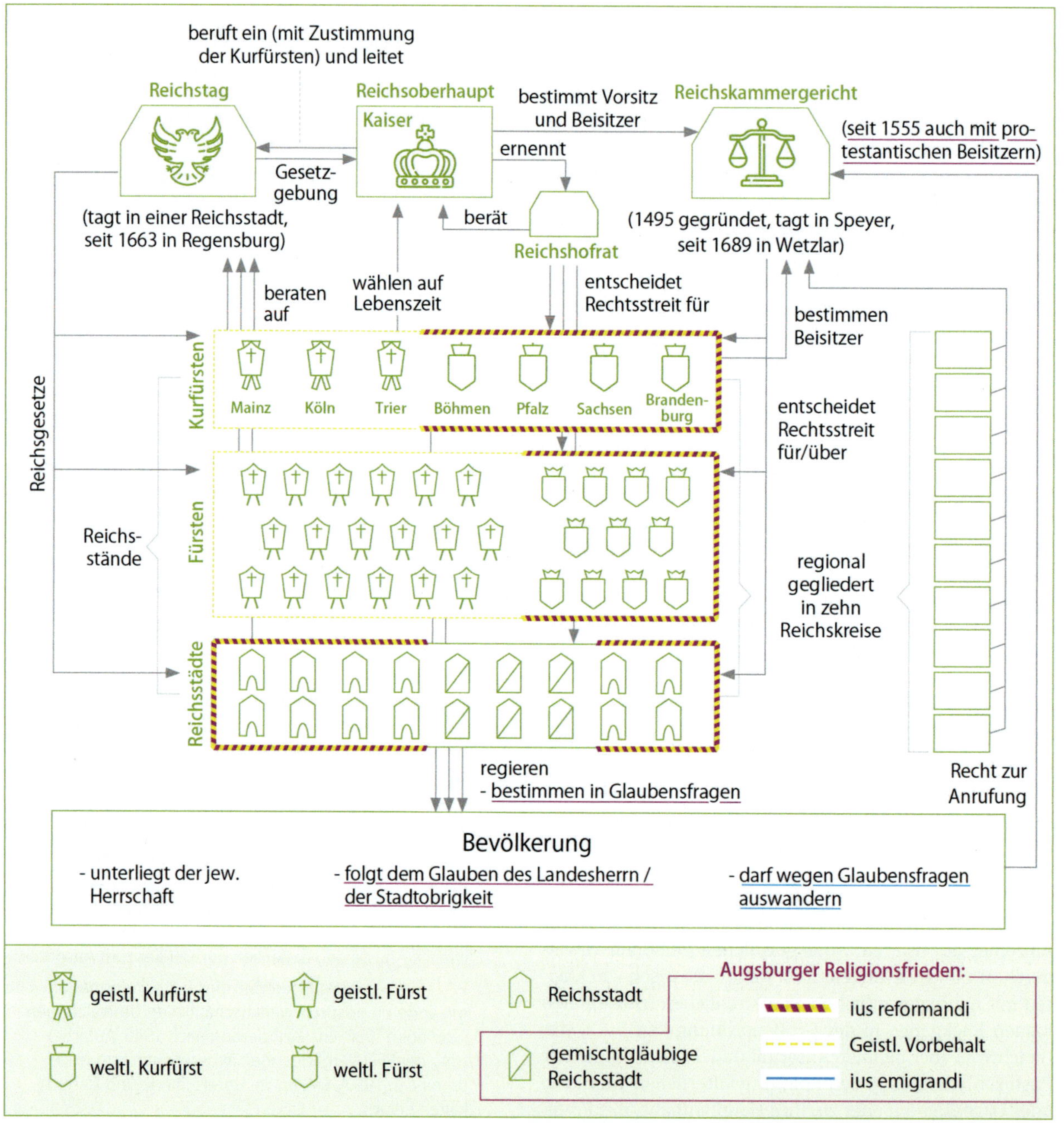

1. Beschreiben Sie die Elemente und Aussagen des Schaubildes. | H

2. Arbeiten Sie heraus, welche Bestimmungen des Religionsfriedens für eine Festschreibung der Zustände sorgen sollten, welche dagegen Veränderungen zuließen. | H

3. Präsentation: Verfassen Sie ein Schreiben, mit dem Sie als Untertan Ihrem Fürsten oder Ihrer Reichsstadt anzeigen, wegen Glaubensgründen auszuwandern. Führen Sie dabei das vom Religionsfrieden gewährte Recht an. Berücksichtigen Sie auch, dass die Emigration mit harten Auflagen verbunden war (Zurücklassen des eigenen Vermögens, Ablösezahlungen).

M9 Empfehlungen zur katholischen Reform

Der Jesuitenpater Petrus Canisius (1521–1597) verfasst 1576 ein Gutachten über die Bewahrung und Erneuerung des katholischen Glaubens im römisch-deutschen Reich. Adressiert ist das Schreiben an den päpstlichen Legaten (Botschafter), Kardinal Giovanni Morone (1509–1580):

Unter andern Missständen, die jetzt nach dem verderblichen „Evangelium" Luthers in Deutschland um sich greifen, stehen folgende nicht an letzter Stelle, durch welche die Zahl der Katholiken von Tag zu Tag kleiner wird, nämlich eine völlige Unwissenheit im Glauben, die Unkenntnis der Kirche und deren Verachtung. Ferner ist nicht nur das Leben der Laien verderbt, sondern auch das des ganzen Klerus und vor allem der Prälaten[1] und der Ordensleute. Diese Missstände zerstören neben der Häresie[2] den Rest der Kirche [...], sodass es ohne rechtzeitige Gegenmaßnahmen unmöglich wird, die Katholiken vor dem Abfall zurückzuhalten oder die Häretiker[3] wiederzugewinnen. [...]

1. Das erste und nächstliegende Mittel ist – damit hat unser Heiliger Vater [der Papst] ja schon den Anfang gemacht –, dass er weiterhin für einen guten Unterricht der deutschen Jugend in verschiedenen Seminarien sorgt, die er auf seine Kosten bauen lassen möge. Zwar hilft das bereits errichtete Deutsche Kolleg in Rom[4] schon viel zu diesem Ziel. Weil aber die Kosten dort höher sind und viele das Klima nicht ertragen und immer wieder krank werden, und wegen anderer Ungelegenheiten scheint es ratsamer zu sein, in Rom selbst nur eine kleine Zahl von Deutschen zu behalten und mehrere Seminarien in Deutschland selber zu errichten. [...] Aus derartigen Seminarien würden sicher nicht nur gelehrte, sondern auch in jeder Hinsicht erprobte junge Leute hervorgehen. [...]

2. Das zweite Mittel ist, dass der Heilige Vater mit den deutschen Bischöfen über die Errichtung solcher Seminare verhandelt, bis sie endlich etwas in Angriff nehmen. [...]

5. Vor allem in Österreich und Böhmen gibt es sehr viele Äbte und Ordensobere, die nie Mönche waren noch rechtmäßig gewählt sind. Als Laien werden sie von einem weltlichen Fürsten eingesetzt [...]. [...] Ob es nicht ratsam wäre, dass der Heilige Vater mit den Fürsten verhandelte, damit sie in Zukunft derartige Ernennungen bleiben lassen oder dass wenigstens das Präsentationsrecht[5] nur unter der Bedingung zugestanden werde, dass sie sich an die Forderungen des Trienter Konzils halten?

6. Selten visitieren die Bischöfe ihre Diözesen, noch seltener erreicht eine Visitation[6] einen Nutzen. Dies kommt vor allem daher, dass sie nicht wissen, was zu verbessern und was anzuordnen ist [...]. Daher wäre es gut, wenn der Heilige Vater darüber wenigstens mit einigen Bischöfen verhandelte und gelehrte Männer auswählte, die der Aufgabe einer Visitation gewachsen und voll Eifer für Gott sind [...].

7. Großer Schaden erwächst daraus, dass allenthalben ohne jede Auswahl ganz Unwürdige geweiht und als Pfarrer eingesetzt werden. Grund dafür ist der Mangel an Geistlichen und die Unwissenheit und Nachlässigkeit der Prälaten. Der ersten Wurzel des Übels wird leicht mit der Errichtung der Seminare begegnet, die zweite wird dadurch behoben, dass auf Geheiß seiner H[eiligkeit] eine Prüfungsordnung für Weihekandidaten und für solche, die als Pfarrer eingesetzt werden sollen, herausgegeben und den Bischöfen übersandt wird.

8. Da wir aus der Werkstätte Satans täglich viele Bücher erscheinen sehen, die mit ihrem Gift das arme Volk verführen, wird es von großem Nutzen sein, wenn vom Apostolischen Stuhl[7] einige ausgezeichnete Männer ausgewählt werden, die die Bücher der Häretiker, die größeren Schaden anrichten, vor allem die Institutionen Calvins[8] und die Verurteilung des Trienter Konzils durch Chemnitz[9] widerlegen und bekämpfen sollten. Zu diesem Zweck wird es auch ganz entsprechend sein, wenn vom Papst eine Druckerei errichtet oder mit der Herausgabe betraut würde.

Nach: Albrecht P. Luttenberger (Hrsg.), Katholische Reform und Konfessionalisierung, Darmstadt 2006, S. 313–316 (gekürzt)

1. Fassen Sie die Reformvorschläge zusammen.
2. Arbeiten Sie heraus, welche Missstände das Gutachten der eigenen Kirche und den katholischen Fürsten anlastet, welche dagegen der Reformation.
3. Vergleichen Sie die empfohlenen Reformmaßnahmen mit der Einführung evangelischer Kirchenordnungen in deutschen Territorien (siehe dazu den Verfassertext auf Seite 102 sowie M7 auf Seite 113).
4. Präsentation: Informieren Sie sich über Petrus Canisius und Giovanni Morone. Verfassen Sie Kurzbiografien über ihre Rolle im Rahmen der katholischen Reform.

[1] **Prälat**: Siehe Fußnote 1 in M5 auf Seite 111.
[2] **Häresie** (von altgriech. *hairesis*: Wahl, Anschauung): abweichende Glaubenslehre, Ketzerei
[3] **Häretiker**: Vordenker oder Anhänger einer Häresie, Ketzer
[4] **Deutsches Kolleg in Rom** (lat. *Collegium Germanicum*): 1552 gegründete päpstliche Hochschule für Priester, die die katholische Reform ins römisch-deutsche Reich tragen sollten
[5] **Präsentationsrecht**: Vorschlagsrecht zur Wahl eines Kandidaten
[6] **Visitation**: Siehe dazu Fußnote 1 für M7 auf Seite 113.
[7] **Apostolischer Stuhl**: Bezeichnung für das Papsttum
[8] **Institutionen Calvins**: Hier wird auf die Schrift „Institutio christianae religionis" (dt.: „Unterricht in der christlichen Religion") von Johannes Calvin (siehe Seite 105, Randspalte) angespielt.
[9] Der evangelische Theologe **Martin Chemnitz** (1522–1586) verfasste zwischen 1566 und 1573 eine Kritik der Trienter Konzilsbeschlüsse.

M10 „Geistlicher Rauffhandel"

Auf einem ca. 1619 veröffentlichten illustrierten Flugblatt steht zu lesen:

Ach Herr Gott / ein elends wesen /
Wir können wedr schreibn noch lesen /
Sein ungelehrt / einfältig Leut /
Verstehen nicht den grossen Streit /
So all Lehrer täglich treiben /
In dem predigen und schreiben /
[...]
Es ist etwann bey hundert Jahr /
Fiel Luther dem Bapst in die Haar /
Der Bapst wolt das nicht gut seyn lan /
Fiel den Luther auch wider an /
Das rauffen wärt ein kurtze Frist /
Da mengt sich drein der Calvinist /
Fiel Bapst und Luther in die Haar /
Drauff der Zanck noch viel ärger war /
[...]
Der Punct seynd ein grosser Hauffen /
Drumb sich die drey Männer rauffen /
Und wäret noch je länger je mehr /
Der gemein Läy beklagt das sehr /
Weil er davon wirdt irr und toll /
Weiß nicht wem Theil er glauben soll /
Und ist läyder zu vermuten /
Es möcht sich noch ein Lehr außbruten.
Beschluss:
Herr Jesu / schaw du selbst darein /
Wie uneins die drey Männer seyn /
Komm doch zu deiner Kirch behend /
Und bring solch zancken zu eim end.

Nach: Deutsche illustrierte Flugblätter des 16. und 17. Jahrhunderts, hrsg. von Wolfgang Harms, Bd. II/2, Tübingen [2]1997, S. 262 f.

1. Arbeiten Sie heraus, welche Position das Gedicht im Streit zwischen den Konfessionen bezieht.
2. Der Text spricht vom „Rauffhandel" (Schlägerei) der Bekenntnisse. Finden Sie andere Begriffe für die damalige Auseinandersetzung.
3. Wie viel Uneinigkeit verträgt eine Religion? Diskutieren Sie allgemein in der Klasse.

M11 Wiederherstellung, Gleichstellung, Duldung

Am 24. Oktober 1648 werden in Münster der Friedensvertrag zwischen dem Kaiser und Frankreich sowie in Osnabrück die Vereinbarung zwischen Kaiser, Reichsständen und Schweden unterzeichnet. Im Osnabrücker Friedensvertrag (lat. Instrumentum Pacis Osnabrugensis, IPO*) heißt es in Artikel V:*

[§ 2] Der Stichtag für die Restitution in geistlichen Angelegenheiten sowie für das, was als deren Folge in den weltlichen Angelegenheiten verändert wurde, soll der 1. Januar 1624 sein. Es soll daher die Wiedereinsetzung aller Kurfürsten, Fürsten und Stände beider Konfessionen[1] unter Einschluss der freien Reichsritterschaft sowie der reichsunmittelbaren Städte und Dörfer vollständig und ohne jeden Vorbehalt geschehen, wobei [...] alles auf den Stand des vorerwähnten Jahres und Tages zurückzuführen ist.

[§ 30] Was ferner die [Landsassen[2], Vasallen[3] und Untertanen] der geistlichen und weltlichen Reichsstände betrifft, so ist, da diesen reichsunmittelbaren Ständen [...] das Reformationsrecht zusteht [...], [...] bestimmt worden, dass diese Vorschrift auch künftig von den Ständen beider Bekenntnisse beachtet und keinem Reichsstand das Recht, das ihm gemäß der Landeshoheit in Religionssachen zusteht, geschmälert werden soll.

[§ 31] Diesen Bestimmungen steht nicht entgegen, dass die Landsassen, Vasallen und Untertanen katholischer Stände, welcher Art sie auch seien, die zu irgendeinem Zeitpunkt des Jahres 1624 die öffentliche oder private Religionsausübung der Augsburgischen Konfession [...] vorgenommen haben, diese auch fernerhin einschließlich aller Nebenrechte, soweit sie diese im vorerwähnten Jahr in Anspruch genommen haben oder deren Ausübung unter Beweis stellen können, beibehalten sollen. Zu diesen Nebenrechten werden gerechnet: die Besetzung der Konsistorien, der Schule und der Kirchenämter, das Patronatsrecht[4] und ähnliche Rechte. Auch sollen sie im Besitz aller zur vorerwähnten Zeit in ihrer Gewalt befindlichen Kirchen, [...] Klöster und Spitäler einschließlich allen Zubehörs, aller Einkünfte und allen Zuwachses verbleiben. [...]

[1] Gemäß Artikel VII des IPO wurden die Reformierten den Anhängern des katholischen und evangelisch-lutherischen Bekenntnisses rechtlich gleichgestellt.

[2] **Landsasse**: Grundherr oder Adliger, der der Hoheit eines Fürsten untersteht

[3] **Vasall**: freie Person, die Lehen empfängt und verwaltet, als Lehnsnehmer dem Lehnsherrn zu Abgaben sowie militärischer oder politischer Gefolgschaft verpflichtet

[4] **Patronatsrecht** (von lat. *patronus*: Schutzherr): Schirmherrschaft über eine örtliche Kirche und ihr Personal

[§ 32] Wer [von ihnen] aber auf irgendeine Weise beeinträchtigt oder [seiner Besitztümer] entsetzt worden ist, soll ausnahmslos und vollständig in den Rechtszustand, in dem er sich im Jahre 1624 befunden hat, wiedereingesetzt werden.
Das gleiche gilt für die katholischen Untertanen von Reichsständen der Augsburgischen Konfession, denen im vorerwähnten Jahr 1624 die öffentliche oder private Ausübung des katholischen Bekenntnisses zustand. [...]

[§ 34] Ferner ist man übereingekommen, dass die der Augsburgischen Konfession angehörenden Untertanen katholischer Stände wie umgekehrt katholische Untertanen von Ständen der Augsburgischen Konfession, denen im Jahre 1624 zu keinem Zeitpunkt die öffentliche oder private Religionsausübung zustand, wie auch die, die nach der Verkündung des Friedens künftig ein anderes Glaubensbekenntnis annehmen oder annehmen werden als ihr Landesherr, mit Nachsicht geduldet und nicht daran gehindert werden sollen, sich in vollständiger Gewissensfreiheit in ihren Häusern ihrer Andacht ohne jede Nachforschung und ohne jede Beeinträchtigung privat zu widmen [...], in der Nachbarschaft so oft und wo immer sie wollen am öffentlichen Gottesdienst teilzunehmen und ihre Kinder entweder in auswärtige Schulen ihres Bekenntnisses oder zu Hause von Privatlehrern unterweisen zu lassen. Doch sollen Landsassen, Vasallen und Untertanen im Übrigen ihre Pflicht in schuldigem Gehorsam und Unterordnung erfüllen [...] und zu keinerlei Unruhen Anlass geben.

[§ 35] Ob die Untertanen aber katholischen Glaubens oder Augsburgischer Konfession sind, sollen sie doch nirgends wegen ihres Bekenntnisses verachtet [...] und auch nicht aus der Gemeinschaft der Kaufleute, Handwerker und Zünfte, von Erbschaften, Vermächtnissen, Spitälern, Siechenhäusern[1], Almosen und anderen Rechten oder Geschäften, noch viel weniger von den öffentlichen Kirchhöfen und einem ehrlichen Begräbnis ausgeschlossen [werden] [...]; vielmehr sollen sie in diesen und ähnlichen Fällen in gleicher Weise wie ihre Mitbürger Recht, Gerechtigkeit und Schutz genießen [...].

Nach: Arno Buschmann, Kaiser und Reich. Klassische Texte zur Verfassungsgeschichte des Heiligen Römischen Reiches Deutscher Nation vom Beginn des 12. Jahrhunderts bis zum Jahre 1806, Tl. 2, Baden-Baden [2]1994, S. 35 und 48–51

1. Fassen Sie zusammen, in welchen Fällen das Normaljahr 1624 als Richtschnur für die konfessionellen Verhältnisse dienen sollte.
2. Erklären Sie, weshalb die Festlegung eines Normaljahrs zur allgemeinen Befriedung beigetragen hat.
3. Stellen Sie die Rechte der Bevölkerung (hier als „Landsassen, Vasallen und Untertanen" bezeichnet) den Rechten gegenüber, die ihr der Augsburger Religionsfrieden gewährte.
4. Arbeiten Sie aus den Paragrafen 34 und 35 (Zeile 42 bis 72) heraus, welche Nachteile es bisher für Andersgläubige in einer Reichsstadt oder einem Territorium geben konnte.
5. Präsentation: Tragen Sie die Bestimmungen des Westfälischen Friedens, soweit sie die Reichsstände und die Bevölkerung betreffen, in das Schaubild in M8 ein. Ziehen Sie dazu auch den Abschnitt „Friede mit Perspektiven" im Darstellungsteil auf Seite 107 heran.

[1] **Siechenhäuser**: damalige Krankenhäuser für besonders ansteckende Krankheiten wie Pest, Cholera oder Aussatz

Streitschriften untersuchen

Eine **Streitschrift** ist eine Textquelle. Mit ihr meldet sich der Verfasser in einer **öffentlichen Auseinandersetzung** über ein bestimmtes Thema zu Wort. Eine Streitschrift **„sucht Streit"**: Statt abzuwägen oder nüchtern zu beobachten, nimmt der Verfasser einseitig Partei und spitzt seine Meinung zu. Die Aussagen wirken daher leidenschaftlich, bis hin zur Übertreibung. In ihrer Argumentation setzen manche Verfasser vorsätzlich Unwahrheiten, Anfeindungen oder Spott ein. Steht die verbale Kampfansage an einen Gegner oder an eine andere Meinung im Vordergrund, spricht man auch von einer **Schmähschrift** oder einem **Pamphlet**.
Streitschriften der Vergangenheit sind oft sehr aufschlussreich, allerdings ist bei ihrer Untersuchung Vorsicht geboten. Wortwahl und Gedankengang der Quelle können gegen den Verfasser einnehmen, ihn befremdlich oder widerwärtig erscheinen lassen. Es geht jedoch weniger um ein moralisches Urteil, auch wenn eine solche Wertung in die Analyse aufgenommen werden kann. Vielmehr sind die **Motive des Verfassers und seine Position** kenntlich zu machen. Eine Streitschrift enthält kaum etwas Zuverlässiges über den darin beschriebenen Gegner. Sie gibt dagegen viel Aufschluss über den Verfasser selbst, seine Anschauungen oder seine Voreingenommenheit. Ähnliches gilt für das **Publikum**, an das sich der Text wendet. In den Anklagen oder Gehässigkeiten einer Streitschrift werden typische Sorgen, Probleme und Konflikte einer Zeit sichtbar. Mitunter ist das „Nachleben" einer Streitschrift zu berücksichtigen. Ihre Aussagen können auch die Menschen späterer Zeiten noch beeinflusst haben. In der Analyse ist klar zu trennen zwischen der ursprünglichen **Aufnahme (Rezeption)** der Streitschrift und ihren **Folgen** für die Nachwelt.

Arbeitsschritt	Leitfragen
1. beschreiben	• Wer ist der Verfasser oder Auftraggeber, welche Funktion oder Stellung hat er/sie? • Wann, wo und aus welchem Anlass wurde die Streitschrift verfasst? • Was ist der Gegenstand der Streitschrift? Was wird thematisiert? • Wie ist der Text aufgebaut? Welche Merkmale kennzeichnen ihn (Sprache, Stil)? • Tauchen im Text Übertreibungen, Unwahrheiten, Spott oder verbale Angriffe auf?
2. erklären	• Zu welcher öffentlichen Auseinandersetzung nimmt die Streitschrift Stellung? • Welchen Bezug hat der Verfasser zum Thema (Betroffener, distanzierter Beobachter)? • An wen wendet sich die Streitschrift? • Gegen wen oder welche Position ist die Streitschrift gerichtet? • Welche Absichten verfolgt der Verfasser oder Auftraggeber mit dem Text? • Welche Wirkung geht von dem Text aus?
3. beurteilen	• Was kann die Streitschrift über die Denkweise des Verfassers und seines Publikums aussagen? • Gibt es weitere Äußerungen des Verfassers zum gleichen Thema? • Wie wurde die Streitschrift von den Zeitgenossen aufgenommen? • Von wem und wie wurde der Text in späteren Zeiten rezipiert?

M Luther und die Juden

Im Jahr 1523 veröffentlicht Martin Luther seine Schrift „Dass Jesus Christus ein geborener Jude sei". Er hofft darin, die Juden würden freiwillig die evangelische Lehre übernehmen. Im Winter 1542/43 verfasst er die Schrift „Von den Juden und ihren Lügen". Luthers frühere Haltung hat sich ins Gegenteil verkehrt:

Ich habe eine Schrift erhalten, in der ein Jude ein Gespräch mit einem Christen führt und sich daran macht, die Sprüche der [Heiligen] Schrift (wie sie für unseren Glauben gelten, über unseren Herrn Christus und Maria, seine Mutter) zu verdrehen und ganz anders zu deuten. Damit meint er, unseren Glaubensgrund umzustoßen. Darauf gebe ich Euch und ihm diese Antwort […].

[…] Ja, hier liegt der Grund, der Hader, die Anmaßung, das macht die Juden toll und töricht und treibt sie zu solch verdammtem Ansinnen, alle Sprüche der Schrift so schändlich entstellen zu müssen: Sie wollen und können nicht ertragen, dass wir Heiden mit ihnen vor Gott gleich seien und der Messias Trost und Freude für uns sei ebenso wie für sie. Ehe sie es ertrügen, dass wir Heiden, die wir von ihnen ohne Unterlass verspottet, verwünscht, verflucht, beleidigt und entehrt werden, mit ihnen am Messias teilhaben und Miterben und ihre Brüder heißen sollten, eher, so sage ich, kreuzigten sie noch zehnmal den Messias und schlügen Gott selbst tot, wenn dies möglich wäre, samt aller Engel und Geschöpfe, auch wenn sie dafür tausend Höllen statt nur einer einzigen verdienten. […]

Diesen giftigen Hass gegen die Gojim haben sie seit ihrer Jugend eingesogen, von ihren Eltern und Rabbinern[1], und saugen ihn weiter ein, ununterbrochen, sodass es ihnen, wie es in Psalm 109 heißt, in Fleisch und Blut, in Mark und Bein übergegangen und ganz und gar zu ihrer Natur, ihrem Dasein geworden ist. Und so wenig sie ihr Fleisch und Blut, ihr Mark und Bein ändern können, so wenig können sie solchen Stolz und Neid ändern. Sie müssen so bleiben und verderben, sofern Gott nicht ausgesprochen große Wunder tut. […] Darum wisse, lieber Christ, und zweifle nicht daran, dass du außer dem Teufel keinen erbitterteren, giftigeren, heftigeren Feind hast als einen wahren Juden, der es ernst meint, Jude zu sein. Es mag unter ihnen einige geben, die wie die Kühe oder Gänse an gar nichts glauben. Doch ihre Abstammung und Beschneidung wird niemand von ihnen los. […]

Unseren Obrigkeiten, so sie Juden als Untertanen haben, wünsche ich und bitte sie, sie wollten […] scharfe Barmherzigkeit gegen diese elenden Leute üben, damit es doch noch etwas helfen sollte, wiewohl wenig Aussicht besteht. Wie die treuen Ärzte, wenn der Wundbrand[2] die Knochen befallen hat, mit Unbarmherzigkeit verfahren und schneiden, sägen und Fleisch, Adern, Mark und Bein abbrennen, so verfahre man auch hier. Man verbrenne ihre Synagogen, verbiete alles, was ich oben schon nannte[3], zwinge sie zur Arbeit und behandle sie mit aller Unbarmherzigkeit, wie es Mose getan in der Wüste, als er dreitausend totschlug, damit nicht das ganze Volk verderben müsse. Sie [die Juden] wissen wahrlich nicht, was sie tun und wollen es, wie die Besessenen, nicht wissen, hören oder lernen. Darum kann man hier keine Barmherzigkeit üben, die sie in ihrem Wesen stärken würde. Will das Gesagte nicht helfen, dann müssen wir sie verjagen wie tolle Hunde, damit wir nicht, ihrer grauenvollen Lästerungen und aller Laster teilhaftig, mit ihnen zusammen Gottes Zorn verdienen und verdammt werden. Ich habe das Meine getan, ein jeder sehe, wie er das Seine tue, ich bin ohne Schuld.

Nach: D. Martin Luthers Werke. Kritische Gesamtausgabe, IV. Abteilung, Bd. 53, Weimar 1920 (unveränderter Nachdruck Weimar 2007), S. 417–552, hier S. 417, 481 f. und 541 f. (sprachlich vereinfacht)

Vage Andeutung, der erwähnte Text ist bis heute unbekannt.

Schimpfwort, den Juden in den Mund gelegt

Anfeindungen

Übertreibung

hier: abfällige Bezeichnung für alle Nichtjuden

Verweis auf Altes Testament

suggestive (stark beeinflussende) Vorstellung: Hass der Juden als nicht veränderbare, „natürliche" Eigenschaft

Vorurteil: Stolz und Neid

Anfeindungen

suggestiver (stark beeinflussender) Vergleich: Unglaube der Juden als gefährlicher „Infektionsherd"

Verweis auf Altes Testament (Exodus 32,25–28)

Vorurteil: Verblendung, Unbelehrbarkeit

Drohung

[1] **Rabbiner**: jüdische Geistliche

[2] **Wundbrand** (veraltet): sich ausbreitende Wundinfektion

[3] Luther forderte das Verbot jüdischer Religionslehre und die Beschlagnahme jüdischer religiöser Schriften. Juden sollten in keinen festen Behausungen wohnen und keinen erhöhten Zins für Darlehen nehmen dürfen (sogenanntes Wucherverbot).

► Analysieren Sie die Streitschrift mithilfe der Arbeitsschritte auf Seite 118. Ihre Ergebnisse können Sie mit der Beispiellösung auf Seite 169 vergleichen.

Die Krise der spätmittelalterlichen Kirche und die Reformation

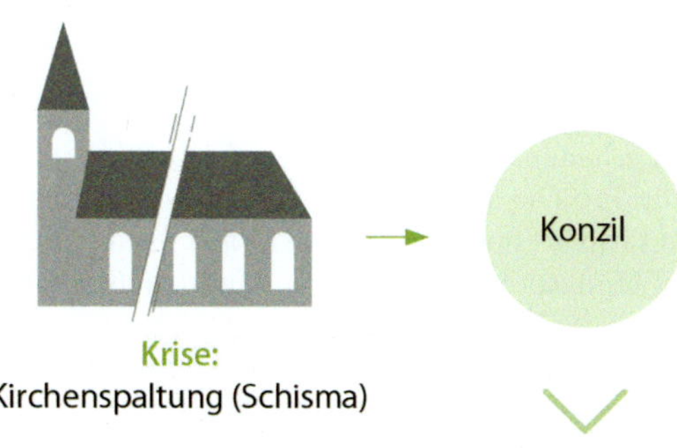

Reform

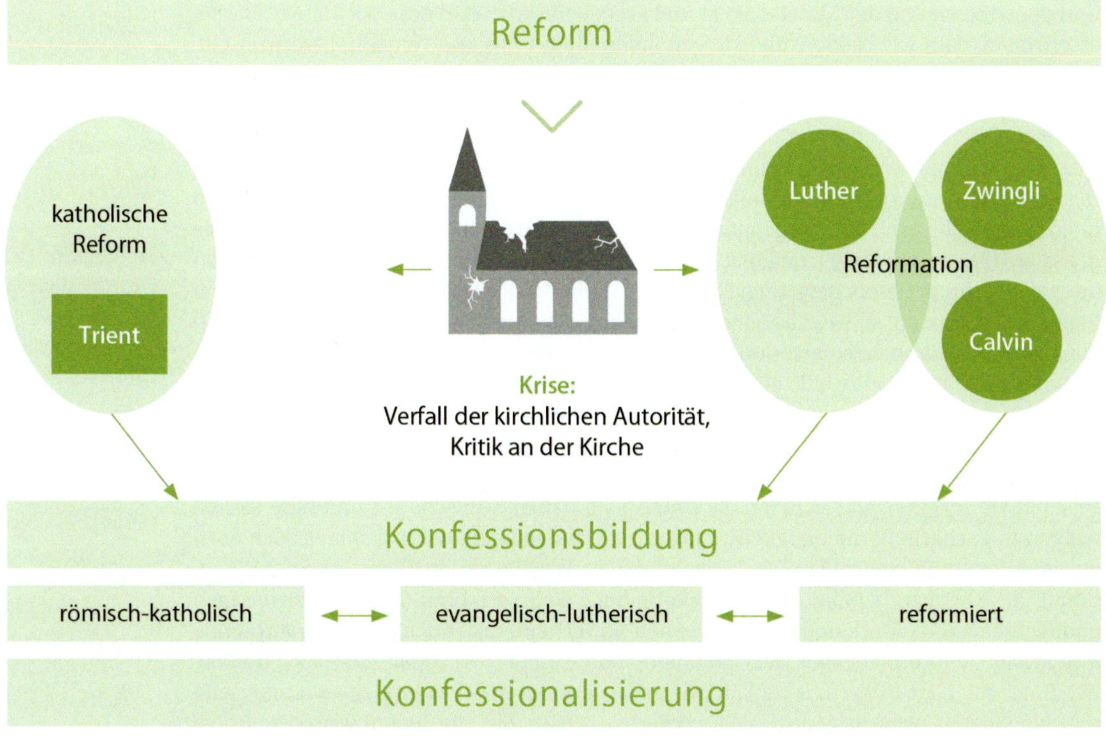

Konfessionalisierung

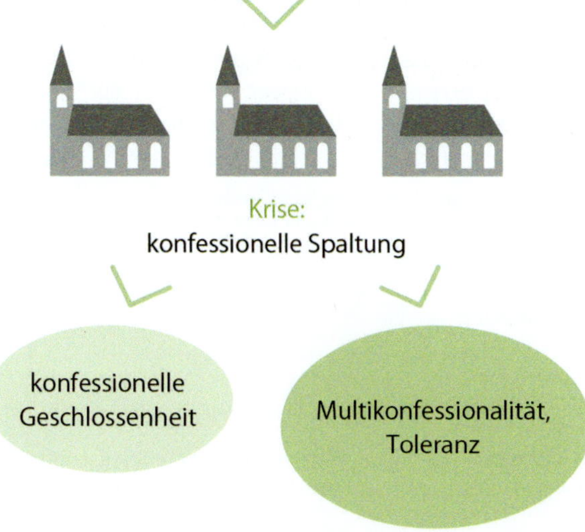

M „Es muss anders werden"

Der Kulturhistoriker Jacob Burckhardt (siehe Seite 11) bemerkt zur Dynamik von Krisen in der Geschichte:

Eine scheinbar wesentliche Vorbedingung für die Krisen ist das Dasein eines sehr ausgebildeten Verkehrs und die Verbreitung einer bereits ähnlichen Denkweise in anderen Dingen über große Strecken. Allein, wenn die Stunde da ist und der wahre Stoff, so geht die Ansteckung mit elektrischer Schnelle über hunderte von Meilen und über Bevölkerungen der verschiedensten Art, die einander sonst kaum kennen. Die Botschaft geht durch die Luft, und in dem Einen, worauf es ankommt, verstehen sie sich plötzlich Alle, und wäre es auch nur ein dumpfes: „Es muss anders werden."

*Der Kirchenhistoriker Hubert Wolf (*1959) über gescheiterte Ansätze, die Krise der spätmittelalterlichen Kirche zu überwinden:*

„Wir wissen, dass es an diesem Heiligen Stuhl schon seit einigen Jahren viele gräuliche Missbräuche in geistlichen Dingen und Exzesse gegen die göttlichen Gebote gegeben hat, ja, dass eigentlich alles pervertiert worden ist. So ist es kein Wunder, wenn sich die Krankheit vom Haupt auf die Glieder, das heißt von den Päpsten auf die unteren Kirchenführer ausgebreitet hat. Wir alle [...] sind abgewichen, ein jeder sah nur auf seinen eigenen Weg, und da ist schon lange keiner mehr, der Gutes tut, auch nicht einer." Diese Worte stammen nicht von einem zeitgenössischen Kritiker der katholischen Kirche, sondern von Papst Hadrian VI. im Jahr 1523. Keine zwei Jahre zuvor hatte Martin Luther sich auf dem Wormser Reichstag geweigert, seine Thesen zu widerrufen, woraufhin die Reichsacht über ihn verhängt wurde – ein entscheidender Schritt auf dem Weg zur Kirchenspaltung.

Hadrian VI. versuchte, der Kritik den Wind aus den Segeln zu nehmen, indem er die vielfältigen Missstände beim Namen nannte, seiner Kirche überfällige Reformen verordnete und versprach, „dass Wir jede Anstrengung unternehmen werden, dass als erstes diese Kurie, von der das ganze Übel ausgegangen ist, reformiert wird, damit sie in gleicher Weise, wie sie zum Verderben der Untergebenen Anlass geboten hat, nun auch ihre Genesung und Reform bewirkt. Dazu fühlen Wir Uns umso mehr verpflichtet, als Wir sehen, dass die ganze Welt eine solche Reform sehnlichst begehrt." Doch Hadrian VI. starb bereits im September 1523, und sein radikales Programm wurde nie umgesetzt.

Erster Text: Jacob Burckhardt, Werke. Kritische Gesamtausgabe, Bd. 10, München/Basel 2000, S. 470 f.; zweiter Text: Hubert Wolf, Die Reformierbare. Von den vielfältigen Optionen der katholischen Kirche, in: Aus Politik und Zeitgeschichte 66 (2016), Heft 52, S. 28–33, hier S. 28

1. Erläutern Sie, ob das von Burckhardt geschilderte Merkmal auf die Krise der spätmittelalterlichen Kirche zutraf.
2. Papst Hadrian VI. spricht von einer „Krankheit" der Kirche sowie von ihrer „Genesung" (Zeile 16 und 35). Weisen Sie in den Quellentexten M2, M3, M5 und M9 aus dem Wahlmodul nach, ob es gleichlautende oder sinngemäß ähnliche Befunde gibt. Argumentieren Sie, unter Bezug auf die Aussagen im Kernmodul „Krisen", dass darin ein zeitgenössisches Krisenbewusstsein zum Ausdruck kommt.
3. Setzen Sie sich mit der Frage auseinander, ob und inwieweit die kirchliche Krise von den Zeitgenossen als Chance und Bewährungsprobe verstanden wurde (vgl. dazu M2, M4 und M6 im Kernmodul „Krisen"). Verweisen Sie dabei auf die Geschehnisse um das Konstanzer Konzil, auf Jan Hus und seine Anhänger, auf die Lehre und das Verhalten von Martin Luther und auf die Reformen im Zuge des Konzils von Trient.
4. Beurteilen Sie die Bedeutung a) der Bildung (Gründung von Universitäten, Humanismus, Anstieg der Literaturproduktion usw.) und b) der damaligen Frömmigkeit für die kirchliche Krise und die Reformation.
5. Gruppenarbeit: Tragen Sie zusammen, welche Widerstände es gegen die geplanten Reformen der alten Kirche sowie gegen die reformatorische Bewegung gab (z. B. Konflikt Papst–Konzil, Wormser Edikt). Diskutieren Sie, ob diese Widerstände zu einer Verschärfung der Krise führten oder sie in eine andere Richtung lenkten.
6. Erörtern Sie, inwiefern die Krise der Kirche seit Ende des Mittelalters zu etwas wesentlich Neuem führte. Ziehen Sie dazu das Tafelbild auf der vorherigen Seite sowie M2 und M5 im Kernmodul „Krisen" heran.
7. Diskutieren Sie in der Klasse, welche Lehren sich aus der Krise der Kirche für die Gegenwart ziehen lassen.

Orientierung

1.6 Wahlmodul: Französische Revolution

Das Kapitel beschäftigt sich inhaltlich mit ...

- den Ursachen der Revolution
- den Phasen der Revolution und ihren Trägern
- der Ausstrahlung der Revolution auf Deutschland
- Napoleon als Erbe der Revolution

Die Französische Revolution gehört zu den wirkungsmächtigsten Ereignissen in der Geschichte der Neuzeit. Ende des 18. Jahrhunderts war das absolutistische Königtum nicht mehr in der Lage, die zerrütteten Staatsfinanzen zu ordnen. Angeleitet von den Ideen der Aufklärung erzwungen die Bürgerinnen und Bürger eine Teilhabe an der Regierung. Bleibend war am Ende die Auflösung der althergebrachten ständischen Ordnung.

Im Verlauf der Revolution wurde die absolute Monarchie in Frankreich zunächst in eine konstitutionelle, das heißt an eine Verfassung gebundene, Monarchie umgewandelt. In einem zweiten Schritt errichtete das unzufriedene Volk eine Republik – ohne Monarchen. Eine radikaldemokratische Revolutionsregierung herrschte zeitweise mit Mitteln des Terrors. Schließlich erklärte nach einem Staatsstreich der Erste Konsul Napoleon Bonaparte 1799 „die Revolution für beendet“.

Wirkungsmächtigstes Erbe der Revolution ist die Erklärung der Menschen- und Bürgerrechte vom 26. August 1789, deren Prinzipien bis heute Gültigkeit besitzen.

Denkwürdige Szenen.
Kolorierter Holzschnitt aus dem Jahre 1793, verlegt von Jean-Baptiste Letourmi.
Der populäre Bilderbogen gibt den Verlauf der Ereignisse zwischen 1789 und 1791 wieder. Zu Beginn (Abbildung links oben) wird der Dritte Stand fast erdrückt, weil er neben seinen eigenen Steuern auch noch die Lasten der ersten beiden Stände tragen muss. Das „Erwachen des Dritten Standes“ in der zweiten Abbildung (rechts oben) zeigt im Hintergrund die Bastille und beschwört den 14. Juli 1789. Die Abschaffung der Wappen (Abbildung unten links) verbildlicht die Beschlüsse der Nationalversammlung vom 19. Juni 1790: Abschaffung des Erbadels und adliger Titel. Auch kirchliche Insignien werden bei dieser Gelegenheit zerschlagen. In der vierten Abbildung (unten rechts) werden dank der Revolution die Lasten von den drei Ständen nun gemeinsam getragen. Doch nach wie vor erscheinen Adel und Klerus in engem Schulterschluss.

Das Ancien Régime in der Krise

1787/88 — Steuer- und Finanzreformen scheitern am Einspruch des Adels und des Klerus.

1788 — Der König beschließt, die **Generalstände** (Etats généraux) einzuberufen.

Die erste Revolution (Révolution de la liberté)

5. 5. 1789 — **Ludwig XVI.** eröffnet die Generalstände in Versailles.

17. 6. 1789 — Der **Dritte Stand** erklärt sich zur **Nationalversammlung** (Assemblée nationale).

14. 7. 1789 — In Paris wird die Bastille gestürmt.

Konstitutionelle Monarchie

4. 8. 1789 — **„Augustbeschlüsse“** der Nationalversammlung; die feudalen Privilegien und Rechte sollen abgeschafft werden.

26. 8. 1789 — Die **Menschen- und Bürgerrechte** werden verkündet.

5./6. 10. 1789 — Protestmarsch der Pariser Frauen nach Versailles; der königliche Hof und die Nationalversammlung werden nach Paris verlegt.

19. 6. 1790 — Erbadel und adlige Titel werden durch die Nationalversammlung abgeschafft.

14. 7. 1790 — Am Jahrestag des Sturms auf die Bastille findet auf dem Pariser Marsfeld ein „Fest der Föderation“ statt.

20./21. 6. 1791 — Die königliche Familie versucht zu fliehen; sie wird festgenommen und zurück nach Paris gebracht.

27. 8. 1791 — Österreich und Preußen erklären sich bereit, dem französischem König zu unterstützen.

3. 9. 1791 — Frankreich wird **konstitutionelle Monarchie**.

5. 9. 1791 — **Olympe de Gouges** veröffentlicht ihre „Erklärung der Rechte der Frau und Bürgerin“.

Juli/Aug. 1792 — Das Königtum wird vorübergehend aufgehoben und Ludwig XVI. mit seiner Familie gefangengesetzt.

Die zweite Revolution (Révolution de l' égalité)

2. - 6. 9. 1792 — In Paris werden die Gefängnisse gestürmt und zahllose Häftlinge ermordet (**„Septembrisaden“**).

21. 9. 1792 — Die Monarchie wird abgeschafft und die **Republik** ausgerufen.

21. 10. 1792 — Französische Truppen marschieren in Mainz ein.

21. 1. 1793 — Ludwig XVI. wird wegen Landesverrats verurteilt und hingerichtet.

17. 9. 1793 — „Gesetz über die Verdächtigen“: Höhepunkt der **„Schreckensherrschaft“** („La Terreur“).

27. 7. 1794 — **Maximilien de Robespierre** und seine Anhänger werden gestürzt und hingerichtet.

Das „amtliche Ende“ der Revolution

20. - 23. 5. 1795 — Die **Sansculotten** demonstrieren für „Brot und die Verfassung“ von 1793; ihr Aufstand wird niedergeschlagen.

22. 8. 1795 — Die „Direktorialverfassung“ wird verkündet.

9./10. 11. 1799 — Staatsstreich **Napoleon Bonapartes**; er erklärt die Revolution für beendet.

21. 3. 1804 — Der **Code civil**, ein neues bürgerliches Gesetzbuch, wird veröffentlicht.

2. 12. 1804 — Napoleon Bonaparte krönt sich in Paris zum „Kaiser der Franzosen“.

Frankreich am Vorabend der Revolution | Mit 28 Millionen Menschen (davon über 700 000 in der Metropole Paris) war Frankreich am Ende des 18. Jahrhunderts das am dichtesten besiedelte Land Westeuropas. Landwirtschaft und Kolonialhandel sorgten für den Wohlstand des Königreiches. Kulturell gehörte Frankreich zu den führenden Nationen. Rund ein Drittel der Bevölkerung war alphabetisiert, wobei zwischen den ländlichen und städtischen Regionen starke Unterschiede bestanden. Die Gesellschaft war in drei Stände gegliedert: die Geistlichkeit (*la Clergé*), der Adel (*la Noblesse*) sowie die Bauern und Bürger (*Tiers Etat*).

	Erster Stand	Zweiter Stand	Dritter Stand
	Geistlichkeit	Adel	Bürger und Bauern
Anteil an der Bevölkerung	ca. 130 000 (0,5 %)	ca. 380 000 (1,4 %)	ca. 27,5 Millionen (98 %)
Anteil am Grundeigentum	10 %	20 %	70 %
Nutznießer	hohe Geistlichkeit		Großbürgertum (1 % der Bevölkerung): 30 % Sonstige (97 % der Bevölkerung): 40 %

Die drei Stände in Frankreich um 1788/89.

Die alte Gesellschaftsordnung hatte bereits im Verlauf des 18. Jahrhunderts begonnen, sich aufzulösen. Schon allein die Unterschiede zwischen dem Hofadel sowie dem wohlhabenden und dem verarmten Provinzadel waren erheblich. Zudem musste der Adel seine einstmals kulturelle Führungsfunktion mit dem Großbürgertum teilen. Die Wortführer der neuen aristokratisch-bürgerlich gemischten Bildungselite setzten sich ganz im Sinne der **Aufklärung** (→M1) ein gegen den Anspruch der Kirche, im alleinigen Besitz der Wahrheit zu sein, sowie für politische Freiheit. Damit untergruben sie die Fundamente der ständischen Ordnung.

Eine weitere Annäherung zwischen Angehörigen beider Stände brachte der ökonomische Aufschwung Frankreichs in den ersten zwei Dritteln des 18. Jahrhunderts. Dank der Aufwertung des durch Handel und Gewerbe erlangten Reichtums konnten es Adlige nun durchaus mit ihrer Standeswürde vereinbaren, sich kommerziell zu betätigen. Sie beteiligten sich an Industrieunternehmen und wurden als Fernhändler und Reeder aktiv.

Auch in der Landwirtschaft waren Adel und Großbürgertum zu Konkurrenten und Partnern geworden. Hohe Grundrenten ließen den Landbesitz zum vorrangigen Investitionsobjekt für reiche Stadtbürger werden. Die bürgerlichen und adligen Agrarunternehmer nutzten die alten **feudalen** Rechte der Grundherrschaft auf Kosten der Bauern voll aus: etwa Anspruch auf bäuerliche Fronarbeit und Feudalabgaben, das Jagd- und Fischereimonopol, die grundherrliche Gerichtsbarkeit.

Während sich die Lebensformen von Adel und Großbürgertum einander anglichen, waren die Gegensätze innerhalb des *Dritten Standes* besonders deutlich. In den Städten bestimmten das Großbürgertum (Bankiers, Unternehmer etc.) und die aufgeklärte Bildungselite (Künstler, Anwälte, Ärzte, Beamte etc.) die öffentliche Meinung. Die Sorgen der Arbeiter und Dienstboten, der Ladenbesitzer, Gastwirte und Handwerker fanden kaum Gehör; sie lebten oft am Rande des Existenzminimums. Und auf dem Land waren die Kleinbauern als stärkste Bevölkerungsgruppe häufig auf zusätzliche Erwerbsquellen angewiesen. Bei Missernten waren Kleinbauern, Gesinde und Tagelöhner von der Not unmittelbar betroffen.

Aufklärung: Die bis heute gültige Definition von „Aufklärung" lieferte der Königsberger Philosoph Immanuel Kant (1724–1804): „Aufklärung ist der Ausgang des Menschen aus seiner selbst verschuldeten Unmündigkeit." Die Vernunft sollte zum Maßstab allen Denkens werden. Auswirkungen hatte dies für den Kampf gegen (religiöse) Vorurteile, für Bildung und Rechte der Bürger sowie in einer Hinwendung zu den Naturwissenschaften.

feudal: abgeleitet von lat. *foedum:* Lehensgut

Machtkampf | Das **Ancien Régime** litt ständig unter finanziellen Problemen. Sie waren durch die massive Unterstützung der nordamerikanischen Kolonien in ihrem Unabhängigkeitskrieg gegen Großbritannien (1776–1783) noch vergrößert worden. Alle Versuche der Krone, die Stände entsprechend ihren Einkünften gleichmäßig zur Deckung der öffentlichen Lasten heranzuziehen, scheiterten am Widerstand von Klerus und Adel.

Ludwig XVI., der seit 1774 regierte, war schließlich gezwungen, die **Generalstände** (*Etats généraux*) einzuberufen. Darauf hatte das absolutistische Königtum (**Absolutismus**) seit 1614 bewusst verzichtet, aber nur die Generalstände sollten das Recht haben, über eine Steuerreform zu beraten.

Doch wie sollte das Wahlrecht zur Ständeversammlung aussehen, vor allem, sollten die Stände getrennt, wie vor 175 Jahren, oder vereint abstimmen? Die Regierung stellte diese Probleme der Öffentlichkeit zur Diskussion. Alle „Gelehrte und andere gebildete Personen" Frankreichs wurden aufgefordert, zu den Fragen der „nationalen Erneuerung" Stellung zu nehmen. Eine Flut von Zeitungsartikeln, Flugschriften, Streit- und Schmähschriften sowie gelehrten Abhandlungen folgte. Der absolutistische Staat hatte sich selbst zur Diskussion gestellt, und die daraus entstehende Auseinandersetzung war geprägt von den Vorstellungen der aufgeklärten Bildungselite.

Im Januar 1789 wurde die Wahlordnung zu den Generalständen veröffentlicht. Die Zahl der zu wählenden Abgeordneten des Dritten Standes war zwar verdoppelt worden, doch der künftige Abstimmungsmodus blieb weiter ungeklärt. Die Wahlordnung bestimmte, dass die gesamte männliche Bevölkerung über 25 Jahre (beim Adel auch die Frauen!), die in den Steuerlisten eingetragen war, wählen durfte. Adel und Klerus konnten ihre Vertreter direkt wählen, die Angehörigen des Dritten Standes dagegen durften ihre Abgeordneten nur indirekt, über Wahlmänner, bestimmen.

Der einsetzende Wahlkampf politisierte die Bevölkerung in nie gekannter Weise. Begriffe wie Freiheit, Gleichheit, Glück, Souveränität und Repräsentation, die schon zuvor den amerikanischen Unabhängigkeitskampf geprägt hatten, wurden zu Schlagwörtern. Der neue Begriff der „Volkssouveränität" fand seinen Ausdruck in einer im Januar 1789 von dem dreißigjährigen Geistlichen **Emmanuel Joseph Sieyès** veröffentlichten Flugschrift mit dem Titel „Was ist der Dritte Stand?" (➔M2). Im Zusammenhang mit der Wahl der Abgeordneten konnten die Wähler ihre Klagen, Beschwerden und Wünsche vorbringen. Sie wurden in „Beschwerdeheften" (*Cahiers de doléances*) zusammengefasst. Die Monarchie stand bei dieser ersten modernen „Meinungsumfrage" der Geschichte nicht zur Diskussion.

Die Revolution der Abgeordneten | Am 5. Mai 1789 eröffnete der König in Versailles die Sitzungsperiode der Generalstände. Doch die Erwartungen wurden enttäuscht. Die Stände tagten getrennt, und die Reformen sollten an die Aufrechterhaltung der Ständeordnung gebunden bleiben. Nachdem die Versammlung deshalb über einen Monat handlungsunfähig geblieben war, forderte Sieyès die Abgeordneten des Ersten und Zweiten Standes auf, gemeinsam mit dem Dritten Stand zu tagen. Dem Aufruf folgten reformwillige Männer aus Adel und Klerus. Am 17. Juni erklärten sich 491 gegen 90 Abgeordnete zur Nationalversammlung (*Assemblée nationale*), und Sieyès verkündete, „dass es der Versammlung – und nur ihr – zukommt, den Gesamtwillen der Nation auszudrücken und zu vertreten; zwischen dem Thron und dieser Versammlung kann kein Veto, keine Macht des Einspruchs stehen". Das war revolutionär! Die an Stand und Auftrag ihrer Wähler gebundenen Deputierten (*imperatives Mandat*) hatten sich eigenmächtig (*souverän*) zu Abgeordneten der gesamten Nation erklärt, die nur noch dem Allgemeinwillen (*Volonté générale*) dienen wollten. Damit hatte der Dritte Stand den ersten Schritt vom politisch unmündigen Untertanen zum mitbestimmenden Staatsbürger (*Citoyen*) vollzogen.

Ancien Régime (wörtlich: alte, ehemalige Regierung): Der Begriff steht für die vorrevolutionären Zustände.

Generalstände: Ständevertretung ganz Frankreichs mit je 300 Abgeordneten des Klerus, des Adels und des Dritten Standes (= Bürger, Bauern)

Absolutismus: die (in der Theorie) ungeteilte Herrschaft des Monarchen. Sie wird hergeleitet aus dem Gottesgnadentum des Herrschers, der über dem Gesetz steht.

Emmanuel Joseph Sieyès (1748–1836): Angehöriger des Klerus und Politiker. Er war einer der einflussreichsten Wortführer des Dritten Standes, wurde Abgeordneter des Nationalkonvents und unterstützte 1799 als Mitglied der Regierung den Staatsstreich Napoleons.

Bildinformation

31000-39

Der Ballhausschwur vom 20. Juni 1789.

Zeitgenössisches Gemälde nach einer kolorierten Zeichnung des Revolutionsmalers Jacques-Louis David, um 1791.

Ursprünglich hatte David seine Arbeit als Vorlage für ein riesiges Wandgemälde im Sitzungssaal der Nationalversammlung erstellt. Der Auftrag wurde nie ausgeführt, nicht zuletzt weil die gefeierten Helden von 1789 schon bald in Misskredit fielen.

Das Historienbild gibt nicht den tatsächlichen Hergang der Ereignisse wieder. Beispielsweise sind alle scheinbar spontanen Gesten so aufeinander abgestimmt, dass sie in der Bildmitte in der zum Schwur erhobenen Hand des Präsidenten der Versammlung zusammentreffen. Auch die Verbrüderung von Vertretern verschiedener Konfessionen im Vordergrund hat nachweislich nicht stattgefunden. Letztlich ging es David darum, die Geburtsstunde einer lebendigen und – trotz der sichtbar werdenden unterschiedlichen Gemütsäußerungen – geeinten Nation darzustellen. Der Vorhang links oben will den wehenden Atem der Geschichte in diesem historischen Augenblick verkörpern.

Als die Krone daraufhin kurzfristig den Versammlungsraum der Deputierten des Dritten Standes schloss, zogen die reformbereiten Abgeordneten aller drei Stände in eine nahe gelegene Sporthalle und beteuerten am 20. Juni in einer improvisierten Erklärung, dem *Ballhausschwur*, „niemals auseinanderzugehen und sich überall zu versammeln, wo es die Umstände gebieten sollten, so lange, bis die Verfassung des Königreiches ausgearbeitet ist und auf festen Grundlagen ruht". Angesichts der Entschlossenheit der Deputierten gab der König sein alleiniges Recht, Ständeversammlungen einzuberufen, zu vertagen oder aufzulösen, preis. Feierlich erklärte sich daraufhin am 9. Juli 1789 die Mehrheit der Abgeordneten zur Verfassunggebenden Nationalversammlung (*Assemblée nationale constituante*). Der Monarch herrschte nicht mehr absolut.

Der 14. Juli 1789 und die städtische Volksrevolution | Ludwig XVI. berief Mitte Juli eine konservative Regierung und zog die Truppen um Paris und Versailles zusammen. Die Furcht vor einer politischen Wende traf in Paris mit sozialen Problemen zusammen, denn die Lebensmittelpreise hatten einen Schwindel erregenden Höhepunkt erreicht. Notleidende Bürger forderten Brot und Waffen, Demonstrationen sorgten für Unruhe. Daraufhin übernahmen die Wahlmänner der Pariser Stadtbezirke als „Kommune" die Stadtverwaltung. Ein *Ständiger Ausschuss*, der zukünftige Stadtrat, gründete eine Bürgerwehr: die Nationalgarde. Damit hatte die bürgerliche Selbstverwaltung begonnen. Sie konnte aber nicht verhindern, dass aufgrund des Gerüchtes, königliche Truppen würden die Stadt angreifen, eine aufgebrachte Menge am 14. Juli die *Bastille* stürmte. Die alte Festung diente als Staatsgefängnis und Pulverlager – und galt als Symbol der Unfreiheit. Ihre Eroberung, bei der sieben Gefangene befreit werden konnten und 98 Angreifer im Kampf fielen, gab der Bevölkerung ein nicht mehr zu nehmendes Bewusstsein von Macht. Sie hatte die „Ketten der Knechtschaft" (*Jean-Jacques Rousseau*) gesprengt – und ganz Europa nahm das staunend zur Kenntnis.

Die Revolution der Bauern | Auch auf dem Lande hatte man von den Generalständen Reformen erwartet. Als diese ausblieben, protestierten die Bauern mit friedlichen und gewaltsamen Mitteln gegen ihre Grundherren. Sie verweigerten Abgaben, stürmten Herrensitze, Schlösser und Klöster und vernichteten die Urkunden, die ihre Abgaben und Pflichten belegten. Gleichzeitig verbreitete sich eine „Große Furcht" (*„Grande Peur"*) vor herumstreunenden Bettlergruppen, plündernden Räuberbanden und Rachefeldzügen der Aristokratie. Sie stellte sich im Nachhinein oft als unbegründet heraus.

Von der ständischen zur bürgerlichen Ordnung | Während die ersten Adligen ins Exil gingen, richteten sich die politischen Hoffnungen des Dritten Standes auf die Verfassunggebende Versammlung. Waren die fast 1 200 Abgeordneten in der Lage, die ständische Gesellschaftsordnung in eine auf Freiheit und Gleichheit beruhende bürgerliche Ordnung umzuwandeln? Diese Aufgabe verlangte zunächst die Umformung der ständischen in eine bürgerliche Rechtsordnung. Der erste Schritt dahin waren die *„Augustbeschlüsse"*, welche die Sonderrechte (Privilegien) von Ständen, Provinzen und Städten abschafften. Die folgende Gesetzgebung regelte erstmals die politische Gleichberechtigung aller Stände und – daraus resultierend – die rechtliche und steuerliche Gleichheit der Bürger. Freie (ständisch ungebundene) Staatsbürger sollten von nun an selbst über ihr Eigentum (vor allem über Grund und Boden) verfügen können. Eine Grundlage der „modernen" bürgerlichen Gesellschaft war geschaffen.

In einem zweiten Schritt wurde am 26. August 1789 die Erklärung der Menschen- und Bürgerrechte im Rahmen der geplanten Verfassung verabschiedet (→M3). Die Erklärung verkündete die wirkungsmächtigsten Prinzipien der Französischen Revolution von 1789: die Freiheit des Individuums (*Liberté*), die Gleichheit der Bürger (*Egalité*) sowie, weniger deutlich, die Brüderlichkeit (*Fraternité*) aller Menschen. Diese „Charta der modernen Demokratie", so der Historiker *François Furet*, hatte auch Grenzen: Die noch schwache Forderung nach der Gleichberechtigung der Geschlechter wurde nicht eingelöst.

Von zentraler Bedeutung während der Verfassungsberatungen war die Frage, welche Kompetenzen dem Monarchen künftig zugestanden werden sollten. Seine Exekutivgewalt wurde nicht infrage gestellt, aber in der Gesetzgebung räumte die Mehrheit der Deputierten dem König nur noch ein aufschiebendes Einspruchsrecht (*suspensives Veto*) ein, mit dem er Gesetze zwar nicht generell verhindern, aber für vier Jahre blockieren konnte.

Noch während die Verhandlungen über die Verfassung auf der Stelle traten, zogen mit der Bemerkung „Die Männer trödeln, die Männer sind feige, jetzt nehmen wir die Sache in die Hand", am 5. Oktober 1789 etwa 5 000 Frauen nach Versailles, um gegen die Hungersnot in Paris zu demonstrieren; ihnen folgten rund 20 000 Nationalgardisten.

Nationalgarde: Am 11./12. Juli 1789 in Paris entstandene Bürgerwehr, die einerseits die Bürger vor der königlichen Armee schützen und andererseits das Eigentum der Bürger sichern sollte. Ihre Mitglieder kamen aus dem Bürgertum. Die Nationalgarde bestand mit Unterbrechungen bis 1871.

Kokarde.
Bandschleife in Form einer Rosette, die in der Regel am Hut getragen wurde.
Am 21. Oktober 1789 führte der Militärausschuss der Stadt Paris eine Kokarde ein, die aus einem weißen mit blauer und roter Borte eingefassten Band bestand. Damit verknüpfte man die Farben der Stadt (rot und blau) mit denen der Monarchie (weiß).

Menschenrechte: Wo immer Menschen heute Freiheit und Gerechtigkeit fordern, berufen sie sich direkt oder indirekt auf die „Erklärung der Menschen- und Bürgerrechte" von 1789. Das Vorbild lieferte die „Virginia Bill of Rights" von 1776, mit der sich die von der britischen Krone abtrünnige Kolonie Virginia eine eigene Verfassung gab. Im 19. Jahrhundert wurden die Menschenrechte zunächst Gegenstand nationaler Verfassungen und im 20. Jahrhundert schließlich sogar Bestandteil internationaler Abkommen. Die Vereinten Nationen oder der Europarat haben Menschenrechtsvereinbarungen getroffen, die von ihren Mitgliedstaaten anerkannt werden mussten – als Bedingung für die Aufnahme in diese internationalen Organisationen.
Die Verwirklichung und Sicherung der Menschenrechte bleibt auch in Zukunft eine ständige nationale und internationale politische Aufgabe. Sie steht und fällt mit dem Engagement der Bürgerinnen und Bürger.

Nach gewalttätigen Auseinandersetzungen mit der königlichen Leibgarde musste Ludwig XVI. die von der Konstituante erarbeiteten Verfassungsartikel einschließlich der „Augustbeschlüsse“ und der Menschenrechtserklärung anerkennen. Außerdem wurde er gezwungen, mit seiner Familie in die Hauptstadt zu ziehen.

Charles Maurice Talleyrand (1754–1838): Priester und Politiker. Seit 1789 war er als Bischof von Autun Vertreter des Ersten Standes in den Generalständen. Er wurde Mitglied der Nationalversammlung, leistete 1790 den Eid auf die Verfassung, woraufhin er vom Papst aus der Gemeinschaft der Gläubigen gebannt wurde. Von 1797 bis 1807 Außenminister Napoleons und nach dessen Niederlage ab 1814 erneut Außenminister.

Die Arbeit der Konstituante | Die Revolution lähmte Handel und Gewerbe. Der Staat nahm kaum noch Steuern ein. Zur Sanierung des Staatshaushalts beschlossen die Abgeordneten auf Vorschlag des 35-jährigen **Charles Maurice Talleyrand** die Verstaatlichung des Kirchenbesitzes. Orden und Klöster wurden aufgelöst und die kirchlichen Güter versteigert. Der Staat übernahm jetzt selbst die sozialen Aufgaben des Klerus, wie Schulen, Kranken- und Armenpflege, und machte aus Bischöfen und Geistlichen vom Volk wählbare Staatsdiener. Er bezahlte von nun an die Priester und forderte dafür von ihnen einen Eid auf die Verfassung. Dies führte zum Streit. Zahlreiche Priester lehnten den Eid ab – bestärkt vom Papst und vom König, der das Gesetz blockierte –, da sie sich nur der katholischen Kirche gegenüber verantwortlich fühlten.

Eine weitere spektakuläre Entscheidung der Abgeordneten war die Abschaffung des erblichen Adels am 19. Juni 1790. Bei den folgenden Bemühungen, Staat und Wirtschaft neu zu ordnen, konnten die Abgeordneten zum Teil auf die im Ancien Régime begonnenen Reformen zurückgreifen. Die nun durchgeführten Verwaltungs-, Justiz-, Finanz-, Steuer- und Gemeindereformen griffen ineinander und wurden parallel zu einer Neueinteilung des Landes in 83 etwa gleich große Verwaltungsbezirke (*Départements*) durchgeführt. Die Binnenzölle fielen und die Berufs- und Gewerbefreiheit wurde eingeführt. Gleichzeitig wurde den Handwerkern und Arbeitern das Recht auf Vereinigung und Streik genommen, um jeden Rückfall in die alte Wirtschaftsordnung zu unterbinden.

Eine neue politische Kultur | Die Revolution schuf eine neue politische Kultur. Sie zeigte sich in unzähligen öffentlichen Versammlungen, Reden, Demonstrationen, Zeitungen, Plakatanschlägen, Bildern und Grafiken. Einen besonderen Stellenwert erhielten die großartig inszenierten Revolutionsfeiern, die an den solidarischen Aufbruch und die gemeinsamen Ziele erinnerten. Theater, Dichtung, Musik, Malerei und Architektur wurden vom Revolutionsverlauf beeinflusst oder versuchten ihrerseits, die Massen zu manipulieren.

Erster Höhepunkt dieser neuen politischen Kultur war das „Föderationsfest“ (*„La Fête de la Fédération“*) vom 14. Juli 1790 auf dem Marsfeld, dem Truppenübungsplatz von Paris. Etwa 400 000 Zuschauer kamen. Demonstrativ vereinten sich hier rund 60 000 Soldaten der Nationalgarde mit den regulären Truppen aus allen 83 neu geschaffenen Départements Frankreichs. Gemeinsam leisteten sie einen Bürgereid auf die „Nation, das Gesetz und den König“.

Die politischen Parteiungen begannen, sich zunehmend in Klubs und Volksgesellschaften zu organisieren. Ausgangspunkt der Entwicklung war die Vereinigung der bretonischen Deputierten zur Zeit der Generalstände. Seit dem Umzug der Nationalversammlung nach Paris wurde der **Jakobinerklub** zum Sammelpunkt politisch interessierter Bürger und Mandatsträger. Mitglieder waren zumeist Akademiker und Angehörige des Besitzbürgertums. 1791 hatte ihr Klub bereits rund 1 000 Tochtergesellschaften in der Provinz. Neben dem Jakobinerklub entstand im April 1790 in Paris der **Club des Cordeliers**. In ihm sammelte sich die kleinbürgerliche städtische Volksbewegung, die **Sansculotten**. In den verschiedenen Vereinigungen – darunter auch etwa 60 reine Frauenklubs – wurde einerseits die Arbeit von Deputierten und Stadtverordneten diskutiert und vorbereitet, andererseits wurden von hier aus Petitionen und Demonstrationen in Gang gebracht. Die Bewegung erfasste die Massen. Zwischen 1789 und 1795 wurden in 5 500 Orten ca. 6 000 politische Klubs gezählt, sie hatten um 1794 etwa 500 000 bis 600 000 Mitglieder.

Jakobinerklub: benannt nach dem Dominikanerkloster Saint-Jacques, in dessen Räumen sich die Mitglieder seit dem 24. Dezember 1789 versammelten

Club des Cordeliers: so benannt nach seinem ersten Tagungsort, einer Kirche der Franziskaner, die im Volksmund „cordeliers“ genannt wurden

Sansculotten (franz. *sans culotte*: ohne Kniebundhose): Anhänger der städtischen Volksbewegung, die nicht die Kniehose (*culotte*) der „guten Gesellschaft“, sondern lange Hosen der einfachen Bürger trugen. Weitere Kennzeichen der Sansculotten waren die rote Mütze (*„Bonnet rouge“*), die Pike (Spieß) und das brüderliche Du.

Pariser politische Zeitungen (Paris)	
sehr kurzlebig	89
kurzlebig	15
langlebig	31
Provinzzeitungen	25
wissenschaftliche Zeitungen	2
ausländische Zeitungen (in französischer Sprache)	13
Summe	175

Zeitungsgründungen im Jahre 1789.
Nach: Pierre Rétat, Die Zeitungen des Jahres 1789: einige zusammenfassende Perspektiven, in: Reinhart Koselleck und Rolf Reichardt (Hrsg.), Die Französische Revolution als Bruch des gesellschaftlichen Bewusstseins, München 1988, S. 155

Frankreich wird konstitutionelle Monarchie | Ludwig XVI. verlor nach einem gescheiterten Fluchtversuch ins Ausland (21. Juni 1791) seine Glaubwürdigkeit und sein Ansehen. Die Mehrheit der Abgeordneten wollte dennoch an der konstitutionellen Monarchie festhalten und die Revolution beenden, um endlich wieder zu stabilen Verhältnissen zurückzukehren. Diese Haltung führte zur ersten Spaltung des Jakobinerklubs. Die verfassungsorientierten, monarchisch eingestellten Mitglieder (rund 1 800 von 2 400) gründeten im Juli 1791 den **Club des Feuillants.** Ihre Gegner, die Jakobiner, nahmen für sich in Anspruch, über die „Reinhaltung" der revolutionären Prinzipien zu wachen. Sie behielten den alten Namen und das Netzwerk der Tochterklubs bei.

Club des Feuillants: benannt nach dem ehemaligen Feuillantinerkloster in Paris

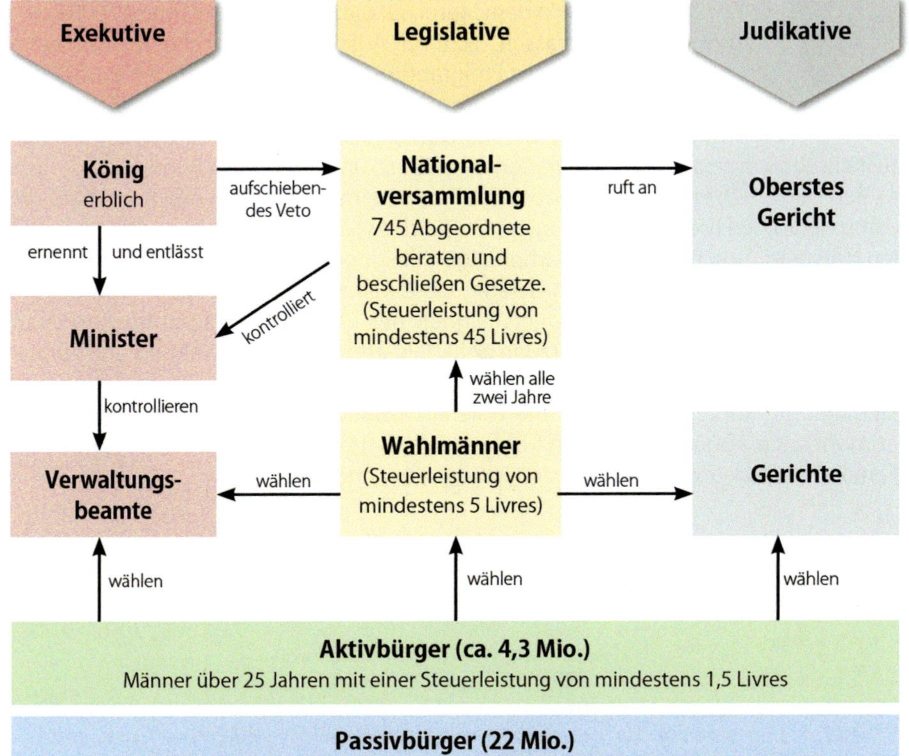

Die Verfassung der konstitutionellen Monarchie von 1791.
Über die Verfassung informiert auch M4 auf Seite 142.

▶ Arbeiten Sie die Rolle der Nationalversammlung heraus.

Internettipp
Zu den verschiedenen Verfassungen Frankreichs siehe den Code **32037-19**.

Am 14. September 1791 musste Ludwig XVI. einen Eid auf die von der Konstituante verabschiedete Verfassung ablegen. Aus Frankreich war eine konstitutionelle Monarchie geworden. Der König stand nicht mehr „über dem Gesetz", sondern regierte „nur durch dieses", wie es die Verfassung bestimmte.

Die Menschenrechte wurden dem Verfassungstext vorangestellt. Die Verfassung hatte weder den Juden die rechtliche Gleichheit eingeräumt (dies wurde am 28. September 1791 nachgeholt) noch die Sklaverei in den Kolonien abgeschafft. Auch die Gleichheit der Bürger fand im **Zensuswahlrecht** und Männerwahlrecht (ein Frauenwahlrecht gibt es in Frankreich erst seit 1944) ihre Grenzen. Die Bevölkerung wurde in politisch berechtigte (steuerzahlende) Aktivbürger (*Citoyens actifs*) und schutzbefohlene Passivbürger (*Citoyens passifs*) geteilt. Von den 4,3 Millionen Aktivbürgern erfüllten nur etwa 45 000 die Voraussetzungen, Abgeordnete wählen zu dürfen (Wahlmänner). Abgeordneter konnte hingegen jeder Aktivbürger werden.

Zensuswahlrecht: Das Recht des Wählers oder das Gewicht der Stimme ist an den Nachweis eines bestimmten Besitzes, Einkommens oder einer bestimmten Steuerleistung (Zensus) gebunden.

Sturz der Monarchie | Die neue *Gesetzgebende Nationalversammlung* (*Assemblée nationale législative*) wurde von nicht mehr als zehn Prozent der Stimmberechtigten gewählt. Sie trat am 1. Oktober 1791 zusammen. Von den 745 Deputierten bildeten 345 die Mitte. Sie besaßen keine direkten Bindungen zu bestimmten Klubs. 264 Abgeordnete gehörten zur Rechten. Sie waren oder wurden Mitglieder im Club des Feuillants und wollten die Revolution beenden. Die zahlenmäßig kleinste Abgeordnetengruppe stellten die 136 Abgeordneten der Linken. Sie hatten sich in den Klubs der Jakobiner, Cordeliers und anderer Volksgesellschaften organisiert, forderten ein allgemeines Wahlrecht und waren gegen das Vetorecht des Königs. Diese Gruppe unterteilte sich noch in *Girondisten*, deren Führungspersonal zum Teil aus dem Département Gironde stammte und die ihren Rückhalt im mittleren und gehobenen Provinzbürgertum hatten, und *Montagnards* („Bergpartei"), die ihren Aufstieg den Sansculotten verdankten.

Zwei Jahre nach dem Sturm auf die Bastille hatten über 40 000 Franzosen ihr Land verlassen, nicht nur Adlige und Geistliche, sondern auch Bürger und Bauern.[1] Die Emigranten, unter ihnen die beiden Brüder des Königs, mobilisierten die europäischen Regierungen gegen die Revolution. Als Österreich und Preußen am 27. August 1791 erklärten, Ludwig XVI. militärisch zu unterstützen (*Deklaration von Pillnitz*) und danach ein Bündnis eingingen (6. Februar 1792), eröffneten französische Truppen im April 1792 einen Angriff auf die österreichischen Niederlande (Belgien). Zugleich erklärte das Parlament den „nationalen Notstand" und begann den Kampf gegen die „inneren und äußeren Feinde" unter dem Motto: „Das Vaterland ist in Gefahr". Erste militärische Niederlagen und die Befürchtung, dass der König mit den „Feinden des Vaterlandes" zusammenarbeiten könnte, führten in Paris zur Absetzung der königstreuen Stadtverwaltung und zur Bildung der *Kommune des Aufstands*. Am 10. August 1792 stürmten Sansculotten und Soldaten das königliche Schloss, die Tuilerien. Unter dem Druck der Aufständischen enthoben die Abgeordneten den König seines Amtes und inhaftierten ihn und seine Familie. Die konstitutionelle Monarchie war zerbrochen.

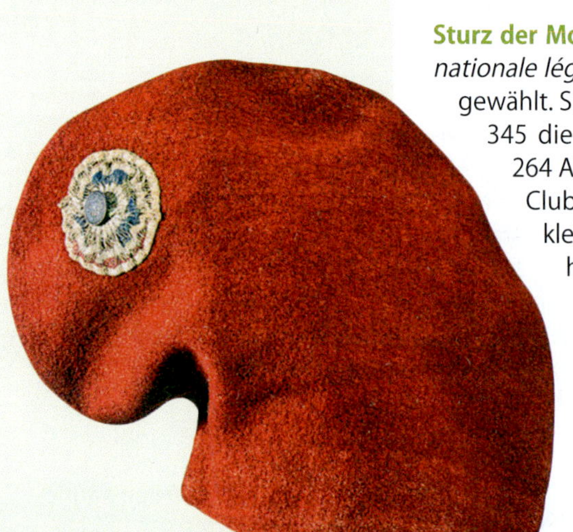

Freiheits- oder Jakobinermütze von 1792.
Im alten Rom trugen in Freiheit entlassene Sklaven solche Kopfbedeckungen. Während der Revolutionszeit bekannten sich die Träger dieser roten Mützen („Bonnet rouge") öffentlich zu den revolutionären Idealen „Freiheit und Gleichheit". Die Jakobinermütze gilt bis heute als Symbol republikanischer Gesinnung.

[1] Zwischen 1789 und 1794 verließen nach amtlichen Angaben mehr als 150 000 Franzosen ihr Land: Rund 25 Prozent waren Kleriker, 17 Prozent Adlige, 11 Prozent Großbürger, 6 Prozent Kleinbürger, 14 Prozent Arbeiter und 19 Prozent Bauern. Darunter waren drei Viertel aller Offiziere der Armee. Hauptziele der Flüchtlinge waren die deutschen Anliegerstaaten, in denen sie allerdings keine freundliche Aufnahme erlebten.

Die zweite Revolution beginnt | Von nun an wurden die königstreuen Politiker offen verfolgt. Willkürliche Verhaftungen und erste politisch motivierte Hinrichtungen waren an der Tagesordnung. Die Furcht vor gegenrevolutionären Aktionen trug dann dazu bei, dass zwischen dem 2. und 6. September 1792 Teile der städtischen Volksbewegung Gefängnisse stürmten und wahllos Gefangene töteten (*„Septembrisaden"*). Der Terror blieb nicht auf Paris beschränkt, aber allein hier wurden um die 1 500 Menschen (Aristokraten, Eid verweigernde Priester und Strafgefangene) ermordet. Weder der vom Parlament ernannte Provisorische Vollzugsrat, dem Georges Jacques Danton als Justizminister angehörte, noch die Führer der Pariser Kommune waren fähig oder willens, diese blutigen Aktionen zu unterbinden.

In dieser gewalttätigen Atmosphäre fanden die Wahlen zu einer neuen Nationalversammlung nach dem allgemeinen Wahlrecht statt. Die Unterscheidung zwischen Aktiv- und Passivbürgern war ebenso aufgehoben worden wie das Zensuswahlrecht. Alle Männer über 21 Jahre durften wählen. Trotzdem gingen nur etwa sechs Prozent der Berechtigten zur Wahl.

Am 21. September 1792 traten die 749 Abgeordneten des Nationalkonvents (*Convention nationale*) zusammen. Sie riefen die „eine und unteilbare Republik" aus und wollten eine neue Verfassung erarbeiten. In diesem Parlament bildeten die Girondisten die neue Rechte. Sie setzten sich ein für eine dezentrale Verwaltung des Landes, die Unverletzlichkeit des Eigentums, Wirtschaftsfreiheit, Rechtssicherheit und die Fortsetzung des begonnenen „Kreuzzuges für die Freiheit der Welt" (so der girondistische Abgeordnete *Jacques-Pierre Brissot* am 31. Dezember 1792).

Die republikanische Phase der Revolution begann mit militärischen Erfolgen. In der *Schlacht von Valmy* (20. September 1792) vertrieben die Revolutionstruppen das von Preußen und Österreich angeführte Emigrantenheer. Der Kampf gegen die „Feinde der Republik" stärkte das republikanische und nationale Bewusstsein der Franzosen. Unter dem von dem Abgeordneten *Pierre Joseph Cambon* im Dezember 1792 geprägten Motto „Krieg den Palästen, Friede den Hütten!" zogen die Revolutionstruppen in Speyer, Worms, Mainz und Frankfurt am Main ein.

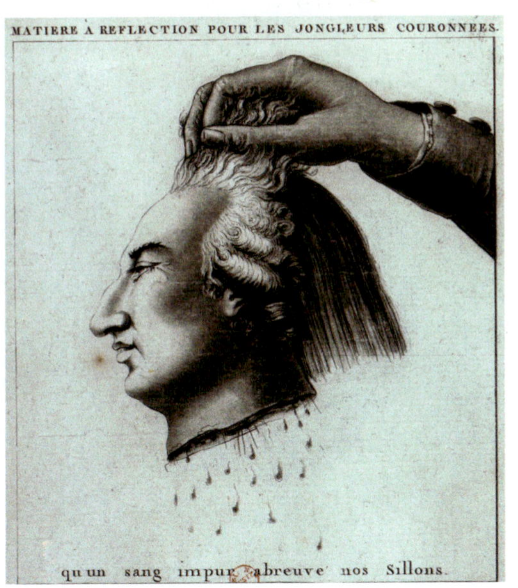

Das Haupt Ludwigs XVI. nach der Hinrichtung.
Ausschnitt aus einer Radierung des jakobinisch orientierten Stechers und Verlegers Villeneuve aus Paris, 1793. Der obere Schriftzug richtet sich warnend an die europäischen Monarchen und lautet übersetzt: „Gegenstand zum Nachdenken für gekrönte Jongleure." Die untere Zeile stammt aus dem im April 1792 verfassten revolutionären Kriegslied, der „Marseillaise". Sie hat übersetzt folgenden Wortlaut: „Das unreine Blut tränke unserer Äcker Furchen."

Georges Jacques Danton
(1759–1794, hingerichtet): Er war Mitbegründer des Cordeliers-Clubs, wurde 1792 Abgeordneter des Nationalkonvents und war zeitweise Mitglied des Wohlfahrtsausschusses.

Prozess gegen den König | In Paris hatte sich der Nationalkonvent zum Gericht erhoben. Nachdem im November 1792 geheime Unterlagen entdeckt worden waren, die eine Zusammenarbeit des einstigen Königs mit feindlichen Mächten belegten, wurde er wegen „Verschwörung gegen die Freiheit" und „Anschlägen gegen die nationale Sicherheit" angeklagt. Über 90 Prozent der Abgeordneten stimmten für schuldig. Uneinigkeit entstand erst über das Strafmaß und den Zeitpunkt der Strafvollstreckung. Am 21. Januar 1793 wurde „Bürger Capet", wie der abgesetzte König aus dem Geschlecht der *Capetinger* nun genannt wurde, vor den Augen des Volkes auf der Place de la Révolution, der heutigen Place de la Concorde, hingerichtet. In ganz Europa, nicht nur in den Fürstenhäusern, erschraken die Menschen über das gewaltsame Ende des französischen Monarchen.

Die Revolution in der Krise | In den Wintermonaten 1792/93 weitete sich der Krieg gegen die europäischen Mächte aus. Zugleich brachen in den Städten Hungeraufstände und auf dem Land ein grausamer Bürgerkrieg gegen die Bauern der Vendée und der Bretagne aus. In dieser zugespitzten Situation wurden ein außerordentliches Gericht, das spätere *Revolutionstribunal*, und revolutionäre Überwachungsausschüsse gebildet, um das Gewaltmonopol des Staats zurückzugewinnen. Der *Wohlfahrtsausschuss (Comité de salut public)* erhielt weitgehende Ermächtigungen und stellte das Exekutivorgan des Konvents dar. Die neu geschaffenen Instanzen sollten erstmals seit 1789 wieder hin zu einer Stärkung der Zentralgewalt führen.

Für die katastrophale innen- und außenpolitische Lage wurden die Girondisten verantwortlich gemacht. Am 2. Juni 1793 zogen – von den Sansculotten initiiert – 80 000 Bürger und Nationalgardisten vor den Konvent und erzwangen die Auslieferung von 29 führenden girondistischen Abgeordneten und zwei Ministern. Das war das Ende der Girondisten, aber zugleich auch ein schwerer Schlag gegen das repräsentative System. Selbst den Montagnards ging die Macht der Straße nun zu weit. Sie übernahmen die Führung im Konvent und in den, von Girondisten gesäuberten, Ausschüssen. Die sogenannte *Jakobinerherrschaft* begann. Die Reaktion auf diesen Pariser Aufstand waren weitere Erhebungen im ganzen Lande.

Mit der Verabschiedung einer neuen Verfassung am 24. Juni 1793 wollte der Konvent neues Vertrauen stiften. Die Menschen- und Bürgerrechte wurden um soziale Grundrechte (Recht auf Arbeit, öffentlich Unterstützung, Unterricht für alle) ergänzt. Außerdem erweiterte man das Wahlrecht (→M4) und legte fest, neue Gesetze erst nach Volksabstimmungen in Kraft zu setzen. Auf Druck des Wohlfahrtsausschusses beschlossen die Abgeordneten, die Verfassung erst nach Beendigung des Krieges zu ratifizieren.

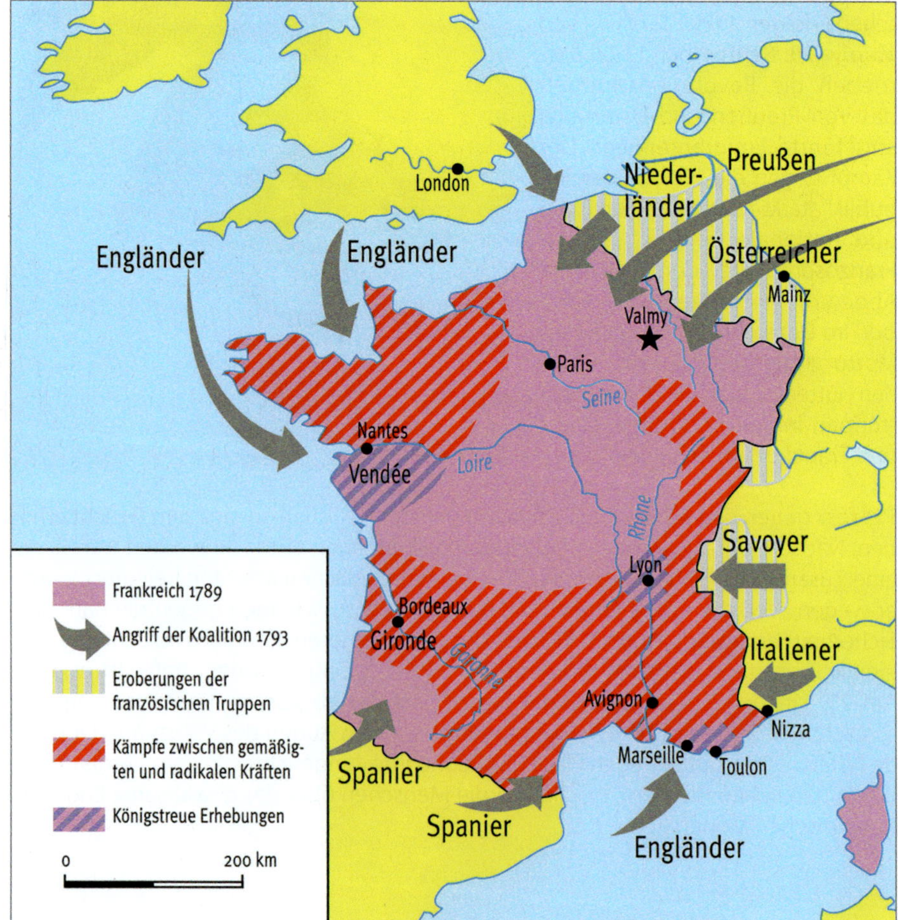

Die belagerte Republik im Sommer 1793.
Während der Auseinandersetzungen zwischen den Revolutionstruppen und ausländischen Heeren oder gegenrevolutionären Gruppen fielen hunderttausende Menschen. Allein der Bürgerkrieg zwischen der königlich-katholisch gesinnten Landbevölkerung und den republikanischen Revolutionstruppen in der Vendée von 1793 bis 1796 kostete in einigen Gemeinden 25 bis 35 Prozent der Bevölkerung das Leben.

Die jakobinische Diktatur | In der Folgezeit bemühte sich der Konvent um weitere Zugeständnisse an die Bevölkerung: Kirchengüter wurden nationalisiert, und den Bauern wurde der Grundbesitz der Emigranten zum Kauf angeboten. Mittels Parzellierung und langer Zahlungsfristen konnten nun auch ärmere Bauern ihre Felder vergrößern. Rund ein Sechstel des Grundbesitzes wechselte seinen Eigentümer.

Schwieriger war es, gegen die Bedrohung von außen materielle und personelle Mittel zu finden. Die *allgemeine Wehrpflicht (Levée en masse)* wurde eingeführt, eine Neuerung gegenüber den üblichen Berufsheeren. Bis zum Sommer 1794 konnte so ein ca. 800 000 Mann starkes Heer aufgestellt werden. Die Hauptprobleme der Bevölkerung von Paris, Teuerung und Hunger, waren jedoch geblieben. Nach erneuten Unruhen umstellten Sansculotten am 5. September 1793 den Nationalkonvent und forderten: „Gesetzgeber! Setzt den Terror auf die Tagesordnung!" Dies galt allen Wucherern, Spekulanten und Kriegsgewinnlern. Die Abgeordneten mussten die Forderung ernst nehmen, da nur mit Unterstützung der Sansculotten die Aufstellung der Volksarmee durchzuführen, die notwendigen Waffen, Kleider und Lebensmittel für das Heer zu beschaffen sowie die aufständischen Gebiete unter Kontrolle zu bringen waren. Die einjährige Herrschaft des Schreckens (*Terreur*) begann, wobei die Montagnards aus Gründen des Machterhalts mit der Sansculotten-Bewegung paktierten.

Auf zwei Parlamentsausschüsse konzentrierte sich nun die Macht. Der zwölfköpfige Wohlfahrtsausschuss übernahm vollends die Leitung und Kontrolle über Kriegsführung, Ministerien, Polizei, Verwaltung und Wirtschaft; der ebenfalls zwölfköpfige *Sicherheitsausschuss (Comité de sûreté générale)* wurde zu einem Polizeiministerium, das die Überwachungsmaßnahmen im ganzen Land koordinierte. **Maximilien de Robespierre** war der führende Kopf der Montagnards und stand seit Juli 1793 mit diktatorischer Macht an der Spitze des Wohlfahrtsausschusses. Nicht mehr die rechtliche Gleichheit war Richtschnur seines Handelns, sondern im Einklang mit den Sansculotten vor allem die wirtschaftliche Gleichheit: „Alles, was zur Erhaltung des Lebens unerlässlich ist, ist gemeinsames Eigentum." In diesem Sinne regulierten eine Reihe zwangswirtschaftlicher Maßnahmen das Wirtschaftsleben. Meinungs-, Versammlungs- und Religionsfreiheit galten nicht mehr. Kirchen und Klöster wurden geschlossen und abgerissen, der christliche Glaube verfolgt und verhöhnt. Dagegen setzten Robespierre und seine Anhänger republikanische Vernunftkulte. Ein deutliches Zeichen für die „Zeitenwende" stellte die Einführung des republikanischen Kalenders im Oktober 1793 dar. Er ersetzte den siebentägigen christlichen Wochenrhythmus durch einen zehntägigen. Zum Jahr I der „einen und unteilbaren Republik" wurde rückwirkend der 22. September 1792 erklärt – am 21. September war die Monarchie abgeschafft worden; der Revolutionskalender galt bis zum 31. Dezember 1805.

Ganz entgegen den ursprünglichen Absichten hatte die revolutionäre Regierung mittlerweile wesentliche Charakterzüge eines absolutistischen Staatswesens angenommen: Rückkehr zur staatlichen Wirtschaftslenkung, Aufbau eines starken Militärapparats, Abhängigkeit der Justiz von der Exekutive, offizielle Staatsideologie statt freier Konkurrenz der politischen Ideen.

Maximilien de Robespierre (1754–1794, hingerichtet): Rechtsanwalt; Mitglied des Jakobinerklubs und Abgeordneter des Nationalkonvents und seit Juli 1793 im Wohlfahrtsausschuss tätig

Der Terror verselbstständigt sich | Denunziantentum und Spitzelwesen stützten den Polizei- und Justizterror. Der Sicherheitsausschuss verbot alle überregionalen Klubs, die nicht zu den Jakobinergesellschaften gehörten. Zeugnisse der Staatsbürgertreue wurden obligatorisch und Hausdurchsuchungen alltäglich. Die Gefängnisse waren bald überfüllt und die Prozesse eine Farce. Die **Guillotine**, die „Sense der Gleichheit", wie der Volksmund sie nannte, wurde zum Inbegriff der „Schreckensherrschaft". „Die Revolution frisst, gleich Saturn, ihre eigenen Kinder," so der gironistische Konventsabgeordnete *Pierre-Victurnien Vergniaud*, der bald selbst ein Opfer des Terrorregimes wurde. Als sich auch in der Bergpartei rivalisierende Flügel bildeten, ließ Robespierre Anhänger beider Fraktionen auf die Guillotine schicken (→M5). Jetzt sollte der Terror auch die Macht der Sansculotten unterbinden. Am Ende verlor sogar die Diktatur Robespierres den Rückhalt der Bevölkerung. Am 27. Juli 1794 (*9. Thermidor des Jahres II*) stürzte ihn

Guillotine: Hinrichtungsgerät, benannt nach dem Arzt Joseph Ignace Guillotin (1738–1834), der sich als Abgeordneter in der Konstituante für einen humaneren und für alle Stände gleichen Vollzug der Todesstrafe eingesetzt hatte eine Mehrheit des Parlaments, um die „Schreckensherrschaft" zu beenden. Er und 105 seiner engsten Anhänger wurden ohne Prozess hingerichtet. Die Bilanz des Terrors: Landesweit sind wohl rund 500 000 Menschen zeitweise verhaftet worden. Etwa 165 000 Männer und Frauen wurden von (Sonder-)Gerichten verurteilt und hingerichtet. Die Zahl der in Haft Umgekommenen und ohne Prozess Getöteten hat man auf bis 40 000 geschätzt. Diese Zahlen berücksichtigen die vielen Toten der Kämpfe zwischen den republikanischen Revolutionstruppen und den königlich-katholisch gesinnten Aufständischen nicht.

Die Revolution und die Frauen | Mit dem Sturz der Girondisten im Juni 1793 endete auch der von wenigen Frauen und Männern geführte politische Dialog zwischen den Geschlechtern. Dabei hatten Frauen im revolutionären Alltag – wie der Zug der Marktfrauen nach Versailles zu Beginn der Revolution gezeigt hatte – eine wichtige Rolle übernommen. Sie demonstrierten gegen Missstände, entsandten Deputationen und meldeten sich mit Petitionen und Streitschriften zu Wort. Frauen organisierten sich teils in Volksgesellschaften der Männer, teils in eigenen Klubs. Nach Kriegsbeginn stellten sie freiwillige Frauenregimenter für den Kampf gegen die Feinde der Revolution auf. Trotzdem waren, sieht man von dem im September 1792 erlassenen Scheidungsrecht ab, Forderungen nach Verbesserung ihrer Stellung in Ehe und Familie, in Ausbildung und Berufsleben weitgehend unberücksichtigt geblieben. Von der Mitarbeit in den Kommunen und im Parlament blieben Frauen weiterhin ausgeschlossen.

Nach gewalttätigen Ausschreitungen verbot der Nationalkonvent im Oktober 1793 alle Frauenklubs. Danach wurde den Frauen auch das Petitionsrecht genommen und der Besuch des Parlaments sowie der Volksgesellschaften untersagt. Die gelenkte Presse verunglimpfte politisch aktive Frauen als „unweiblich" und „blutrünstig" und forderte sie auf, ihre republikanischen Aufgaben im Haushalt, in der Familie und bei der Erziehung der Kinder zu erfüllen. Es blieb nicht bei verbalen Diskriminierungen: Frauen wurden in Gefängnisse geworfen und starben auf dem Schafott. *Olympe de Gouges*, die nicht nur 1791 die „Erklärung der Rechte der Frau und Bürgerin"[1] veröffentlicht, sondern auch zwei Jahre später in einem Manifest die freie Wahl des Volkes zwischen Monarchie, föderativer oder zentralistischer Republik verlangt hatte, wurde am 3. November 1793 – noch während der „Schreckensherrschaft" – wegen „Gefährdung der Volkssouveränität" hingerichtet.

Wenige Tage später musste auch die 49-jährige bürgerliche Intellektuelle *Manon Roland*, die mit einem führenden Girondisten verheiratet war und einen einflussreichen Salon in Paris führte, aufs Schafott. Ihr konnten feministische Forderungen nicht vorgeworfen werden, denn sie plädierte trotz ihres großen politischen Einflusses für die traditionelle Rolle der Frau im „Schatten" der Männer. Verurteilt wurde sie wegen „Konspiration gegen die Republik und Entfachung des Bürgerkrieges". Sie war ein Opfer ihrer girondistischen Beziehung geworden.

Olympe de Gouges.
Pastell von Alexander Kucharski, 18. Jahrhundert.

Internettipp
Ein ausführliches Porträt von Olympe de Gouges finden Sie unter dem Code **32037-20**.

[1] Siehe hierzu Seite 141 (M3).

Sitzung des Mainzer Jakobinerklubs.
Federzeichnung von Johann Jakob Hoch, 1792.
Die Sitzung fand im Akademiesaal des Kurfürstlichen Schlosses im November 1792 statt. Der Mainzer Jakobinerklub hatte zeitweise 500 Mitglieder.

Nach der „Schreckensherrschaft" | Nach dem Ende der „Schreckensherrschaft" machte sich ein Gefühl der Befreiung breit. Ein neuer Anfang schien möglich. Der Nationalkonvent tagte weiter, nun dominierten die Abgeordneten der „Mitte", eine stabile Regierung konnten sie aber nicht bilden. Schrittweise wurden der Polizei- und Justizterror, Wirtschaftslenkung und Meinungsdruck beseitigt. Politische Gefangene wurden entlassen und die Jakobinerklubs geschlossen. Eine „Säuberung" des öffentlichen Dienstes von Jakobinern begann. Die Not der städtischen Kleinbürger hielt allerdings an, denn die Lebensmittelpreise wurden wieder freigegeben und stiegen zusätzlich noch wegen der anhaltenden Inflation. Als die Sansculotten im Mai 1795 „Brot und die Verfassung von 1793" forderten und das Parlament bedrohten, beendeten regierungstreue Truppen diese letzte große Aktion der Sansculotten blutig.

Im August 1795 veröffentlichte der Nationalkonvent eine neue Verfassung; es war die dritte seit 1791 (➔M4). Mit ihr wurde das Zensuswahlrecht wieder eingeführt. Danach erfüllten nur noch etwa 30 000 Franzosen die Voraussetzungen, um Wahlmänner zu werden und Abgeordnete wählen zu können. Die Legislative wurde in zwei Kammern geteilt: Beim *Rat der Fünfhundert* lag die ausschließliche Gesetzesinitiative, während der *Rat der Alten* die Gesetze lediglich annehmen oder zurückweisen konnte. Die Exekutive übernahm ein fünfköpfiges *Direktorium (Directoire).*

Noch stärker als die vorhergehenden Regierungen versuchte das Direktorium durch eine expansive Außenpolitik, die innenpolitische Misere auszugleichen. Es ließ sein Volksheer im Glauben an die Revolution und Nation gegen die stehenden Heere der traditionellen Mächte Europas marschieren. Mit Erfolg: Am Ende des *Ersten Koalitionskrieges* 1797 war das gesamte linksrheinische Gebiet erobert.

Wirkung auf Deutschland | Überall im territorial zersplitterten *Heiligen Römischen Reich Deutscher Nation* brachen mit den Nachrichten vom Sturm auf die Bastille alte sowie neue soziale, rechtliche und konfessionelle Konflikte aus. Regional begrenzte Bauern- und Handwerkerunruhen in Baden, in der Pfalz, im Rheinland, in Kursachsen und in Schlesien sowie lokale Aktionen in Trier, Köln, Göttingen, Hamburg, Nürnberg, Ulm und Reutlingen wurden alle mit Gewalt unterdrückt.

Der französische Versuch, die Gedanken der Aufklärung in praktische Politik umzusetzen, wurde zunächst von einem großen Teil des Bildungsbürgertums mit Sympathie verfolgt. Es entstanden ein ausgedehnter Revolutionstourismus nach Paris und eine breite Revolutionspublizistik. Zentren der intellektuellen Auseinandersetzung mit der Revolution waren die Universitäten, die höheren Schulen, Lesegesellschaften und Freimaurerlogen. In einigen deutschen Städten wurden sogar politische Vereinigungen nach dem Vorbild der französischen Jakobinerklubs gegründet.

Nirgendwo sonst im Reich fanden die Ideen der Französischen Revolution eine so intensive Verbreitung wie in Mainz. Angeregt von den Franzosen, die am 21. Oktober 1792 Mainz besetzt hatten, und gefördert von dem kurz darauf gegründeten

Tanz um den Freiheitsbaum. Ölgemälde (19 x 30 cm) eines unbekannten Künstlers, um 1793.
Ab 1790 wurden in Frankreich „Freiheitsbäume" gesetzt. Man knüpfte damit – wie schon in den amerikanischen Kolonien – an die Tradition des Maibaumes an. Im Frühjahr 1792 standen in ganz Frankreich zehntausende solcher Bäume. Sie symbolisierten unter anderem, dass ein Ort nicht länger Eigentum der Grundherren war und dass alle Einwohner der Nation als freie Bürger angehörten. Auch im Rheinland wurden etwa 100 Freiheitsbäume errichtet, nachdem die Franzosen es besetzt hatten. Das Bild zeigt vermutlich eine Szene, die am 15. Dezember 1792 in Aachen stattfand.

- Beschreiben Sie die abgebildete Szene.
- Analysieren Sie die Symbole und die Zusammensetzung der Tanzenden.
- Arbeiten Sie den Standpunkt des Künstlers heraus.

Jakobinerklub wurde Anfang 1793 ein *„Nationalkonvent der freien Deutschen diesseits des Rheins"* gewählt. Am 18. März riefen dessen Abgeordnete einen *„Rheinisch Deutschen Freistaat"* für das Gebiet zwischen Landau und Bingen aus. Doch der erste deutsche Versuch, eine auf Freiheit, Gleichheit und Eigentum beruhende demokratische Staats- und Gesellschaftsordnung einzuführen, scheiterte wenige Monate später – einerseits, weil die Franzosen begannen, das Land wirtschaftlich auszubeuten, andererseits, weil zur gleichen Zeit Rheinhessen und die Pfalz von österreichisch-preußischen Truppen zurückerobert wurden. Auch hatte das Schicksal der französischen Flüchtlinge und die Hinrichtung Ludwigs XVI. den Kreis der deutschen Revolutionsanhänger nach 1793 stark schrumpfen lassen (➔M5).

Unabhängig davon wurden in den deutschen Staaten zwischen 1790 und 1798/99 mehrere Verfassungen entworfen. Sie machen die intensive juristische Auseinandersetzung mit den Entwicklungen in den USA und Frankreich deutlich und begründeten zugleich eine frühe demokratische Verfassungstradition in Deutschland.

Das „amtliche Ende" der Revolution | In Paris brachen erneut Machtkämpfe aus, als sich militärische Rückschläge einstellten. In dieser Lage rief Sieyès, der Mann der ersten Stunde, den 30-jährigen, aus korsischem Kleinadel stammenden **Napoleon Bonaparte** zu Hilfe. Als siegreicher Oberbefehlshaber der Truppen in Italien war Bonaparte zur unentbehrlichen Stütze der Machthaber geworden. Das hinderte ihn nicht, die Regierung am 9. November 1799 (18. Brumaire des Jahres VIII) zu stürzen und den Widerstand des Parlaments mit Waffengewalt zu brechen. Ein Kollegium von drei Konsuln trat an die Stelle der alten Regierung. Bonaparte wurde *Erster Konsul* und ließ sich seine Stellung vom Volk bestätigen. Von über drei Millionen Stimmen wurden nur 1 562 gegen ihn abgegeben – bei allerdings vier Millionen Enthaltungen. Danach erklärte er die Revolution für „amtlich beendet".

Betrachtet man das Ergebnis des Jahrzehnts zwischen 1789 und 1799, so war das vermögende Bürgertum zum Gewinner der Revolution geworden. Es hatte von der Veräußerung der Nationalgüter am stärksten profitiert und den Adel endgültig aus wichtigen Positionen in Verwaltung und Militär verdrängt. Die soziale und politische Lage der städtischen Unterschichten und der kleinen Bauern hatte sich nicht wesentlich verbessert. Die ersten Anfänge einer politischen Kultur im Gesellschaftsleben und vor allem die Berufung auf vom Staat nicht mehr zurückholbare Menschenrechte der Bürger sind bleibendes Ergebnis der Epoche (➔M6).

Napoleon Bonaparte (1769–1821): Er kämpfte als Offizier zunächst gegen die Royalisten, später im Auftrag des Direktoriums in Italien. Er kam 1799 durch einen Staatsstreich an die Regierung, krönte sich 1804 selbst zum Kaiser der Franzosen und nannte sich fortan Napoleon I. Er starb in Verbannung auf der Atlantikinsel St. Helena.

Napoleon – Erbe der Revolution? | Napoleons Umgestaltung der Verwaltung vollendete, was der Absolutismus seit König *Ludwig XIV.* (1643–1715) vorbereitet hatte und was bis heute die französische Binnenstruktur kennzeichnet. Von der Zentrale Paris aus wurde das ganze Land durch staatlich besoldete, von Napoleon ernannte (also nicht mehr gewählte) Berufsbeamte verwaltet. Eine lückenlose Befehlskette führte von der Regierung über die Präfekten der ursprünglich 83 Departements und die Unterpräfekten der **Arrondissements** zu den Bürgermeistern der Gemeinden. Mit dieser straff organisierten Bürokratie verfügte Napoleon über ein Instrument zur raschen Durchsetzung seiner Pläne.

Pragmatisch bemühte sich der Erste Konsul um eine Einigung der Nation und einen Ausgleich zwischen den von der Revolution aufgerissenen Fronten. Der zuvor bekämpfte katholische Glauben wurde in einem **Konkordat** mit Papst *Pius VII.* wieder als Religion der großen Mehrheit der Franzosen anerkannt. Die Regierung behielt sich aber weiterhin die Einsetzung der Bischöfe vor und sicherte sich durch Treueid und Übernahme der Besoldung die Loyalität der Priester. Die Gefahr einer Gegenrevolution aus kirchlichen Kreisen war damit gebannt.

Diskriminierende Gesetze gegen den Adel wurden aufgehoben sowie die Rückkehr von Emigranten gestattet. Gleichzeitig entstand eine neue Führungsschicht: Zwischen 1808 und 1814 ließ Napoleon 3 263 Personen adeln. Militär und zivile Funktionsträger seines Regimes profitierten am meisten davon, Kaufleute, Bankiers, Künstler und Wissenschaftler berücksichtigte er kaum. Abgesehen davon sollten über die Zugehörigkeit zu einem bestimmten Stand nicht mehr Geburt und ständische Privilegien entscheiden, sondern Leistung und Funktion. Ein zentral reglementiertes, in erster Linie auf Effizienz bedachtes Bildungswesen schuf die Grundlagen für eine anschließende Karriere in Staat und Gesellschaft. Voraussetzung dafür war jedoch, dass man die Mittel für eine teure Ausbildung aufbringen konnte.

Arrondissements: den Departements untergeordnete Verwaltungseinheiten

Konkordat: völkerrechtlicher Vertrag zwischen Staat und katholischer Kirche zur Regelung kirchlich-staatlicher Angelegenheiten

Internettipp
Weitere Informationen über die Französische Revolution finden Sie unter dem Code **32037-21**.

Der Code civil | Von zentraler Bedeutung war die Schaffung eines neuen bürgerlichen Gesetzbuches, des *Code civil* (auch *Code Napoléon*). Die 1804 veröffentlichte Gesetzessammlung regelte in knapp 2 300 Artikeln das gesamte Zivilrecht und bildete damit die rechtliche Grundlage der bürgerlichen Gesellschaftsordnung. Gleichzeitig sicherte sie die Errungenschaften der Revolution: Freiheit der Person und des Gewissens, Gleichheit vor dem Gesetz, Freiheit der wirtschaftlichen Betätigung, Garantie des Privateigentums und Emanzipation der Juden. Dagegen nahm es im Ehe- und Familienrecht Reformen zurück. Das Scheidungsrecht wurde rückgängig gemacht und die Frau wieder ganz unter die Vormundschaft der Männer gestellt.

Der Code civil fand im Gefolge der französischen Truppen bald Eingang in das deutsche Rechtssystem, zunächst im Badischen Landrecht von 1809. Neu für die deutschen Staaten war insbesondere die Übernahme der französischen Gerichtsverfassung, die Verwaltung und Justiz weitgehend trennte und die Gerichte zur unabhängigen dritten Gewalt machte.

In Frankreich entsprachen Napoleons Gesetzgebung und Reformen der Grundhaltung des Bürgertums. Zusammen mit einer wachsenden Wirtschaft verhalfen sie dem Herrscher zu ungeheurer Popularität. Die Aufrechterhaltung der persönlichen Freiheit konnte allerdings nicht darüber hinwegtäuschen, dass eine Errungenschaft der Revolution wieder verloren gegangen war: Die politischen Freiheitsrechte setzte Napoleon außer Kraft. Ein wertloses Wahlrecht, strenge Pressezensur, eingeschränkte Versammlungsfreiheit, Bespitzelung und politische Morde zeigten das andere Antlitz seiner Herrschaft.

Der Mythos Napoleons | Schon als junger Heerführer in Italien hatte Napoleon Bonaparte gezielt für seine Reputation in der Heimat gesorgt (➔M7). Dennoch empfand er nach seinem Staatsstreich seine Herkunft aus dem Kleinadel gegenüber den etablierten Fürstenhäusern als Makel. Sein Legitimationsbedürfnis wollte er durch Rückbesinnung auf antike und mittelalterliche Herrschaftssymbole stillen. Zunächst regierte er als

Erster Konsul, schließlich seit dem 2. Dezember 1804 als „Kaiser der Franzosen". Nicht das französische Königtum wollte er neu errichten, sondern als mächtigster Herrscher in Europa stellte er eine direkte Verbindungslinie zu den Kaisern Roms und deren Nachfolgern im Mittelalter her. Napoleons zweite Ehe mit der Habsburgerin *Marie Louise*, der Tochter des österreichischen Kaisers (1810), sollte seinen Aufstieg in den Kreis der traditionellen Monarchien besiegeln. Überdies führten die bei Künstlern in Auftrag gegebenen heroischen Gemälde, seine Porträts auf Münzen und seine Bauprojekte den Zeitgenossen die Einzigartigkeit der Herrschaft Napoleons vor Augen. Eine strenge Pressezensur sorgte gleichzeitig dafür, dass sein Ansehen in der Öffentlichkeit nicht beschädigt wurde.

Nach dem verlorenen Krieg gegen die verbündeten Regierungen Europas (1815) lebte Napoleon noch bis 1821 im Exil auf der Atlantikinsel St. Helena. Sein Mythos überlebte ihn.

Kaiserkrönung Napoleons I. am 2. Dezember 1804 in der Pariser Kathedrale Notre-Dame.
Ölgemälde (610 × 930 cm) von Jacques-Louis David, 1805/07.
Um an das mittelalterliche Zeremoniell bei solchen Anlässen anzuknüpfen, lud Napoleon eigens Papst Pius VII. nach Paris ein. Der Papst segnete und salbte den neuen Kaiser, doch die Krönung des Kaiserehepaars vollzog Napoleon selbst.
Das Gemälde veranschaulicht zugleich die widersprüchliche Entwicklung des Künstlers David. 1789 hatte er den historischen Augenblick des Ballhausschwurs verherrlicht (siehe Seite 126), 15 Jahre später glorifiziert er die Einsetzung einer neuen Erbmonarchie.

- ▶ Gliedern Sie das Gemälde in sinnvolle Abschnitte und versehen Sie diese mit passenden Überschriften.
- ▶ Napoleon krönt seine Frau zur Kaiserin, der Papst sitzt im Hintergrund. Erklären Sie, was der Maler mit diesem Gemälde zum Ausdruck bringen will.

M1 „Aufklärung" – eine Begriffsdefinition

*Die Historikerin Susanne Lachenicht (*1971) beschreibt die Wesenszüge der Aufklärung, auf die sich manche Revolutionäre berufen haben:*

Als Aufklärung (franz. *Lumières*, engl. *Enlightenment*) wird in Europa die Epoche zwischen dem Ende des 17. Jahrhunderts und ca. 1789 verstanden, die unterschiedliche Geistesströmungen hervorbrachte. Den meisten Vertretern der Aufklärung (franz. *Philosophes*) gemein ist die Überzeugung, dass der Mensch durch Vernunft Wahres und Falsches unterscheiden und durch die Erkenntnis des einzig Wahren in ein Goldenes Zeitalter gelangen könne. Der Mensch sei seiner Natur nach gut und nur durch die Entfernung vom Naturzustand verderbt worden. Durch die Rückkehr zur Natur, angeleitet von Vernunft könne der Mensch vervollkommnet und in ein freiheitliches und glückliches Dasein überführt werden. Ziel der Aufklärung war es, den Mensch von Aberglauben und Irrationalem zu befreien, Naturwissenschaften und Technik zu fördern, damit diese dem Menschen in seinem Emanzipationsprozess dienen konnten. Häufig findet sich auch ein Plädoyer für religiöse Toleranz; die Moral- und Rechtsphilosophie berief sich zunehmend auf das Naturrecht, d.h. Gesetze, die bereits vor der Gründung der Staaten vorhanden gewesen seien, wie sie dann in den Menschen- und Bürgerrechten von 1789 formuliert werden sollten. Forderungen der Aufklärung schlossen Pressefreiheit, Freiheitsrechte des Einzelnen (Schutz vor willkürlicher Verhaftung, Schutz des Eigentums, Redefreiheit) und eine neue Pädagogik zur Herausbildung des vernünftigen Menschen mit ein. Fortschrittsglaube und Optimismus, dass die Menschheit durch Aufklärung und Vernunft im Diesseits (und nicht mehr im Sinne christlicher Traditionen im Jenseits) in ein neues Arkadien, ein Goldenes Zeitalter geführt werden könne (Perfektibilitätsglaube), ist fast allen Aufklärungsphilosophen eigen. Zu den wichtigsten Aufklärern zählen in Frankreich Voltaire (eigentlich François Marie Arouet, 1694–1778), Charles de Secondat, Baron de Montesquieu (get[auft] 1689–1755), Jean-Jacques Rousseau (1712–1778) und Denis Diderot (1713–1784), in England John Locke (1632–1704) und David Hume (1711–1776), in Deutschland Christian Wolff (1679–1754), Gotthold Ephraim Lessing (1729–1781) und Immanuel Kant (1724–1804). […] Viele Aufklärer verwarfen mit dieser säkularen Heilsgeschichte die religiöse Offenbarung, waren nicht nur antiklerikal, sondern bekämpften Religion generell als Aberglauben und Vorurteil; beide müssten für immer beseitigt werden. An die Stelle des Dogmatismus der katholischen Kirche trat der Dogmatismus der Aufklärung, der radikale Glaube an Vernunft, Wissenschaft, Technik und den ewigen Fortschritt der Menschheit. Wichtigstes Werk der Aufklärung war die zwischen 1751 und 1785 von Diderot und Jean-Baptiste de Rond d'Alembert (1717–1783) herausgegebene *Encyclopédie*, die sämtliche *philosophes* und ihre wichtigsten Thesen umfassen sollte.

Susanne Lachenicht, Die Französische Revolution, Darmstadt [2]2016, S. 38

1. Fassen Sie in wenigen Stichpunkten zusammen, was laut Susanne Lachenicht unter „Aufklärung" zu verstehen ist. | F
2. Das Naturrecht definiert den Menschen als ein von Natur aus mit Rechten ausgestattetes Wesen. Erklären Sie die Folgen dieser These für die von der Aufklärung angestoßene Entwicklung.
3. Arbeiten Sie heraus, inwieweit die Ideen der Aufklärung in Gegensatz zu den überkommenen Regierungs- und Gesellschaftsvorstellungen geraten mussten.

M2 „Was ist der Dritte Stand?"

Der katholische Geistliche Emmanuel Joseph Sieyès, genannt Abbé Sieyès, verfasst Ende 1788 die Schrift „Qu'est-ce que le tiers état?". Sie wird im Januar 1789 anonym veröffentlicht, erreicht eine Auflage von über 30 000 Exemplaren und wird damit zur maßgeblichen „Kampfschrift" des Dritten Standes:

Der Plan dieser Schrift ist ganz einfach. Wir haben uns drei Fragen vorzulegen.

1. Was ist der Dritte Stand? ALLES.
2. Was ist er bis jetzt in der politischen Ordnung gewesen? NICHTS.
3. Was verlangt er? ETWAS ZU SEIN. […]

Also, was ist der Dritte Stand? Alles, aber ein gefesseltes und unterdrücktes Alles. Was wäre er ohne den privilegierten Stand? Alles, aber ein freies und blühendes Alles. Nichts kann ohne ihn gehen; alles ginge unendlich besser ohne die anderen. […]

Was ist eine Nation? Eine Körperschaft von Gesellschaftern, die unter einem *gemeinschaftlichen* Gesetz leben und durch dieselbe *gesetzgebende Versammlung* repräsentiert werden usw. […]

Der Dritte Stand umfasst also alles, was zur Nation gehört; und alles, was nicht der Dritte Stand ist, kann sich nicht als Bestandteil der Nation ansehen. Was also ist der Dritte Stand? ALLES. […]

Unter dem Dritten Stand muss man die Gesamtheit der Bürger verstehen, die dem Stand der gewöhnlichen Leute (l'ordre commun) angehören. Alles, was durch das Gesetz privilegiert ist, einerlei auf welche Weise, tritt aus der gemeinschaftlichen Ordnung heraus, macht eine Ausnahme für das gemeinschaftliche Gesetz und gehört folglich nicht zum Dritten Stand. […]

Der Dritte Stand hat bis zur Stunde keine wahren Vertreter auf den Generalständen gehabt. Er hat also keinerlei politische Rechte. […]

Was verlangt der Dritte Stand? Etwas zu werden. [...] Man kann die wirklichen Forderungen des Dritten Standes nur nach den authentischen Beschwerden beurteilen, welche die großen Stadtgemeinden (municipalités) des Königreichs an die Regierung gerichtet haben. Was sieht man da? Dass das Volk *etwas* sein will, und zwar nur das Wenigste, was es sein kann. Es will haben 1. echte Vertreter auf den Generalständen, das heißt Abgeordnete, die aus seinem Stand kommen und die fähig sind, die Interpreten seines Willens und die Verteidiger seiner Interessen zu sein. Was nützt es ihm, an den Generalständen teilzunehmen, wenn das dem seinen entgegengesetzte Interesse dort dominiert? [...] Es verlangt weiter 2. eine Zahl von Vertretern, die derjenigen ebenbürtig ist, welche die beiden anderen Stände zusammen besitzen. Diese Gleichheit der Vertretung wäre indessen völlig illusorisch, wenn jede Kammer eine eigene Stimme besäße. Der Dritte Stand verlangt deshalb 3., dass die Stimmen nach Köpfen und nicht nach Ständen gezählt werden. [...]
Ich bitte zu beachten, welch gewaltiger Unterschied zwischen der Versammlung des Dritten Standes und den Versammlungen der beiden anderen Stände besteht. Ersterer vertritt fünfundzwanzig Millionen Menschen und berät über die Interessen der Nation. Die beiden letzteren haben, sollten sie zusammentreten, nur die Vollmacht von ungefähr zweihunderttausend Einzelpersonen und denken nur an ihre Vorrechte. Man wird sagen, der Dritte Stand allein könne keine *Generalstände* bilden. Nun, umso besser, dann wird er eben eine *Nationalversammlung* bilden!

Eberhard Schmitt und Rolf Reichardt (Hrsg.), Emmanuel Joseph Sieyès. Politische Schriften 1788–1790, München/Wien [2]1981, S. 119, 123–125, 127, 130 f. und 180

1. Erklären Sie, was die Ausführungen von Sieyès zu einer revolutionären „Kampfschrift" macht.
2. Arbeiten Sie Sieyès' Argumente dafür heraus, dass nur ein Stand die Nation vertreten könne.
3. Entwickeln Sie aus dem Beitrag eine Definition des Begriffes „Nation".

M3 Menschenrechte für alle?

Die „Erklärung der Menschen- und Bürgerrechte" wird am 26. August 1789 von der Verfassunggebenden Versammlung (Konstituante) verkündet und der Verfassung von 1791 vorangestellt (erster Text). In Anlehnung an dieses Dokument veröffentlicht am 5. September 1791 die 43-jährige Schriftstellerin Olympe de Gouges eine „Erklärung der Rechte der Frau und Bürgerin" (zweiter Text):

Erklärung von 1789

Da die Vertreter des französischen Volkes, als Nationalversammlung eingesetzt, erwogen haben, dass die Unkenntnis, das Vergessen oder die Verachtung der Menschenrechte die einzigen Ursachen des öffentlichen Unglücks und der Verderbtheit der Regierungen sind, haben sie beschlossen, die natürlichen und unveräußerlichen und heiligen Rechte der Menschen in einer feierlichen Erklärung darzulegen, damit diese Erklärung allen Mitgliedern der Gesellschaft beständig vor Augen ist und sie unablässig an ihre Rechte und Pflichten erinnert; damit die Handlungen der Gesetzgebenden wie der Ausübenden Gewalt in jedem Augenblick mit dem Endzweck jeder politischen Einrichtung verglichen werden können und dadurch mehr geachtet werden; damit die Ansprüche der Bürger, fortan auf einfache und unbestreitbare Grundsätze begründet, sich immer auf die Erhaltung der Verfassung und das Allgemeinwohl richten mögen. Infolgedessen erkennt und erklärt die Nationalversammlung in Gegenwart und unter dem Schutze des Allerhöchsten folgende Menschen- und Bürgerrechte:

Artikel 1
Die Menschen sind und bleiben von Geburt frei und gleich an Rechten. Soziale Unterschiede dürfen nur im gemeinen Nutzen begründet sein.

Artikel 2
Das Ziel jeder politischen Vereinigung ist die Erhaltung der natürlichen und unveräußerlichen Menschenrechte. Diese Rechte sind Freiheit, Eigentum, Sicherheit und Widerstand gegen Unterdrückung. [...]

Artikel 4
Die Freiheit besteht darin, alles tun zu können, was einem anderen nicht schadet. So hat die Ausübung der natürlichen Rechte eines jeden Menschen nur die Grenzen, die den anderen Gliedern der Gesellschaft den Genuss der gleichen Rechte sichern. Diese Grenzen können allein durch Gesetz festgelegt werden. [...]

Artikel 6
Das Gesetz ist der Ausdruck des allgemeinen Willens. Alle Bürger haben das Recht, persönlich oder durch ihre Vertreter an seiner Formung mitzuwirken. Es soll für alle gleich sein, mag es beschützen, mag es bestrafen. Da alle Bürger in seinen Augen gleich sind, sind sie gleicherweise zu allen Würden, Stellungen und Beamtungen nach ihrer Fähigkeit zugelassen ohne einen anderen Unterschied als den ihrer Tugenden und ihrer Talente.

Artikel 7
Jeder Mensch kann nur in den durch das Gesetz bestimmten Fällen und in den Formen, die es vorschreibt, angeklagt, verhaftet und gefangen gehalten werden. [...]

Artikel 10
Niemand soll wegen seiner Meinung, selbst religiöser Art, beunruhigt werden, solange ihre Äußerungen nicht die durch das Gesetz festgelegte öffentliche Ordnung stören.

Artikel 11
Die freie Mitteilung der Gedanken und Meinungen ist eines der kostbarsten Menschenrechte. Jeder Bürger kann also frei schreiben, reden, drucken unter Vorbehalt der Verantwortlichkeit für den Missbrauch dieser Freiheit in den durch Gesetz bestimmten Fällen. […]

Artikel 17
Da das Eigentum ein unverletzliches und heiliges Recht ist, kann es niemandem genommen werden, wenn es nicht die gesetzlich festgelegte, öffentliche Notwendigkeit augenscheinlich erfordert und unter der Bedingung einer gerechten und vorherigen Entschädigung.

Olympe de Gouges von 1791
Wir, die Mütter, Töchter, Schwestern, Vertreterinnen der Nation, verlangen in die Nationalversammlung aufgenommen zu werden. In Anbetracht dessen, dass Unkenntnis, Vergessen oder Missachtung der Rechte der Frauen die alleinigen Ursachen öffentlichen Elends und der Korruptheit der Regierungen sind, haben wir uns entschlossen, in einer feierlichen Erklärung die natürlichen, unveräußerlichen und heiligen Rechte der Frau darzulegen, damit diese Erklärung allen Mitgliedern der Gesellschaft ständig vor Augen ist und sie unablässig an ihre Rechte und Pflichten erinnert; damit die Machtausübung von Frauen ebenso wie jene von Männern jederzeit und somit auch mehr geachtet werden kann; damit die Beschwerden von Bürgerinnen, nunmehr gestützt auf einfache und unangreifbare Grundsätze, sich immer zur Erhaltung der Verfassung, der guten Sitten und zum Wohl aller auswirken mögen. Das an Schönheit wie Mut im Ertragen der Mutterschaft überlegene Geschlecht anerkennt und erklärt somit, in Gegenwart und mit dem Beistand des Allmächtigen, die folgenden Rechte der Frau und Bürgerin:

Artikel I
Die Frau ist frei geboren und bleibt dem Manne gleich in allen Rechten. Die sozialen Unterschiede können nur im allgemeinen Nutzen begründet sein.

Artikel II
Ziel und Zweck jedes politischen Zusammenschlusses ist der Schutz der natürlichen und unveräußerlichen Rechte sowohl der Frau als auch des Mannes. Diese Rechte sind: Freiheit, Sicherheit, das Recht auf Eigentum und besonders das Recht auf Widerstand gegen Unterdrückung. […]

Artikel IV
Freiheit und Gerechtigkeit besteht darin, den anderen zurückzugeben, was ihnen zusteht. So wird die Frau an der Ausübung ihrer natürlichen Rechte nur durch die fortdauernde Tyrannei, die der Mann ihr entgegensetzt, gehindert. Diese Schranken müssen durch Gesetz der Natur und Vernunft revidiert werden. […]

Artikel VI
Das Gesetz sollte Ausdruck des allgemeinen Willens sein. Alle Bürgerinnen und Bürger sollen persönlich oder durch ihre Vertreter an seiner Gestaltung mitwirken. Es muss für alle das Gleiche sein. Alle Bürgerinnen und Bürger, die gleich sind vor den Augen des Gesetzes, müssen gleichermaßen nach ihren Fähigkeiten, ohne andere Unterschiede als die ihrer Tugenden und Talente, zu allen Würden, Ämtern und Stellungen im öffentlichen Leben zugelassen werden.

Artikel VII
Für Frauen gibt es keine Sonderrechte; sie werden verklagt, in Haft genommen und gefangen gehalten in den durch das Gesetz bestimmten Fällen. Frauen unterstehen wie Männer den gleichen Strafgesetzen. […]

Artikel X
Niemand darf wegen seiner Meinung, auch wenn sie grundsätzlicher Art ist, verfolgt werden. Die Frau hat das Recht, das Schafott zu besteigen. Sie muss gleichermaßen das Recht haben, die Tribüne zu besteigen, vorausgesetzt, dass ihre Handlungen und Äußerungen die vom Gesetz gewahrte öffentliche Ordnung nicht stören.

Artikel XI
Die freie Gedanken- und Meinungsäußerung ist eines der kostbarsten Rechte der Frau, denn diese Freiheit garantiert die Vaterschaft der Väter an ihren Kindern. Jede Mutter kann folglich in aller Freiheit sagen: „Ich bin die Mutter eines Kindes, das du gezeugt hast", ohne dass ein barbarisches Vorurteil sie zwingt, die Wahrheit zu verschleiern. […]

Artikel XVII
Das Eigentum gehört beiden Geschlechtern vereint oder einzeln. Jede Person hat darauf ein unverletzliches und heiliges Anrecht. Niemandem darf es als wahres Erbteil der Nation vorenthalten werden, es sei denn, eine öffentliche Notwendigkeit, die gesetzlich festgelegt ist, mache es augenscheinlich erforderlich, jedoch unter der Voraussetzung einer gerechten und vorher festgesetzten Entschädigung.

Ute Gerhard, Menschenrechte – Frauenrechte 1789, in: Viktoria Schmidt-Linsenhoff (Hrsg.), Sklavin oder Bürgerin? Französische Revolution und Neue Weiblichkeit 1760–1830, Frankfurt am Main 1989, S. 68–72

1. Erläutern Sie die Funktion der Präambeln beider Erklärungen.
2. Geben Sie die wesentlichen Rechte wieder, die den Bürgern nach den jeweiligen Texten eingeräumt werden.
3. Leiten Sie aus diesen Rechten bzw. Forderungen möglicherweise bestehende Missstände ab.
4. Die Forderungen von Olympe de Gouges sind unseren heutigen Vorstellungen näher. Überprüfen Sie diese These.

M4 Staatsform und Wahlrecht von 1789 bis 1795

Zwischen 1789 und 1799 werden in Frankreich vier Verfassungen verabschiedet. Sie alle dokumentieren unterschiedliche Stadien der Revolution und sind Ausdruck eines intensiven Erfahrungs- und Lernprozesses.

	Ancien Régime (Wahlordnung von 1789)	Verfassung von 1791	Verfassung von 1793 (trat nicht in Kraft)	Verfassung von 1795
Regierungsform	absolutistische Monarchie	konstitutionelle Monarchie	Republik	Republik
Staatsoberhaupt	König	König	—	5 Direktoren
Vertretungssystem	Generalstände (beratende Funktion) 1. Stand: ca. 300 Vertreter 2. Stand: ca. 300 Vertreter 3. Stand: ca. 600 Vertreter	Nationalversammlung für 2 Jahre (etwa 745 Vertreter aus 83 Départements)	Nationalrepräsentation für 1 Jahr (je 1 Abgeordneter auf 40 000 Einwohner, 749 Abgeordnete, zuzüglich 28 aus den Kolonien)	• Rat der Alten (250 Mitglieder) • Rat der Fünfhundert (beide Räte wurden alljährlich zu einem Drittel erneuert)
Wahlverfahren	nach Ständen	indirekt	direkt	indirekt
Wahlberechtigung (in den Urversammlungen)	• Männer (beim Adel auch Frauen) • 25 Jahre • Eintragung in die Steuerliste	• Männer • 25 Jahre • fester Wohnsitz seit einem Jahr • weder Tagelöhner noch Dienstleute • Steuerleistung im Wert von 3 Arbeitstagen • Mitglied der Nationalgarde • Bürgereid	• Männer • 21 Jahre • ein Jahr in Frankreich	• Männer • 21 Jahre • ein Jahr in Frankreich und/oder (ehemaliger) Soldat • Jungwähler sollten lesen und schreiben können und einer qualifizierten Arbeit nachgehen
Voraussetzungen, um als Wahlmann bestellt zu werden	—	• aktives Bürgerrecht • 25 Jahre	—	• aktives Bürgerrecht • 25 Jahre
Eigentum/Einkommen im Wert von • in Städten über 6 000 Einwohner		• 200 Arbeitstagen		• 100 Arbeitstagen
• in Städten unter 6 000 Einwohner		• 100–150 Arbeitstagen		• 150 Arbeitstagen
• auf dem Land		• ca. 150 Arbeitstagen		• 150–200 Arbeitstagen
Zahl der Wahlmänner	—	etwa 45 000	—	etwa 30 000
Voraussetzungen, um als Abgeordneter gewählt zu werden	—	aktives Bürgerrecht	aktives Bürgerrecht	Rat der Fünfhundert: • 30 Jahre • fester Wohnsitz seit 10 Jahren Rat der Alten: • 40 Jahre • fester Wohnsitz seit 15 Jahren

Nach: Wilhelm Ihde, Wegscheide 1789. Darstellung und Deutung eines Kreuzweges der europäischen Geschichte, Leipzig/Berlin 1940 (Beilage)

1. Vergleichen Sie die vier Verfassungen hinsichtlich der politischen Teilhaberechte der Bevölkerung. | F
2. Erklären Sie das unterschiedliche Ausmaß der Teilhaberechte.
3. Arbeiten Sie heraus, welche Interessen welcher gesellschaftlicher Gruppen Niederschlag in den jeweiligen Verfassungen gefunden haben.

M5 Die „Schreckensherrschaft" – Rechtfertigung und Kritik

Maximilien de Robespierre rechtfertigt am 5. Februar 1794 vor dem Nationalkonvent das Ziel der Revolution und den Terror seiner Regierung:

Welches Ziel streben wir an? Wir wollen den friedlichen Genuss der Freiheit und der Gleichheit [...]. Wir wollen die Dinge so ordnen, dass alle niedrigen und grausamen Leidenschaften im Zaum gehalten und alle wohltätigen und edlen Leidenschaften durch die Gesetze geweckt werden; wir wollen eine Ordnung schaffen, in der sich der Ehrgeiz auf den Wunsch beschränkt, Ruhm zu erwerben und dem Vaterland zu dienen; in der Vornehmheit nur aus der Gleichheit entsteht; wo der Bürger dem Magistrat, der Magistrat dem Volke und das Volk der Gerechtigkeit unterworfen ist; eine Ordnung, in der das Vaterland das Wohlergehen eines jeden Einzelnen sichert und jeder Einzelne stolz das Gedeihen und den Ruhm des Vaterlandes genießt [...].
Wir wollen in unserem Lande die Moral gegen den Egoismus, die Rechtschaffenheit gegen die Ehre, [...] ein großherziges, mächtiges und glückliches Volk gegen ein bloß liebenswürdiges, leichtfertiges und beklagenswertes Volk eintauschen, das heißt, alle Tugenden und alle Wunder der Republik gegen alle Laster und alle Lächerlichkeiten der Monarchie.
Mit einem Wort: Wir wollen den Willen der Natur erfüllen, das Schicksal der Menschheit vollenden, das Versprechen der Philosophie halten und die Vorsehung von der langen Herrschaft des Verbrechens und der Tyrannei befreien [...].
Welche Regierungsform kann diese Wunder vollbringen? Nur die demokratische oder republikanische Regierung! Denn diese beiden Wörter sind synonym, trotz aller Missbräuche der volkstümlichen Sprache. Die Aristokratie ist ebenso wenig republikanisch wie die Monarchie. Die Demokratie ist kein Staat, in dem sich das Volk ständig versammelt und alle seine öffentlichen Angelegenheiten selbst regelt; sie ist noch weniger ein Staat, in dem hunderttausend Volksparteien durch isolierte, übereilte und widersprüchliche Maßnahmen über das Schicksal der gesamten Gesellschaft entscheiden. Eine solche Regierung hat niemals bestanden und sie könnte auch nur bestehen, um das Volk zum Despotismus zurückzuführen.
Die Demokratie ist ein Staat, in dem das souveräne Volk sich nach Gesetzen richtet, die sein eigenes Werk sind, indem es von selbst alles tut, was es tun kann, und indem es durch seine Abgeordneten tun lässt, was es nicht selbst tun kann. [...]
Von außen werden wir von allen Tyrannen umzingelt; im Innern konspirieren alle Freunde der Tyrannen gegen uns: Sie werden solange konspirieren, bis dem Verbrechen jede Hoffnung genommen ist. Man muss die inneren und äußeren Feinde der Republik beseitigen oder mit ihr untergehen. Deshalb sei in der gegenwärtigen Lage der erste Grundsatz eurer Politik, das Volk durch Vernunft und die Volksfeinde durch Terror zu lenken.
Wenn in friedlichen Zeiten der Kraftquell der Volksregierung die Tugend ist, so sind es in Zeiten der Revolution Tugend und Terror zusammen. Ohne die Tugend ist der Terror verhängnisvoll, ohne den Terror ist die Tugend machtlos. Der Terror ist nichts anderes als die unmittelbare, strenge und unbeugsame Gerechtigkeit: Er ist also eine Emanation[1] der Tugend; er ist nicht so sehr ein besonderer Grundsatz als vielmehr die Folge des allgemeinen Grundsatzes der Demokratie: angewandt auf die dringenden Bedürfnisse des Vaterlandes.

Der am 21. Oktober 1793 geschriebene Brief des Pfarrers und Schriftstellers Johann Caspar Lavater (1741–1801) aus Zürich an den Konventsabgeordneten Marie-Jean Hérault de Séchelles (1760–1794, hingerichtet) zeigt exemplarisch die Abwendung des größten Teils der europäischen Revolutionssympathisanten:

Seitdem Ihr Euren guten König umgebracht und ermordet habet auf eine unerhörte Weise und auf die despotischste Art; seitdem Ihr die Unverletzbarkeit verletzt habt, die Ihr ihm versichert hattet; seitdem Ihr auf seine Verteidigung keine Achtung mehr schluget; seitdem Ihr im Geschmack der lissabonischen Inquisition handeltet; seitdem Ihr, den Dolch in der Hand, zur Freiheit zwanget; seitdem Ihr die bewegliche Köpfmaschine an die Stelle der zerstörten Bastille setztet; seitdem man nichts mehr sagen oder schreiben darf, was man unter den despotischsten Königen sagen und schreiben durfte, seitdem zittre ich, wenn ich Euch von Freiheit reden höre.
Monarchie oder Republik, das ist mir gleichgültig; aber Freiheit! Nicht das Wort jedoch, nicht die Ausrufungen, nicht die Marktschreierei gehaltener Reden werden Frankreich diese Freiheit geben. Erlaubet mir, über diesen Gegenstand Eurer (unbeschadet der Beredsamkeit) armseliger Reden frei zu sein: Wo ist die Freiheit, wo ist die Sicherheit der Ehre, des Eigentums, des Lebens? [...]
Glauben Sie mich nicht schwach genug, die Partie der Prinzen und der Royalisten von Frankreich zu nehmen; keineswegs. Ich habe nichts zu sagen als eine klare, einfache und

[1] **Emanation**, von lat. *emanare*: hervorgehen, herausfließen

niederschlagende Sache. Alle Eure Könige und alle Könige der Erde zusammen gaben nie so viele Beispiele des abscheulichen Despotismus, wie Ihr seit drei Jahren gebet. In Wahrheit, Ihr treibet Spott mit uns andern, mit dem Universum und mit den künftigen Jahrhunderten. Ich erwähne nicht einmal der groben Unmenschlichkeiten eines verwilderten Pöbels. Ich bemerke die öffentlichen Akte, die Dekrete des Nationalkonvents, die unterstützten und privilegierten Grausamkeiten der größten sogenannten *Antidespoten*.

Im Namen der Menschlichkeit beschwöre ich Sie auf den Knien, spottet nicht mehr dem Universum und den künftigen Jahrhunderten! Sprecht nie mehr das Wort *Freiheit* aus, indem ihr den allerunerträglichsten Despotismus ausübt.

Erster Text: Maximilien Robespierre, Ausgewählte Texte, Hamburg 1971, S. 584–586 und 594; zweiter Text: Gustav Landauer, Briefe aus der Französischen Revolution, Band 2, Berlin (Ost), [3]1985, S. 105 f.

1. Geben Sie die Ziele Robespierres aus dem ersten Text mit eigenen Worten wieder. | H
2. Beurteilen Sie die Ziele Robespierres. | H
3. Erklären Sie, welche Gefahr bei der Verfolgung dieser Ziele deutlich wird.
4. Setzen Sie sich mit der Frage auseinander, ob es auch andere Wege als den Terror gegeben hätte, die Absichten Robespierres in die Tat umzusetzen. | F
5. Arbeiten Sie die Kritikpunkte aus dem zweiten Text heraus, die der Briefeschreiber der Politik des Konvents entgegensetzt.
6. Nehmen Sie abschließend Stellung: An welche Grenzen stoßen Regierungen bei der Durchsetzung ihrer Maßnahmen?

M6 „Die Geburtsstunde von Freiheit und Demokratie“

*Die Historikerin Susanne Lachenicht (*1971) schreibt über die Bedeutung der Französischen Revolution:*

Die Französische Revolution wird bis heute als das Ereignis betrachtet, das die Vormoderne von der Moderne oder die Frühe Neuzeit von der Neuzeit trennt. Sie steht für einen Epochenumbruch, der Politik, Gesellschaft, Wirtschaft und Kultur inklusive der kollektiven Mentalitäten (Michel Vovelle) tiefgreifend verändert haben soll. Aus politischer Perspektive ist die Französische Revolution immer wieder als Geburtsstunde von Freiheit und Demokratie beschrieben worden. Aus dem Untertanen (*sujet*) sei der (Staats-) Bürger (*citoyen*) geworden. Gesellschaftlich und wirtschaftlich bedeutete sie – so viele Autoren – das Ende der Ständegesellschaft und damit Rechtsgleichheit und den Aufstieg des Bürgertums in Frankreich. Wirtschaftlich wird mit der Französischen Revolution durch die Abschaffung von ständischen Privilegien, von Zünften und Gilden Unternehmensfreiheit und die allmähliche Durchsetzung des Leistungsprinzips auf dem europäischen Kontinent verbunden. Kulturell bedeutete die Revolution das Ende des alten Europas, in dem Staat und Kirche bis dato ein enges Bündnis eingegangen waren. Neben die christliche Religion bzw. die christlichen Konfessionen trat 1789 eine säkulare Ideologie, die sich in England und auch in Frankreich seit dem 16. Jahrhundert entwickelt hatte: Der Nationalismus, der in Frankreich während der Revolution zum „demokratischen Nationalismus“ werden sollte, verdrängte die Staatsreligion – den Katholizismus – zwar nicht, setzte jedoch an dessen Stelle eine klare Alternative, die bis zum heutigen Tag von vielen Franzosen gelebt wird: Republikanismus und Laizismus.

Schon die Revolutionäre selbst sahen in den Ereignissen zwischen 1789 und 1799 etwas Irreversibles; eine Umkehr, eine Rückkehr in alte Zeiten schien ihnen nicht mehr möglich. Nach der Hinrichtung des Königs, Ludwigs XVI. (geb. 1754), am 21. Januar 1793 soll der Abgeordnete des Nationalkonvents Pierre Joseph Cambon (1756–1820) gesagt haben: „Wir sind endlich auf der Insel der Freiheit gelandet und haben das Schiff verbrannt, das uns hinfuhr“ [...]. Spätestens mit der radikalen Revolution von 1792 wurde nicht mehr das Alte, das bisher Dagewesene als Legitimation für Reformen, für Veränderung bemüht. Bis dahin waren Revolten wie der Bauernkrieg von 1525, die Englische Revolution der 1640er-Jahre sowie die Glorreiche Revolution von 1688/89 von den Revolutionären immer als Rückkehr zum „alten Recht“, zu einem Zustand gesehen worden, der von den Herrschenden gewaltsam verändert worden sei und den die Revolutionäre nun wiederherstellen mussten. Vor dem Amerikanischen Unabhängigkeitskrieg[1] und den Ereignissen in Frankreich von 1789 bis 1799 bezeichnete der Begriff „Revolution“ den immer wiederkehrenden Kreislauf der Gestirne oder politisch die Rückkehr zu altem Recht und alter Ordnung.

Dies änderte sich mit der Französischen Revolution. Das Neue, die Realisierung einer Utopie, der Fortschritt der Menschheit hin zu neuen Ufern waren nun Legitimation für politisches und gesellschaftliches Handeln. Die Revolution katalysierte die Entwicklung weg vom Alten, zu Bewahrenden, hin zum Neuen, zum Unbekannten; ein Wandel der Mentalitäten, der sich bereits mit der Aufklärung angekündigt hatte. Mit den Ereignissen in Nordamerika, aber vor allem durch die Umwälzungen, die in Frankreich zwischen 1789 und 1799 stattfanden, veränderte sich auch die Bedeutung des Begriffs „Revolution“. Seitdem steht der Begriff „Revolution“ für die mit Aufständen und Gewalt einhergehende Veränderung von staatlichen Institutionen, von Eigentumsverhältnissen, von Zugangsbedingungen zu

[1] **Amerikanischer Unabhängigkeitskrieg:** 1775 bis 1783

staatlichen, wirtschaftlichen und gesellschaftlichen Eliten, für die Durchsetzung neuer, manchmal staatlich verordneter Ideologien, im Grunde also für die totale, wenn nicht gar totalitäre Umwälzung von Staat, Kultur und Gesellschaft.

Susanne Lachenicht, Die Französische Revolution, a.a.O., S. 9f.

1. Gliedern Sie den Text in sinnvolle Abschnitte und versehen Sie diese mit passenden Überschriften.
2. Arbeiten Sie aus dem Text die Veränderungen heraus, die von der Französischen Revolution ausgingen. | F
3. Informieren Sie sich im Internet und/oder in der Fachliteratur über die von der Autorin genannten früheren Revolutionen (siehe ab Zeile 39ff.). Erläutern Sie anschließend, welchen Unterschied Lachenicht beschreibt.

M7 „Der Wahrheit stets eine Nasenlänge voraus"

*Der Journalist Andreas Kilb (*1961) rezensiert 2018 in der Frankfurter Allgemeinen Zeitung eine neue Napoleon-Biografie des britischen Historikers Adam Zamoyski (*1949):*

Die Schlüsselszene dieses Buches spielt in Italien. Die französische Revolutionsarmee unter ihrem General Napoleon Bonaparte hat ein österreichisches Korps in Mantua eingeschlossen. [...] Die entscheidende Brücke liegt bei dem Dorf Arcole.

Die Franzosen versuchen sie am 15. November [1796] im Sturm zu nehmen, aber die Verteidiger sind gut verschanzt. Als die erste Attacke scheitert, steigt der General vom Pferd und ergreift eine Fahne. Der Trupp, den er anführt, wird von einer gut gezielten Salve empfangen, die seinen Adjutanten tötet. Seine überlebenden Begleiter stoßen Bonaparte in einen Entwässerungsgraben. Triefnass, aber unverletzt wird er aus dem Wasser gezogen. Die Brücke bleibt in österreichischer Hand. Soweit die Fakten.

In Bonapartes Bulletin[1] an das fünfköpfige Direktorium in Paris, das nach dem Sturz Robespierres die Revolutionsgeschäfte führt, klingt alles ganz anders. Hier verschmilzt die Schlappe bei Arcole mit den Gefechten der folgenden Tage, die die Österreicher schließlich doch zum Rückzug zwingen, zu einem einzigen, durch Bonapartes Fahnenmarsch ausgelösten Triumph. Noch im selben Monat beginnt Antoine-Jean Gros, der die französische Armee begleitet, mit seinem Ölbild „Bonaparte an der Brücke von Arcole".

Es zeigt den General in Galauniform mit gezücktem Schwert und wehendem Haar. Das Gemälde, durch zahlreiche Drucke verbreitet, wird zur Ikone der siegreichen Revolution.

„Der Wahrheit stets eine Nasenlänge voraus" von Andreas Kilb, in: F.A.Z. Literaturbeilage vom 6. Oktober 2018, Frankfurter Allgemeine Zeitung GmbH, Frankfurt. Zur Verfügung gestellt vom Frankfurter Allgemeine Archiv

„Bonaparte an der Brücke von Arcole."
Ölgemälde (94 x 130 cm) von Antoine-Jean Gros, 1796.

1. Ein Ergebnis der Französischen Revolution war das Entstehen von Zeitungen, die sich im politischen Meinungsstreit behaupten mussten. Erklären Sie, wie Napoleon seinen Bericht vom Krieg in Italien zur Beeinflussung der Massen nutzt.
2. Setzen Sie die in der Quelle beschriebenen Ereignisse (Zeile 1–14) in Beziehung zur Aussage des Ölgemäldes von Antoine-Jean Gros auf dieser Seite. | H
3. Überlegen Sie, welche damaligen Möglichkeiten es gab, Berichte von einem fernen Kriegsschauplatz zu überprüfen. Vergleichen Sie mit heutigen „fake news".

[1] **Bulletin:** amtlicher Bericht, offizielle Bekanntmachung

Methode

Umgang mit historischer Fachliteratur üben

Im Materialienteil des Buches gibt es zahlreiche Beispiele, um historische Fachliteratur zu analysieren.

Historische Fachliteratur ist ein Sammelbegriff für wissenschaftliche Veröffentlichungen. Dazu gehören **Textsorten** wie wissenschaftliche Bücher eines Autors (Monografien), Aufsätze in Sammelbänden oder in (Fach-)Zeitschriften, gedruckte Vorträge, Lexikonartikel und Rezensionen (Buchbesprechungen). Die Literatur über die Französische Revolution beispielsweise ist unüberschaubar. Die Zahl der Veröffentlichungen geht in die Zigtausende und ständig kommen neue hinzu.

Eine für alle Mal gültige oder richtige und verbindliche **Geschichtsschreibung** gibt es nicht. Wichtig ist die Einsicht, dass sie immer **abhängig** ist von der Person, die Forschung betreibt, von der Zeit, in der geforscht wird, von den Fragen, die Untersuchende an die Vergangenheit stellen, von den ausgewerteten Quellen und von der benutzten Literatur. Für das Verständnis eines Textes, seine Einordnung und Bewertung ist es daher notwendig, ihn mit anderen Darstellungen zu vergleichen und ihn nach bestimmten **Kriterien** zu untersuchen.

Arbeitsschritt	**Leitfragen**
1. beschreiben	• Wer ist der Autor / die Autorin? • Welche Funktion, welchen Beruf oder welche Stellung hat er / sie? • Welche Textsorte liegt vor (z. B. Lexikonartikel, Fachbuch, Essay oder Rezension)? • Wann, wo und aus welchem besonderen Anlass (Jubiläum, Jahrestag etc.) ist der Text veröffentlicht worden? • Was wird thematisiert? • Wie ist der Text aufgebaut? Welche besonderen Merkmale gibt es (Sprache, Stil)? • Mit welchen Argumenten bzw. Belegen (Quellen, Sekundärliteratur) begründet der Autor / die Autorin seine / ihre Aussagen? • Welche Behauptungen oder Thesen werden aufgestellt?
2. erklären	• Welchen Zeitraum, welches Ereignis oder welche Person behandelt der Text? • Auf welche wissenschaftliche / politische Diskussion geht der Autor / die Autorin ein? • In welchem Bezug steht der Autor / die Autorin zum behandelten Thema? • An welche Adressaten wendet sich der Text? • Welche Aussageabsicht hat er? • Welchen Standpunkt nimmt der Autor / die Autorin ein?
3. beurteilen	• Wurde das Thema schlüssig und überzeugend bearbeitet oder ist die Argumentation lückenhaft? Wurden mehrere Perspektiven berücksichtigt? • Nimmt der Autor / die Autorin Wertungen vor oder stellt er / sie Vermutungen auf? • Wie lässt sich der Text bzw. die Publikation insgesamt einordnen und bewerten?

M1 „Im Zentrum der modernen Weltgeschichte"

Albert Soboul (1914–1982) fasst das Ergebnis der Französischen Revolution in einem erstmals 1962 in Frankreich veröffentlichten Werk wie folgt zusammen:

Zehn Jahre revolutionäre Ereignisse hatten allerdings die Lage in Frankreich im Wesentlichen in Übereinstimmung mit den Wünschen der Bourgeoisie und Besitzenden grundlegend verändert. Die alte Aristokratie war samt ihren Privilegien und ihrer früheren gesellschaftlichen Bedeutung zerschlagen, und die letzten Spuren der Feudalität waren beseitigt. Mit der radikalen Zerstörung der gesamten feudalen Hinterlassenschaft, der Befreiung der Bauern von den Herrenrechten, den kirchlichen Zehnten und – eingeschränkt – auch von den kollektiven Zwängen (contraintes communautaires), mit der Aufhebung der Zunftmonopole und der Herstellung des nationalen Marktes beschleunigte die Französische Revolution die Entwicklung des Übergangs vom „Feudalismus" zum Kapitalismus und bildete zugleich eine ihrer entscheidenden Etappen. Indem sie andererseits die provinziellen Besonderheiten und die lokalen Vorrechte aufhob und die Staatsgewalt des Ancien Régime zerbrach, schuf sie vom Direktorium bis zum Empire die Voraussetzungen eines modernen Staates, der den wirtschaftlichen und sozialen Interessen der Bourgeoisie entsprach. […]

Die Französische Revolution steht damit im Zentrum der modernen Weltgeschichte, am Kreuzweg verschiedener gesellschaftlicher und politischer Strömungen, welche die Nationen entzweit haben und noch weiterhin entzweien werden. Ihr Enthusiasmus begeistert die einen, die an die Kämpfe für Freiheit und Unabhängigkeit und an ihren Traum von der brüderlichen Gleichheit erinnern – oder löst Hassgefühle aus. Ihr aufgeklärter Geist lenkt die Angriffe gegen Privilleg und Tradition oder reißt die Vernunft durch ihre großen Bemühungen mit fort, um die Gesellschaft auf rationale Grundlagen zu stellen. Ob bewundert oder gefürchtet – die Revolution lebt im Bewusstsein der Menschen weiter.

Albert Soboul, Die große Französische Revolution. Ein Abriss ihrer Geschichte (1789–1799), hrsg. und übersetzt von Joachim Heilmann und Dietfrid Krause-Vilmar, Frankfurt am Main [5]1988, S. 571 f. und 574

Verfasser
(Soboul: französischer Historiker und Marxist)

Fokus auf „Signalwörter"
(Hinweis auf sozialistische Geschichtsschreibung)

Literaturangabe

M2 Einfluss auf die politische Kultur Europas

*Rolf E. Reichardt (*1940) schreibt in einem erstmals 1998 veröffentlichten Buch über die Französischen Revolution:*

Überall wirkte die Revolution bei unzufriedenen Gruppen als Anstoß, überfällige Reformen und Veränderungen im jeweils eigenen Land energischer zu betreiben. Überall löste sie eine Welle politischer Publizistik von neuer Radikalität und sozialer Reichweite aus, welche die revolutionären Grundvorstellungen und Schlagworte verbreitete. Überall verband sich damit sowohl eine neuartige Klubkultur als auch eine internationale Freiheits- und Gleichheitssymbolik – beides nach französischem Vorbild. Überall wurden durch die so bewirkten Akkulturationsprozesse[1] neue soziale Gruppen und Schichten an die Politik herangeführt beziehungsweise zusätzlich politisiert, überall erkämpften sich diese Gruppen unter Rekurs[2] auf die Revolution Zugang zum Politischen: die Intellektuellen auf der Apenninenhalbinsel, das mittlere Bürgertum im Alten Reich, die kleinen Leute auf den Britischen Inseln. Überall bildeten sich in Auseinandersetzung mit der Revolution deutlicher als zuvor gegensätzliche politische Lager heraus. So hat die Französische Revolution, wie unterschiedlich sie auch vordergründig auf einzelne Länder einwirkte, letztlich wichtige Impulse zur Herausbildung einer gemeinsamen, tendenziell demokratischen politischen Kultur Europas gegeben.

Rolf E. Reichardt, Das Blut der Freiheit. Französische Revolution und demokratische Kultur, Frankfurt am Main 2014, S. 331

Verfasser
(Reichardt: deutscher Historiker, Romanist und Bibliothekar)

Fokus auf „Signalwörter"
(Hinweis auf den Schwerpunkt des Textauszuges: Kulturgeschichte)

Literaturangabe

[1] **Akkulturation:** Übernahme fremder geistiger und materieller Kulturgüter durch Einzelpersonen oder ganze Gruppen

[2] **Rekurs:** Rückgriff auf etwas

▶ Analysieren Sie die beiden Texte mithilfe der Arbeitsschritte auf Seite 146. Ihre Ergebnisse können Sie mit der Beispiellösung auf Seite 170 vergleichen.

Die Französische Revolution (1789–1799)

Ursachen

- Finanzkrise des Staates (u.a. Kriege, Schulden)
- soziale und wirtschaftliche Probleme (Abgaben/Steuern, Hungersnöte)
- gescheiterte Reformen
- reformunfähige Monarchie
- politischer Gestaltungswille (Dritter Stand)
- Ideen der Aufklärung (u.a. Montesquieu, Rousseau)

Phasen

Beginn der Revolution (1789) →

- Ziele: Ende der Not, Reformen, politische Mitbestimmung
- Träger: Bauern, Bürger (Dritter Stand)

Konstitutionelle Monarchie (1789–1792) →

- Ziele: Abschaffung feudaler Privilegien, Menschen- und Bürgerrechte, Verfassung
- Träger: gehobenes Bürgertum, liberaler Adel, Frauen

Republik und „Schreckensherrschaft“ (1792–1794) →

- Ziele: Abschaffung der Monarchie, Verfassung, „Überwachungsstaat“/Terror
- Träger: Kleinbürgertum (Sansculotten), Besitzbürgertum (Jakobiner)

Direktorium (1795–1799)

- Ziele: Verfassung, Beendigung von Unruhen
- Träger: gehobenes Bürgertum

Fazit

Gewinner der Revolution

- gehobenes Bürgertum

Verlierer der Revolution

- Adel und Klerus

Das Erbe

- Menschen- und Bürgerrechte
- Aufhebung der Ständegesellschaft
- Trennung von Kirche und Staat
- Abschaffung der Monarchie, Entwicklung der Republik
- Bewusstsein für eine politische Demokratie
- Entstehung von Parteien und einer Debattenkultur
- Beginn einer politischen Frauenbewegung
- Veränderung der Presselandschaft (neue „Öffentlichkeit“)
- Code Napoléon bzw. Code civil (neues Zivilrecht)

M Der „moderne Mensch“ und das Störfeuer revolutionärer Politik

*Der britische Historiker Simon Schama (*1945) schreibt über die Ergebnisse der Französischen Revolution:*

Ihre beiden großen gesellschaftlichen Veränderungen – das Ende der Feudalherrschaft und die Abschaffung der Zünfte – hatten mehr versprochen als gehalten. So erleichtert sich fraglos viele Handwerker über die Beseitigung der Zunfthierarchie mit ihren strengen Arbeits- und Verdienstvorschriften fühlten, den wirtschaftlichen Ungerechtigkeiten, die Meister und Gesellen nach wie vor voneinander schieden, waren sie nun noch schutzloser ausgesetzt. Und ebenso war die Abschaffung des Feudalismus mehr eine Sache der Gesetze als der gesellschaftlichen Umschichtung und besiegelte lediglich die bereits unter dem Ancien régime angebahnte Umwandlung des Feudalherrn in einen Gutsherrn. [...]

Den größten Gewinn vom Verkauf der Kirchengüter und des Emigrantenbesitzes hatten genau dieselben Bevölkerungsgruppen, die schon unter dem Ancien régime wirtschaftlich ihren Schnitt gemacht hatten. Gewiss bedeuteten diese unwiderruflichen Verkäufe eine beträchtliche Verschiebung des Reichtums. Aber ein guter Teil dieses Transfers wickelte sich *innerhalb* der Klasse der Grundbesitzer ab. Das heißt, die fetten Katzen wurden nur noch fetter. [...]

Hat die Revolution dann wenigstens die Probleme, über die die Monarchie gestürzt war, gelöst und entsprechende staatliche Einrichtungen geschaffen? Auch hier ist es [...] einfacher, die Kontinuität zu verfolgen, vornehmlich in den Zentralisierungsbestrebungen, als einen umwerfenden Wandel auszumachen. Was die öffentlichen Finanzen angeht, so entpuppte sich die Einführung einer Papierwährung als eine Katastrophe, neben der die Insolvenzen des Ancien régime nahezu zur Bedeutungslosigkeit herabsanken. So kehrte das bonapartistische Konsulat [...] zu guter Letzt reumütig zur Metallwährung zurück. [...]

Hatte sich die Revolution dann wenigstens in dem Punkt besser bewährt, an dem die Monarchie gescheitert war, nämlich an ihrer Unfähigkeit, repräsentative Einrichtungen zur Verwirklichung ihrer Reformprogramme zu schaffen? In einer Hinsicht ja. Die verschiedenen, vom Volke gewählten gesetzgebenden Körperschaften von den Generalständen bis zum Nationalkonvent gehören in der Tat zu den eindrucksvollsten Neuerungen, die die Revolution hervorgebracht hat. [...]

Nach dem Jahr III[1] aber ging die Gewalt nicht mehr von der Straße und den Sektionen, sondern von der uniformierten Armee aus. Und hier endlich stoßen wir auf eine Umwandlung, die niemand der Französischen Revolution streitig machen kann: die Schöpfung eines neuen Rechtsträgers, des Citoyen. Doch kaum war diese hypothetisch freie Person erfunden, wurden ihre Freiheiten auch schon von der Polizeigewalt des Staates eingeschränkt. Und wenn dies auch stets im Namen des republikanischen Patriotismus geschah, waren die Zwänge darum doch nicht weniger drückend. [...]

Ein wesentliches Element, vielleicht sogar *das* wesentliche Element des Anspruchs der Revolutionäre von 1789 war die Überzeugung, *la patrie* selber besser regenerieren zu können als die königlichen Beamten. So war der Kampfgeist, der sich wie ein dicker roter Faden durch die Revolution zog, von allem Anfang an patriotisch eingefärbt und mithin der militarisierte Nationalismus keine zufällige, unbeabsichtigte Folge, sondern Herz und Seele der Französischen Revolution. Logisch folglich auch, dass all die Millionen Erben der revolutionären Macht, die wahre „neue Klasse“ dieses Abschnitts der französischen Geschichte, nicht irgendeine *bourgeoisie conquérante*, sondern die *wirklichen* Eroberer waren: die napoleonischen Marschälle, deren Vermögen selbst die überlebenden Adelsdynastien vergleichsweise armselig erscheinen ließen.

Der „moderne Mensch“ – der Ingenieur, der adlige Industrielle, der Wissenschaftler, der Bürokrat und General –, allem Anschein nach schon unter Ludwig XVI. drauf und dran, die Verwaltung mit Beschlag zu belegen, setzte, kaum war das Störfeuer der revolutionären Politik ausgeschaltet, seinen Marsch zur Macht auf Gedeih und Verderb fort.

Simon Schama, Der zaudernde Citoyen. Rückschritt und Fortschritt in der Französischen Revolution, München 1989, S. 834 ff. (übersetzt aus dem Englischen von Gerda Kurz und Siglinde Summerer)

1. Fassen Sie stichpunktartig die Ergebnisse der Französischen Revolution nach Schama zusammen.
2. Der Historiker Thomas Nipperdey hat einmal geschrieben: „Die Revolution hat die Modernisierung unterbrochen.“ Überprüfen Sie diese Aussage anhand der Quelle.
3. Vergleichen Sie den Text mit M6 auf Seite 144 f. Stellen Sie übereinstimmende Wertungen und Unterschiede fest.
4. Bilden Sie Arbeitsgruppen. Nennen und begründen Sie Ihre eigene Einschätzung der Französischen Revolution. Vergleichen Sie anschließend in der Klasse Ihre Ergebnisse miteinander. | H

[1] **Jahr III:** 22. September 1794 bis 22. September 1795

2.1 Anforderungsbereiche und Operatoren

Anforderungsbereich I (Reproduktion)

Er verlangt in erster Linie die geordnete Wiedergabe von Sachverhalten und die (eventuell chronologische) Auflistung von Kenntnissen ohne Kommentierung. Dabei wird die Anwendung eingeübter Arbeitstechniken, z. B. die Zusammenfassung von Quelleninhalten, sowie die Reduzierung auf wesentliche Aussagen erwartet.

beschreiben

strukturiert und fachsprachlich angemessen Materialien vorstellen und / oder Sachverhalte darlegen

gliedern

einen Raum, eine Zeit oder einen Sachverhalt nach selbst gewählten oder vorgegebenen Kriterien systematisierend ordnen

wiedergeben

Kenntnisse (Sachverhalte, Fachbegriffe, Daten, Fakten, Modelle) und / oder (Teil-)Aussagen mit eigenen Worten sprachlich distanziert, unkommentiert und strukturiert darstellen

zusammenfassen

Sachverhalte auf wesentliche Aspekte reduzieren und sprachlich distanziert, unkommentiert und strukturiert → *wiedergeben*

Anforderungsbereich II (Reorganisation und Transfer)

Er fordert das eigenständige Erklären, Bearbeiten und Ordnen bekannter Inhalte und die Anwendung des Eingeübten auf andere Sachverhalte.

analysieren

Materialien, Sachverhalte oder Räume → *beschreiben*, kriterienorientiert oder aspektgeleitet erschließen und strukturiert darstellen

charakterisieren

Sachverhalte in ihren Eigenarten → *beschreiben*, typische Merkmale kennzeichnen und diese dann ggf. unter einem oder mehreren Gesichtspunkten zusammenführen

einordnen

begründet eine Position / ein Material zuordnen oder einen Sachverhalt begründet in einen Zusammenhang stellen

erklären

Sachverhalte so darstellen – ggf. mit Theorien und Modellen –, dass Bedingungen, Ursachen, Gesetzmäßigkeiten und / oder Funktionszusammenhänge verständlich werden

erläutern

Sachverhalte → *erklären* und in ihren komplexen Beziehungen an Beispielen und / oder Theorien verdeutlichen (auf Grundlage von Kenntnissen bzw. Materialanalyse (→ *analysieren*))

gegenüberstellen

Sachverhalte, Aussagen oder Materialien kontrastierend darstellen und gewichten

herausarbeiten

Materialien auf bestimmte, explizit nicht unbedingt genannte Sachverhalte hin untersuchen und Zusammenhänge zwischen den Sachverhalten herstellen

in Beziehung setzen

Zusammenhänge zwischen Materialien / Sachverhalten aspektgeleitet und kriterienorientiert herstellen und → *erläutern*

nachweisen

Materialien auf Bekanntes hin untersuchen und belegen

vergleichen

Gemeinsamkeiten, Ähnlichkeiten und Unterschiede von Sachverhalten kriterienorientiert darlegen

Anforderungsbereich III (Reflexion und Problemlösung)

Er umfasst den kritischen und reflektierten Umgang mit neuen Problemstellungen, den eingesetzten Methoden und den gewonnenen Erkenntnissen. Ziel sind eigenständige Begründungen, Folgerungen, Deutungen und Wertungen.

beurteilen

den Stellenwert von Sachverhalten oder Prozessen in einem Zusammenhang bestimmen, um kriterienorientiert zu einem begründeten Sachurteil zu gelangen

entwickeln

zu einem Sachverhalt oder zu einer Problemstellung eine Einschätzung, ein Lösungsmodell, eine Gegenposition oder ein begründetes Lösungskonzept darlegen

erörtern

zu einer vorgegebenen Problemstellung eine reflektierte, abwägende Auseinandersetzung führen und zu einem begründeten Sach- und/oder Werturteil kommen

sich auseinandersetzen

zu einem Sachverhalt, einem Konzept, einer Problemstellung oder einer These usw. eine Argumentation → *entwickeln*, die zu einem begründeten Sach- und/oder Werturteil führt

Stellung nehmen

Beurteilung (→ *beurteilen*) mit zusätzlicher Reflexion individueller, sachbezogener und/oder politischer Wertmaßstäbe, die Pluralität gewährleisten und zu einem begründeten eigenen Werturteil führen

überprüfen

Inhalte, Sachverhalte, Vermutungen oder Hypothesen auf der Grundlage eigener Kenntnisse oder mithilfe zusätzlicher Materialien auf ihre sachliche Richtigkeit bzw. auf ihre innere Logik hin untersuchen

Operator, der Leistungen in allen drei Anforderungsbereichen verlangt:

interpretieren

Sinnzusammenhänge aus Quellen erschließen und ein begründetes Sachurteil oder eine Stellungnahme abgeben, die auf einer Analyse beruhen

Operatoren zusammengestellt nach: http://db2.nibis.de/1db/cuvo/datei/ge_go_kc_druck_2017.pdf (Zugriff: 11. November 2019)

Tipps für den richtigen Umgang mit den Operatoren und den Aufgaben im Buch:

- Nützliche Erklärungen zu den einzelnen Operatoren bietet die Übersicht auf Seite 152 bis 159.
- Zu Aufgaben, die mit einem **H** (= Helfen) oder **F** (= Fordern) gekennzeichnet sind, finden Sie im Anhang auf Seite 171 bis 174 Hinweise und weitere Informationen.

2.2 Hilfen zum richtigen Umgang mit den Operatoren

Anforderungsbereich I (Reproduktion)

Operator	Was ist zu beachten?	Wie ist vorzugehen?
beschreiben	Der Operator wird häufig sowohl bei Bildquellen wie Gemälden, Karikaturen oder Fotografien als auch bei Statistiken verwendet. Als Vorbereitung für eine anschließende Analyse soll das Material in **nachvollziehbarer** und **strukturierter Form** in seinen **Einzelheiten** (in der Regel Bildelemente und deren Beziehungen zueinander) vorgestellt werden. Eine Analyse oder Erklärung ist hier noch nicht vorzunehmen, also was z. B. die einzelnen Elemente einer Bildquelle oder einer Statistik im historischen Kontext für eine Bedeutung haben oder wie die Darstellung zu beurteilen ist. Klar identifizierbare Personen dürfen aber bereits als solche benannt werden.	Kreisen Sie das Ihnen wesentlich erscheinende Element des Materials ein und verfassen Sie ausgehend davon eine Beschreibung. Das zentrale Element ist z. B. bei einer **Bildquelle** daran zu erkennen, dass es oft in klarer Beziehung zu den anderen Bildelementen steht. Davon ausgehend können Sie dann die übrigen Bestandteile des Materials und die Bildebenen (Vordergrund, Hintergrund) in ihrem Inhalt beschreiben. Bei **Statistiken** empfiehlt es sich, auf die dort oft dargestellte Entwicklung einzugehen. Das gilt auch für dynamische **Karten** (z. B. eine Karte, die die Expansion Roms oder die „Entdeckungsfahrten“ der Frühen Neuzeit zeigt). **Beispiel**: Im Zentrum des um 1877 entstandenen Historiengemäldes des Künstlers Anton von Werner steht Martin Luther in aufrechter Haltung und legt seine rechte Hand aufs Herz. Sein Blick ist Kaiser Karl V., der auf seinem Thron im Schatten sitzt, zugewandt. Im Bildhintergrund befinden sich ... usw.
gliedern	Der Operator ist dafür gedacht, einen **Sachverhalt vorzustrukturieren** und zu **ordnen**, um ihn leichter greifbar zu machen. Das kann zum Beispiel die Einteilung eines zeitlichen Verlaufes in bestimmte Phasen sein. In Bezug auf einen vorgegebenen Text wird durch die Gliederung die Vorarbeit für eine Zusammenfassung bzw. eine Textwiedergabe geleistet. Oft wird der Operator daher bei Texten verwendet, in denen die zugrunde liegende inhaltliche Struktur zunächst nicht so einfach zu erkennen ist oder sich verschiedene Aspekte überlagern.	Falls keine Gliederungskategorien durch die Aufgabenstellung vorgegeben sind, wählen Sie **prägnante Begriffe** aus, die aus dem Text heraus deutlich werden. Geben Sie dann die **Zeilen** an, in denen Informationen, die zu diesen Begriffen gehören, benannt werden. Die Begriffe können dann jeweils den Ausgangspunkt für eine Textwiedergabe oder Zusammenfassung bilden. Zusätzlich werden auch Wertungen und Einstellungen der Autorin/des Autors wiedergegeben bzw. zusammengefasst. **Beispiel**: In einem Brief an seine Ordensbrüder in Europa berichtet der Franziskaner Pedro de Gante aus Mexiko-Stadt 1529 über die Missionierung der indigenen Bevölkerung. Der Autor schreibt zunächst über den alten Glauben der Einheimischen (Belegstelle: Zeilenangabe). Anschließend thematisiert er die verschiedenen Strategien der Missionierung der indigenen Bevölkerung. Dabei nennt er die Massentaufen (Belegstelle: Zeilenangabe), den Unterricht und die Ausbildung der Einheimischen zu Missionaren (Belegstelle: Zeilenangabe) und deren Vorgehen bei der Missionierung (Belegstelle: Zeilenangabe).
wiedergeben	Ähnlich wie beim Operator „zusammenfassen“ (siehe Seite 153) geht es hier darum, zu zeigen, dass Sie den **Inhalt** eines vorgegebenen Textes **verstanden** haben. Allerdings sollen die Inhalte dabei nicht reduziert, sondern **strukturiert** in ihrer Gänze wiedergegeben werden. Meist wird dieser Operator bei Texten verwendet, die einen hohen Informationsgehalt und wenige Wiederholungen aufweisen, oft auch sprachlich anspruchsvoller sind und quasi **„übersetzt“** werden müssen. Dies kann z. B. für Quellen gelten, die aus einer weiter zurückliegenden Epoche stammen. Auch hier soll der Inhalt des vorliegenden Textes weder von Ihnen erläutert noch bewertet werden. Sie verfassen Ihre Textwiedergabe also wie ein **distanzierter Beobachter**.	Teilen Sie den Text, der wiedergegeben werden soll, in **Sinnabschnitte** ein. Notieren Sie an den Rand des jeweiligen Sinnabschnitts einen Satz, der die Inhalte des Abschnitts in die **moderne Fachsprache** „übersetzt“. Um die sprachliche Distanz zum Ausdruck zu bringen, verwenden Sie bei der anschließenden Formulierung der Wiedergabe den **Konjunktiv**. **Beispiel**: Der portugiesische Seefahrer Vasco da Gama berichtet, dass bei der Ankunft seiner Flotte an der Küste von Kalikut im Jahre 1498 zunächst Abgesandte in vier Booten zu ihm gekommen seien, die ihn und sein Gefolge nach ihrer Herkunft gefragt hätten.

Operator	Was ist zu beachten?	Wie ist vorzugehen?
zusammenfassen	Der Operator ist oft in der ersten Aufgabe bei schriftlichen Arbeiten anzutreffen. Hier sollen Sie zeigen, dass Sie den **Inhalt** eines Textes **verstanden** haben und damit in der Lage sind, diesen **gekürzt** und **in eigenen Worten** wiederzugeben. Zu beachten ist dabei, dass Sie den Text auf die **wichtigsten Aussagen** reduzieren und diese dann anführen. Die Inhalte des zu untersuchenden Textes sollen weder von Ihnen erläutert noch bewertet werden. Sie schreiben Ihre Zusammenfassung wie ein **distanzierter Beobachter**.	Teilen Sie den Text, der zusammengefasst werden soll, im Vorfeld in **Sinnabschnitte** ein. Schreiben Sie an den Rand des jeweiligen Sinnabschnitts eine **Überschrift** oder einen **Satz**, der den Inhalt des Abschnitts auf den Punkt bringt. Um die sprachliche Distanz zu unterstreichen, verwenden Sie bei der anschließenden Formulierung der Zusammenfassung den **Konjunktiv**. **Beispiel**: Der Historiker Manfred Hettling erläutert in einer Fachpublikation, dass der Begriff „Wende" passender als der Begriff „Revolution" für die Zeit von 1989/90 sei.

Anforderungsbereich II (Reorganisation und Transfer)

Operator	Was ist zu beachten?	Wie ist vorzugehen?
analysieren	Mithilfe dieses Operators soll ein Material auf bestimmte Aspekte hin untersucht werden, um seine **inhaltliche Aussagekraft** thematisch **zielgerichtet zu erfassen.** Die Aspekte sind in der Regel direkt aus dem Material zu ersehen. Bei manchen Materialien bietet es sich auch an, diese in Hinblick auf mehrere Aspekte zu analysieren und dann zu einem Gesamtbild zusammenzufügen. Wichtig ist es, die Untersuchungsergebnisse anschließend zu **ordnen** und **strukturiert darzustellen.** Außerdem muss – zum Beispiel durch ein Zitat mit Zeilenangabe bzw. ein Bildelement oder einen Zahlenwert – das entsprechend erfasste Ergebnis der Untersuchung am Material **belegt** werden. Genau wie bei „charakterisieren" und „herausarbeiten" (siehe Seite 153 f. und 155) wird der Operator „analysieren" zur **inhaltlichen Erschließung** eines Materials genutzt. Damit werden diese Operatoren seltener in normalen schriftlichen Arbeiten eingesetzt. Allerdings können sie in umfangreicheren schriftlichen Arbeiten (z. B. im Abitur) als **Vorbereitung**, **Nachbereitung** oder **Verbindung** zu einer anderen weiteren Aufgabe aus dem Anforderungsbereich II (wie „erläutern"; siehe Seite 154 f.) genutzt werden. So kann z. B. eine inhaltliche Erläuterung der jeweils erschlossenen Aspekte gefordert sein oder eine Untersuchung eines Materials in Bezug auf zuvor in einer anderen Aufgabe erläuterte Inhalte.	Gehen Sie das Material durch, indem Sie Ihre „Analysebrille" aufsetzen und die Elemente (Textpassagen, Bildelement oder Zahlenwerte) **markieren**, in denen Aussagen zu ihrem Untersuchungsaspekt auftauchen. Fügen Sie diese Elemente zusammen und wählen Sie eine **geeignete Struktur**, mit der Sie Ihre Ergebnisse geordnet darstellen wollen. **Beispiel**: Analysieren Sie die Motive (Kriterium) der handelnden Gruppen, die in der spätmittelalterlichen Chronik in Bezug auf den Umgang mit der jüdischen Bevölkerung genannt werden. Eine denkbare Antwort: In der Chronik wird ein entscheidendes Motiv für die Ermordung der jüdischen Bevölkerung durch die Stadtbevölkerung genannt: „Was man den Juden schuldete, galt als bezahlt" (Belegstelle: Seiten- und/oder Zeilenangabe). Die Pest bot den Stadtbürgern einen Anlass, die Juden als Sündenböcke darzustellen und sich so ihrer Schulden zu entledigen. Dies gilt auch für die „Landesherren", die als „Schuldner" (Belegstelle: Seiten- und/oder Zeilenangabe) erwähnt werden. Die ablehnende Haltung der Stadträte gegenüber den Mordaktionen gegen die jüdische Bevölkerung, die in ... (Belegstelle: Seiten- und/oder Zeilenangabe) nachzulesen ist, erklärt sich daraus, dass die jüdische Gemeinde in den Städten regelmäßig Schutzgeldzahlungen an den jeweiligen Stadtrat leistete.
charakterisieren	Ähnlich wie beim Operator „analysieren" soll auch hier **ein Aspekt** in einem Material **zielgerichtet untersucht** werden. Während bei einer Analyse eher sachorientiert vorzugehen ist, stehen bei einer Charakterisierung **Eigenarten und Merkmale** im Vordergrund, die sich häufig auf einer Werteebene bewegen. Die untersuchten Eigenschaften lassen sich oft mit **Adjektiven** belegen, die die Eigenarten beschreiben und sich im Endergebnis zu einem „Gesamtbild" bzw. einer Gesamtwirkung zusammenfügen. Dazu ist es wichtig, die Untersuchungsergebnisse zu **ordnen** und **strukturiert darzustellen** und auch ein **Fazit** zu ziehen. ▶ nächste Seite	Betrachten Sie das Material durch Ihre „Analysebrille" und **markieren** Sie die Elemente (Textpassagen), in denen Aussagen zu Ihrem Untersuchungsaspekt auftauchen. **Belegen** Sie die Aussagen auch mit passenden Adjektiven, die sich z. B. aus der Bewertung des Autors oder Ihrem eigenen Eindruck ergeben. Fügen Sie anschließend die Elemente zusammen und suchen Sie eine **Struktur**, mit der Sie Ihre Ergebnisse geordnet darstellen wollen. Wichtig ist dabei, auch die **Gesamtwirkung** zu erfassen, die der Sachverhalt nach der Untersuchung entfaltet. **Beispiel**: Charakterisieren Sie die Vorgehensweise (Kriterium) der Franziskaner bei der Missionierung der indigenen Bevölkerung in Spanischamerika. Eine mögliche Antwort: Die Vorgehensweise lässt sich als oberflächlich (Adjektiv) charakterisieren, da in ... ▶ nächste Seite

Operator	Was ist zu beachten?	Wie ist vorzugehen?
charakterisieren	Dabei kann eine erste Bewertung der Ergebnisse erfolgen. Außerdem ist – zum Beispiel durch ein Zitat mit Zeilenangabe – das **Ergebnis** der Untersuchung auf Basis des Materials zu **belegen**.	(Belegstelle: Seiten- und/oder Zeilenangabe) deutlich wird, das Teile der indigenen Bevölkerung, die zuvor mit dem christlichen Glauben noch nicht in Berührung gekommen sind, sehr schnell zu Missionaren ausgebildet werden. Sie gehen wiederum auch gewalttätig (*Adjektiv*) vor, da sie „Götzenbilder" und „Tempel" des alten Glaubens ohne Zögern zerstören (Belegstelle: Seiten- und/oder Zeilenangabe). Insgesamt erscheint die Missionierung eher darauf abzuzielen, möglichst viele Menschen zu erfassen. Die Akzeptanz des christlichen Glaubens durch die einheimische Bevölkerung aus Überzeugung und dessen Durchdringung scheinen eher zweitrangig zu sein.
einordnen	Dieser Operator ist verwandt mit dem Operator „erläutern" (siehe weiter unten) aber von der Aufgabenstellung her enger gefasst. Es geht darum, **Einzelaspekte** in einen größeren **historischen Zusammenhang** zu stellen. Durch eine Erläuterung dieser Zusammenhänge, in den der Aspekt eingeordnet wird, zeigen Sie dann, dass Sie **wissen** und **begründen** können, warum der Aspekt in diesen Zusammenhang passt. Daher wird dieser Operator auch gern für schriftliche Arbeiten gewählt.	Es bietet sich zunächst an, eine **Mindmap** zu erstellen. Gehen Sie dabei von einem Einzelaspekt aus, der sich z. B. in einem vorgegebenen Material findet, und suchen Sie weitere Aspekte, die mit ihm in Beziehung stehen. Oft geht es dabei um historische Ereignisse und Prozesse, die als Ursache des Sachverhalts zeitlich vorher abliefen oder als Wirkungen und Folgen zeitlich danach stattfanden. So ergibt sich der **Gesamtzusammenhang**, den Sie dann umfassend in Ursachen und Folgen erläutern. **Beispiel**: In seiner Schrift „An den christlichen Adel deutscher Nation von des christlichen Standes Besserung" aus dem Jahre 1520 erklärt Martin Luther, dass alle Christen geistlichen Standes seien. Er erkennt damit die Überordnung des geistlichen Standes über den weltlichen Stand nicht mehr an. Für ihn sind alle Getauften Priester (*Ausgangspunkt*). Diese Feststellung ist eine Reaktion auf die Missstände innerhalb der Kirche z. B. in Bezug auf Simonie (Ämterkauf) und kanonische Gerichtsbarkeit, die die folgenden Auswirkungen hatten ... (*Ursachen*). Mit seiner Lehre vom allgemeinen Priestertum erhöht Luther den Status des Laien und verhilft dem weltlichen Stand, sich aus seiner Unmündigkeit zu befreien. Diese Erkenntnis aus Luthers Adelsschrift ermöglicht z. B. den Fürsten des Heiligen Römischen Reiches sich als „Notbischöfe" zu verstehen, die somit die Struktur der Kirche in ihren Territorien ganz neu ordnen konnten ... (*Folgen*).
erklären	Der Operator ist eine **Vorstufe des Erläuterns**, daher sind im Prinzip dieselben Aspekte zu beachten (siehe unten). Allerdings steht der Materialbezug hier weniger im Vordergrund. Gleichwohl geht es aber auch darum, **Wissen gezielt anzuwenden**. Ein Sachverhalt ist so darzustellen, dass seine Voraussetzungen, Ursachen und Folgen verständlich werden. Sie sollen also die **Gründe** oder die **Zusammenhänge** von etwas **aufzeigen**.	Grundsätzlich gelten hier dieselben Anregungen wie beim Operator „erläutern" (siehe unten). Allerdings können die Sachverhalte abgekoppelt von konkreten Materialbezügen dargestellt werden. So kann z. B. die **Gesamtaussage eines Materials** Ausgangspunkt einer Erklärung sein. **Beispiel**: Erklären Sie, was das vom spanischen Kronjuristen Palacios Rubios 1513 entworfene Requerimiento für die Gebietsansprüche anderer europäischer Mächte bedeutet. Eine denkbare Antwort: Der Text des Requerimiento gaukelt vor, die indigene Bevölkerung hätte eine Möglichkeit, sich mit den Spaniern friedlich zu einigen. Dadurch erhielt die spanische Eroberung den Anschein der Rechtmäßigkeit. Das Requerimiento etablierte also ein Verfahren, welches der spanischen Krone gegenüber anderen europäischen Mächten die Behauptung ermöglichte, die Eroberung sei rechtmäßig, weil sie erst nach Unterweisung der Einheimischen vollzogen worden sei.
erläutern	Der Operator taucht häufig in schriftlichen Arbeiten auf. Dabei sollen Sachverhalte, die in Textquellen, aber auch in Materialien wie Statistiken oder Bildern angesprochen werden, in ihren **Hintergründen erklärt** werden. ▶ nächste Seite	Bei diesem Operator ist es wichtig, *nicht* nur einfach **Wissen** unstrukturiert und aneinandergereiht wiederzugeben. Sie sollen zeigen, dass Sie Ihr Wissen, das zur Bearbeitung der Aufgabe benötigt wird, abrufen können, um dann zielgerichtet die Sachverhalte zu erläutern. ▶ nächste Seite

Operator	Was ist zu beachten?	Wie ist vorzugehen?
erläutern	Das eigene Sachwissen ist zu nutzen, um zielgerichtet z. B. einzelne relevante Textpassagen, Bildelemente oder Daten in ihrer **tieferen Bedeutung** umfassend darzustellen. Hier zeigen Sie also, dass Sie Ihre **Kenntnisse kompetent anwenden** können. Der Operator beinhaltet zwar auch den Operator „erklären" (siehe Seite 154), geht jedoch über ihn hinaus. So sollen nicht nur **Theorien** (wie z. B. Theorien zu Krisen oder Transformationsprozessen), sondern auch **historische Beispiele** herangezogen werden, um die entsprechenden Sachverhalte zu veranschaulichen.	In einem ersten Schritt ist das vorgegebene Material daraufhin zu untersuchen, zu welchen Textpassagen, Bildelementen oder Daten Sie **Hintergründe** erläutern könnten. Zur Vorstrukturierung bietet es sich an, z. B. eine **Mindmap** zu erstellen und den gewählten Passagen schlagwortartig Sachinhalte zuzuordnen. Diesen Sachinhalten können noch weitere Inhalte zugeordnet werden, sodass sich ein umfassendes Beziehungsgeflecht ergibt. Nach einer von Ihnen gewählten Reihenfolge kann dann ausgehend vom Material die Erläuterung mit **Beispielen und Belegen** formuliert werden. **Beispiel:** Den Ausgangspunkt der Erläuterung bildet eine Textpassage aus dem 1513 verfassten Requerimiento. Dort wird von der indigenen Bevölkerung verlangt, die Kirche als obersten Herrn der gesamten Welt anzuerkennen. Eine mögliche Erläuterung dazu könnte folgendermaßen aussehen: Die spanische Krone will damit eine Rechtsgrundlage für ihre Herrschaft in Amerika schaffen. Sie hatte durch die päpstliche Bulle „Inter caetera divinae" (1493) und den Vertrag von Tordesillas (1494) die Herrschaft in den „neu entdeckten" Territorien, die sich in dem ihnen zugewiesenen Bereich befanden, zugesprochen bekommen – also letztlich auch vonseiten der Kirche. Daher ist es wichtig, dass die indigene Bevölkerung missioniert wird und sich zum „heiligen katholischen Glauben" bekennt (Belegstelle: Seiten- und/oder Zeilenangabe), um damit – in der Vorstellung der spanischen Krone – auch die neue Herrschaftsordnung verbindlich anzuerkennen. Deswegen wird sogar mit Vergünstigungen und Rechten im Fall eines Übertritts zum Christentum geworben (Belegstelle: Seiten- und/oder Zeilenangabe).
gegenüberstellen	Dieser Operator ist eine **Vorstufe zum Operator „vergleichen"** (siehe Seite 156 f.). Hier geht es aber ausschließlich darum, die **Unterschiede und Gegensätze** von Sachverhalten oder Materialien anhand **bestimmter Kriterien** herauszustellen.	Es empfiehlt sich, zunächst eine **Tabelle** anzulegen. Eine Spalte sollte sich auf den ersten Sachverhalt bzw. das erste Material und die andere auf den zweiten Sachverhalt bzw. das zweite Material beziehen. Anhand des in der Aufgabe formulierten Kriteriums werden nun beide Sachverhalte bzw. Materialien auf die gegensätzlichen Aspekte hin untersucht und diese jeweils in den entsprechenden Sichtweisen – am besten mit **Belegstellen** aus dem Material – stichpunktartig in die Tabelle eingetragen. Mithilfe dieser Vorstrukturierung können Sie dann die Gegenüberstellung ausformulieren. **Beispiel:** Während der sowjetische Staatspräsident Michail Gorbatschow Reformen (*Kriterium*) in der Sowjetunion anmahnt, schließt Erich Honecker auf einer Politbürositzung im Februar 1989 diese für die DDR mit den Worten „wir sind doch nicht daran interessiert, dass wir Rückstände wieder [...] als Ziel angehen [...]" aus (Belegstelle: Seiten- und/oder Zeilenangabe).
herausarbeiten	Während beim Operator „analysieren" (siehe Seite 153) die Aspekte, die aus einem Material erschlossen werden sollen, direkt zu erkennen sind, muss beim Operator „herausarbeiten" erst „**zwischen den Zeilen**" gelesen werden, um die Aussage eines Materials zu erfassen. Genauso wie beim Operator „analysieren" werden einem dabei **bestimmte Kriterien** an die Hand gegeben, anhand derer die Untersuchung erfolgen soll.	Wie bei den Operatoren „analysieren" und „charakterisieren" ist es auch beim Operator „herausarbeiten" hilfreich, sich das **Untersuchungskriterium**, das in der Aufgabenstellung genannt wird, klar zu machen. Achten Sie bei der Bearbeitung des Textes auf **Andeutungen** oder **subtile Bewertungen**, die der Autor/die Autorin vornimmt, und ziehen Sie daraus Ihre Erkenntnisse. **Beispiel:** Arbeiten Sie aus dem Bericht des Sekretärs des Herzogs von Aragón im Jahre 1517 heraus, wie er Leonardos Arbeiten beurteilt (*Kriterium*). Die relevante Textstelle in dem Bericht lautet: „Dieser Herr hat eine besondere (*Wertung*) Abhandlung über den Körperbau zusammengestellt [...], so wie noch kein anderer Mensch es jemals getan hat (*Wertung*)" (Belegstelle: Seiten- und/oder Zeilenangabe). ▶ nächste Seite

Operator	Was ist zu beachten?	Wie ist vorzugehen?
	◄ vorherige Seite	Fazit: Der Sekretär stellt das einzigartige Talent Leonardos heraus. Er hat etwas geschaffen, was noch niemand vor ihm geschafft hat, seine Arbeit ist also besser als die Anderer.
in Beziehung setzen	Wenn dieser Operator in einer Aufgabe verwendet wird, sind **Zusammenhänge** zwischen Sachverhalten, die in **verschiedenen Materialien** zu finden sind, herzustellen. Häufig soll dabei untersucht werden, in welcher Art der Sachverhalt in dem jeweils anderen Material erscheint und ob sich ggf. in der inhaltlichen Aussage Veränderungen zeigen. Es kann aber auch sein, dass in einem Material der Sachverhalt selbst analysiert wird und dann in Beziehung zu einem Material gesetzt werden soll, welches bereits die Folgen oder Ursachen dieses Sachverhaltes thematisiert. In jedem Fall ist es notwendig, die jeweils herausgestellten Zusammenhänge nachvollziehbar zu **erläutern**.	Analysieren Sie zunächst das Ausgangsmaterial nach den gesuchten Aspekten und listen Sie diese **stichpunktartig** auf (ähnlich wie beim Operator „nachweisen", siehe unten). Untersuchen Sie dann das andere Material daraufhin, inwiefern ein **Zusammenhang** zu den herausgestellten Aspekten erkennbar ist. Fassen Sie anschließend den jeweiligen Zusammenhang in Worte und erläutern Sie ihn. **Beispiel**: In dem Ende des 16. Jahrhunderts veröffentlichten Kupferstich von Theodor de Bry „Kolumbus betritt amerikanischen Boden" (*Ausgangsmaterial*) sind gleich mehrere Ereignisse zu erkennen, die sich in dem durch Bartolomé de Las Casas überlieferten „Bordbuch des Kolumbus" (*Bezugsmaterial*) an verschiedenen Tagen wiederfinden. So wird die Flucht der indigenen Bevölkerung vor der ankommenden Flotte des Kolumbus, die im Hintergrund des Kupferstiches zu sehen ist, im Bordbuch am ... erwähnt. Der Stich soll also in der Rückschau einen visuellen Überblick über verschiedene Ereignisse geben (*Erläuterung*).
nachweisen	Hier wird verlangt, ein Material auf **bekannte historische Inhalte** hin zu untersuchen (z. B.: Finden sich Aspekte von Martin Luthers Lehre in dem vorliegenden Text?). Außerdem ist genau aufzuzeigen, an welcher Stelle im Material die gesuchten Aspekte stehen. In schriftlichen Arbeiten ist dieser **Beleg** dann auch durch eine **Erläuterung** zu begründen.	Vergewissern Sie sich zunächst, welche **Aspekte** den historischen Inhalt, der nachgewiesen werden soll, ausmachen. Notieren Sie sich diese Aspekte und untersuchen Sie das Material daraufhin, ob der Inhalt direkt oder indirekt angesprochen wird. Formulieren Sie dann den Nachweis und nennen Sie die **Belegstelle**. Erläutern Sie anschließend, warum Sie diese Stelle gewählt haben. **Beispiel**: Das Motto der Humanisten „ad fontes", was übersetzt so viel wie „zu den Quellen" bedeutet (*Aspekt des gesuchten historischen Inhaltes*), lässt sich in Luthers Adelsschrift von 1520 nachweisen. Der Reformator bezieht sich bei seiner Aussage, dass alle Christen geistlichen Standes sind, auf eine Textpassage aus der Bibel (Belegstelle: Seiten- und/oder Zeilenangabe). Seine Überlegungen gehen also – wie es die Humanisten forderten – auf ein Studium der Quellen zurück, um der Wahrheit näher zu kommen. Dies steht auch in Verbindung zu dem auf Luther zurückgehenden Begriff „sola scriptura" (dt.: „allein durch die Schrift"), wonach die Bibel als einzige Quelle des christlichen Glaubens gilt (*Erläuterung*).
vergleichen	Bei einem Vergleich ist es wichtig, **Unterschiede**, **Ähnlichkeiten** und **Gemeinsamkeiten** zwischen Sachverhalten bzw. Materialien anhand **bestimmter Kriterien** darzustellen. Oft bleibt die Bearbeitung unvollständig, da z. B. nur auf die Unterschiede Bezug genommen wird.	Erstellen Sie eine **Tabelle** mit den Spalten „Gemeinsamkeiten", „Ähnlichkeiten" und „Unterschiede". Untersuchen Sie nun die Sachverhalte bzw. Materialien anhand des **Vergleichskriteriums** und tragen Sie Ihre Ergebnisse stichpunktartig – am besten mit den **Belegstellen** aus dem Material – in die Tabelle ein. Im Anschluss können Sie anhand dieser Vorstrukturierung den Vergleich ausformulieren. **Beispiel**: Der um 1450 erfundene Buchdruck mit beweglichen Lettern weist in seiner Wirkung (*Kriterium*) insofern *Gemeinsamkeiten* mit dem heutigen Internet auf, dass er eine Eigendynamik in der Verbreitung von Medien und Informationen auslöste. Was heute E-Mails oder Tweets leisten, erfüllten damals Flugschriften und -blätter als Massenmedien. Beiden Entwicklungen gemein ist zudem eine stärkere Vernetzung der Welt (*Ähnlichkeit*), auch wenn das Internet in viel größerem Ausmaß dazu beigetragen hat. Deutliche *Unterschiede* ergeben sich hinsichtlich der Autorenschaft und des Konsums: Die Kosten des Drucks von Schriften und Flugblättern waren immer noch so hoch, ► nächste Seite

Operator	Was ist zu beachten?	Wie ist vorzugehen?
vergleichen	◄ vorherige Seite	dass nicht jeder Mensch sich diese leisten konnte. Hinzu kam auch noch die geringe Alphabetisierungsrate zu Beginn der Entwicklung. Informationen und Nachrichten wurden also nur von einem Teil der Bevölkerung veröffentlicht und je nach Adressaten von einem größeren oder kleineren Kreis rezipiert. Das Internet ermöglicht jedoch, dass jeder Mensch zum Autor werden kann, ungeachtet der finanziellen oder literarischen Fähigkeiten.

Anforderungsbereich III (Reflexion und Problemlösung)

Operator	Was ist zu beachten?	Wie ist vorzugehen?
beurteilen	Es soll zu einem historischen Sachverhalt oder Prozess ein **begründetes Sachurteil** formuliert werden. Ein persönlicher Wertebezug wird nicht verlangt. Der Fokus ist in der Regel auf die Vergangenheit gerichtet. Es wird geprüft, ob der Sachverhalt/Prozess in der betrachteten Zeit in der Gesellschaft gerechtfertigt (legitim) bzw. stimmig oder nützlich (effizient) z. B. in Bezug auf wirtschaftliche oder politische Vorgänge war. Wichtig ist aus der **Perspektive der Zeit** zu urteilen, in der der Gegenstand, der beurteilt werden soll, in Erscheinung tritt. Entscheidend sind vor allem die **Argumente** bei der Beurteilung. Anhand **bestimmter Kriterien** wie beispielsweise Effizienz, Stimmigkeit oder Legitimität sollen historische Fakten und Beispiele angeführt werden und als Begründungen für das Urteil dienen. Je deutlicher erläutert wird, warum das Beispiel oder der Sachverhalt das eigene Urteil unterstützt, umso besser. Es können übrigens sowohl Argumente für als auch gegen die eigene Position in die Bearbeitung einfließen. Anders als bei „erörtern" (siehe Seite 158) muss dies aber nicht zwingend sein.	Wählen Sie – falls es nicht schon durch die Aufgabenstellung vorgegeben ist – ein für die Beurteilung sinnvoll erscheinendes **Sachkriterium** (z. B.: Effizienz, Stimmigkeit oder Legitimität) aus. Es sollte dann bei der späteren Formulierung der Beurteilung auch explizit genannt werden. Überprüfen Sie, in welcher Ausprägung die Kriterien bei dem zu untersuchenden Gegenstand vorliegen, und überlegen Sie anschließend, welche **Position** Sie vertreten wollen. Sammeln Sie im Anschluss daran Ihre Argumente stichpunktartig und achten Sie darauf, **historische Sachverhalte *und* Beispiele** anzuführen. Generell müssen Sie (insbesondere in schriftlichen Arbeiten) auch das Material, zu dem die Aufgabe gestellt ist, zur Unterstützung Ihrer Argumentation oder als Ausgangspunkt für die Beurteilung einbeziehen. Beim Verfassen der Beurteilung sollten Sie daher mit **Zitaten** aus oder **Bezügen** zum Material (Zeilenangaben) arbeiten. Am Ende der Bearbeitung sollte ein **Fazit** stehen, das die zentralen Argumente noch einmal prägnant zusammenfasst und die eigene Position auf den Punkt bringt. Als **Faustregel** gilt: Nicht das Urteil an sich entscheidet darüber, ob die Bearbeitung gelungen ist, sondern die Qualität und Nachvollziehbarkeit der Argumente, anhand derer das eigene Urteil begründet wird. **Beispiel:** Die Umsiedlung der indigenen Bevölkerung in Dörfern und Gemeinden, wie es auch der Vizekönig von Peru im 16. Jahrhundert dem spanischen König berichtete (Belegstelle: Seiten- und/oder Zeilenangabe), war in Bezug auf die Ziele der Spanier durchaus effizient (*Kriterium*). Auf diese Weise konnte die indigene Bevölkerung besser durch die Spanier kontrolliert und missioniert werden. Mit der Annahme des christlichen Glaubens wurde so auch die gottgegebene Herrschaft der Spanier von der indigenen Bevölkerung akzeptiert (*Argument*).
entwickeln	Anders als bei den anderen Operatoren im Anforderungsbereich III verbleibt der Operator „entwickeln" nicht nur bei einer **Beurteilung** eines Sachverhalts oder einer Problemstellung. Darüber hinaus sind Sie hier aufgefordert, eine **eigene Einschätzung** des Sachverhalts darzulegen und ggf. sogar ein **Lösungsmodell** für die vorliegende Problemstellung zu konstruieren. Oft ist hier das Einnehmen einer **Gegenposition** hilfreich, um aus dieser eine Alternative zu dem vorgelegten Problem oder dem Sachverhalt zu gewinnen. Formate wie die Gegenrede oder der Leserbrief bieten sich hier als Rahmen zur Ausformulierung der Ergebnisse an.	Machen Sie sich zunächst die **Sachverhalte**, die **Problemstellungen** und **Wertungen** klar, die sich aus dem Material, das Sie bearbeiten, ergeben (z. B. durch die Analyse eines Textes oder einer Karikatur). Überlegen Sie nun jeweils Möglichkeiten, die Aspekte anders zu sehen bzw. anders mit ihnen umzugehen. Finden Sie **Argumente** dafür, dass diese Alternativen eine tragfähigere Strategie darstellen, das vorliegende Problem zu lösen. Gehen Sie dabei auf prägnante Punkte im vorliegenden Material ein, und stellen Sie daraufhin Ihre **Alternative** begründet vor. Im abschließenden **Fazit** bringen Sie ihr Lösungsmodell dann noch einmal auf den Punkt. **Beispiel:** In seiner Rede am 10. Oktober 1991 zum bevorstehenden Kolumbus-Tag verweist US-Präsident George Bush darauf, dass die „Entdeckung" Amerikas ► nächste Seite

Operator	Was ist zu beachten?	Wie ist vorzugehen?
entwickeln	◀ vorherige Seite	durch Christoph Kolumbus zu einem „Austausch von Wissen, Ressourcen und Ideen zwischen der Alten und der Neuen Welt" geführt habe (Belegstelle: Seiten- und/oder Zeilenangabe). Seine Aussage erweckt den Eindruck, hier habe ein gleichberechtigter Austausch bzw. Handel stattgefunden (*Bezug zum Text*). Das war aber nicht der Fall (*Gegenposition*). Wissen aus der „Alten Welt" wie z. B. der Bergbau wurden von Spaniern vorrangig in die „Neue Welt" gebracht, um Ressourcen der indigenen Bevölkerung einseitig und unter menschenunwürdigen Arbeitsbedingungen auszubeuten (*Argument*). In einer Rede zum Kolumbus-Tag muss auf dieses ungerechte Missverhältnis aus Gründen der Wahrhaftigkeit hingewiesen werden, auch wenn langfristig die „Neue Welt" auch von neuen Techniken profitieren konnte. Zudem wäre hier eine Entschuldigung für die Ausbeutung der einheimischen Bevölkerung angebracht (*alternatives Lösungsmodell*).
erörtern	Eine Erörterung erfolgt zu einer vorgegebenen Problemstellung, die meist als eine **These/ Position** vorgegeben ist. Wie beim Operator „sich auseinandersetzen" (siehe unten) steht es einem offen, ob man ein **Sach- oder Werturteil** verfassen möchte, es sei denn, die Aufgabenstellung gibt dies bereits vor. Anders als bei den Operatoren „beurteilen", „Stellung nehmen" oder „sich auseinandersetzen" ist es hier zwingend erforderlich, eine **abwägende Auseinandersetzung/Beurteilung** zu gestalten. Bevor die eigene Position im abschließenden **Fazit** auf den Punkt gebracht wird, müssen also sowohl Argumente für als auch gegen die vorgegebene These/ Position gesammelt, gewichtet und begründet werden.	Wählen Sie – falls es nicht schon durch die Aufgabenstellung vorgeben ist – ein Ihnen für die Aufgabe sinnvoll erscheinendes **Sach- oder Wertekriterium** für die Beurteilung aus (z. B. Effizienz, Stimmigkeit oder Legitimität bzw. Freiheit, Sicherheit etc.). Es sollte später bei der Formulierung der Erörterung auch genannt werden. Überprüfen Sie anhand des ausgewählten Kriteriums, welche Argumente für und welche gegen die formulierte These oder die problemorientierte Fragestellung sprechen. Listen Sie die **Pro- und Kontra-Argumente** stichpunktartig mithilfe einer Tabelle auf. Achten Sie auch darauf, historische Sachverhalte *und* Beispiele anzuführen sowie das zur Erörterung vorgegebene Material – wie bei den Operatoren „beurteilen", „Stellung nehmen" und „sich auseinandersetzen" – einzubeziehen. Überlegen Sie anschließend, welche **Position** Sie vertreten wollen. Gewichten Sie die gesammelten Pro- und Kontra-Argumente – beginnend mit dem schwächsten Argument (für die eigene Position) bzw. stärksten Argument (gegen die eigene Position). In dieser Reihenfolge formulieren Sie dann Ihre Erörterung nach dem sogenannten „**Sanduhrprinzip**". Am Ende der Bearbeitung sollte ein **Fazit** stehen, das die zentralen Argumente noch einmal prägnant zusammenfasst und die eigene Position auf den Punkt bringt. Generell gilt als **Faustregel** auch hier: Nicht das Urteil an sich entscheidet darüber, ob die Bearbeitung gelungen ist, sondern die schlüssige Argumentation, anhand derer das eigene Urteil begründet wird. **Beispiel**: Erörtern Sie, ob es sich bei dem „Thesenanschlag" Martin Luthers um einen Wendepunkt in der Geschichte handelt (*problemorientierte Fragestellung*). Mögliche Antwort: Im Sinne der Stimmigkeit (*Sachkriterium*) der These vom „Wendepunkt in der Geschichte" ist festzuhalten, dass bereits vor dem Thesenanschlag von 1517 Reformer wie John Wyclif und Jan Hus ähnliche Ansichten wie Martin Luther gegenüber der Kirche vertraten, z. B. ... Luthers Thesenanschlag hatte aber deutlich gravierendere Auswirkungen auf das Heilige Römische Reich und Europa als das Wirken seiner Vorgänger, wie z. B. ...
sich auseinandersetzen	Bei diesem Operator steht es Ihnen frei, ob Sie ein **Sach- oder Werturteil** bilden. Anders als beim Operator „Stellung nehmen" (siehe Seite 159) ist es für das Verfassen eines Werturteils also nicht erforderlich, zuvor noch ein Sachurteil zu formulieren. Oft lässt sich bereits schon aus der Aufgabenstellung ablesen, welche Art von Urteil verlangt wird.	Es sind die gleichen Anregungen und Hilfen, wie bei den Operatoren „beurteilen" und „Stellung nehmen" zu beachten. Bei einem **Sachurteil** würden dann jeweils Sachkriterien wie z. B. Legitimität, Stimmigkeit oder Effizienz gelten, während bei einem **Werturteil** Maßstäbe wie Freiheit, Gerechtigkeit etc. herangezogen werden könnten. Wie bereits weiter oben erwähnt, ist auch hier nicht das Urteil entscheidend darüber, ob es sich um eine gelungene Bearbeitung handelt, sondern die **schlüssige Argumentation**, anhand derer das **eigene Urteil** begründet wird.

Operator	Was ist zu beachten?	Wie ist vorzugehen?
Stellung nehmen	Der Operator geht über ein **begründetes Sachurteil** hinaus, da hier zusätzlich ein **Werturteil** gefordert wird. Eine Stellungnahme besteht also im Grunde genommen aus zwei Teilen: Im ersten Teil geht es um Aspekte, die schon unter dem Operator „beurteilen" erklärt worden sind (siehe Seite 157). Im zweiten Teil ist ein Werturteil zu formulieren, bei dem eine Beurteilung aus **heutiger Perspektive** und anhand von **heutigen Wertmaßstäben** (z. B.: Freiheit, Sicherheit, Recht und Gerechtigkeit, Gleichberechtigung, politische Teilhabe, Solidarität) verlangt wird. Entscheidend beim Werturteil sind auch hier die **Argumente**. Je überzeugender diese sind, umso besser.	Zu beachten ist, dass dem Werturteil ein Sachurteil vorgeschaltet ist. Daher gelten hier die gleichen Hinweise wie beim Operator „beurteilen". Im Prinzip kann für das Werturteil das Vorgehen genauso erfolgen, nur dass **heutige Wertmaßstäbe** als Kriterien dienen, die in der Stellungnahme auch benannt werden sollten. Außerdem gilt wieder die **Faustregel**: Nicht das Sach- und anschließende Werturteil an sich entscheiden darüber, ob die Bearbeitung gelungen ist, sondern die Qualität und Nachvollziehbarkeit der Argumente, anhand derer die eigenen Urteile begründet werden. **Beispiel**: Die Umsiedlung der indigenen Bevölkerung in Dörfern und Gemeinden im 16. Jahrhundert war in Bezug auf die Ziele der Spanier durchaus effizient (*Kriterium*). Auf diese Weise konnte die indigene Bevölkerung besser kontrolliert und missioniert werden. Mit der Annahme des christlichen Glaubens wurde so auch die gottgegebene Herrschaft der Spanier von der indigenen Bevölkerung akzeptiert (*Argument für das Sachurteil*). Im Hinblick auf das Kriterium „Freiheit" ist das Vorgehen aus heutiger Sicht abzulehnen. Die Freizügigkeit (freie Wahl des Wohnortes) und die Glaubensfreiheit (*Wertmaßstäbe*) der indigenen Bevölkerung wurden stark eingeschränkt. Es wurde ein willkürlicher Zwang ausgeübt (*Argument für das Werturteil*).
überprüfen	Hier soll ein Sachverhalt daraufhin untersucht werden, ob er die Voraussetzungen für die **Gültigkeit einer Hypothese** erfüllt. Oft wird anhand von Materialien überprüft, ob historische Theorien und Modelle einen Prozess passend beschreiben – z. B. ob ein Sachverhalt als Krise oder Revolution einzuschätzen ist. Anders als beim Operator „nachweisen" (siehe Seite 156) ist nicht sicher, dass sich die Hypothese am Ende wirklich bestätigen lässt bzw. der Prozess nachweisbar ist. Die Überprüfung ist also **offen** und muss auch nicht zu einem eindeutigen Ergebnis führen. Umso wichtiger ist es hier, die Erkenntnisse, die Sie bei der Überprüfung gewonnen haben, durch eine **Erläuterung** zu begründen. Je präziser erläutert wird, warum das Beispiel oder der Sachverhalt die zu überprüfende Hypothese unterstützt oder entkräftet, umso besser.	Formulieren Sie **zentrale Kriterien**, die erfüllt sein müssen, damit die zu überprüfende These Gültigkeit besitzt. Bearbeiten Sie den Sachverhalt/das Material daraufhin, inwieweit diese Kriterien nachweisbar sind. Erfolgt die Überprüfung anhand eines Materials, sollten Sie **relevante Textstellen** oder **Zahlenwerte** vermerken, die Sie später zitieren können. Verfassen Sie strukturiert ihr „**Prüfgutachten**", indem Sie ausgehend vom Sachverhalt/dem Material darlegen, inwieweit die Hypothese erfüllt ist. Begründen Sie Ihre Einschätzung durch Beispiele/Sachwissen. **Beispiel**: Die Entwicklungen in der DDR 1989 brachten einen fundamentalen Systemwechsel (*Kriterium einer Revolution*) für die Bevölkerung. Aus einer faktischen Einparteienherrschaft wurde eine parlamentarische Demokratie, aus einer zentralistischen Planwirtschaft schließlich eine freie Marktwirtschaft (*Argumente*). In diesem Aspekt ist das Kriterium einer Revolution also erfüllt.

Operator, der Leistungen in allen drei Anforderungsbereichen verlangt:

Operator	Was ist zu beachten?	Wie ist vorzugehen?
interpretieren	Der Operator erfordert **Leistungen aus allen drei Anforderungsbereichen**. Zuerst ist nachzuweisen, dass das Material verstanden worden ist. Das bedeutet, dass zunächst eine Beschreibung, Zusammenfassung oder Wiedergabe der Inhalte des Materials in eigenen Worten erfolgt. Danach soll anhand von bestimmten Kriterien das Material auf seine Inhalte hin analysiert und diese mithilfe des eigenen Fachwissens erläutert werden. Die Kriterien können in der Aufgabenstellung vorgegeben sein oder müssen selbst festgelegt werden. Zum Schluss sind die Aussagen, die sich aus dem Material ergeben, zu beurteilen. Dabei soll immer ein Sachurteil erfolgen, das noch um ein Werturteil ergänzt werden kann, aber nicht muss.	Es empfiehlt sich, **schrittweise vorzugehen** und die jeweiligen **Teile der Bearbeitung auszuformulieren**. Beginnen Sie mit der Beschreibung, Zusammenfassung oder Textwiedergabe, anschließend folgen die Analyse und Erläuterung bezogen auf ein Untersuchungskriterium. Zuletzt ist die Beurteilung oder Stellungnahme in Hinblick auf das zuvor Untersuchte vorzunehmen. **Hilfen** zur jeweiligen Vorstrukturierung befinden sich bei den entsprechenden Operatoren. **Beispiel** *(für eine Aufgabenstellung):* Interpretieren Sie die Wandmalerei „Landung der Spanier in Veracruz" von Diego Rivera aus dem Jahre 1951 im Hinblick auf ihre Aussagekraft bezüglich der Folgen der spanischen Kolonisation (*Untersuchungskriterium*).

2.3 Gewusst wie: Lerntipps fürs Abitur

Kennen Sie das auch: Sie stehen kurz vor der Abiturprüfung und wissen nicht, wie Sie sich die ganze Stofffülle merken sollen? Typische Eselsbrücken aus dem Geschichtsunterricht wie „Sieben, fünf, drei – Rom schlüpft aus dem Ei" oder „Zehn, sieben, sieben – Heinrich muss nach Canossa schieben" helfen beim Abitur nur bedingt weiter. Daher wollen wir Ihnen auf dieser Seite ein paar ausgewählte Techniken und Hilfen vorstellen, mit denen Sie sich den Lernstoff besser aneignen können.

Lerntipp 1

Was hat mein Stuhl mit der konstitutionellen Monarchie zu tun?

Stellen Sie sich folgende Situation vor: Sie gehen durch Ihr Zimmer und legen gedanklich an bestimmten Orten jeweils eine Information zu den Hauptphasen der Französischen Revolution ab. Wie soll das funktionieren? Ganz einfach! Hier ein Beispiel: Stuhl – Konstitutionelle Monarchie, Schreibtisch – Republik und „Schreckensherrschaft", Regal – Direktorium. Ausgewählte **Orte** werden also mit verschiedenen **Inhalten** verbunden. Und nicht nur das. Sie sind zudem durch kleine **Geschichten** miteinander zu verknüpfen. Der Fantasie sind dabei keine Grenzen gesetzt. Am Beispiel des Stuhles kann das Ganze dann so aussehen: Eigentlich bräuchte ich dringend einen neuen Stuhl. Seine „Konstitution" ist nicht mehr gut. Lieber würde ich wie ein „Monarch" auf einem neuen Stuhl thronen (= Konstitutionelle Monarchie).
Zudem ist es wichtig, dass der von Ihnen festgelegte Weg in der richtigen **Abfolge** wiederholt wird, um sich die Begriffe dauerhaft merken zu können. Dabei müssen Sie Ihre Route im Zimmer nicht immer selbst abschreiten, sondern können diese auch in Gedanken durchlaufen.

Lerntipp 2

Werden Sie kreativ und fertigen Sie Gedankenlandkarten an!

Bei dieser Methode geht es darum, Ihre Gedanken zu einem Thema aufs Papier zu bringen. Die Gedankenlandkarten – auch **Mindmaps** genannt – helfen Ihnen, Ideen zu ordnen, übersichtlich darzustellen und Wissen zu verknüpfen. Welche Schritte bei der Gestaltung einer Mindmap zu beachten sind, finden Sie unter dem Code **32037-74**. Im Internet gibt es übrigens kostenlose **Programme** (z.B.: Free Mind, FreePlane und Mindmapping), mit denen sich ganz einfach und schnell Mindmaps kreieren lassen.

Lerntipp 3

Reden ist Silber, Schweigen ist Gold – stimmt das überhaupt?

Das bekannte Sprichwort kann beim Lernen ignoriert werden. Hier ist es sogar ratsam, über das Gelernte zu sprechen. **Erzählen** Sie Ihrem Freundeskreis oder Ihrer Familie von dem Thema, mit dem Sie sich gerade beschäftigen. Ein guter Nebeneffekt ist, dass Sie sich damit auch testen, ob Sie alles verstanden haben. Sie können natürlich auch kleine Gruppen mit Ihren Mitschülern bilden und sich gegenseitig abfragen. Lernen Sie lieber alleine, hilft auch **halblautes oder lautes Üben** beim Einprägen neuer Informationen.

Lerntipp 4

Merke: Wiederholung macht den Meister!

Die Themenvielfalt, die Sie für das Abitur beherrschen sollen, ist nicht gerade gering. Daher sollten Sie es unbedingt vermeiden, sich zu überfordern und zu viel auf einmal zu lernen. Effizienter ist es, sich den Lernstoff vorab in **überschaubare Einheiten** einzuteilen und das angeeignete Wissen **regelmäßig zu wiederholen**. Nach nur einmaligem Lernen ist die Wahrscheinlichkeit nämlich hoch, in wenigen Tagen die Hälfte davon wieder zu vergessen. Erst durch häufige Wiederholungen prägen sich die Informationen auch dauerhaft ins Gedächtnis ein.

Weitere Tipps: Verschiedene YouTube-Videos zu Lern- und Merktechniken, darunter auch welche Lernfehler unbedingt vermieden werden sollten, haben wir für Sie unter dem Code **32037-73** zusammengestellt.

2.4 Präsentationsformen

Mit (mediengestützten) Präsentationen können die Ergebnisse von Gruppen-, Partner- oder Einzelarbeiten vorgestellt werden. Ziel ist es, die Zuhörer bzw. die Leser zu informieren und / oder zu überzeugen.

Mündlich

- Rede
- Referat (Vortrag)

Aufgabenbeispiel: Informieren Sie sich über Maxim Gorki und seine Rolle in der russischen Literatur. Tragen Sie Ihre Ergebnisse in einem Kurzreferat vor. (vgl. Seite 34, M3, A3)

Schriftlich

- (offener) Brief
- Essay
- Protokoll
- Thesenpapier
- Zeitungsartikel

Aufgabenbeispiel: Entwickeln Sie eine Antwort von Lunatscharski in Form eines Briefes an Korolenko. (vgl. Seite 59, M4, A3)

Visuell

- Fotodokumentation / -reportage
- Mindmap
- Plakat
- Schaubild / Grafik
- Tafelbild

Aufgabenbeispiel: Stellen Sie die Aussagen von Victor Serge in einer Mindmap dar, mit dem Begriff „Kriegskommunismus" im Mittelpunkt. (vgl. Seite 85, M3, A1)

Interaktiv

- Pro- und Kontra-Debatte
- Interview
- Rollenspiel
- Umfrage

Aufgabenbeispiel: Entwickeln Sie, ausgehend von den Informationen im Text, ein Rollenspiel, das die Visitation einer (noch) katholischen Pfarrei nachstellt. Bringen Sie dabei die Ansprüche der landesherrlichen Kommission ebenso wie die Ängste und Bedenken der Kleriker zum Ausdruck. (vgl. Seite 113, M7, A3)

Hinweis: Einige grundlegende Arbeitshinweise zu einzelnen Präsentationsformen, wie zum Beispiel Referat und Mindmap, finden Sie unter dem Code **32037-74**.

2.5 Hinweise zur Bearbeitung von Klausuren

Ziel

Klausuren

In Klausuren sollen Sie zeigen, dass Sie fachspezifisches Material anhand von Aufgaben angemessen bearbeiten können. Dabei sollen Sie ihr Wissen mit neuen Sachverhalten **problembewusst verknüpfen** und begründet **Stellung nehmen**.

Anforderung

Reproduktion

Im **Anforderungsbereich I** beschreiben Sie geordnet und gerafft historische Zustände oder Entwicklungen.

Reorganisation und Transfer

Im **Anforderungsbereich II** bearbeiten Sie Materialien problem- und methodenbewusst zu einem aus dem Unterricht bekannten Thema.

Reflexion und Problemlösung

Der **Anforderungsbereich III** verlangt gründliches Nachdenken und eine Lösung. Sie müssen auf Grundlage Ihrer Materialienanalyse ein Problem untersuchen und bewerten. Ihre Stellungnahme kann eine abwägende Diskussion gegensätzlicher Standpunkte erfordern. Abschließend müssen Sie dazu selbst Position beziehen.

Tipp

Die Operatoren der Anforderungsbereiche I bis III finden Sie vorne im Buch erklärt (siehe: Anforderungsbereiche und Operatoren). **Hilfen zum richtigen Umgang mit den Operatoren** bietet die Übersicht ab Seite 152.

Vorgehen

Aufgaben erfassen

- ☑ Lesen Sie die **Aufgaben** sorgfältig durch; unterstreichen Sie den **Operator**. Versuchen Sie, den Auftrag genau zu erfassen. Machen Sie sich ihn bei Bedarf in eigenen Worten klar. Finden Sie **Schlüsselbegriffe** und klären Sie kurz ihre Bedeutung.

Operatoren beachten

- ☑ Erledigen Sie die Aufgaben streng anhand der Operatoren. Sie zeigen Ihnen, zu welchen **Anforderungsbereichen** Sie jeweils arbeiten sollen.

Kernaussagen ermitteln

- ☑ Lesen Sie den Text zunächst als Ganzes, um Thema und Hauptaussagen im **Zusammenhang** zu begreifen. Im zweiten Durchgang ermitteln Sie aufgabenbezogen die **wesentlichen Aussagen**. Unterstreichen Sie dabei Wörter statt Sätze; so fällt es Ihnen leichter, **eigene Formulierungen** zu finden und sich von der Vorlage zu lösen.

Aussagen strukturieren

- ☑ Stellen Sie zunächst den **Autor** und die **Quelle** (Entstehungszeit, historischer Kontext, Adressaten) vor, wiederholen Sie aber nicht die wissenschaftliche Fundstelle des Textes.

Text gliedern

- ☑ Gliedern Sie Ihren Text folgerichtig. Setzen Sie **Schwerpunkte in Inhalt und Umfang** Ihres Textes. Achten Sie bei Ihrem Zeit- und Arbeitsaufwand auf die Gewichtung der Aufgaben.
- ☑ Geben Sie die Hauptgedanken eigenständig in **indirekter Rede** im **Konjunktiv** wieder.

Aussagen belegen

- ☑ Direkte **Zitate** empfehlen sich, wenn der Operator intensive Textarbeit verlangt und sie einen Kernaspekt in auffälligen Worten ausdrücken. Eine **Erläuterung in eigenen Worten** muss folgen.
- ☑ Halten Sie die **Reihenfolge der Aufgaben** ein. Vermeiden Sie Überschneidungen.

Stil

- ☑ Schreiben Sie **kurze, verständliche Hauptsätze** oder **Satzgefüge**. Drücken Sie sich sachlich aus und benutzen Sie **Fachbegriffe**.

Letzte Kontrolle

- ☑ Planen Sie Zeit für die **Durchsicht** ein. Lesen Sie Ihre Klausur zunächst nur unter **inhaltlichen Gesichtspunkten**; erst in einem zweiten Durchgang achten Sie auf **Rechtschreibung, Grammatik** und **Satzbau**. Achten Sie auf die **Zeitenfolge** (Präsens mit Perfekt; Präteritum mit Plusquamperfekt). Nutzen Sie zulässige **Wörterbücher**.

2.6 Formulierungshilfen für die Textanalyse

Einleitung

Der Verfasser/die Verfasserin (kurze Vorstellung) beschäftigt sich (Zeit/Kontext) mit .../ untersucht/setzt sich mit der Frage auseinander/behandelt das Problem .../thematisiert/äußert sich zu/führt aus ...
Beispiel: Der Historiker Klaus J. Bade setzt sich in seiner 2002 erschienenen Publikation „Europa in Bewegung" mit der historischen und aktuellen Bedeutung von Migration auseinander.

Einordnung in den historischen Kontext

Der Autor/die Autorin (Name) hat den Brief/Aufsatz/etc. verfasst/die Rede gehalten, als ... Die Quelle lässt sich vor dem Hintergrund von ... einordnen/ist im Zusammenhang mit ... zu sehen.
Beispiel: Die Bürgerbewegung „Demokratie Jetzt" startet am 12. September 1989 einen Aufruf, der sich an alle Initiativgruppen und reformfreudigen Kräfte in der DDR richtet und auf aktuelle Probleme im Staat eingeht. Der Aufruf lässt sich vor dem Hintergrund der sich wirtschaftlich und politisch zuspitzenden Krise der DDR im Jahre 1989 einordnen.

Textwiedergabe „Kernthese"

Er/sie behauptet/ist der Meinung, dass .../vertritt die These/die Position, dass ...
Beispiel: Der amerikanische Politikwissenschaftler Samuel Phillips Huntington behauptet, dass die Konflikte in der Welt in der Zukunft zwischen verschiedenen Großkulturen verlaufen werden.

Textwiedergabe „Argumentation"

Der Verfasser/die Verfasserin begründet dies, indem er/sie .../belegt dies mit .../erklärt dies mit/hebt hervor/betont/kritisiert/bemängelt/argumentiert
Beispiel: Der Politikwissenschaftler Samuel Phillips Huntington betont, dass ein „weltweiter Kampf der Kulturen" (Zeilenangabe/Belegstelle) nur zu vermeiden sei, wenn der Westen seine Kultur verteidigt und dieser nicht darauf hoffe, dass die anderen Kulturen sich ihm annähern werden.

Zusammenfassung

Der Autor/die Autorin fasst seine/ihre Haltung/Sichtweise zusammen, indem er/sie .../ sagt abschließend .../kommt zu dem Schluss, dass ...
Beispiel: Eberhard Kolb, Professor für Geschichte, kommt zu dem Schluss, dass jeder Historiker durch die Gewichtung der verschiedenen Faktoren darüber entscheidet, wie er das Scheitern der Weimarer Republik interpretiert.

Vergleich

Ebenso wie (ein anderer Autor/eine andere Autorin)/anders als (die Meinung/Argumentation/Position von) ...
Beispiel: Die Historiker František Graus und Peter Schuster nehmen unterschiedliche Standpunkte in Bezug auf die Krise des Spätmittelalters ein. Während Graus ... betont, hebt Schuster ... hervor.

Absicht

Er/sie will darauf hinweisen/erreichen/verdeutlichen/appelliert/zielt auf/verfolgt die Absicht ...
Beispiel: Der britische Mathematiker, Philosoph und Friedensforscher Bertrand Russell will mit seinem in der „Times" am 23. Oktober 1945 erschienenden Leserbrief auf die Geschehnisse im Kontext der Vertreibung der deutschen Bevölkerung aufmerksam machen.

Stellungnahme (Sach- und Werturteil)

Beurteilung: Die Argumentation überzeugt (nicht)/ist widersprüchlich/schlüssig/(nicht) einleuchtend/nachvollziehbar/zutreffend, weil ... *Bewertung*: Ich stimme dem Autor/der Autorin zu/teile (nicht) die Haltung des Verfassers/der Verfasserin/schließe mich (nicht) der Argumentation an, weil .../Aus heutiger Sicht/Perspektive lässt sich sagen/festhalten, dass ...
Beispiel: Die Thesen des amerikanischen Politologen Jack A. Goldstone über die Ursachen von Revolutionen überzeugen (nicht) aus folgenden Gründen: ...

2.7 Übungsklausur: Krisen, Umbrüche und Revolutionen

Die Aufgabenstellung bezieht sich auf das Pflichtmodul „Die russischen Revolutionen" aus dem ersten Rahmenthema mit dem dazugehörigen Kernmodul „Revolutionen". Der inhaltliche Schwerpunkt liegt auf der Wahrnehmung der Oktoberrevolution in der Geschichts- und Erinnerungskultur. Damit wird ein Semesterübergriff zum vierten Rahmenthema hergestellt. Durch die Auswahl der Materialien wird außerdem ein Bogen zum Wahlmodul „Französische Revolution" geschlagen.

Pflicht- und Kernmodul sowie Semesterübergriff

1. Fassen Sie die drei Deutungsmodelle der russischen Revolutionen zusammen (M1).

Pflicht- und Kernmodul

2. Erklären Sie die Zusammenfassung von Februar- und Oktoberrevolution in der imperial-konservativen Deutung (M1).

Pflicht- und Wahlmodul

3. Vergleichen Sie den „Sturm" auf den Winterpalast mit der Absetzung des französischen Königs im Jahre 1792 (M2).

Pflichtmodul

4. Beurteilen Sie, inwiefern die Oktoberrevolution „von Beginn an ein Ereignis mit globalen Auswirkungen" war (M3).

Tipps für die Bearbeitung

- **Aufgabe 1:** Markieren Sie sich zunächst die Kernaussagen der einzelnen Deutungsmodelle.
- **Aufgabe 2:** Überlegen Sie zunächst, weshalb die anderen beiden Deutungsmodelle die beiden Revolutionen getrennt betrachten.
- **Aufgabe 3:** Beachten Sie zum Sturm auf die Tuilerien die Seiten 130 f. des Wahlmoduls „Französische Revolution", zum „Sturm" auf den Winterpalast M2 sowie die Bildunterschrift auf Seite 55.
- **Aufgabe 4:** Über die Auswirkungen der Oktoberrevolution informiert der Verfassertext ab Seite 55 des Pflichtmoduls „Die russischen Revolutionen".

Hinweis: Ihre Arbeitsergebnisse zu den Aufgaben 1 bis 4 können Sie mit den Lösungsvorschlägen unter dem Code **32038-07** vergleichen.

M1 Drei Deutungen der Revolutionen

*Die Historikerin Ekaterina Makhotina (*1982) fasst 2017 zum hundertsten Jahrestag der russischen Revolutionen zusammen, wie die damaligen Ereignisse heute eingeordnet werden:*

Abseits der Bestrebungen, die Russische Revolution als tragische, zur Versöhnung mahnende Geschichte zu erzählen, gibt es heute eine Vielzahl unterschiedlicher Deutungen der Ereignisse von 1917, die anhand von drei Modellen dargestellt werden können. Sie unterscheiden sich in der Bewertung der Februar- und Oktoberrevolution und den ihnen zugrunde liegenden Idealen, der Charakteristika, die Lenin und Stalin zugeschrieben werden, und der Beziehung zwischen „Volk“ und „Elite“.

Imperial-konservative Deutung

In der konservativen Deutung sind die Größe und Stärke des Staates der Bewertungsmaßstab. Die Geschehnisse werden in einem Begriff als „Februar-Oktoberrevolution“ zusammengefasst und ausschließlich negativ gedeutet: als Pogrom, als Zerstörung und Katastrophe, die den Zerfall des Imperiums verursachte. Diese Deutung der Revolution als „nationale Schande“ entstand bereits 1917 und kehrte ab 1991 in den öffentlichen Diskurs zurück. Der Kommunismus erscheint als eine wesensfremde Ideologie, die dem russischen Volk von außen gewaltsam aufgedrückt wurde. [...]

Während die Februarrevolution in die Reihe der Palastrevolten des 18. Jahrhunderts eingeordnet wird, folgten auf die Oktoberrevolution die „Herrschaft des Teufels“ und das Ende des „traditionellen heiligen Russlands“. In diesem Deutungsmuster werden sowohl die sozialen Gründe für den revolutionären Protest als auch das Misstrauen der Bevölkerung gegenüber dem Zaren ignoriert – Schuld trägt vor allem die liberale Bürokratie, die sich illoyal verhielt. [...]

Die imperial-konservative Deutung der Revolution wird von den politischen Eliten gestützt. Bereits 1999 sprach Putin über das Erfordernis einer Ideologie, in deren Mittelpunkt Patriotismus, Großstaatlichkeit und genuin russische Werte stehen müssen. [...]

Mit der imperial konservativen Deutung lässt sich die Revolution auf zwei verschiedene Arten instrumentalisieren: zum einen gegen liberale und westliche Ideale, die als Schwäche dargestellt werden, und zum anderen gegen die heutige Kommunistische Partei Russlands, der man vorwirft, Machtgewinn über nationale Interessen zu stellen.

Sozialistische Deutung

Die sozialistische Deutung der Revolution bestimmte die Erinnerungskultur in der Sowjetunion bis zu ihrem Zerfall. Im Diskurs heutiger russischer Kommunisten hat die Oktoberrevolution ihren zentralen Platz behalten und wird nach wie vor als die Geburtsstunde der „Sowjetmacht der Arbeiter und Bauern“ gefeiert. Auch die Februarrevolution als „bourgeoise Revolution der kapitalistischen Klasse“ hat ihren Platz im Schatten des Oktobers behalten. [...]

Die Oktoberrevolution ist somit vor allem Sehnsuchtsort und weniger ein Symbol für den Aufbruch. [...]

Das sozialistische Modell zeichnet sich durch eine starke Ambivalenz aus: Auf der einen Seite wird die positive Deutung des „Großen Oktobers“ beibehalten, auf der anderen Seite gibt es auch hier eine negative Konnotation des Revolutionsbegriffs. [...]

Liberale Deutung

Auch das liberale Deutungsmodell gibt es seit der Russischen Revolution. Es wurde maßgeblich von Pawel Miljukow geprägt, Vorsitzender der Partei der Konstitutionellen Demokraten und wichtiger Akteur der Februarrevolution. Dieses Modell macht einen deutlichen Unterschied zwischen der Februar- und der Oktoberrevolution: Während die Februarrevolution als Reaktion auf eine tiefe Systemkrise des Imperiums interpretiert und somit als folgerichtig und unumgänglich gedeutet wird, steht der Oktober für einen gewaltsamen Umsturz, der von einer Partei angeführt wurde, die es lediglich im richtigen Moment verstand, das Volk zu mobilisieren. Die Februarrevolution als Durchbruch der Demokratie scheiterte im Oktober 1917 – die Geschichte nahm ihren verhängnisvollen Verlauf und führte zum verbrecherischen und totalitären Sowjetsystem. Nach dem liberalen Modell ist die individuelle Freiheit das höchste Gut, deren Einschränkung weder von einer Ideologie noch vom Streben nach staatlicher Größe gerechtfertigt werden kann.

Zitiert nach: Ekaterina Makhotina, Erinnerung an die Russische Revolution im heutigen Russland, in: APuZ vom 18. August 2017; https://www.bpb.de/shop/zeitschriften/apuz/254464/erinnerung-an-die-russische-revolution-im-heutigen-russland/ (Zugriff: 17. April 2023)

M2 Der „Sturm" auf den Winterpalast

*Der Journalist Christian Esch (*1969) befasst sich 2017 mit der Erinnerung an die russischen Revolutionen. Über den „Sturm" auf den Winterpalast schreibt er:*

„Den Winterpalast zu stürmen war gar nicht nötig", sagt Michail Piotrowski, Direktor des Eremitage-Museums und damit gegenwärtiger Hausherr des Palasts. „Alle Türen standen offen, man hätte einfach hineingehen und die Minister verhaften können. Aber es sollte ja alles so aussehen wie in der Französischen Revolution." […]
[Die Bolschewiki] fanden, sie müssten eine Szene aus der Französischen Revolution nachstellen, denn das war ihr großes Ideal. Also stürmten sie den Palast, als wären es die Tuilerien 1792, und nachher ließen sie Sergej Eisenstein das Ganze fürs Kino nachstellen. Dabei war der Zar, anders als Frankreichs König, im Herbst 1917 in weiter Ferne. Er befand sich mit Frau und Kindern in der sibirischen Verbannung.

Zitiert nach: Christian Esch, Das Gespenst, das Putin fürchtet, in: Spiegel vom 1. November 2017; https://www.spiegel.de/spiegel/oktoberrevolution-das-gespenst-das-putin-fuerchtet-a-1175566.html (Zugriff: 17. April 2023)

M3 Die globale Bedeutung des Umsturzes im Oktober

*Der Historiker Jörg Ganzenmüller (*1969) interessiert sich für die internationale Bedeutung der Oktoberrevolution:*

Der Staatsstreich der Bolschewiki am 25./26. Oktober [7./8. November] 1917 in Petrograd veränderte die politische Tektonik Europas und der Welt. In Russland hatten zum ersten Mal Akteure die Macht errungen, die eine kommunistische Gesellschaftsordnung anstrebten. Zwar war die Art und Weise, in der die Bolschewiki die Provisorische Regierung gestürzt und die Macht an sich gerissen hatten, eine konzertierte Aktion und keine Erhebung der Massen gewesen, und dennoch fand in den folgenden Monaten und Jahren eine Revolution in Russland statt: Ein grundständiger Umsturz der alten Ordnung und der Aufbau eines neuen Gesellschaftssystems, welches die globale Geschichte des 20. Jahrhunderts nachhaltig prägen sollte. […]
Auch wenn die politischen, sozialen und kulturellen Folgen der bolschewistischen Herrschaft im Oktober 1917 nicht ansatzweise überschaubar waren, so war die Oktoberrevolution von Beginn an ein Ereignis mit globalen Auswirkungen. Sie forderte nicht nur die Legitimität des liberal-konstitutionellen Politikmodells heraus, sondern warf weltweit neue und fundamentale Fragen über die politische und soziale Ordnung von Gesellschaften auf. Das Jahr 1917 löste einen globalen Schub politischer Erwartungen aus, wozu neben der Russischen Revolution auch der Kriegseintritt der USA und der 14-Punkte-Plan ihres Präsidenten Woodrow Wilson beitrugen. Die politischen Versprechen von Lenin und Wilson erweckten in Gesellschaften ganz unterschiedlicher Weltregionen die Hoffnung auf mehr Autonomie, Unabhängigkeit und Selbstbestimmung.

Jörg Ganzenmüller, Zwischen weltrevolutionären Hoffnungen und antibolschewistischer Abwehrreaktionen, in: Jörg Ganzenmüller (Hrsg.), Verheißung und Bedrohung. Die Oktoberrevolution als globales Ereignis, Köln 2019, S. 9–24, hier: S. 9ff.

Lösungsskizze: Historiengemälde interpretieren

1. beschreiben | Das Ölgemälde wurde vom russischen Künstler Wladimir A. Serow 1962 angefertigt, der im gleichen Jahr zum Präsidenten der Akademie der Künste der UdSSR aufstieg und Mitglied der KPdSU war. Das Gemälde zählt zu seinen bekanntesten Werken und befindet sich heute in der Tretjakow-Galerie in Moskau.

Der Bildtitel „Lenin proklamiert die Sowjetmacht, 25. Oktober (7. November) 1917" verrät, dass hier ein Ereignis aus dem Jahre 1917 dargestellt ist. Der Protagonist des Gemäldes ist Wladimir I. Lenin. Er wendet sich in der Pose eines leidenschaftlichen Redners – zugleich seriös mit schwarzem Anzug, weißem Hemd und Krawatte gekleidet – an eine ihm zujubelnde Menschenmenge. Der Künstler hat ihn von schräg vorne gemalt, sein Kopf ist fast im Profil zu sehen. Lenin steht dabei erhöht auf einem Podium. Er blickt ernst und entschlossen über sein Publikum hinweg. Sein rechter Arm ist nach vorne ausgestreckt. Neben Lenin reckt sich eine rote Fahne, das Symbol der Bolschewiki, ins Bild. Das Dargestellte ereignet sich in einem hohen Raum mit weißen Wänden und Säulen, der von Kronleuchtern erhellt wird. Er bildet einen farblichen Kontrast zu den Personen, die in dunkleren Farbtönen gemalt sind. Die schwarzen Fenster zeugen davon, dass es draußen bereits spät am Abend sein muss.

Hinweis: Das Gemälde „Lenin proklamiert die Sowjetmacht, 25. Oktober (7. November) 1917" finden Sie auf Seite 65.

2. erklären | Das Gemälde erinnert an Lenins Auftritt als Redner beim II. Allrussischen Rätekongress in der Nacht vom 25. auf den 26. Oktober 1917, der im großen Saal des Smolny-Instituts am Rande von Petrograd (Sankt Petersburg) stattfand. Der Kongress nahm in den frühen Morgenstunden des 26. Oktober das Manifest an, das als Gründungsakt des Sowjetregimes gilt (siehe auch M8, Seite 62).

Die Bedeutung Lenins stellt der Künstler im Gemälde deutlich heraus: Er steht erhöht, sein Blick ist visionär in die Ferne gerichtet. Serow zeigt ihn als ein die Menschenmenge fesselnder Redner. Manche Zuhörer jubeln ihm zu und strecken Waffen in die Luft, was den dynamischen Gesamteindruck des Gemäldes verstärkt. Die Zuhörer sind realistisch dargestellt und repräsentieren verschiedene Gesellschaftsgruppen, die sich an ihrer Kleidung und ihren Attributen erkennen lassen. In der Menschenmenge befinden sich Arbeiter, Bauern, Soldaten und Matrosen. Vorne links ist eine Frau abgebildet.

Die Absicht des Künstlers ist es scheinbar, Lenin und den Sieg der Bolschewiki mit seinem Gemälde zu glorifizieren. Zugleich soll die hier gezeigte Zustimmung zu Lenins Ansprache den Charakter der Revolution (als Umsturz der Arbeiter, Bauern und Soldaten) unterstreichen und – im Widerspruch zu den tatsächlichen Geschehnissen im Jahr 1917 – die Zustimmung der gesamten Bevölkerung zur Oktoberrevolution symbolisieren.

Das Kunstwerk muss zudem im Kontext seiner Entstehungszeit betrachtet werden. Denn im Vergleich zu einer älteren Version wurden hier Bildinhalte geändert. Bereits 1947/48 hatte Serow ein Gemälde mit gleichem Titel angefertigt. In dieser Version befanden sich allerdings Josef W. Stalin, Jakow M. Swerdlow und Felix E. Dserschinski hinter Lenin. Im Gemälde von 1962 sind diese drei historischen Persönlichkeiten durch anonyme Revolutionäre aus dem Volk ersetzt worden, was den politisch-gesellschaftlichen Wandel von damals widerspiegelt. So wurde 1956 auf dem 20. Parteitag der KPdSU der Personenkult um Stalin scharf verurteilt.

3. beurteilen | Das Gemälde entstand 45 Jahre nach dem historischen Ereignis. 1917 war der Künstler gerademal sieben Jahre alt. Das Kunstwerk stellt also lediglich eine Interpretation des damaligen Geschehens dar. Serow ist es mit seinem Gemälde gelungen, das historische Ereignis publikumswirksam in Szene zu setzen. Es wird idealisiert, insbesondere Lenin, der im Gemälde eine zentrale Rolle einnimmt. Perspektive, Komposition und Farbgebung unterstützen die Bildwirkung. Aber nicht nur die Rolle Lenins wird herausgestellt, sondern auch die des Volkes. Die Ausgestaltung des Gemäldes zeigt, wie die damalige Parteiführung das historische Ereignis im öffentlichen Bildgedächtnis verankern wollte.

Lösungsskizze: Politische Reden analysieren

Hinweis: Die Auszüge aus der Rede von Lenin am 27. März 1922 anlässlich des XI. Parteitages der Kommunistischen Partei finden Sie auf Seite 93.

1. beschreiben | Wladimir Iljitsch Uljanow, genannt Lenin, war einer der bedeutendsten kommunistischen Theoretiker, Mitbegründer der bolschewistischen Partei und 1917 führender Revolutionär während der Oktoberrevolution. Ab 1917 war er Regierungschef der Sowjetrepublik und von 1922 bis zu seinem Tod 1924 Regierungschef der Sowjetunion.

Lenin hielt die vorliegende Rede am 27. März 1922 auf dem XI. Parteitag der Kommunistischen Partei Russlands. Sie war Teil des politischen Berichts des Zentralkomitees. Inhalt der Rede ist die Neue Ökonomische Politik (NEP), die der Parteitag im Jahr zuvor beschlossen hatte. Lenin nennt zunächst das zu erreichende Ziel, die Integration der Bauern in das neue Wirtschaftssystem (Zeile 2f.) und betont, dass dies für die Zukunft der kommunistischen Bewegung entscheidend sei (Zeile 11f.). Daher sei es jetzt an der Zeit, die während der Revolution entstandenen wirtschaftlichen Programme zu überprüfen, sie mit den bisher erfolgreicheren kapitalistischen Vorgehensweisen zu vergleichen (Zeile 18ff.) und daraus zu lernen, wie ein erfolgreiches sozialistisches Wirtschaftssystem mit Integration der Bauernschaft aufgebaut werden könne. Er betont, dass dies innerhalb des nächsten Jahres geschehen müsse, da der Vertrauensvorschuss der Bauernschaft sonst aufgebraucht sei. Lenin bedient sich dabei einer klaren und einfachen Sprache mit zahlreichen Wiederholungen des Inhalts. Immer wieder spricht er aus der Perspektive der Bauern und lässt sie spöttisch die bisherige Wirtschaftspolitik infrage stellen (Zeile18ff., Zeile 29ff.)

2. erklären | Lenin präsentiert sich mit seiner Rede als Vermittler zwischen der Bauernschaft und den Parteigenossen. Einerseits versucht er, letzteren die Probleme und Nöte der Bauern begreiflich zu machen (Zeile 20f., Zeile 29ff.), andererseits verteidigt er das zunächst der sozialistischen Ideologie entsprechende Vorgehen: „Ohne ein Programm und ohne Versprechungen kann man nicht mit der Weltrevolution kommen" (Zeile 16f.). Die Fortsetzung der NEP sieht er als einzige Lösung der Probleme und versucht dies den Parteigenossen nahe zu bringen, auch wenn der Erfolg vorerst noch ausgeblieben sei und sie auf den ersten Blick nicht der sozialistischen Ideologie entspreche. Lenins Rede wurde auf dem Parteitag mit stürmischem Beifall aufgenommen.

3. beurteilen | Die Rede ist im Kontext der schwierigen Wirtschafts- und Versorgungslage Russlands Anfang der 1920er-Jahre zu verstehen. Nach verheerenden Hungersnöten und niedergeschlagenen Aufständen der Bauern, führte Lenin 1921 mit Zustimmung des Parteitages die NEP ein, um die Wirtschaft zu fördern, die Versorgungslage zu verbessern und die Bauernschaft für den Sozialismus zu gewinnen. Ein Jahr später, als er die vorliegende Rede auf dem Parteitag hielt, hatte die NEP noch keine spürbaren Verbesserungen bewirkt. In dieser Lage musste Lenin die Parteigenossen von der Fortsetzung der NEP und der Bedeutung der Bauernschaft für den Staat überzeugen, was ihm auch gelang. 1926 erreichte die russische Wirtschaft wieder das Vorkriegsniveau.

Lösungsskizze: Streitschriften untersuchen

Hinweis: Die Auszüge aus der Streitschrift „Von den Juden und ihren Lügen" (1542/43) von Martin Luther finden Sie auf Seite 119.

1. beschreiben | *„Von den Juden und ihren Lügen"* wurde im Winter 1542/43 von Martin Luther in Wittenberg verfasst. Der Text erschien auf Deutsch und Lateinisch. In der hier verwendeten Edition umfasst die Schrift 135 Seiten. Davon sind einzelne Stellen zitiert und an das heutige Deutsch angeglichen. Luther spricht davon, er wolle auf einen Text erwidern, in dem ein Jude die Bibel uminterpretiere und damit den christlichen Glauben anzufechten versuche.

In seinem Pamphlet will Luther die jüdische Auffassung der Bibel als „Lügen" hinstellen. Die Juden hätten Jesus Christus nicht als Messias anerkannt, und wären dafür mit dem Zorn Gottes bestraft worden. Luther nennt die Juden uneinsichtig, neidisch und stolz. Sie würden die Christen hassen und deren Glauben verspotten. Darauf mit Nachsicht zu reagieren, verbiete sich, sonst provozierten die Christen gleichfalls Gottes Zorn. Christen sollten die Juden als ihre schlimmsten Feinde ansehen. Christliche Obrigkeiten müssten mit aller Härte gegen jüdische Untertanen vorgehen – vom Einäschern der Synagogen und der Räumung ihrer Häuser über Zwangsarbeit bis hin zur Ausweisung.

Luthers Text enthält jede Menge Übertreibungen, Vorurteile und unbewiesene Anschuldigungen. Besonders anstößig erscheint sein Vergleich des jüdischen Glaubens mit einer Infektion, vor der der eigene Körper (die christliche Gemeinschaft) unbedingt zu schützen sei (vgl. Zeile 27 bis 29).

2. erklären | Der religiöse Dissens zwischen Juden und Christen führte seit der Spätantike zu Ausgrenzung und Gewalt gegen Juden in Europa. Im Spätmittelalter nahmen die Übergriffe noch zu, Juden wurden etwa zu Sündenböcken für Seuchen und Hungersnöte. In Frankreich oder Spanien verloren sie das Aufenthaltsrecht, auch aus deutschen Territorien wurden sie im 16. Jahrhundert ausgewiesen.

Luther war anfangs für die Duldung der Juden und ihre friedliche Bekehrung. Seine Hoffnung, die Juden ließen sich für ein erneuertes Christentum gewinnen, blieb jedoch unerfüllt. Angesichts bleibender religiöser Gegensätze wollte Luther seine Deutung der Bibel verteidigen, die ihm als maßgebliche Quelle des Glaubens (*sola scriptura*) galt.

Der Text wendet sich an die evangelischen Christen. Sie sollten die Juden meiden und ihre angebliche Gotteslästerung nicht hinnehmen, denn dies sei eine schwere Sünde. Er warnt die Obrigkeiten davor, die Juden zu schützen. Luther stellt es zwar jedem frei, sich ein eigenes Urteil zu bilden (vgl. Zeile 37 f.). Seine Aussagen, was von den Juden zu halten und wie mit ihnen umzugehen sei, erscheinen gleichwohl als fanatische Hassbotschaft.

3. beurteilen | Luther hatte zeitlebens kaum Kontakt mit Juden. Auch in dem Pamphlet von 1542/43 spricht er nur über sie, nicht zu ihnen. Der Text verrät Wut und Enttäuschung über das Scheitern aller Bekehrungsversuche, ebenso Furcht, die Reformation könne durch jüdische Lehren beeinträchtigt werden. Luther verfasste zwischen 1538 und 1546 mehrere Schriften über die Juden, alle ähnlich gehässig in Ton und Inhalt. Mit seiner unversöhnlichen Haltung war er keineswegs allein, vielmehr galt dieses Denken als Allgemeingut unter den Christen seiner Zeit. Luthers antijüdische Schriften sorgten damals weder für Aufsehen noch waren sie sonderlich erfolgreich.

Im späten 19. und frühen 20. Jahrhundert wurden diese Schriften in Deutschland „wiederentdeckt" und nun für den rassistischen Judenhass vereinnahmt. Der Reformator hatte die Juden nicht nur als Religionsgemeinschaft, sondern als Volk mit angeblich angestammten negativen Eigenschaften definiert. Luther hat den Antisemitismus zwar nicht erfunden, dennoch wurde er zu einem seiner Stichwortgeber.

Lösungsskizze: Umgang mit historischer Fachliteratur üben

Hinweis: Auszüge aus Publikationen von Albert Soboul und Rolf E. Reichardt über die Französische Revolution finden Sie auf Seite 147.

1. beschreiben | Albert Soboul (1914–1982) hatte lange Jahre den Lehrstuhl für die Geschichte der Französischen Revolution an der Sorbonne in Paris inne. Sein 1962 erschienenes Werk „Precis d'histoire de la Revolution française" gilt als Standardwerk, das auch ins Deutsche übersetzt wurde.

Rolf E. Reichardt (*1940) ist ein deutscher Neuzeithistoriker und Bibliothekar an der Universität Mainz. An der Universität Gießen hatte er verschiedene Lehraufträge. Mit der Französischen Revolution beschäftigte er sich vor allem unter kultur- und mediengeschichtlichen Aspekten.

Soboul weist der Französischen Revolution eine zentrale Stellung in der modernen Weltgeschichte zu, deren Wirkung bis heute anhält. Für ihn markiert sie den Übergang vom „Feudalismus" zum Kapitalismus und schuf damit die Voraussetzungen für einen modernen bürgerlichen Staat.

Reichardt stellt die Revolution als ein differenziertes kultur- und mentalitätsgeschichtliches Ereignis dar. Durch sie seien soziale Schichten politisiert worden, die bislang vom politischen Leben ausgeschlossen waren. Vor allem die neue Publizistik und neue politische Umgangsformen trugen zur Entwicklung einer neuen demokratischen Kultur in ganz Europa bei.

2. erklären | Soboul steht in der Tradition der sozialistischen Geschichtsschreibung. Er vertritt die marxistische These, wonach die Revolution im Wesentlichen ein Klassenkonflikt war und den Übergang von einer feudalen zur kapitalistischen Produktionsweise darstellt. Insofern ist sie für ihn eine „bürgerliche Revolution". Reichardt sieht den Verlauf der Revolution nicht durch Klassengegensätze festgelegt. Er versteht sie vor allem als ein politisches und kulturelles Ereignis.

Sowohl Soboul als auch Reichardt wenden sich an ein breites Publikum, um ihm einen Überblick ihrer Forschungen zum Thema zu liefern.

3. beurteilen | Den beiden Textauszügen liegen unterschiedliche theoretische Ansätze zugrunde. Konsequenterweise beschreiben sie die Französische Revolution aus unterschiedlichen Blickwinkeln. Diese schließen sich nicht gegenseitig aus, sondern vervollständigen unser Bild von den Jahren nach 1789.

1. Krisen, Umbrüche und Revolutionen

1.1 Kernmodul: Krisen

Diskutieren Sie, inwiefern Angst und Unsicherheit Kennzeichen sind, die mit einer Krise einhergehen. Seite 8, Abb., A2, F

Stellen Sie den von Marx beschriebenen „Teufelskreis" von Handels- bzw. Überproduktionskrisen visuell in einem Schaubild dar. Hilfe zur Erklärung: Code **32037-85**. Seite 11, M3, A1, H

Weisen Sie in M4 nach, dass Burckhardt Krisen als „Befreiung" charakterisiert. Überprüfen Sie, inwieweit diese Sichtweise auch mit Kosellecks Ausführungen zu Krisen in M2 auf Seite 10 vereinbar ist. Seite 11, M4, A1, F

Überprüfen Sie anhand Ihres Schaubildes und der Checkliste, ob die sogenannten „Krisen" des Spätmittelalters tatsächlich als Krisen zu bezeichnen sind. Verfahren Sie ebenso bei der Frage, ob der Französischen Revolution Krisen vorausgingen. Seite 12, M5, A3, F

1.2 Kernmodul: Revolutionen

Setzen Sie die Begriffe, die Schieder in Bezug auf den schnellen Wandel nennt, in Beziehung zu den passenden Informationen des Verfassertextes auf den Seiten 14 und 15. Seite 17, M2, A1, H

Diskutieren Sie, was es für die Bevölkerung heißt, nur noch mit der Sicherung der eigenen Existenz beschäftigt zu sein. Was geschieht, wenn sich die Lage zumindest soweit verbessert, dass dies nicht mehr die Hauptaufgabe der Menschen ist und Spielräume entstehen? Seite 17, M3, A2, H

1.4 Pflichtmodul: Die russischen Revolutionen

Beschreiben Sie folgende Elemente für jedes Foto mit Adjektiven: Kleidung, Gesichtsausdruck, Körperhaltung, Essen, Gebäude, Mobiliar und Lichtverhältnisse. Vergleichen Sie diese jeweils miteinander. Führen Sie anschließend die einzelnen Beschreibungen der Elemente von jedem Foto zu einer Charakterisierung der Gesamtwirkung zusammen. Seite 28, Abb., A1 und A2, H

Nutzen Sie dazu z.B. die Informationen des Darstellungstextes im Kapitel über die verschiedenen Bevölkerungsgruppen, ihren Anteil an der Gesamtbevölkerung und ihre räumliche Verortung im Russischen Reich. Seite 33, M1, A2, H

Setzen Sie die territorialen Gegebenheiten, die in M1 zum Ausdruck kommen, in Beziehung zu den im Darstellungstext des Kapitels geschilderten Problemen und Herausforderungen des Russischen Reiches. Seite 33, M1, A2, F

Diskutieren Sie, warum der Karikaturist das Bild eines Kartenspiels wie Poker nutzt, um seine Botschaft zu verdeutlichen. Seite 33, M2, A3, H

Mögliche Überschriften für Sinnabschnitte wären z. B.: Arbeitsmorgen, Arbeitstag, Feierabend, Feiertag, morgens, abends, Freizeit, Arbeit, Anspannung, Gewalt, Lärm, Ruhe, Frieden. Erstellen Sie auf Basis der von Ihnen gewählten Begriffe eine Mindmap, in der Sie jeweils verschiedene Aspekte des Lebens der Arbeiterinnen und Arbeiter an die Begriffe passend anschließen. Auch Mehrfachverbindungen sind möglich. Seite 34, M3, A1 und A2, H

Analysieren Sie hierzu, welche Funktion die in M4 genannten Berufsgruppen jeweils in der Gesellschaft ausüben und welchen Einfluss sie dadurch in der Gesellschaft (z.B. auf bestimmte Gruppen oder systemrelevante Bereiche) haben. Seite 35, M4, A2, H

Ziel der Bauernbefreiung von staatlicher Seite war die Steigerung der wirtschaftlichen Produktivität. Diskutieren Sie anhand der Ergebnisse aus Aufgabe 1 und 2, inwieweit die jeweiligen benannten Personengruppen dieses Ziel nach ihrer „Befreiung" erfüllen konnten. Seite 35, M5, A3, H

Analysieren Sie im Rahmen der Bearbeitung, warum Russland als Oktopus dargestellt wird, indem Sie a) dessen Verhältnis zu den anderen als Personen bzw. Verstorbene dargestellten Nationen charakterisieren und b) die Karte M1 (Seite 33) mit der Darstellung Russlands in M7 in Hinblick auf die Expansion des Russischen Reiches vergleichen. Seite 36, M7, A, H

Analysieren Sie, welche Intention die japanische Seite mit der Veröffentlichung dieser Karikatur wohl bezweckte. Seite 36, M7, A, F

Arbeiten Sie aus dem Text heraus, welche Rolle die Arbeiter und die „Berufsrevolutionäre" laut Lenin übernehmen sollen. Beachten Sie dabei, welche „Organisationsform", „Art der Handlungen" und „Zielsetzung" ihm für beide Gruppen vorschweben. Charakterisieren Sie anschließend, in welcher Beziehung Arbeiter und „Berufsrevolutionäre" laut Lenin stehen. Seite 44, M1, A1 und A2, H

Seite 44, M1, A3, H	Analysieren hierzu den ersten Absatz von M1 und insbesondere Lenins Aussage: „Wir haben gesagt, dass die Arbeiter ein sozialdemokratisches Bewusstsein *gar nicht haben konnten*. Dieses konnte ihnen nur von außen gebracht werden." (vgl. Zeile 1f.)
Seite 45, M2, A2, H	Unterteilen Sie den Wortlaut der Petition in a) diplomatische, b) bittende und c) fordernde Formulierungen.
Seite 46, M3, A1, H	Erstellen Sie auf Basis der Informationen aus M3 ein Flussdiagramm, das die verschiedenen Entwicklungen verdeutlicht.
Seite 46, M3, A2, H	Nutzen Sie hierzu auch die Informationen aus dem Darstellungstext auf Seite 38f.
Seite 46, M3, A3, H	Erstellen Sie auf Basis der Informationen aus M3 und des Darstellungstextes von Seite 39ff. eine Mindmap, die den Kontrollverlust der Regierung in verschiedenen Bereichen und dessen Folgen verdeutlicht.
Seite 47, M4, A1, F	Analysieren Sie die symbolische Bedeutung der jeweiligen Bildelemente in den einzelnen Szenen (z.B. das Geschütz in Szene 1 in der Draufsicht; der abwärts rollende Kinderwagen zwischen den Toten in Szene 3 etc.), die dem Publikum vermittelt werden soll. Führen Sie Ihre Analyseergebnisse zusammen und nutzen Sie diese zur Bearbeitung von Aufgabe 4 und 5.
Seite 48, M6, A, H	Nutzen Sie Ihre Ergebnisse der Aufgaben zu M5.
Seite 49, M7, A3, H	Ziehen Sie zur Beurteilung auch die Informationen aus dem Darstellungstext auf Seite 41f. („Reformen und Verfassung") hinzu.
Seite 55, Abb., A2, H	Informieren Sie sich über den Ablauf der „Oktoberrevolution" und weisen Sie die typischen Charakteristika für einen Mythos (Sinnstiftung, Stilisierung, Überhöhung und Komplexitätsreduktion) in der Inszenierung des „Sturms" auf den Winterpalast nach.
Seite 58, M1, A2, F	Definieren Sie Charakteristika eines Zusammenbruches und stellen Sie diesen Charakteristika diejenigen einer Revolution gegenüber (siehe hierzu auch das Kernmodul „Revolutionen" auf Seite 14 bis 19 sowie Aufgabe 3 zu M2 auf Seite 17). Erörtern Sie anhand der vorliegenden Quelle und des Darstellungstextes auf Seite 51, inwiefern die Februarrevolution eher den Charakter einer Revolution oder den eines Zusammenbruches des Zarenreiches hat.
Seite 59, M3, A, H	Visualisieren Sie Lenins Konzept in Form eines Flussdiagramms.
Seite 59, M4, A1, F	Überprüfen Sie, inwieweit die „Aprilthesen" im Einklang mit der Theorie von Marx und Engels stehen (vgl. Seite 16, M1). Diskutieren Sie im Fall von Abweichungen oder Erweiterungen die möglichen dahinterliegenden Gründe. Setzen Sie die „Aprilthesen" in Beziehung zu Lenins Weltsicht, die in M3 auf Seite 58f. zum Ausdruck kommt.
Seite 61, M6, A1, F	Erklären Sie die Aussage „Sie sehen in der russischen Revolution historische Gesetze von universeller Gültigkeit erfüllt" (vgl. Zeile 34f.) anhand der Theorie von Marx und Engels (siehe Seite 16, M1).
Seite 61, M6, A3, H	Lesen Sie den Darstellungstext auf den Seiten 50 bis 56 und analysieren Sie ihn daraufhin, welche der geschilderten Ereignisse und Prozesse im Rahmen des Revolutionsjahrs 1917 als „Zufälle", „leidenschaftlicher Wille der politisch Handelnden" bzw. als kausal vorhersehbare Entwicklung charakterisiert werden können.
Seite 62, M7, A2, F	Diskutieren Sie auf Basis Ihrer bisherigen Ergebnisse, inwieweit Sie bei der Oktoberrevolution eher von einer „Revolution" (siehe hierzu auch das Kernmodul „Revolutionen" auf Seite 14 bis 19 sowie Aufgabe 3 zu M2 auf Seite 17) oder einem „Putsch" (überraschende, meist gewaltsame Aktion einer kleinen Gruppe mit dem Ziel, die Regierung zu stürzen und die Macht im Staat zu übernehmen) sprechen würden. Beziehen Sie dazu auch die Aussagen Martows und Trotzkis (M7) mit ein.
Seite 62, M8, A3, H	Analysieren Sie hierzu den Aufruf (M8) daraufhin, an welche Gruppen die Macht im Staat übergeht und wie diese organisiert werden soll.
Seite 63, M9, A2, F	Informieren Sie sich über die politische Ausrichtung der jeweils gewählten Gruppierung und analysieren Sie deren Verhältnis zu den Bolschewiki sowie Schnittmengen mit deren politischem Programm. Setzen Sie dann Ihre Ergebnisse in Beziehung zu den Informationen aus M10 auf Seite 63.
Seite 63, M10, A2, H	Charakterisieren Sie hierzu auf Basis Ihrer bisherigen Kenntnisse die Situation der verschiedenen Bevölkerungsgruppen (Arbeiterschaft, Bauernschaft, Soldaten) und setzen Sie deren Bedürfnisse in Beziehung zu den Versprechen, die die Bolschewiki diesen machen.

Weisen Sie begründet Elemente des Klassenkampfes in der Theorie von Marx und Engels sowie Lenins (siehe Seite 68) in M1 nach.	Seite 75, M1, A1, F
Arbeiten Sie heraus, wie Lenin Arbeiter und Bauern charakterisiert und welche Rolle er beiden Gruppen zuweist. Analysieren Sie dann, welche Rolle die „Sowjetmacht" dabei spielt.	Seite 76, M2, A1, H
Lesen Sie dazu nochmal Lenins politisches Konzept auf Seite 68 im Abschnitt „Marxismus-Leninismus" und stellen Sie die Aussagen Luxemburgs in M3 heraus, die sich von Lenins Konzept deutlich unterscheiden.	Seite 77, M3, A1, H
Stellen Sie den von Luxemburg skizzierten Weg zum Sozialismus visuell dar: Was bildet das Fundament? Wie wird er erreicht? Welche Gruppen spielen welche Rollen?	Seite 77, M3, A2, H
Erläutern Sie anhand des vorliegenden Beispiels in M1 die Problematik, die entsteht, wenn exekutive und judikative Gewalt in einer Hand liegen.	Seite 83, M1, A2, F
Kategorisieren Sie die Forderungen der Matrosen in M1 Text a) in Hinblick auf rechtliche, politische, wirtschaftliche und soziale Aspekte.	Seite 84, M2, A1, H
Klären Sie dazu zunächst anhand des Darstellungstextes auf Seite 70 bis 73 sowie M4 auf Seite 86 die Lage, in der sich Russland und die Sowjetregierung befand.	Seite 85, M3, A2, H
Erörtern Sie auf Basis Ihrer bisherigen Ergebnisse, ob es Alternativen zur „Versorgungsdiktatur" hätte geben können.	Seite 85, M3, A2, F
Beurteilen Sie die Bedeutung der NEP in Hinblick auf ihre wirtschaftlichen, gesellschaftlichen und politischen Ziele und Wirkungen. Verwenden Sie dazu auch den Darstellungstext auf Seite 80 sowie M6 auf Seite 87.	Seite 86, M5, A2, F
Analysieren Sie, wie Stalin in seiner Stellungnahme die Aussagen in Lenins „Testament" für seine Zwecke umdeutet. Beziehen Sie dabei auch konkrete Textstellen aus Lenins „Testament" mit ein.	Seite 88, M7, A2, F
Stellen Sie Stalins Konzept vom „Sozialismus in *einem* Land" dem Konzept der „permanenten Revolution" von Trotzki (Seite 81) gegenüber. Erläutern Sie dann, mit welcher Argumentation Stalin das Konzept der „permanenten Revolution" verwirft.	Seite 89, M8, A2, F
Unterscheiden Sie in der Analyse von Stalins Strategie zwischen folgenden Aspekten: a) Rolle der Partei, b) Rolle der Lehre Lenins, c) Rolle des Konzepts „Sozialismus in *einem* Land" und d) Umgang mit Parteigenossen.	Seite 90, M9, A, H

1.5 Wahlmodul: Die Krise der spätmittelalterlichen Kirche und die Reformation

Analysieren Sie, wie beide Texte ihren jeweiligen Anspruch begründen.	Seite 109, M2, A2, H
Charakterisieren Sie, welche Eigenschaften Erasmus von einem wahren Theologen fordert und untersuchen Sie, inwieweit sich dieser Anspruch mit dem „Priestertum aller Gläubigen" Luthers deckt.	Seite 109, M3, A3, H
Analysieren Sie dazu arbeitsteilig auch die kurz- und langfristigen gesellschaftlichen und politischen Folgen der Veröffentlichung der Thesen (siehe dazu den Verfassertext auf den Seiten 100 bis 107) und tragen Sie Ihre Ergebnisse als Diskussionsgrundlage zusammen.	Seite 110, M4, A4, H
Weisen Sie begründet nach, an welchen Stellen im Text die von Luther entwickelten Glaubensgrundsätze (siehe dazu den Verfassertext „Eine theologische Initiative" auf Seite 100f.) zum Ausdruck kommen.	Seite 111, M5, A1, F
Analysieren Sie die Forderungen in den Artikeln arbeitsteilig daraufhin, an welchen Stellen a) eine Rückkehr zum „alten Recht" (also Zuständen, wie sie zuvor einmal bestanden) gefordert wird, b) eine Begründung der Forderung mit der Heiligen Schrift erfolgt. Tauschen Sie Ihre Ergebnisse anschließend aus und diskutieren Sie das Verhältnis zwischen den Forderungen der Bauern und der Reformation.	Seite 112, M6, A2, H
Beachten Sie dabei besonders Luthers Ausführungen in Zeile 51 bis 70 (M5).	Seite 112, M6, A3, H
Orden Sie die Elemente des Schaubildes verschiedenen Bereichen (z. B. Beratung, Teilhabe, Wahl, Rechtsprechung, Religion usw.) zu und erklären Sie, wie die „Verfassung" in diesen Bereichen jeweils funktionierte. Recherchieren Sie dazu auch die Funktionen des „Reichtages" und des „Reichskammergerichtes" seit 1495. Bearbeiten Sie anschließend das gesamte Schaubild mithilfe der Methode „Verfassungsschemata auswerten" auf Seite 78.	Seite 114, M8, A1, H
Informieren Sie sich über die Bestimmungen des Augsburger Religionsfriedens auf Seite 104.	Seite 114, M8, A2, H

1.6 Wahlmodul: Französische Revolution

Seite 139, M1, A1, F

Überprüfen Sie, inwieweit sich die in M1 herausgearbeiteten Ideen der Aufklärung in den Materialien M2 und M3 (Seite 139 bis 141) nachweisen lassen.

Seite 143, M4, A1, F

Erklären Sie die Veränderungen zwischen den Verfassungen anhand des jeweiligen historischen Kontextes.

Seite 144, M5, A1, H

Erstellen Sie ein Schaubild, in dem das Verhältnis von „Tugend" und „Terror" nach Robespierre deutlich wird. Bringen Sie dabei auch die jeweiligen Funktionen der beiden Begriffe für die Gesellschaft ein.

Seite 144, M5, A2, H

Erläutern Sie sich gegenseitig anhand der Karte auf Seite 132 die Lage, in der sich die französische Republik im Jahr 1793 befand. Diskutieren Sie dann gemeinsam, inwieweit die Rede Robespierres (erster Text) und die „Schreckensherrschaft" eine verständliche Reaktion auf die jeweiligen Bedrohungen der Republik waren.

Seite 144, M5, A4, F

Nehmen Sie ausgehend von der Bearbeitung von M5 Stellung zu der Frage, inwieweit das Erstreben eines höheren, moralisch wertvollen Zieles auch radikale Mittel zu dessen Erreichung rechtfertigt. Heiligt der Zweck die Mittel?

Recherchieren Sie Beispiele aus der Geschichte, in denen mithilfe von „Terror" eine tugendhafte Ordnung etabliert oder beschützt werden sollte, und stellen Sie diese im Kurs vor. Setzen Sie sich dabei auch damit auseinander, inwieweit die Ziele letztlich erreicht und welche Wirkungen dabei erzeugt wurden.

Seite 145, M6, A2, F

Vergleichen Sie die von Lachenicht dargestellte neue Definition, die der Begriff „Revolution" durch die Französische Revolution erhalten hat, mit denen von Ihnen im Kernmodul (Seite 14 bis 19) entwickelten Charakteristika von Revolutionen.

Recherchieren Sie, welche Rolle die Französische Revolution für das Selbstverständnis der Franzosen spielt, und überprüfen Sie, ob hier Formen einer Mythenbildung (Komplexitätsreduktion, Sinnstiftung, Überhöhung, Stilisierung) nachzuweisen sind.

Seite 145, M7, A2, H

Weisen Sie in M7 und dem Gemälde die Charakteristika einer Mythenbildung (Komplexitätsreduktion, Sinnstiftung, Überhöhung, Stilisierung) nach.

Seite 149, M, A4, H

Überprüfen Sie, inwieweit die Kriterien für eine Revolution und eine Modernisierung, die Sie in den jeweiligen Kernmodulen (Seite 14 bis 25) entwickelt haben, nach Schama (M, Seite 149) und Lachenicht (M6, Seite 144f.) nachzuweisen sind.

Die **fettgedruckten Begriffe und Seitenzahlen** verweisen auf Erläuterungen in der Randspalte des Darstellungsteils.

Die **fettgedruckten Namen und Seitenzahlen** verweisen auf Erläuterungen in der Randspalte des Darstellungsteils.

AdobeStock / Thierry Lubar – S. 38; - / Yaroslav – S. 105; akg-images / © Olaf Gulbransson, VG Bild-Kunst, Bonn 2023 – S. 48; Alamy Stock Photo / Archivart – S. 36; - / ART Collection – S. 104; - / Art Collection 4 – S. 101; - / GL Archive – S. 30, 104, 128, 136; - / Granger Historical Picture Archive – S. 99; - / Heritage Image Partnership Ltd. – S. 61, 102, 103, 126; - / Historic Images – S. 98; - / Masterpics – S. 131; - / NurPhoto SRL – S. 6; - / Pictorial Press Ltd. – S. 100, 145; - / Private Collection, AF Eisenbahn Archiv – S. 41; - / The Granger Collection – S. 33; - / The Picture Art Collection – S. 125; bpk-Bildagentur – S. 53, 90, 100; - / RMN-Grand Palais, Jean-Gilles Berizzi, Paris, MuCEM, Museé des Civilisations de l'Europe et de la Méditerrané – S. 122; - / RMN-Grand Palais, Bulloz, Paris, Musée Carnavalet – S. 15; Fotolia / beermedia – S. 8; Getty Images Plus / iStockphoto, yulenochekk – S. 82; imago images / Heritage Images – S. 74; - / UIG – S. 52; Interfoto / fine art images – S. 71; Mauritius Images / Alamy Stock Photo, ART Collection – S. 133, 134; - / Alamy Stock Photo, David Cole – S. 54; - / Alamy Stock Photo, FLHC7 – S. 135; - / Alamy Stock Photo, GL Archive – S. 42; - / Alamy Stock Photo, History and Art Collection – S. 79; - / Alamy Stock Photo, JJs – S. 40; - / Alamy Stock Photo, Keystone Press – S. 55; - / Alamy Stock Photo, MB Photo – S. 54; - / Alamy Stock Photo, Matteo Omied – S. 43; - / Alamy Stock Photo, Pictorial Press Ltd. – S. 69, 77; - / Alamy Stock Photo, PRISMA-ARCHIVO – S. 105; - / Alamy Stock Photo, PWB Images – S. 131; - / Alamy Stock Photo, Peter Righteous – S. 102; - / Alamy Stock Photo, Signal Photos – S. 110; - / Alamy Stock Photo, The History Collection – S. 42, 136; - / Alamy Stock Photo, World History Archive – S. 76; - / Alamy Stock Photo, Zoonar GmbH – S. 127; - / SuperStock, Fine Art Images – S. 31; - / TopFoto – S. 81; - / TopFoto, SCRSS – S. 39; - / United Archives, World History Archive – S. 57; - / World Book Inc. – S. 32, 70, 91, 138; - / World History Archive, ARPL – S. 47; picture-alliance / abaca, Christian Liewig – S. 6; - / akg-images – S. 84, 112; - / brandstaetter images, Austrian Archives – S. 52; - / Courtesy Everett Collection – S. 46, 47; - / dpa, dpaweb, Ingo Wagner – S. 130; - / © epa-Bildfunk, SCANPIX, NORWAY, Marit, Hommedal – S. 25; - / Imagechina, Yan Zheng – S. 20; - / IMAGNO, Austrian Archives – S. 28, 29; - / Friedemann Kohler – S. 67; - / ullstein bild, Boris Nizon – S. 78; - / ullstein bild, © Vladimir Serov "Lenin proklamiert die Sowjetmacht", 1947, © UPRAVIS/VG BILDKUNST, 2023, © VG Bild-Kunst, Bonn 2023, „Ausschnitt" – Cover; - / ullstein bild, © Vladimir Serov "Lenin proklamiert die Sowjetmacht", 1947, © UPRAVIS/VG BILDKUNST, 2023, © VG Bild-Kunst, Bonn 2023, „überdruckt" – S. 65; - / Zentralbild, Arno Burgi – S. 23; - / Zentralbild, Waltraud Grubitzsch – S. 6; - / ZUMA Press, Li Wen – S. 20; Shutterstock / Everett Collection – S. 39; ullstein bild – S. 54.